2023出国留学蓝皮书

中信银行股份有限公司　著

中信出版集团 | 北京

图书在版编目（CIP）数据

2023 出国留学蓝皮书 / 中信银行股份有限公司著
. -- 北京：中信出版社，2023.9
ISBN 978-7-5217-5920-4

I. ① 2… II. ①中… III. ①留学生教育-世界-
2023-指南 IV. ①G649.1-62

中国国家版本馆 CIP 数据核字（2023）第 151310 号

2023 出国留学蓝皮书

著者：　　中信银行股份有限公司
出版发行：中信出版集团股份有限公司
（北京市朝阳区东三环北路 27 号嘉铭中心　邮编　100020）
承印者：　北京通州皇家印刷厂

开本：787mm×1092mm　1/16　　印张：21　　字数：330 千字
版次：2023 年 9 月第 1 版　　印次：2023 年 9 月第 1 次印刷
书号：ISBN 978-7-5217-5920-4
定价：69.00 元

《2023 出国留学蓝皮书》
编审委员会名单

目　录

前 言

2023 年，是中信银行股份有限公司（简称“中信银行”）出国金融业务开展 25 周年，中信银行出版备受期待的《2023 出国留学蓝皮书》，为怀揣留学梦想的家庭提供专业的指导，提供有温度的服务。本书不仅持续追踪留学行业的动态，准确把握留学发展的新趋势，还全面考察了学生群体在留学前及留学后的思考与困惑，并为有意向留学的家庭提供了众多可供参考的意见和解决方案。

近 20 年来，我国留学人员规模不断增长，我国已经成为多数主要留学国家的最大生源输出地。自 2001 年以后，我国自费留学群体一直占留学总人数的 90% 以上。伴随着自费留学群体规模的日益增长，留学群体的留学需求也日趋多元化，很多低龄学生走出国门。面对学校的制度差异和繁多的专业种类，如何锁定适合自己的求学目的地，如何做好留学的物质与心理双重准备成为摆在学生与家长面前的课题。

基于留学发展的趋势，中信银行自 2017 年起持续推出“出国留学蓝皮书”系列图书，旨在通过对学生群体和家长群体的深入调研，帮助有留学意愿的学生与家长把握留学申请的趋势，并为他们提供温暖贴心的服务。2023 年，中信银行再次展开了这一调研，以全面分析学生群体和家长群体从留学准备阶段到海外学习阶段的选择、收获、思考和困惑，为留学家庭提供最新的留学发展趋势和留学行业动态。

这次调研的数据源于中信银行于 2023 年在国内外采集的 5 700 份样本，覆盖了我国的 8 个主要城市以及主要留学国家与地区。需要特别说明的是，我国内地学生去香港和澳门上学并不能称为“留学”，但由于特殊的历史因素，我国香港和澳门作为中西融汇的地区，一直沿袭英联邦的教育体系，且拥有独特的全英文教学环境和安全稳定的社会环境，近几年颇受内地学生及其家长的青睐，因此本书将它们纳入，以满足广大读者的需求。为了更好地了解留学家庭对留学的选择、需求和困惑，我们分别对家长群体和学生群体进行了问卷调研。调研团队反复精简和优化调研问卷，并采用多平台投放的方式，尽可能提高问卷的回收率、回收质量和样本的覆盖率，以增强样本的代表性，缩小调研误差，真实全面地呈现国内留学市场的现状。总体而言，这次调研在样本量、样本结构和样本代表性等方面达到了较高水准。基于调研数据，本书紧贴从留学申请到留学生活过程中可能遇到的学业与生活问题，比较了学生与家长对留学的不同期待，分析了处于留学准备期的学生与处于海外留学期的学生的思维变化，为准备申请留学的学生群体与家长群体提供了一个参照项，帮助他们了解留学活动进展、留学群体构成、留学生活收获等留学的不同侧面。

作为一本指导性极强的留学状况分析和规划指南，《2023 出国留学蓝皮书》新增了大量关于留学规划和申请的专业指导内容，并对欧洲和亚洲的留学新热点国家和地区进行了深入分析，同时将增长最快的研究生留学申请作为重要内容进行深度解析，以满足高等教育阶段国际教育与交流的需求。同时，通过对 200 份定性样本的分析以及国际学校专家的访谈，本书详尽地分析和解读了留学的新趋势和新做法，旨在帮助留学家庭更好地应对不断变化的留学申请要求，并帮助留学生克服因文化差异和信息不对称而产生的学业与社交障碍，让留学生前行的道路更为通畅。

本书能够帮助家长和学生了解留学规划和申请的全貌，有留学意愿的学生可以借此解决留学申请过程中遇到的各种问题和挑战，并提前进行专业的留学规划，从容步入海外名校，取得丰硕成果。

本书由中信银行联合北京紫实教育科技有限公司和中国社会科学院社会发展战略研究院的专家与学者共同撰写。在成稿过程中，我们一直遵循客观严谨的原则，逐步呈现调研结果，对调研结果进行客观阐释，并结合近期留学发展趋势进行专业分析。但是，为了紧追留学活动新走向、把握留学发展新趋势，尽快给留学家庭提供有用信息，成稿时间比较紧迫，如有疏漏之处，敬请指正。本书能够顺利付梓，要感谢多方团队与人员的支持和通力合作。诚挚感谢！

中信银行股份有限公司

2023 年 6 月

第一章

开阔全球视野，留学成就未来

在过去的几十年里，留学生群体在推动中国的现代化进程中发挥了重要作用，并为中国的经济社会发展做出了重要贡献。留学生群体极大地推动了中国与国际社会的经济、文化交流，成为世界了解中国的一个重要窗口。在新时代，留学生群体继续发挥重要作用，成为推动中国现代化建设和全球化发展的重要力量。

随着我国经济社会的迅猛发展，居民收入水平持续提升，家庭支付能力也显著增强，越来越多的家庭选择送孩子去留学，让孩子增长见识、开阔眼界、收获新知、成就自我。尤其是自 2008 年以来，我国留学人数呈现爆炸式增长。我国早已成为全球最大的留学生输出国家，并连续 13 年成为美国最大的国际生源地，同时是英国、日本等国家最主要的国际生源地。可以预见的是，未来留学人数仍会快速增长。

教育的初心不变，留学的热潮就不会退。因为在很大程度上，留学弥补了我国优质教育数量的不足。在千军万马过独木桥的压力下，学生另辟蹊径，跨越大西洋，飞越太平洋，寻找优质教育机会。而身处异国他乡的留学生作为一个特殊的群体，在留学过程中可能会面临很多困难和挑战。因此，通过专业性的社会调查来了解不同学生群体（计划留学和已经留学）和家长群体（其子女计划留学和已经留学）在留学前的各项决策和准备、留学中遇到的种种困难和挑战、留学后的职业发展规划与归国意愿等，能够为留学生群体提供精准的服务与帮助。

为持续、系统和全面地追踪我国留学行业的最新动态，把握留学发展的最新趋势，中信银行已连续 12 年对留学生群体展开调查。2023 年，中信银行再次对留学生群体展开了追踪调查，进而对我国当前的留学生群体状况和留学趋势进行了分析，全景式地洞察学生群体与家长群体从准备期到海外学习期的困惑与需求，带领留学家庭从不同方面洞悉留学发展趋势、走近留学准备过程、做好留学规划。此次社会调查与书稿撰写由中信银行联合中国社会科学院社会发展战略研究院的陈华珊老师团队，以及曾于普林斯顿大学等美国名校任教的国际教育专家甄金辉老师团队完成，全面地对留学的趋势、政策变化及申请规划进行了专业解读。

2023 年的调研样本量为 5 700 份，其中学生样本 4 140 份、家长样本 1 560 份，占比分别为 72.6% 和 27.4%（见表 1-1）。国内样本主要分布在北京、上海、广州、深圳 4 个一线城市和杭州、成都、苏州、武汉 4 个准一线城市。海外样本主要分布在美国、英国、加拿大、澳大利亚等热门求学目的地。总体而言，此次调研样本的代表性较强、覆盖面较广。

表 1-1　2020 年、2022 年和 2023 年调研情况一览

项目	2020 年	2022 年	2023 年
调研时间	7~9 月	5~6 月	5~6 月
调研方式	线上调研	线上调研	线上调研
调研样本	家长样本 1 580 份、学生样本 3 430 份	家长样本 1 196 份、学生样本 3 894 份	家长样本 1 560 份、学生样本 4 140 份
学生结构	计划留学、正在留学	计划留学、正在留学	计划留学、正在留学
调研城市	广州、上海、北京、成都、武汉、杭州、深圳、苏州	广州、上海、北京、成都、武汉、杭州、深圳、苏州	广州、上海、北京、成都、武汉、杭州、深圳、苏州
调研国家	美国、英国、加拿大、澳大利亚等国家	美国、英国、加拿大、澳大利亚、日本、新加坡等国家	美国、英国、加拿大、澳大利亚、日本、新加坡、德国、法国等国家

在分析方面，我们首先区分了家长样本和学生样本，分别从家长和学生的视角描述留学情况。为了更好地了解学生群体在留学前、留学中和留学后的差异，我们还将学生群体划分为意向留学生群体和留学生群体。为了更好地分析和描述学生群体的留学过程，我们将分析时段划分为留学前、留学中和留学后三个阶段。

分析的内容包括三个方面：

- 学生群体在留学前的准备工作，具体描述了学生群体的留学目标及其对留学申请的筹备，在整体把握国内留学趋势的基础上，比较了家长和学生对留学的不同期待。
- 学生群体在留学中遇到的困难和获得的收获，具体包括：留学生在留学期间的真实生活面貌，在生活和学业上遇到的障碍，对学业与生活的满意度等。这部分还展现了留学生的金融服务使用情况，反映了留学家庭对留学金融服务的切实需求，意在为留学家庭提供更加全面可靠的留学金融指导。
- 学生群体在留学后的职业发展规划和归国计划，具体包括留学生在做出未来发

展规划与择业决策时考虑的种种因素与面临的困难。

2023 年的调查专注于调研和了解中国学生群体在留学前、留学中和留学后三个阶段的不同准备、需求和困难等，同时比较了不同阶段的学生与家长在规划、选择留学方案时的主要影响因素。通过对三个阶段留学情况的依次呈现，展现了留学家庭的真实关切与需求，让家长与学生深入了解留学全貌，帮助有留学意愿的家庭解决可能遇到的各种问题与挑战。

从调研样本的分布来看，学生回答者分别有 82.2% 和 17.8% 来自国内和海外。在国内的学生回答者中，分别有 21.6%、19.2%、14.7%、7.6%、7.5%、6.7%、5.9%、4.8% 分布在广州、上海、北京、成都、武汉、杭州、深圳、苏州，还有 12.0% 来自其他城市；超过六成的学生回答者集中于北京、上海、广州、深圳 4 个特大城市（见图 1–1）。

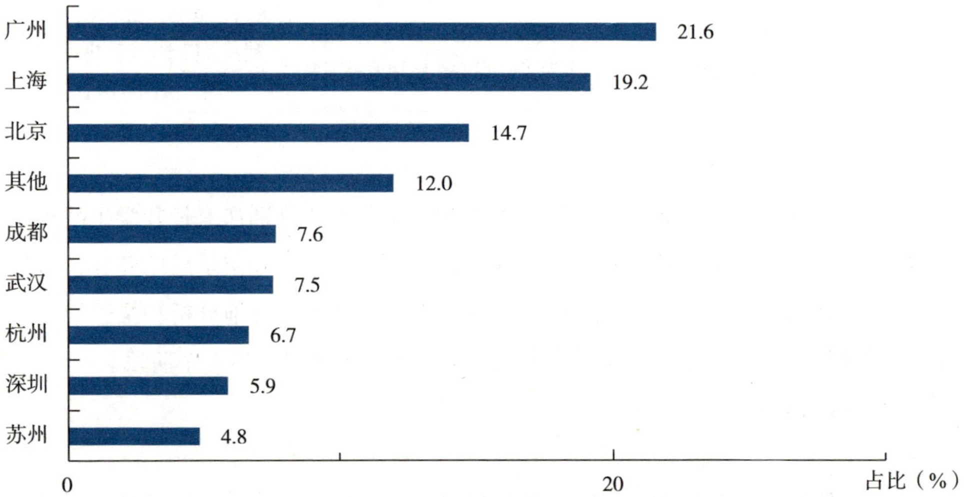

图 1–1　国内学生样本所在城市分布

根据调研数据可知，在海外学生样本分布中，身处美国和英国的留学生最多，占比分别为 27.5% 和 23.4%（见图 1–2）。此外，分别有 14.4%、8.3%、2.1% 的留学生分布在澳大利亚、日本和加拿大；除了英国和日本，分别还有 10.2% 和 7.7% 的留学生分布在欧洲和亚洲的其他国家。

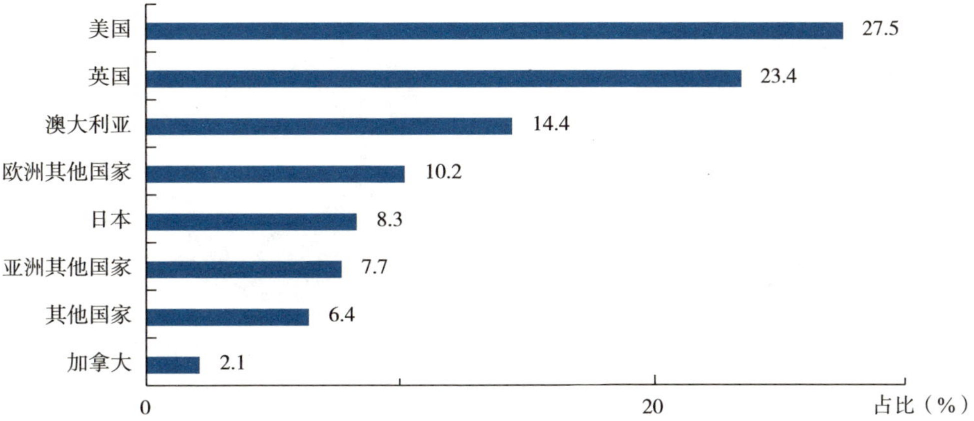

图 1–2　海外学生样本所在国家分布

在 2023 年的调研数据中，根据学生群体的反馈，计划留学、留过学、正在留学的学生占比分别为 87.1%、8.8%、4.1%；根据家长群体的反馈，其子女分别有 83.2%、7.5%、9.3% 处于计划留学、留过学、正在留学的状态。由图 1–3 可知，超过八成的学生处于计划留学状态，仅有不到一成的学生处于留过学的状态。

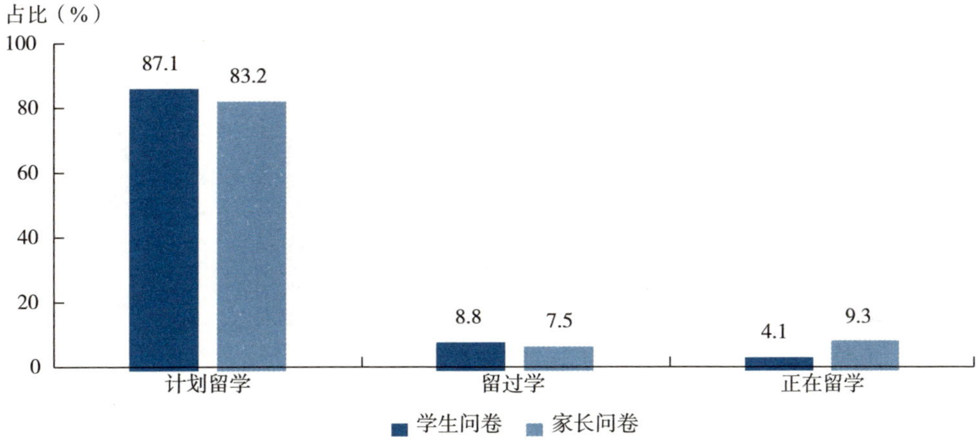

图 1–3　留学状态

结合图 1–4 和图 1–5 可知，在学生回答者中，男性和女性占比分别为 37.6% 和 62.4%；在家长回答者中，男性和女性占比分别为 36.7% 和 63.3%。

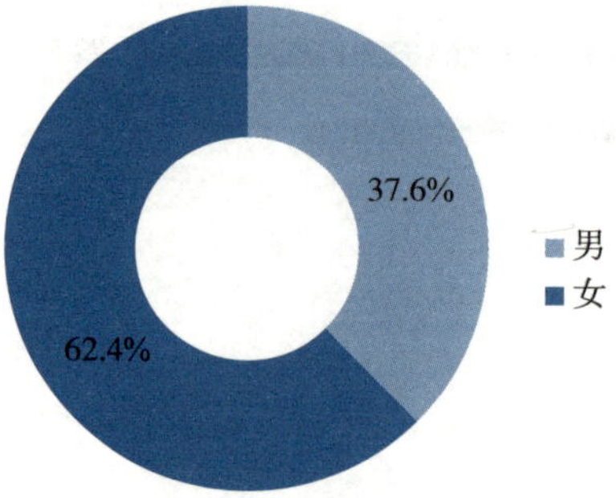

图 1-4 学生性别分布

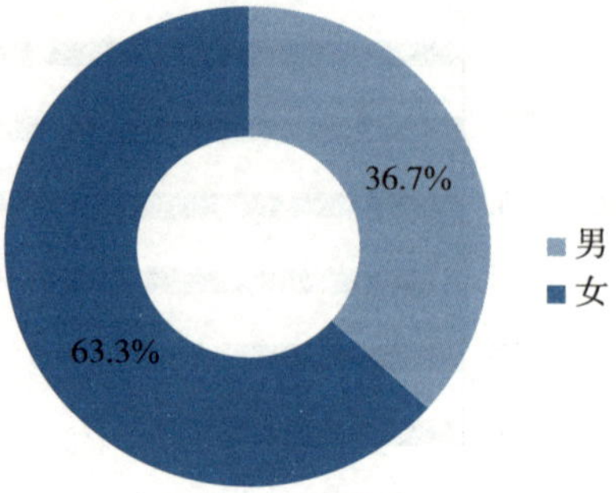

图 1-5 家长性别分布

在学生回答者中，年龄在 12 ~ 14 岁、15 ~ 17 岁、18 ~ 21 岁、22 ~ 24 岁、25 岁及以上的学生占比分别为 2.1%、4.8%、34.5%、36.2%、22.4%（见图 1-6）。其中，18 ~ 21 岁和 22 ~ 24 岁两个年龄阶段的学生占比较高，均超过三成，年龄为 15 ~ 24 岁的学生占比接近八成（75.5%）。

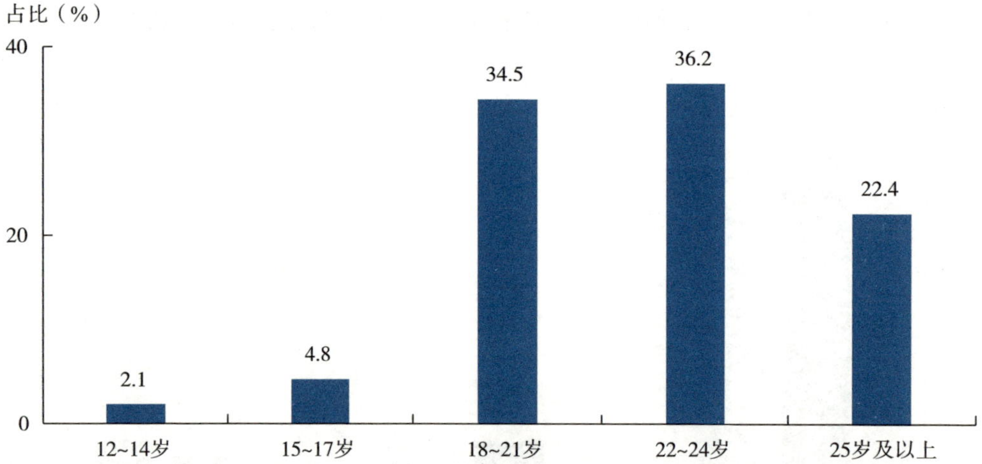

图 1-6 学生的年龄分布

在家长回答者中，60 后家长占比为 26.7%，70 后家长占比为 33.3%，80 后家长占比为 40.0%（见图 1-7）。家长群体的年龄段集中在 60 后到 85 前，最大年龄为 62 岁，最小年龄为 37 岁。

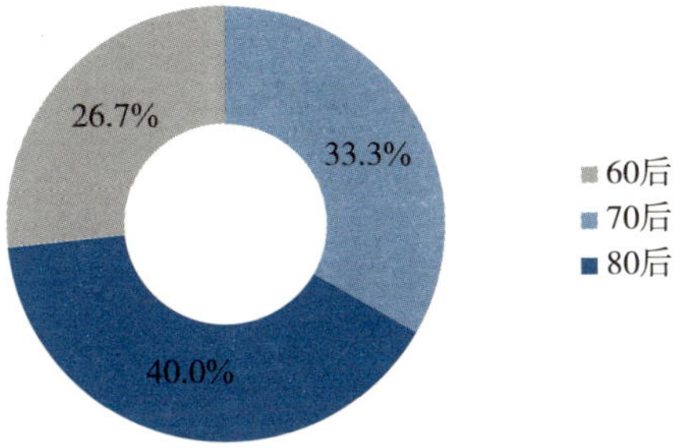

图 1–7 家长的年龄分布

在学生的就学阶段方面，在学生回答者中，分别有 58.4%、27.1%、9.8%、4.7% 的学生就读本科、研究生（含博士研究生）、高中、初中；本科阶段的学生占比最高，接近六成。在家长回答者中，其子女就学阶段为本科、研究生（含博士研究生）、高中、初中的占比分别为 45.3%、18.7%、28.3%、7.7%（见图 1–8）。在调研样本中，处于本科和研究生（含博士研究生）就学阶段的学生占比较高。

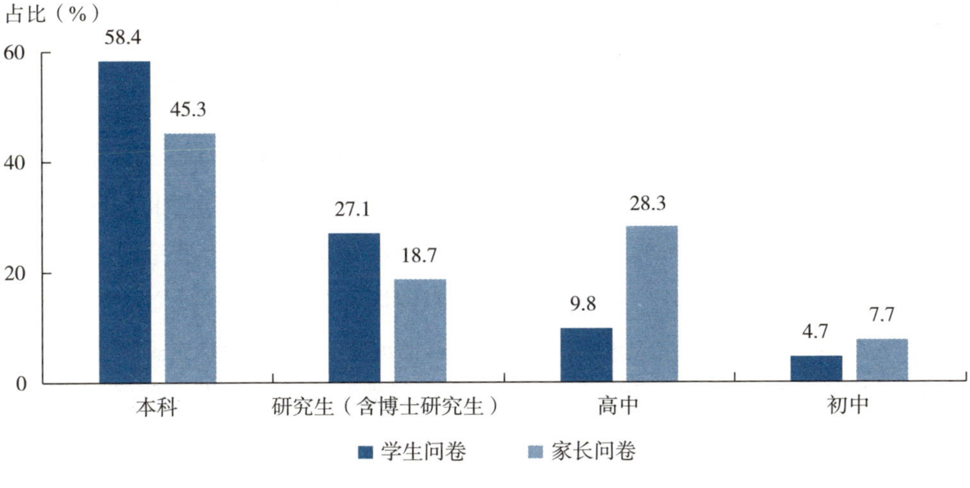

图 1–8 学生的就学阶段

在就学阶段为中学（初中和高中）的学生回答者中，分别有 37.6%、33.3%、12.5%、8.3%、8.3% 的学生就读年级为 12 年级、11 年级、9 年级、8 年级及以下、10 年级。根据家长回答者的反馈，其子女就读年级为 12 年级、11 年级、9 年级、8 年级及以下、10 年级的占比分别为 34.5%、48.0%、2.8%、2.2%、12.5%（见图 1–9）。在学生回答者中，就读年级为 12 年级和 11 年级的学生占比较高，总计为

70.9%，就读年级较为集中。在家长回答者中，其子女就读年级为 12 年级和 11 年级的占比总计为 82.5%，就读年级也相对集中。

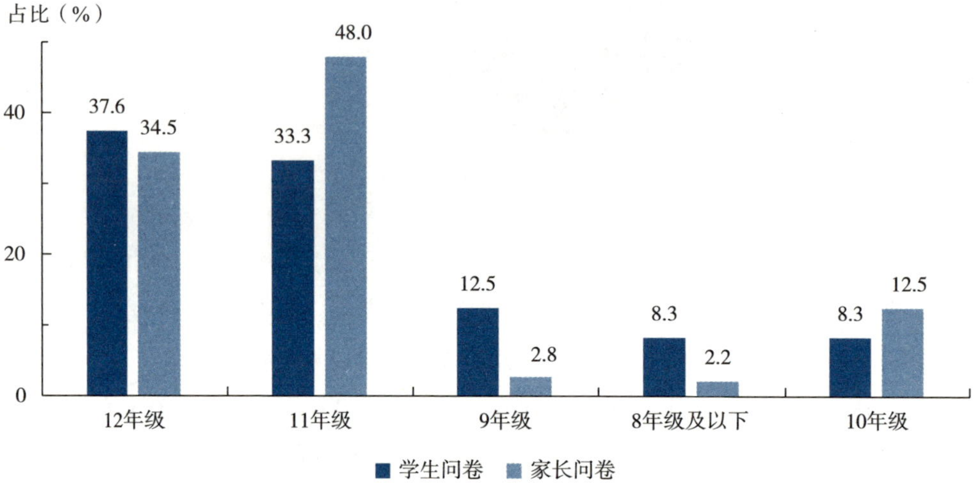

图 1-9　中学生的年级分布

在就读中学和班级类型方面，在学生回答者中，就读学校和班级类型占比较高的分别是国内公立学校国际部 / 国际班（29.2%）、国内民办双语学校（23.6%）、国内的国际学校（20.5%）、国内公立学校普通班（10.3%）。根据家长回答者的反馈，其子女分别有 35.5%、15.6%、18.3%、9.6% 就读的中学和班级类型是国内公立学校国际部 / 国际班、国内民办双语学校、国内的国际学校、国内公立学校普通班（见图 1-10）。总体而言，在学生样本中，超过七成（73.3%）的学生就读于国内公立学校国际部 / 国际班、国内民办双语学校、国内的国际学校；在家长样本中，其子女接近七成（69.4%）就读于国内公立学校国际部 / 国际班、国内民办双语学校、国内的国际学校。

在大学生（含研究生）回答者中，分别有 3.4%、8.4%、41.2%、34.5%、12.5% 的大学生就读于中外合作高校 / 海外高校国内分校、民办高校、普通公立高校、双一流高校（985 和 211）、国外大学。在家长群体中，其子女分别有 2.4%、4.0%、16.0%、31.3%、46.3% 就读于中外合作高校 / 海外高校国内分校、民办高校、普通公立高校、双一流高校（985 和 211）、国外大学（见图 1-11）。对比分析可知，学生样本主要集中在普通公立高校和双一流高校（985 和 211），占比超过 75%，分布较为集中。在家长样本中，超过四成的家长表示其子女在国外大学就读，超过三成的家长表示其子女在双一流高校（985 和 211）就读。

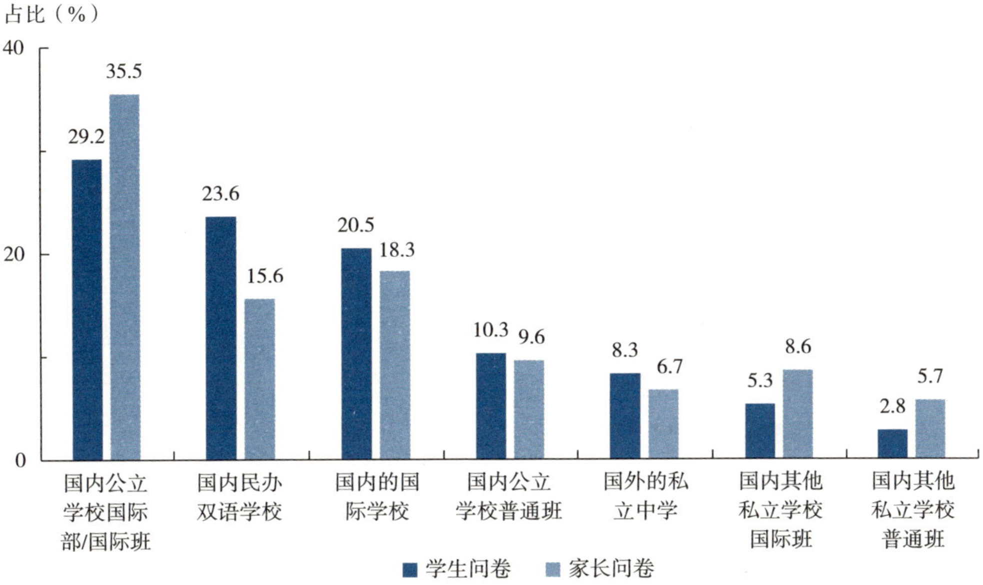

图 1–10 就读中学和班级类型

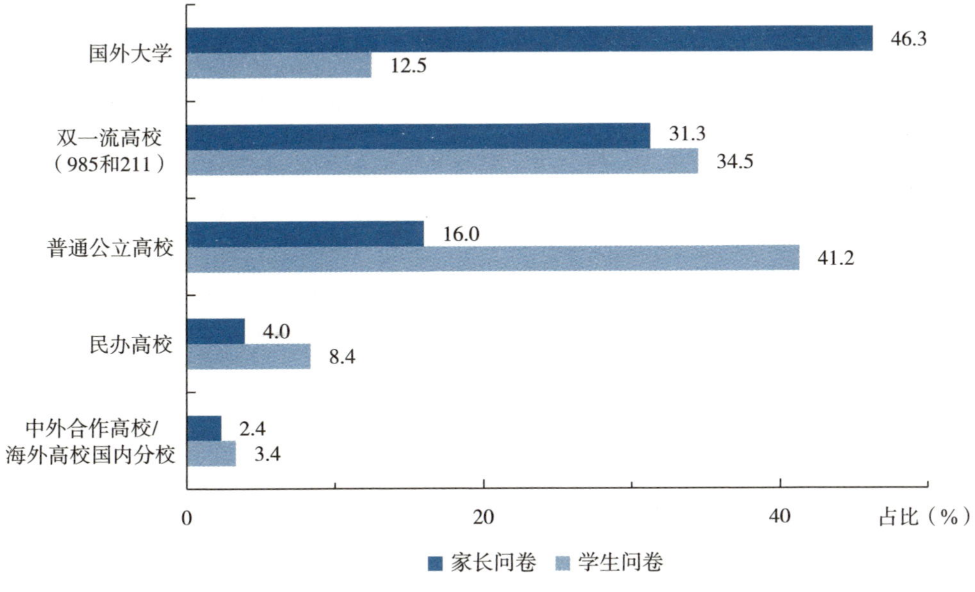

图 1–11 就读大学类型

在大学生（含研究生）就读专业方面，占比较高的三类专业分别是工学（30.9%）、管理学（20.9%）、经济学 / 金融 / 商科（11.3%）。在家长样本中，分别有16.1%、22.8%、31.3% 的家长表示其子女就读的专业是管理学、经济学 / 金融 / 商科、工学（见图 1–12）。根据学生回答者和家长回答者的反馈，农学、法学、艺术类 / 设计类、语言类的占比较低。

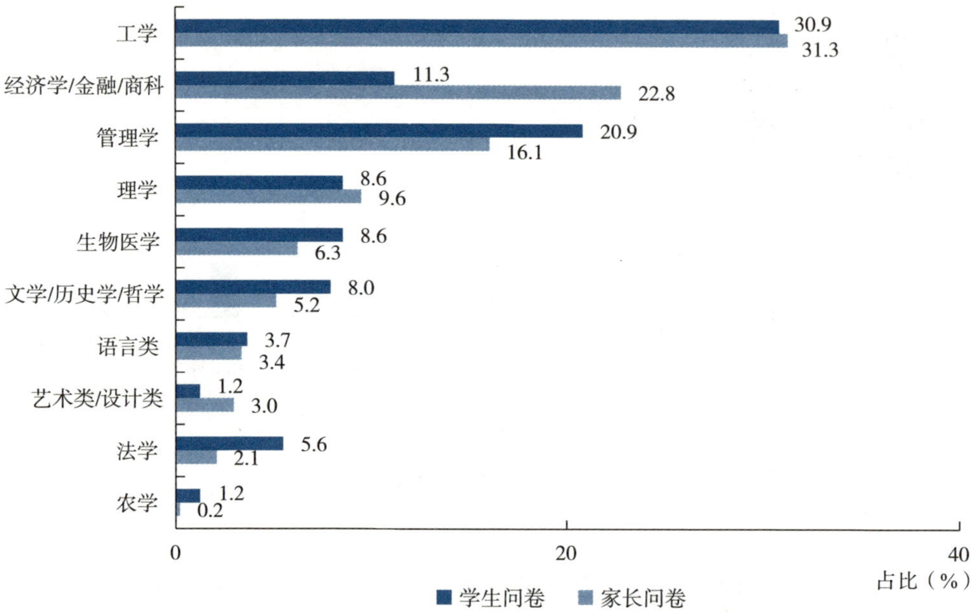

注：法学专业包含社会学、政治学等；工学专业包含计算机专业、工程类专业等。

图 1–12　就读专业类型

在本科生回答者中，分别有 12.1%、27.6%、35.3%、19.8%、1.7% 的学生就读年级为本科一年级、本科二年级、本科三年级、本科四年级、本科五年级。在家长回答者中，其子女就读年级为本科一年级、本科二年级、本科三年级、本科四年级、本科五年级的分别占 18.7%、25.2%、30.6%、21.3%、4.2%（见图 1–13）。

研究生也是留学生群体的重要组成部分，尤其是硕士研究生。根据 2023 年的调研数据可知，在研究生回答者中，分别有 2.2%、4.3%、50.0%、13.1%、30.4% 的研究生就读年级为博士二年级、博士一年级、硕士二年级、硕士三年级、硕士一年级。在家长回答者中，其子女就读年级为博士二年级、博士一年级、硕士二年级、硕士三年级、硕士一年级的占比分别为 5.6%、16.2%、33.5%、20.2%、24.5%（见图 1–14）。

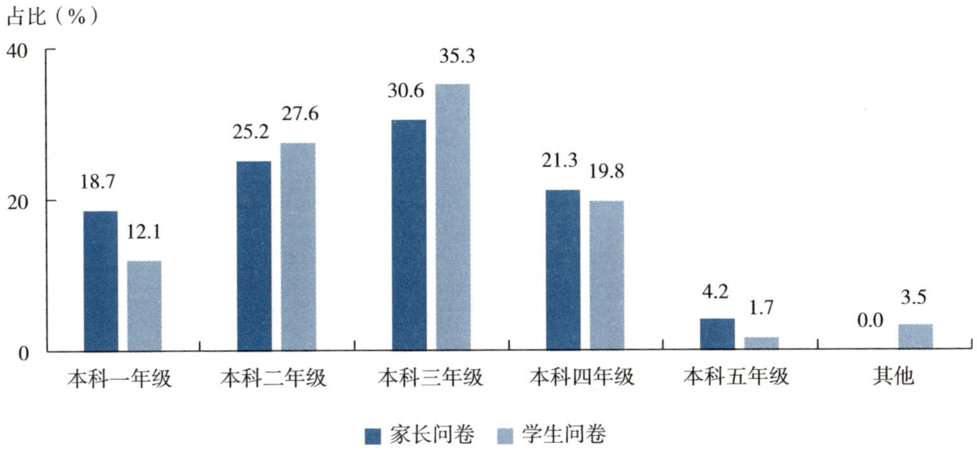

图 1–13　本科生年级分布

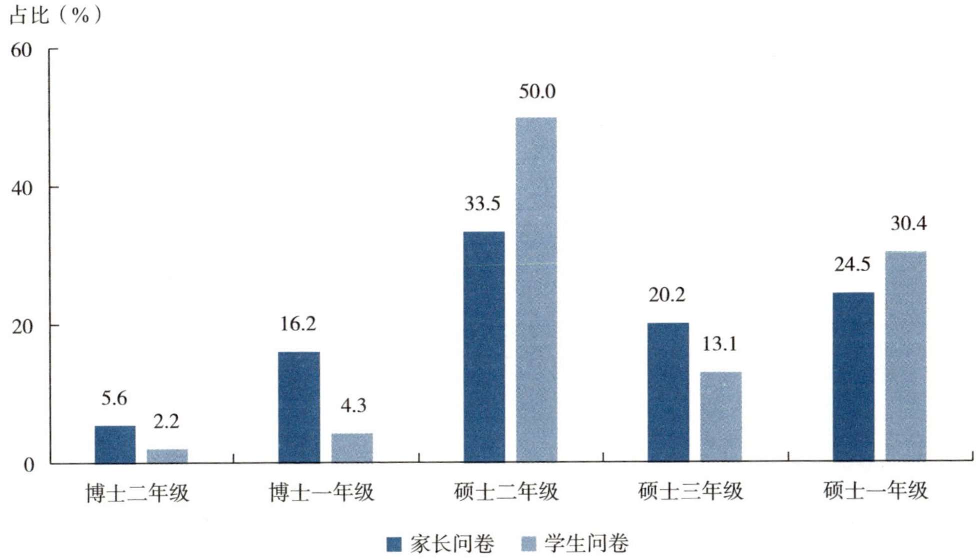

图 1–14　研究生年级分布

在学生样本中，分别有 40.7%、24.7%、18.2%、12.3%、4.1% 的学生表示其父亲的学历为大学本科、高中 / 中专 / 技校、大学专科、初中及以下、硕士及以上；分别有 35.5%、27.1%、17.4%、14.7%、5.3% 的学生表示其母亲的学历为大学本科、高中 / 中专 / 技校、初中及以下、大学专科、硕士及以上（见图 1–15）。显而易见，超过四成的学生的父母学历为大学本科及以上（父亲和母亲学历为大学本科及以上的占比分别为 44.8% 和 40.8%）。

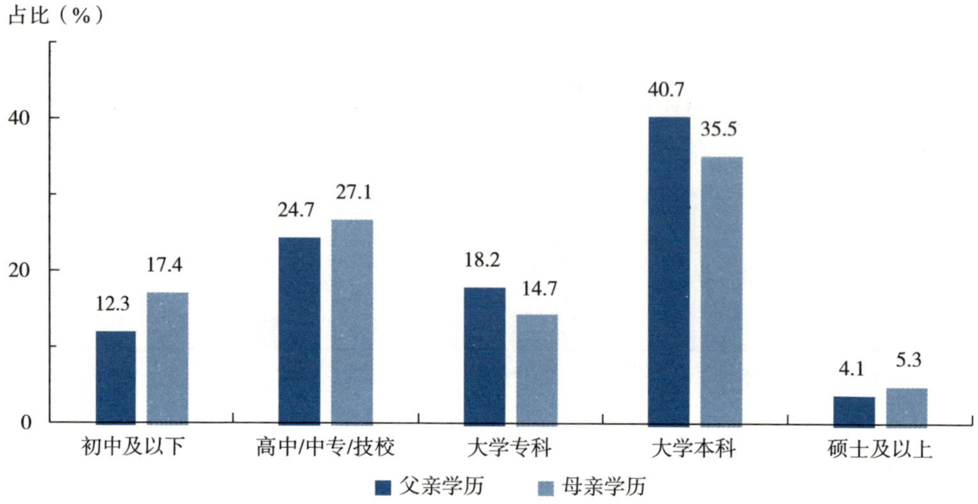

图 1–15　父母学历分布

在家长回答者中，学历为大学本科、大学专科、硕士及以上、高中 / 中专 / 技校、初中及以下的家长分别占比 52.3%、25.3%、16.7%、4.5%、1.2%（见图 1–16）。接近七成（69.0%）的家长的学历在大学本科及以上。

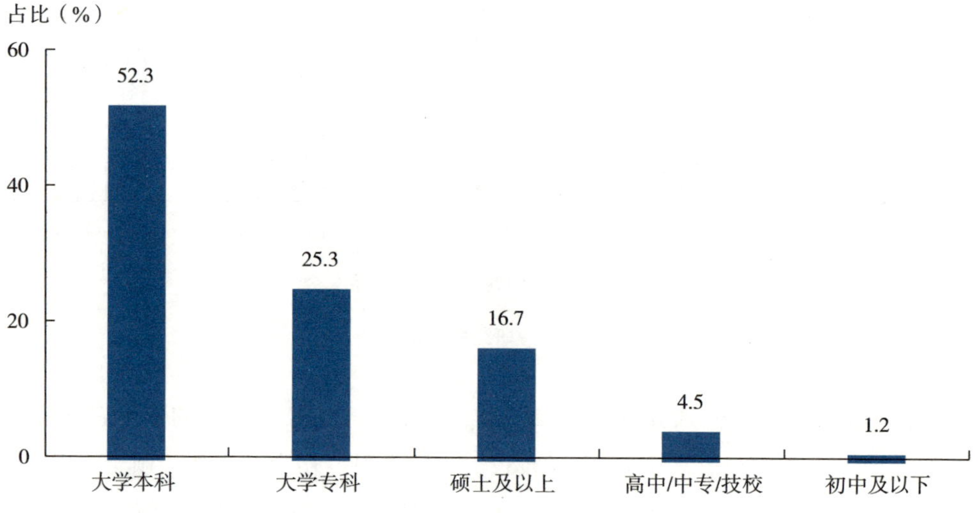

图 1–16　家长学历分布

由图 1–17 可知，在学生回答者中，接近两成（18.2%）的学生表示其父母有海外留学或交流经历；在家长回答者中，有 22.5% 的家长有海外留学或交流经历。

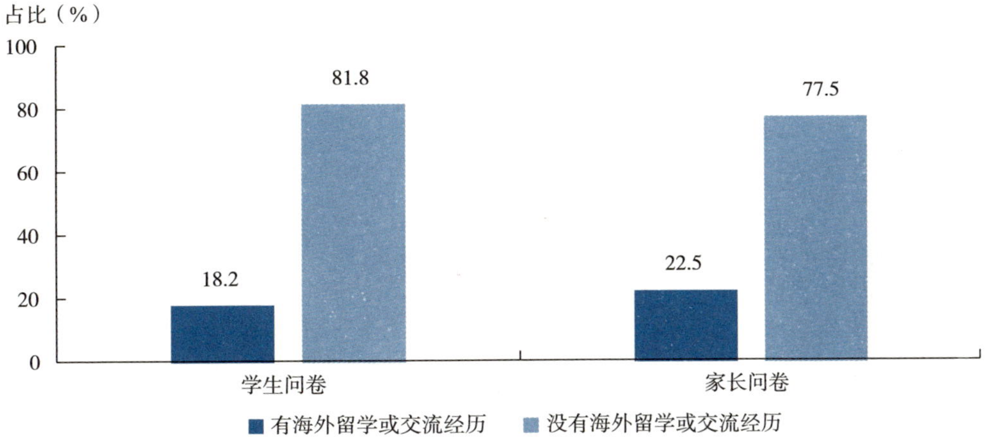

图 1–17 父母或家长的海外经历

第一节
学生在留学选择上具有更大的决策权

留学决策是复杂的，它不仅包括留学与否的决定，还包括前期对求学目的地、留学学校和留学专业的选择。对于绝大多数家庭而言，留学费用是一笔不菲的支出。同时，留学也与子女未来的生活和职业发展息息相关。因此，对中国家庭而言，留学决策是一项重大的家庭决策，需要考虑到父母和子女双方的想法。在留学决策中，家庭每个成员都有自己的考虑因素。父母通常会考虑留学的经济成本和回报，子女则更加关注留学的学习和生活环境。因此，在留学决策中，家庭成员需要充分沟通和协商，以达成共识。

留学前的准备工作不仅与学生本人密切相关，也需要大部分家庭成员参与其中。因此，充分了解留学家庭对留学的决策模式、决策过程及其变化就显得非常重要。

一、全家共同决策是当前留学决策的主要方式

根据 2023 年的调研数据可知，留学决策方式在家长群体和学生群体中存在一定的差异。有 65.8% 的家长表示其子女的留学决策方式为全家共同决策；此外，分别有 19.6%、8.9%、3.5%、2.2% 的家长表示其子女留学决策方式为学生本人决策、

父母共同决策、母亲决策、父亲决策（见图 1–18）。

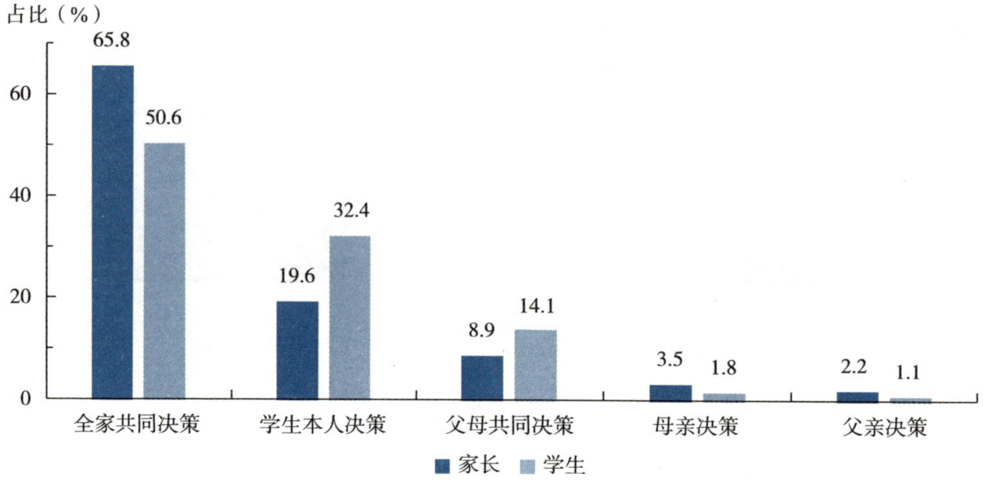

图 1–18 2023 年中国学生的留学决策方式

在学生回答者中，分别有 50.6%、32.4%、14.1%、1.8% 和 1.1% 的学生表示其留学决策方式是全家共同决策、学生本人决策、父母共同决策、母亲决策和父亲决策。相较家长群体的反馈，在学生回答者中，留学决策由学生本人和父母共同做出的占比更高，而由全家共同做出的占比更低。调研数据表明，虽然父母在留学决策中扮演着重要角色，但他们较大程度地尊重孩子的意见。

需要注意的是，学生群体包含两类群体，分别是正在留学或已经完成留学的学生（留学生）和计划留学的学生（意向留学生）。结合表 1–2 可知，在 2023 年的意向留学生群体中，分别有 55.7%、28.1%、13.5%、2.7% 的学生的留学决策方式是全家共同决策、学生本人决策、父母共同决策、父亲或母亲决策。在 2022 年的意向留学生群体中，全家共同决策、学生本人决策、父母共同决策、父亲或母亲决策的占比分别为 47.6%、21.4%、27.2%、3.8%。

表 1–2 意向留学生的留学决策方式占比 单位：%

年份	全家共同决策	学生本人决策	父母共同决策	父亲或母亲决策
2023	55.7	28.1	13.5	2.7
2022	47.6	21.4	27.2	3.8

如表 1-3 所示，在 2023 年的留学生群体中，分别有 50.0%、27.3%、18.2%、4.5% 的学生的留学决策方式是全家共同决策、学生本人决策、父母共同决策、父亲或母亲决策。在 2022 年的留学生群体中，全家共同决策、学生本人决策、父母共同决策、父亲或母亲决策的占比分别为 49.7%、22.1%、17.6%、10.6%。

表 1-3 留学生的留学决策方式占比 单位：%

年份	全家共同决策	学生本人决策	父母共同决策	父亲或母亲决策
2023	50.0	27.3	18.2	4.5
2022	49.7	22.1	17.6	10.6

通过纵向比较可知，从 2022 年到 2023 年，在意向留学生群体中，父母共同决策的占比有较大幅度的下降，学生本人决策的占比有一定幅度的上升；在留学生群体中，学生本人决策的占比也有一定幅度的上升。通过横向比较可知（见图 1-19），2023 年，在两类学生群体中，意向留学生群体中的全家共同决策占比更高（55.7%），留学生群体中的父母共同决策占比更高（18.2%）。调研数据表明，在我国学生群体的留学决策中，虽然全家共同决策依然居于主导地位，但学生本人的话语权在不断上升。

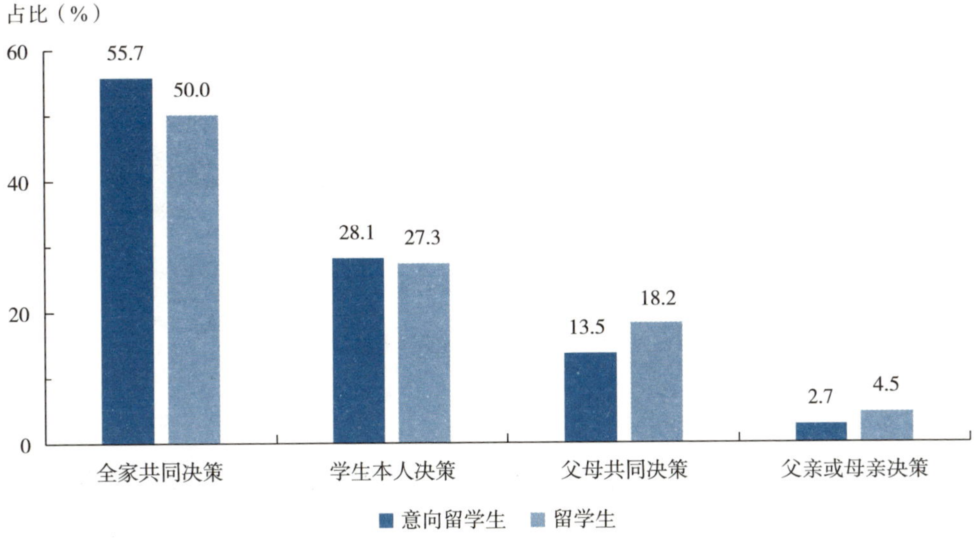

图 1-19 2023 年中国学生的留学决策方式

二、中国学生在留学专业的选择方面具有更高的自主性

除了需要做出是否留学的决策，家长和学生还需要做出选择留学专业的决策。根据 2023 年的调研数据可知，分别有 49.6%、35.5%、5.7%、5.1%、4.3% 的家长明确表示其子女的留学专业决策方式为学生本人决策、全家共同决策、父母共同决策、母亲决策、父亲决策。在学生回答者中，学生本人决策、全家共同决策、父母共同决策、母亲决策、父亲决策的占比分别为 62.1%、23.9%、6.1%、4.4%、3.5%（见图 1–20）。在留学专业的选择方面，学生本人决策已经成为最主要的决策方式，学生在留学专业决策中拥有更大的发言权，家长更加尊重子女对留学专业的选择。

结合调研数据可知（见表 1–4），从 2022 年到 2023 年，分别有 40.7% 和 49.6% 的家长回答者表示其子女的留学专业由学生本人决策，而父母共同决策的占比从 16.0% 下降到了 5.7%。

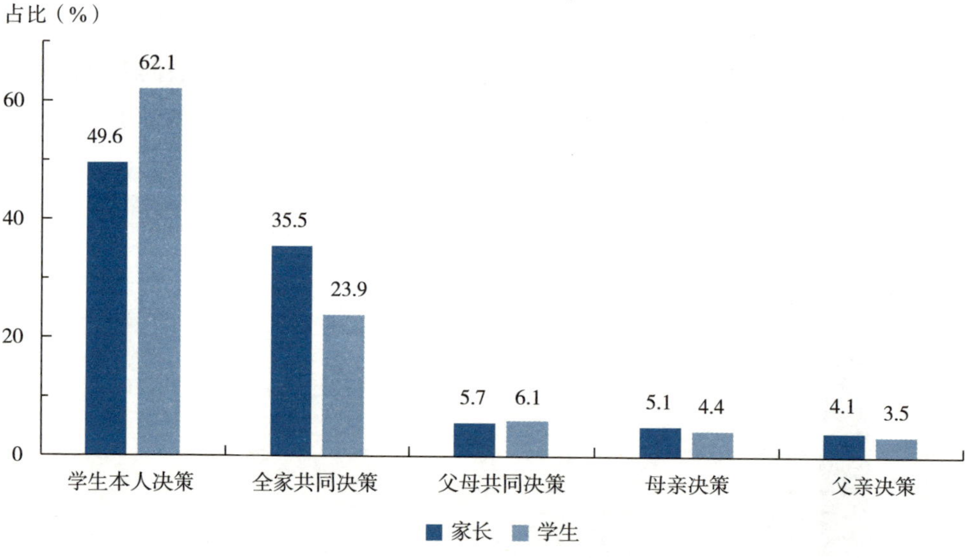

图 1–20　2023 年中国学生选择留学专业的决策方式

表 1–4　中国学生选择留学专业的决策方式占比（家长样本）　　单位：%

年份	学生本人决策	全家共同决策	父母共同决策	父亲或母亲决策
2023	49.6	35.5	5.7	9.2
2022	40.7	36.6	16.0	6.7

从2022年到2023年，由学生回答者的反馈可知，在留学专业的选择方面，学生本人决策的占比从47.1%上升到62.1%，全家共同决策的占比从31.2%下降到23.9%，父母共同决策的占比从15.9%下降到了6.1%（见表1–5）。结合调研数据可知，在留学专业的选择上，学生群体比家长群体有更大的发言权和决策权，家长群体更加尊重子女对留学专业的选择。

表1–5　中国学生选择留学专业的决策方式占比（学生样本）　单位：%

年份	学生本人决策	全家共同决策	父母共同决策	父亲或母亲决策
2023	62.1	23.9	6.1	7.9
2022	47.1	31.2	15.9	5.8

结合图1–21可知，2023年，在意向留学生群体中，学生本人决策的占比最高，达到了68.2%，全家共同决策的占比为25.1%，父母共同决策的占比为4.7%，而父亲或母亲决策的占比仅为2.0%。在留学生群体中，分别有59.1%、18.2%、13.6%、9.1%的留学生表示自己选择留学专业的决策方式是学生本人决策、全家共同决策、父母共同决策、父亲或母亲决策。

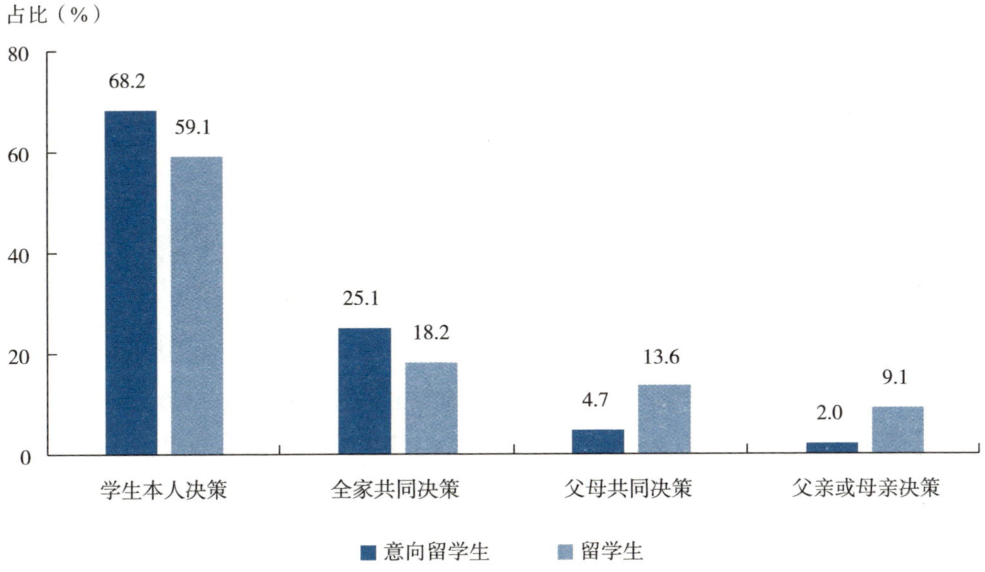

图1–21　2023年中国学生选择留学专业的决策方式

在意向留学生群体中，从 2022 年到 2023 年，留学专业由学生本人决策的占比从 46.7% 快速增长到 68.2%，而全家共同决策的占比则从 31.1% 下降到 25.0%，父母共同决策的占比从 17.0% 下降到了 4.7%（见表 1–6）。

表 1–6　中国学生选择留学专业的决策方式占比（意向留学生）　单位：%

年份	学生本人决策	全家共同决策	父母共同决策	父亲或母亲决策
2023	68.2	25.0	4.7	2.0
2022	46.7	31.1	17.0	5.2

如表 1–7 所示，从 2022 年到 2023 年，在留学生群体中，留学专业由学生本人决策的占比从 47.5% 快速增长到 59.1%，上升幅度低于意向留学生群体约 10 个百分点，而全家共同决策则从 31.4% 下降到 18.2%。结合调研数据可以推测，未来在留学专业决策中，学生的决策权和发言权将会更大。

表 1–7　中国学生选择留学专业的决策方式占比（留学生）　单位：%

年份	学生本人决策	全家共同决策	父母共同决策	父亲或母亲决策
2023	59.1	18.2	13.6	9.1
2022	47.5	31.4	12.6	8.5

第二节
留学选择更为多样化

随着我国经济的快速发展和国内各级教育资源的竞争压力越来越大，越来越多的学生开始考虑去国外完成基础教育或高等教育。这一趋势在当前更加明显，加之国内的就业形势变得越来越严峻，许多家长和学生认为，通过留学可以获得更好的教育资源和就业机会。进入 21 世纪以来，我国各级留学生的人数规模快速增长，当前这一趋势并没有减缓的迹象。同时，我国留学生的组成也越来越多样化，不同学业阶段的留学生都有所增加，尤其是选择初中和高中就留学的学生比例有所增加。这一趋势反映了家长和学生对优质教育资源的高度重视与需求。

一、本科阶段是家长心中最理想的留学阶段

根据 2023 年的调研数据可知，家长群体产生让子女留学想法的阶段有着较为明显的差异。具体而言，分别有 40.5%、24.6%、22.8%、10.1% 和 2.0% 的家长表示在初中阶段、高中阶段、本科阶段、小学阶段和研究生阶段产生了让子女留学的想法（见图 1–22）。

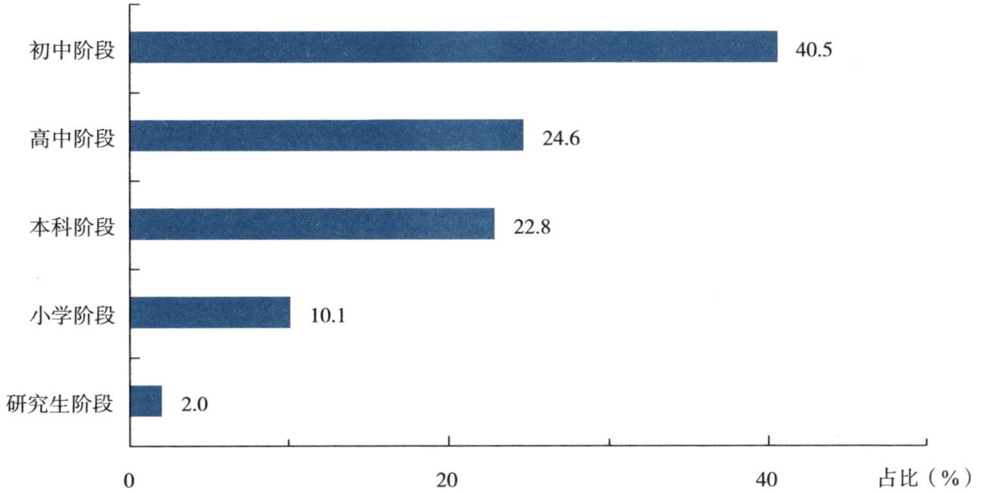

图 1–22　家长产生让子女留学想法的阶段

根据 2022 年的调研数据可知，分别有 36.9%、26.9%、16.2%、15.4%、4.6% 的家长在初中阶段、高中阶段、本科阶段、小学阶段、研究生阶段产生了让子女留学的想法（见表 1–8）。通过对比可知，2023 年，在初中阶段和本科阶段产生让子女留学想法的家长占比有了提高，而在小学阶段产生让子女留学想法的家长占比出现一定幅度的下降。

表 1–8　家长产生让子女留学想法的阶段占比　　单位：%

年份	小学阶段	初中阶段	高中阶段	本科阶段	研究生阶段
2023	10.1	40.5	24.6	22.8	2.0
2022	15.4	36.9	26.9	16.2	4.6

通过进一步分析调研数据，我们发现家长群体对子女最适合的留学阶段也有

着不同的看法，分别有 43.3%、36.7%、10.0%、6.7%、3.3% 的家长表示子女最适合的留学阶段是本科阶段、高中阶段、小学阶段、初中阶段、研究生阶段（见图 1-23）。

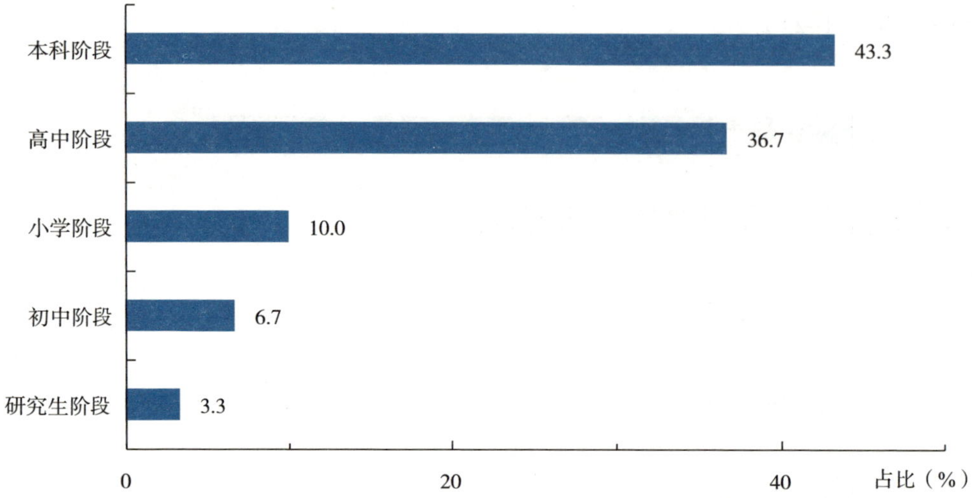

图 1-23 家长眼中最适合的留学阶段

根据 2022 年的调研数据可知，分别有 41.2%、40.3%、2.8%、9.2%、6.5% 的家长表示子女最适合的留学阶段是本科阶段、高中阶段、小学阶段、初中阶段、研究生阶段（见表 1-9）。从 2022 年到 2023 年，除了小学阶段的占比有较为明显的变化，其他阶段的占比没有明显的变化。

表 1-9 家长眼中最适合的留学阶段占比 单位：%

年份	小学阶段	初中阶段	高中阶段	本科阶段	研究生阶段
2023	10.0	6.7	36.7	43.3	3.3
2022	2.8	9.2	40.3	41.2	6.5

根据 2023 年的调研数据可知，分别有 54.9%、25.3%、13.0%、3.7%、3.1% 的学生在本科阶段、硕士研究生阶段、博士研究生阶段、高中阶段、工作以后产生了留学的想法（见图 1-24）。

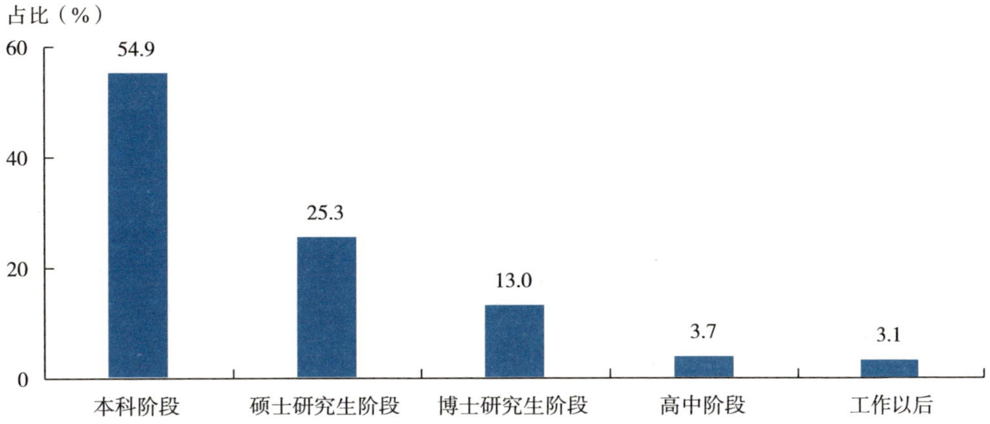

图 1–24　2023 年中国学生产生留学想法的阶段

二、研究生留学呈爆发式增长趋势

调研数据也反映出，留学时段的选择与个人的职业规划和发展有很大的关系。许多学生会在本科阶段选择留学，以拓宽自己的国际视野，提高语言能力，并为未来的职业发展打下良好的基础。而选择在研究生阶段留学的学生，更多考虑的是自己的专业发展和研究兴趣，希望在海外学府深造，拓宽自己的学术视野。

在意向留学生群体中，硕士研究生阶段是最受欢迎的留学时段，占比高达 58.8%；其次是本科阶段，占比为 20.9%（见图 1–25）。博士研究生阶段和高中阶段的占比相对较低，分别为 14.2% 和 2.7%。硕士研究生阶段的留学热度有非常明显的上升趋势。

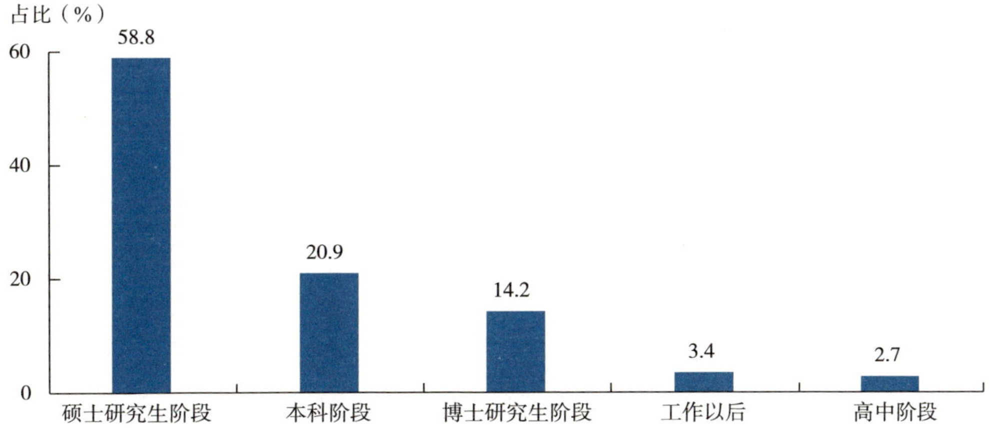

图 1–25　2023 年意向留学生计划的留学阶段

三、英国留学热度超过美国

根据 2023 年的调研数据可知，最受家长群体欢迎的五个求学目的地分别是美国（58.4%）、英国（51.5%）、加拿大（47.3%）、澳大利亚（46.3%）、新加坡（41.9%）；最受学生群体欢迎的五个求学目的地分别是美国（56.2%）、英国（49.1%）、加拿大（37.1%）、澳大利亚（32.4%）、新加坡（27.0%）（见图 1–26）。根据 2022 年调研数据可知，在最受中国家长青睐的求学目的地中，排名前五的分别是美国（65.2%）、英国（61.5%）、加拿大（47.3%）、澳大利亚（46.3%）和德国（42.4%）；在最受中国学生青睐的求学目的地中，排名前五的分别是美国（53.2%）、英国（51.9%）、澳大利亚（37.1%）、加拿大（32.4%）和新加坡（27.0%）。整体来看，美国和英国仍是最受中国家长和学生欢迎的求学目的地。与 2022 年的调研数据相比，2023 年略有变化。2022 年，美国、英国、加拿大、澳大利亚和德国是最受中国家长青睐的求学目的地，而在 2023 年，新加坡进入了家长最青睐的求学目的地之列。此外，法国也成为一些家长和学生的选择。

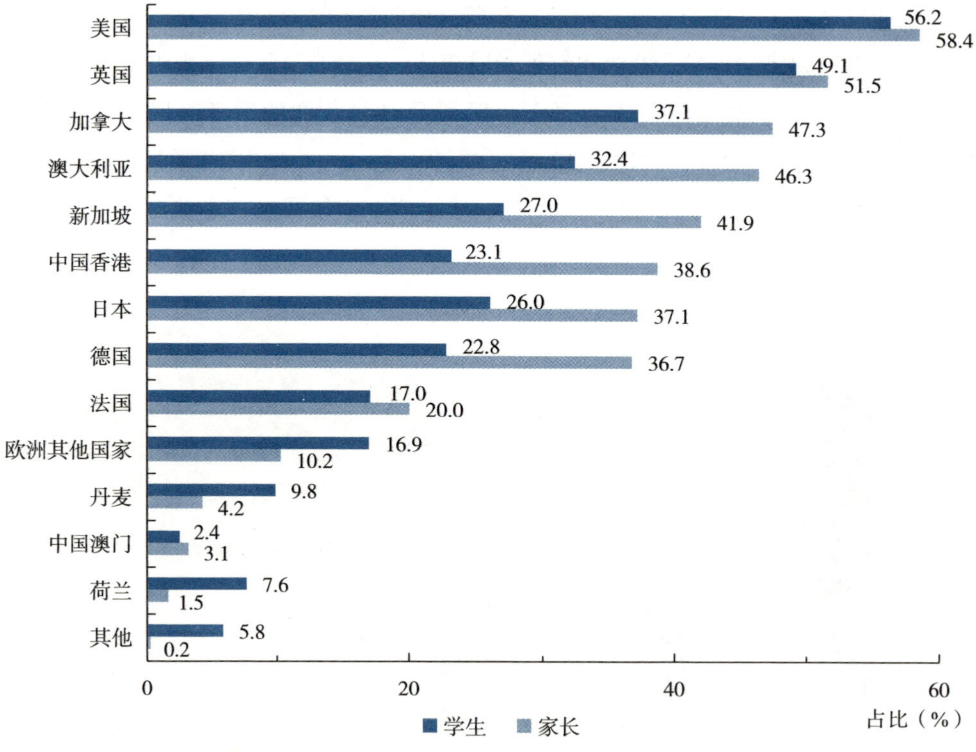

图 1–26　中国学生和家长青睐的求学目的地

2023 年的调研数据显示，在意向留学生群体计划前往的求学目的地中，排名前五的分别是英国（49.3%）、美国（45.3%）、澳大利亚（25.0%）、新加坡（20.9%）、加拿大（18.2%）（见图 1–27）。这些国家一直是中国学生的热门求学目的地，但是它们的排名在过去几年中有所变化。2022 年，英国位居榜首，其次是美国、澳大利亚和加拿大。虽然这四个国家仍然受到中国留学生的青睐，但是它们的热度正在逐渐下降，新加坡的热度则有所上升。

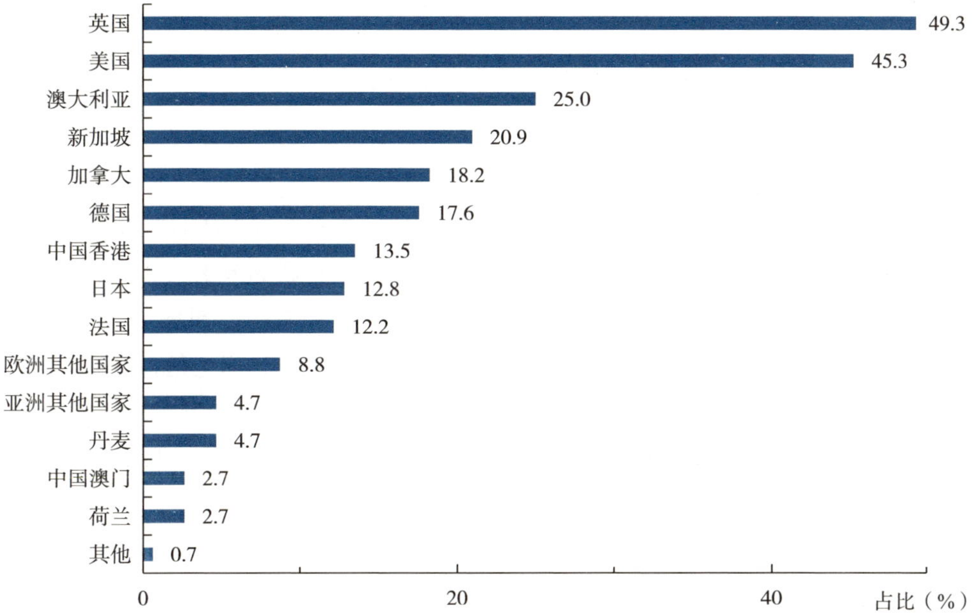

图 1–27　意向留学生计划前往的求学目的地

在这些国家与地区中，英国是中国学生的首选，有 49.3% 的意向留学生计划前往英国留学，因为英国的高质量教育、签证政策、语言环境和文化对他们有较大的吸引力。紧随英国之后的是美国，有 45.3% 的意向留学生计划前往美国留学。美国的高水平教育、科技创新、文化多样性和就业机会吸引了众多中国留学生。然而，美国的签证政策较严和生活成本较高。澳大利亚排名第三，有 25.0% 的意向留学生计划前往澳大利亚留学。澳大利亚拥有世界一流的教育体系、宽松的签证政策、美丽的自然环境和多元的文化，因而吸引了越来越多的中国学生。新加坡排名第四，有 20.9% 的意向留学生计划前往新加坡留学。新加坡拥有较高的教育质量和科技创新水平、良好的生活环境和治安水平，是一个非常适合留学的目的地。加拿大排名第五，有 18.2% 的意向留学生计划前往加拿大留学。加拿大的教育质量和生活环境都非常好，而且签证政策相对宽松，使其成为很多中国学生的选择。

德国、中国香港、日本和法国这四个求学目的地也受到了中国学生的青睐。有 17.6% 的意向留学生计划前往德国留学，这主要是因为德国的高水平教育和科技创新吸引了很多中国学生。中国香港排名第七，有 13.5% 的内地学生计划前往香港求学，这主要是因为香港的文化、地理位置和语言环境优势。日本排名第八，有 12.8% 的意向留学生计划前往日本留学，这主要是因为日本的高水平教育和文化吸引了很多中国学生。法国排名第九，有 12.2% 的意向留学生计划前往法国留学，这主要是因为法国的文化和艺术氛围吸引了很多中国学生。

四、亚洲国家与地区的留学热度持续

中国学生的意向求学目的地的排名和变化趋势一直是备受关注的话题。在 2020 年的调研数据中，我们可以看到，15.1% 的意向留学生将新加坡纳入计划求学的目的地名单，而日本和中国港澳地区的占比分别为 13.5% 和 9.1%（见图 1–28）。这三个亚洲求学目的地虽然在整个留学市场中并不是排名前列的，但也是备受关注的热门求学目的地。在 2022 年的调研数据中，我们可以看到这三个亚洲求学目的地的占比有了明显上升，分别为 22.2%、18.0% 和 18.6%。这意味着越来越多的中国家长和学生开始将新加坡、日本和中国港澳地区纳入计划求学的目的地名单。

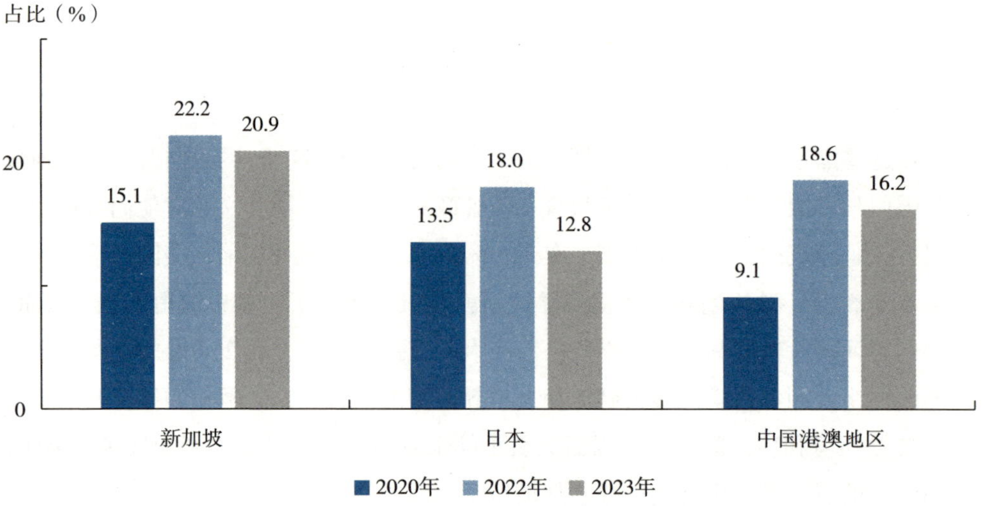

图 1–28　意向留学生对亚洲国家与地区的倾向度

这一趋势的形成原因可能是多方面的，包括这些国家与地区在教育质量、生活环境、签证政策和留学费用等方面的优势。在 2023 年的调研数据中，我们可以看到选择将日本作为求学目的地的意向留学生占比有所下降。这可能与日本留学市场的饱和，以及其他国家与地区的竞争力不断提高有关。从 2020 年到 2022 年，中国家长和学生对求学目的地的选择并没有发生结构性的变化，但是从 2022 年到 2023 年，我们可以看到这一选择有了明显的变化。

图 1–29 显示了中国家长群体对送子女去亚洲国家与地区求学的意向变迁状况。根据家长群体的反馈，他们对送子女到新加坡、日本和中国港澳地区求学的意向占比都有较大幅度的上升。新加坡是亚洲地区对中国家长吸引力最大的，从 2020 年到 2023 年，占比从 21.4% 一路上升到了 41.9%。这说明新加坡在中国家长心目中的留学价值和吸引力不断提高。

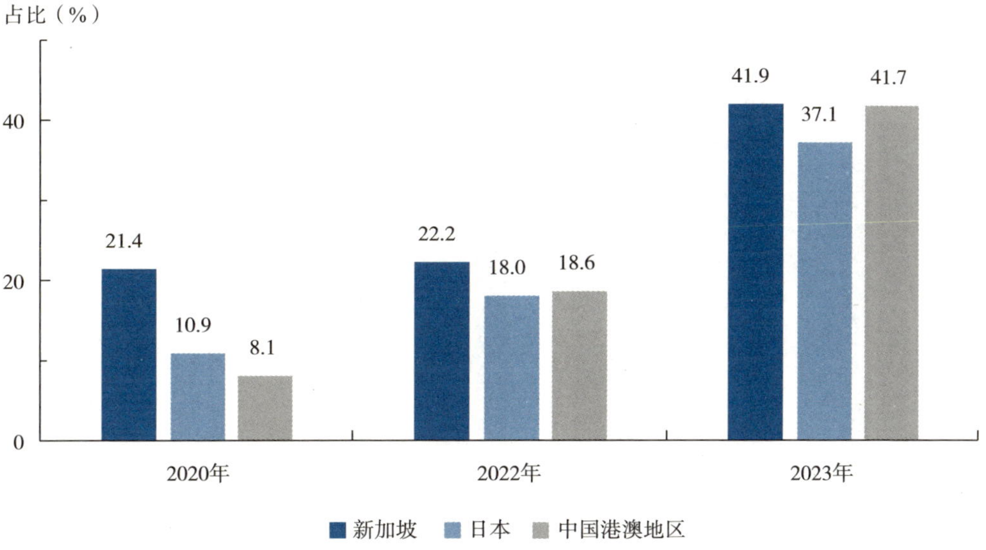

图 1–29　中国家长对亚洲国家与地区的倾向度

中国家长对日本的青睐度也有所提升，占比从 2020 年的 10.9% 上升到了 2022 年的 18.0%，在 2023 年上升到了 37.1%。这说明日本在中国家长心目中的留学价值和吸引力也在快速提高。日本作为一个高度发达的经济体，其高水平的教育体系和研究机构在全球范围内享有很高的声誉。

中国家长对中国港澳地区的认可度有了较大幅度的提升，占比从 2020 年的

8.1% 上升到了 2022 年的 18.6%，在 2023 年更是增长至 41.7%。中国港澳地区作为中国的特别行政区，其高水平的教育体系和研究机构受到了广泛的认可。

五、学生择校更关注学校的声誉与排名

2023 年的调研数据显示（见图 1–30），中国学生在选择留学院校时，QS 排名前 100、英国 TOP20、QS 排名前 50 的学校是他们青睐的学校类型。在学生样本中，35.9% 的学生表示他们计划申请 QS 排名前 100 的学校，34.7% 的学生计划申请英国 TOP20 的学校，29.4% 的学生计划申请 QS 排名前 50 的学校。这些数据表明，中国学生对学校排名十分看重，并且越来越多的学生希望能够申请到排名更靠前的学校。

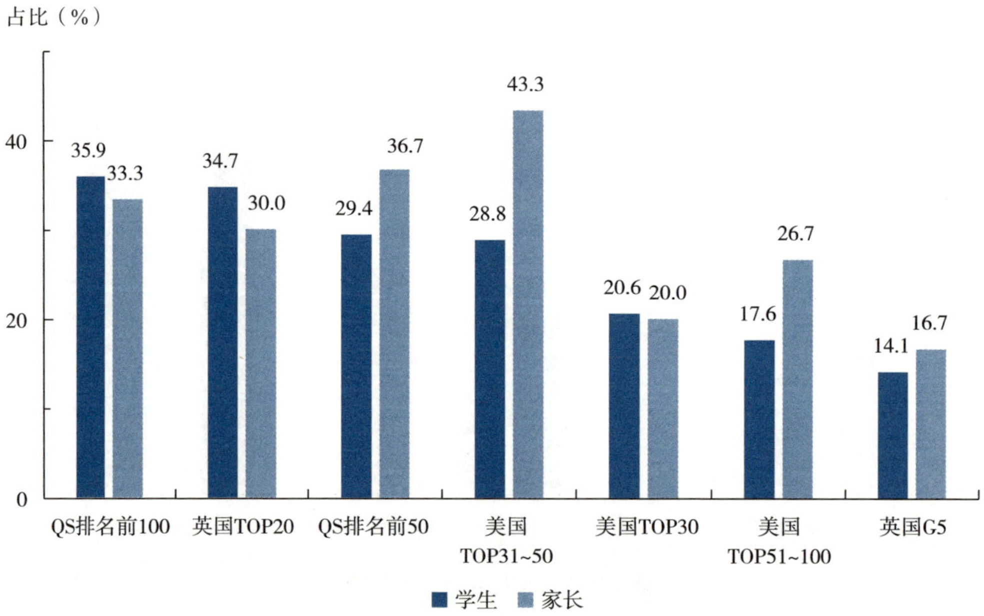

图 1–30　中国家长和学生对留学院校的选择偏好

与 2022 年相比，QS 排名前 100、英国 TOP20、QS 排名前 50 三类学校的占比有所下降，但仍然是最受中国学生欢迎的学校类型。2022 年，41.0% 的学生计划申请 QS 排名前 100 的学校，42.0% 的学生计划申请英国 TOP20 的学校，35.6% 的学生计划申请 QS 排名前 50 的学校。除此之外，其他四类学校的占比由高到低依次是美国 TOP30（31.6%）、美国 TOP31 ~ 50（30.3%）、美国 TOP51 ~ 100（27.3%）、英

国 G5（26.5%）。

在 2023 年的调研数据中，家长反馈其子女选择的留学院校发生了一些变化。美国 TOP31～50、QS 排名前 50、QS 排名前 100 的学校名列前三，占比分别为 43.3%、36.7%、33.3%。而在 2022 年，53.9%、52.9% 和 51.6% 的家长表示，其子女计划申请的学校为英国 TOP20、QS 排名前 100 和美国 TOP31～50。其他四类学校的占比从高到低依次是美国 TOP30（47.2%）、QS 排名前 50（47.1%）、美国 TOP51～100（44.5%）和英国 G5（41.5%）。

2023 年的调研数据显示（见图 1–31），最受意向留学生群体欢迎的三类学校分别是 QS 排名前 100（35.8%）、QS 排名前 50（31.8%）、英国 TOP20（31.8%）。与此同时，其他类型学校的受欢迎度依次是美国 TOP31～50（29.7%）、美国 TOP30（19.6%）、美国 TOP51～100（16.9%）和英国 G5（14.9%）。与 2022 年相比，QS 排名前 100、英国 TOP20 的学校在意向留学生群体中的受欢迎度有所下降，而 Q5 排名前 50、美国 TOP31～50 的受欢迎度则有所上升。中国学生在选择留学院校时越来越注重大学的排名和声誉，而不再仅仅关注国家和地区的整体留学市场。

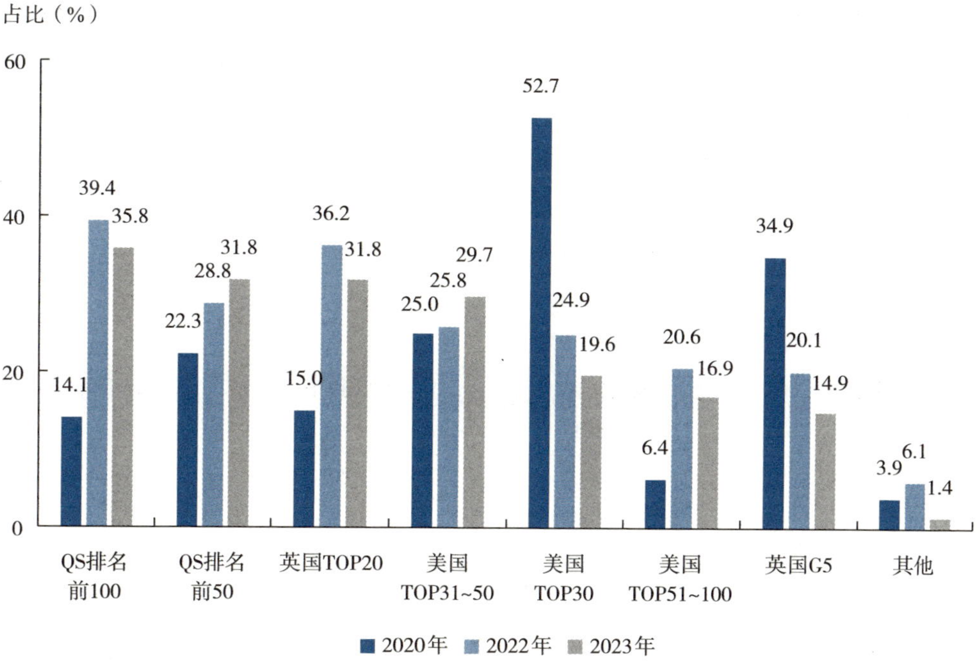

图 1–31　意向留学生计划申请的目标学校

值得注意的是，2020 年的调研数据显示，意向留学生计划申请的目标学校类型占比由高到低分别是美国 TOP30、英国 G5、美国 TOP31 ~ 50、QS 排名前 50、英国 TOP20、QS 排名前 100、美国 TOP51 ~ 100。与 2023 年的数据相比，我们可以看到，2020 年中国学生对美国 TOP30 学校的兴趣最高，而对 QS 排名前 100 学校的兴趣较低。然而，2022 年和 2023 年，QS 排名前 100 的学校又重新成为中国学生的热门选择之一。

2020 年，意向留学生计划申请的学校类型主要集中于英美的顶级名校，比如美国 TOP30 和英国 G5。到 2022 年，意向留学生计划申请的学校类型则相对分散，且选择排名相对靠后的院校的学生比例有所上升，比如 QS 排名前 100 和美国 TOP51 ~ 100。中国意向留学生对名校的青睐度有所下降，开始更加理性地制订自己的留学计划，注重选择适合自己的学校。

第三节 影响留学的因素呈现多元趋势

留学决策已经成为越来越多中国家庭都可能面临的重要决策，需要从不同维度进行全方位、多角度考量。本次调研主要从经济、教育和国际形势三个维度出发，来探讨家长及学生在做留学决策时主要考虑的因素。在经济维度，相比于生活开销少和奖学金易获得，学生和家长均认为学费合理是主要的考量因素（见表 1–10）。每个家庭的经济状况各不相同，可以承担的留学费用也不一样，因此在做留学决策时，学生和家长需要根据家庭经济状况来进行考虑和规划。

表 1–10 学生和家长做留学决策时考虑的因素

维度	考虑的因素	学生排序	家长排序
经济维度	学费合理	1	1
	生活开销少	2	3
	奖学金易获得	3	2
教育维度	教育质量	1	2
	国内认可度	2	1
	专业优势	3	3
	学制长短	4	4

（续表）

维度	考虑的因素	学生排序	家长排序
国际形势维度	国家和地区的综合实力	1	1
	留学国家和地区的文化吸引力	2	3
	国际局势或双边国际关系	3	2
	留学城市的国际化程度	4	4
	易获得移民权	5	5

当前国际形势呈现出局部地区动荡和武装冲突爆发的态势，国家和地区的综合实力在一定程度上影响学生和家长的留学决策。英国大学和学院招生服务中心（UCAS）公布的2023年英国本科申请数据显示，总申请人数（596 590人）低于2022年（610 720人），其中中国的申请者共27 710人，较2022年减少1 220人，但中国申请者在非欧盟申请者中占比最多，约为总人数的29.4%，且连续10年蝉联第一。这说明无论国际形势如何变化，只要我国支持留学的态度和政策不变，其造成的影响就是暂时的，留学的大趋势不会发生改变。

随着中国经济的快速发展，留学生的移民意向趋于平稳。多年前，移民意向是影响留学的主要因素之一。然而，随着中国经济的快速发展和国内就业市场的不断扩大，越来越多的留学生希望在国内获得优质的工作机会，而不是移民到海外。因此，易获得移民权、留学城市的国际化程度已经不再是留学生群体的主要考虑因素。

总的来说，在当前的国际形势下，中国学生的留学意愿依然不减。在选择求学目的地时，他们会考虑多个因素，包括教育质量、生活环境、签证政策和留学费用等，同时越来越重视国际化教育和跨文化交流的机会。在做留学决策时，每个学生都应该从不同的维度进行全方位、多角度考量，选择适合自己的求学目的地、学校和专业，以获得更好的留学体验和成长机会。

一、教育质量是家长和学生选择求学目的地时最关注的因素

在选择留学的学生规模越来越大的同时，选择求学目的地的原因也越来越多元化。根据2023年调研数据可知，分别有66.5%、56.5%、40.6%、37.6%、35.3%的学生表示自己在选择求学目的地时主要考虑的因素为教育水平高、综合实力强、科技发达、整体较安全、名校多（见图1–32）。和中国的外交关系较好（11.2%）、获取居住权与移民较容易（2.9%）、学时较短（12.0%）三个因素对他们选择求学目的地的影响较小。根据家长群体的反馈，其子女在选择求学目的地时主要考虑的因素

依次是教育水平高（80.0%）、综合实力强（73.3%）、科技发达（63.3%）、整体较安全（57.6%）、留学生政策包容（51.7%）。而获取居住权与移民较容易（19.7%）、学费较便宜（17.4%）、学时较短（15.8%）三个因素对其子女选择求学目的地的影响较小。

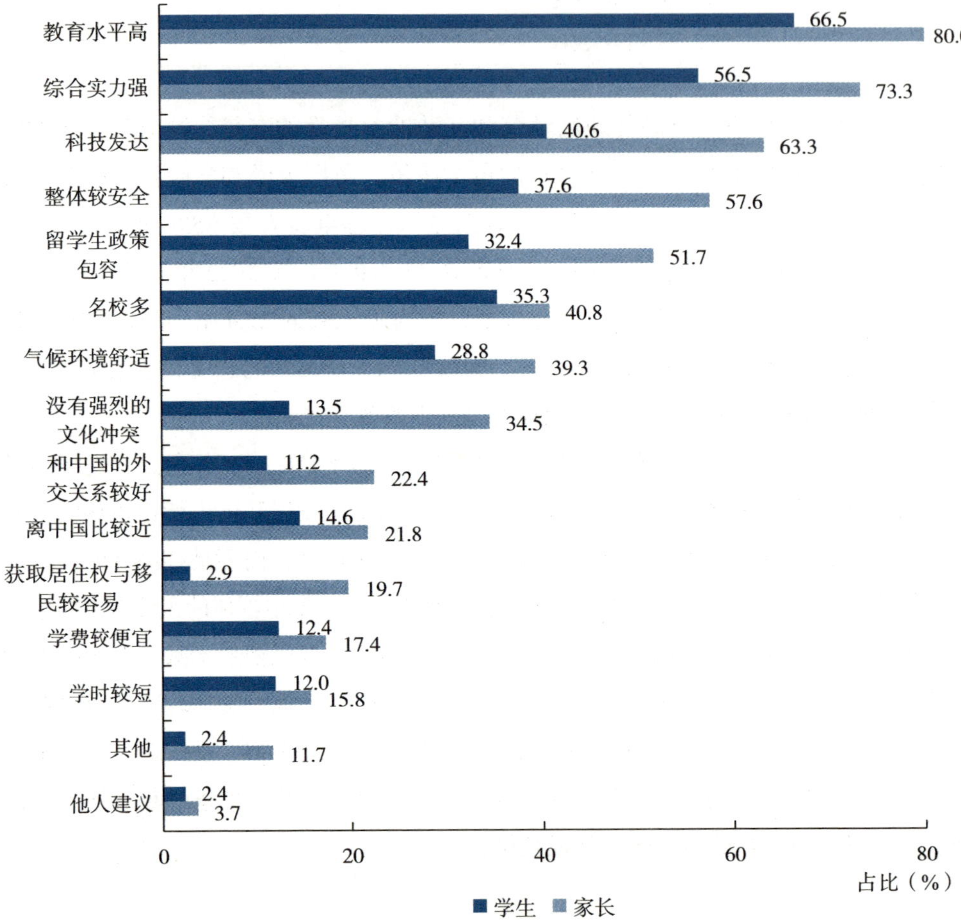

图 1–32　中国学生和家长选择求学目的地的影响因素

但是，这些因素并不是固定的。随着社会的发展和人们需求的变化，其他因素也在逐渐影响着学生的选择。比如，国际化教育和跨文化交流的机会，也是越来越多的学生考虑的因素。这些因素可以帮助学生更好地了解和适应不同的文化和社会环境，提高他们的综合素质和竞争力。此外，学生的选择也受到各国政策的影响。一些国家推出了优惠政策来吸引留学生，比如提供奖学金、减免学费等。这些政策可以降低留学费用，减轻家庭经济负担，同时可以提升学生的生活品质和学习效果。

根据2023年调研数据可知，影响意向留学生群体和留学生群体选择求学目的地的因素存在一定差异。在意向留学生群体中，影响他们选择求学目的地的前五个因素分别是教育水平高（66.9%）、综合实力强（55.4%）、科技发达（41.2%）、整体较安全（37.8%）、名校多（35.1%）。在留学生群体中，影响他们选择求学目的地的前五个因素依次是教育水平高（63.6%）、科技发达（60.0%）、综合实力强（57.6%）、名校多（39.2%）、整体较安全（37.5%）（见图1-33）。对意向留学生群体和留学生群体选择求学目的地影响程度较低的三个因素分别是学费较便宜、他人建议、学时较短。

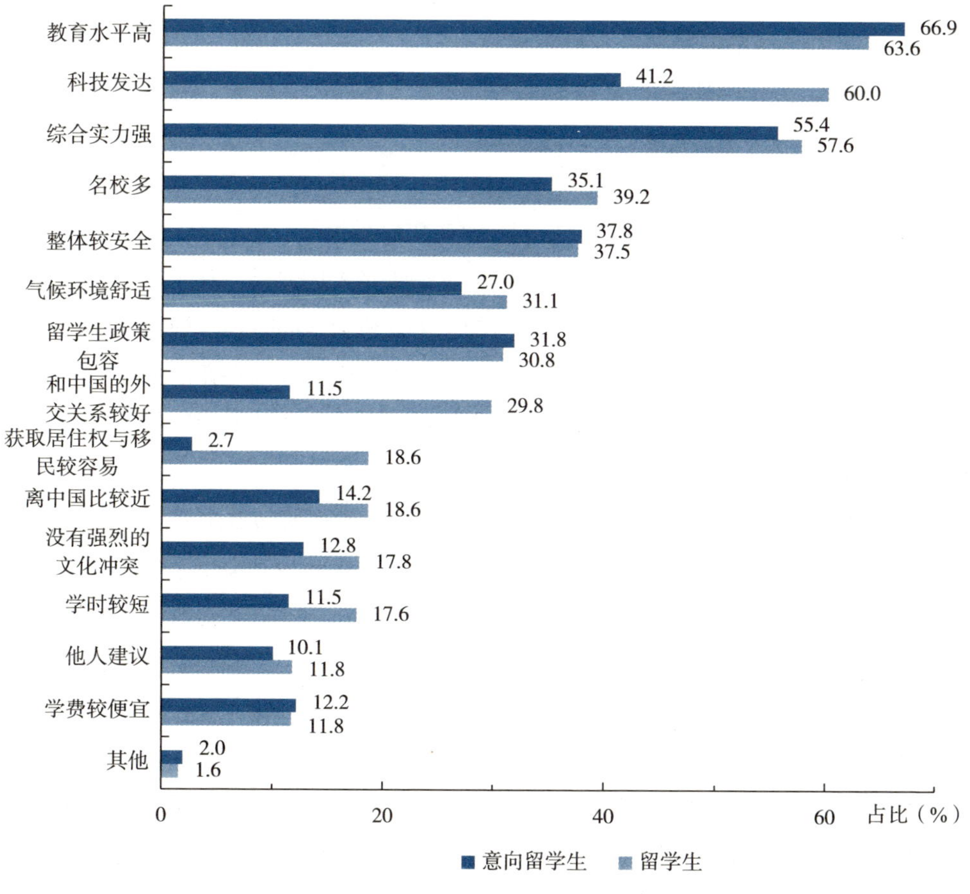

图1-33 中国学生选择求学目的地的影响因素

首先，教育水平高是影响两类学生选择求学目的地的最大因素。这是因为学生在选择求学目的地时，普遍会考虑该国或该地区的教育水平，希望借助较高的教育水平来提高自身的学术水平和优化职业前景。其次，综合实力强是影响两类学生选择求学目的地的第二大因素。综合实力强的国家或地区往往拥有更好的经济和社会环境，能够提供更好的学习和生活条件。最后，科技发达是影响两类学生选择求学目的地的第三大因素。科技发达的国家或地区往往能够提供更好的学习和研究环境，因此受到留学生的青睐。

然而，相比意向留学生群体，留学生群体在选择求学目的地时更加看重名校多这一因素，因为名校往往代表着高水平的教育和优秀的师资力量，不仅能够提供更好的学习和研究环境，还能够为学生的未来职业发展提供更好的机会。

意向留学生群体则更加看重求学目的地的安全程度。意向留学生往往会选择去相对安全的国家或地区留学，以此来保障自身的人身安全和财产安全。学费较便宜、他人建议、学时较短等因素虽然不是影响学生做出选择的主要因素，但在一定程度上也会影响学生的选择。

二、获得国际化教育经历是中国学生选择留学的主要动机

随着全球化的不断发展，留学已经成为越来越多人的选择。对于许多选择留学的学生而言，留学是增长见识和拓宽视野的一个好机会，同时是一种提高自身实力和能力的理性选择。与国内的教育体系、教育理念和教育环境存在巨大差别的国外的教育体系、教育理念和教育环境，为学生提供了更为广阔的发展空间和更为多元的学习机会。

如图 1–34 所示，家长群体认为其子女选择留学最重要的五个原因分别是拓宽国际视野（65.7%）、获得国际化教育经历（62.8%）、接受多元文化（61.8%）、提高自身实力（58.2%）、国外高校选择多 / 教育质量好（56.1%）。学生群体也明确表示他们选择留学最重要的五个原因分别是获得国际化教育经历（60.6%）、拓宽国际视野（59.4%）、接受多元文化（57.6%）、提高自身实力（51.8%）、国外高校选择多 / 教育质量好（49.4%）。

如图 1–35 所示，留学生群体和意向留学生群体选择留学的原因存在一定的差异。2023 年，留学生群体表示吸引他们留学最重要的五个因素分别是获得国际化教育经历（64.5%）、国外高校选择多 / 教育质量好（62.3%）、国内升学竞争激烈（61.3%）、接受多元文化（58.9%）、提高自身实力（52.5%）。意向留学生明确表示，

获得国际化教育经历（68.5%）、国外高校选择多 / 教育质量好（65.8%）、国内升学竞争激烈（59.1%）、拓宽国际视野（54.1%）、接受多元文化（50.7%）是他们选择留学的重要考量因素。

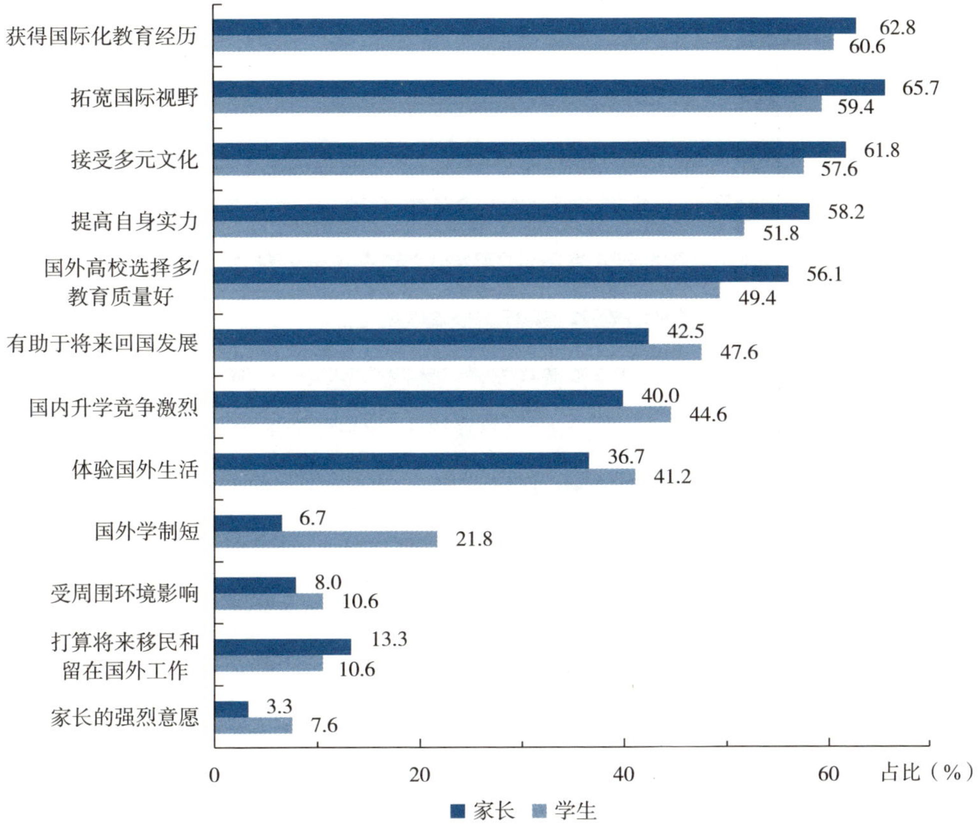

图 1-34　中国家长和学生选择留学的原因

对留学生群体而言，影响他们留学选择最小的三个因素分别是受周围环境影响（18.2%）、提高外语能力（33.3%）、家长的强烈意愿（35.6%）。对意向留学生群体而言，影响他们留学选择最小的三个因素分别是家长的强烈意愿（6.1%）、打算将来移民和留在国外工作（8.8%）、受周围环境影响（9.5%）。

随着全球化的发展，学生对接受多元文化的需求不断增加。结合 2022 年的调研数据可知，2023 年的学生群体更加注重获得国际化教育经历和接受多元文化，也开始更加注重国外高校的多样性和教育质量。随着全球高等教育市场的竞争不断加剧，他们对教育质量的关注度也在不断提高。从调研数据可以发现，对于留学生群体和意向留学生群体而言，家长的强烈意愿对留学的影响力逐渐下降。这也反映出，随着留学市场的不断发展，学生选择留学，不再单纯是家长意愿的体现。而意向留学生群体对移民和在国外工作的意愿也有所降低，这可能是由于国内的就业市场不断发展，他们对在国内就业的信心不断增强。

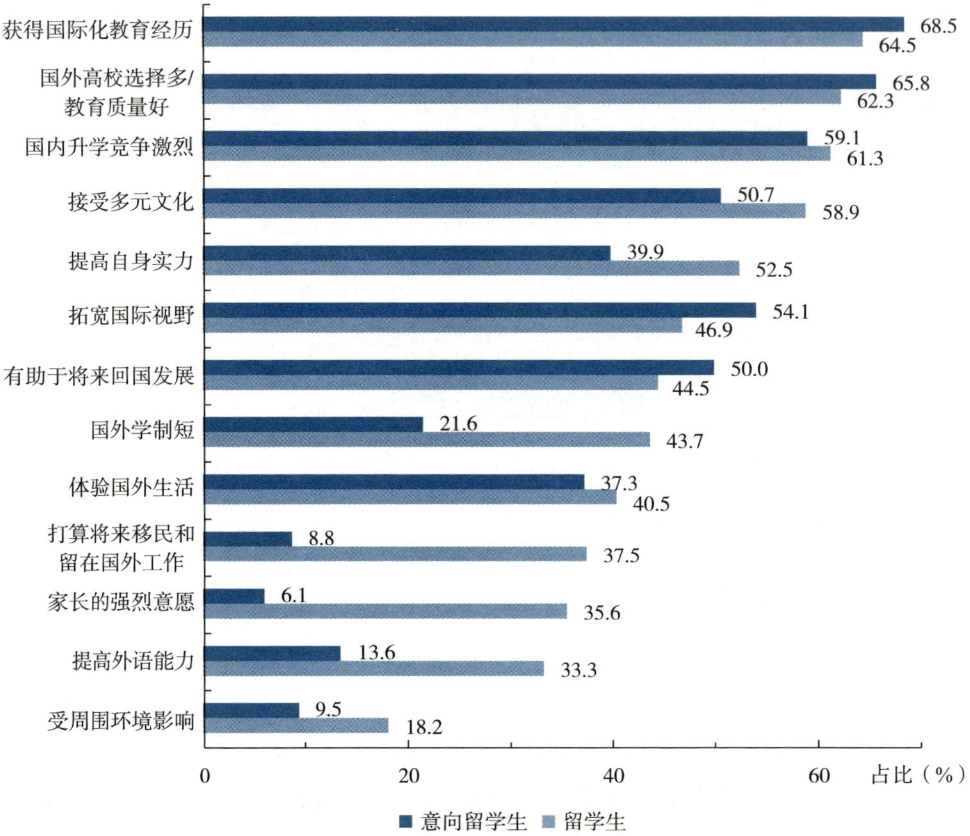

图 1–35 中国学生选择留学的原因

留学对于学生而言，仍然是一种非常有吸引力的教育方式。留学生群体和意向留学生群体选择留学的原因存在一定的差异，但他们都注重获得国际化教育经历、接受多元文化和拓宽国际视野等。虽然留学存在成本和风险，但只要选择适合自己的国家、学校和专业，充分了解目标国家的文化和教育环境，留学仍然是一种非常值得尝试的教育方式。

三、学校综合排名成为中国学生择校时最看重的因素

随着留学生数量的不断增加，选择留学学校也变得越来越重要。2023 年的调研数据显示（见图 1–36），家长群体认为影响他们子女选择留学学校的前六个因素分别是学校综合排名（78.0%）、国内认知度（75.3%）、学校课程体系（70.5%）、学校专业排名（65.7%）、师资力量（实验室 / 导师）（62.2%）、学校所在地区的安全程度（60.0%）。学生群体反馈，他们在选择留学学校时最看重的六个因素分别是学校综合排名（77.1%）、国内认知度（71.2%）、学校课程体系（66.5%）、学校专业排名（57.1%）、师资力量（实验室 / 导师）（52.4%）、学校所在地区的安全程度（49.4%）。

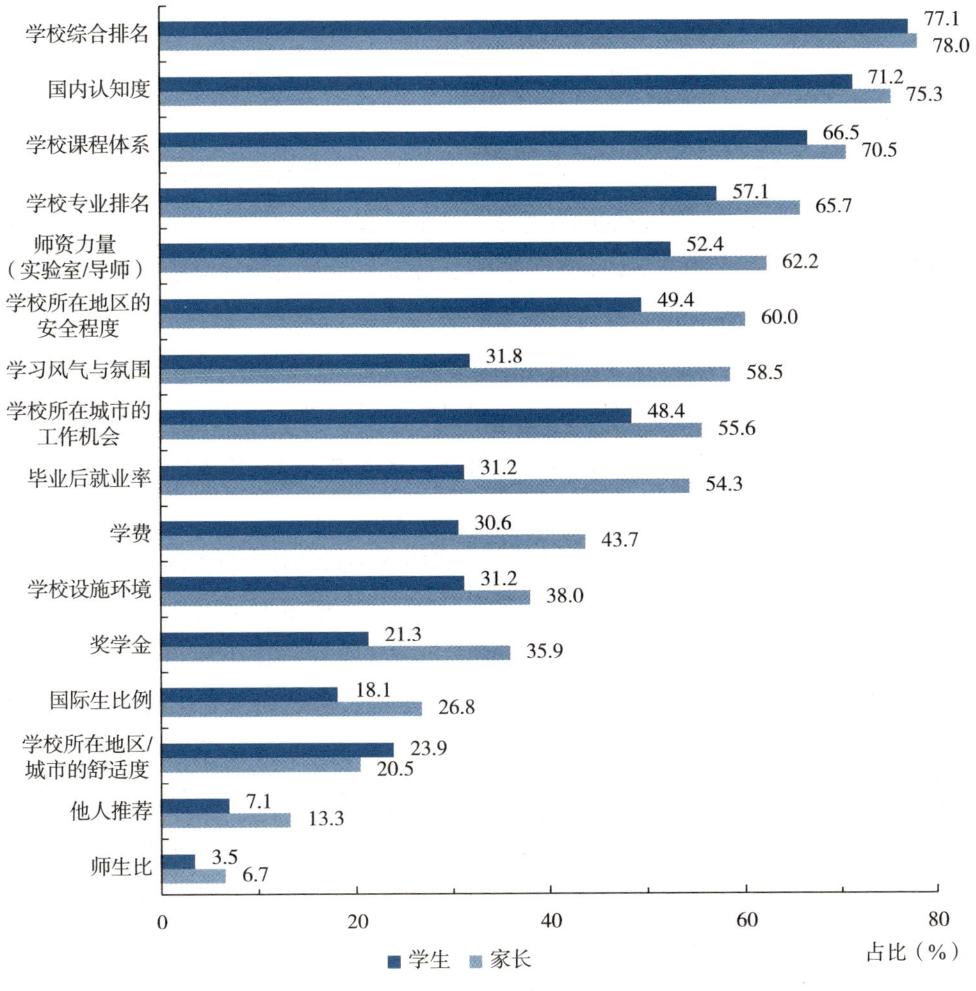

图 1–36　中国家长和学生选择留学学校的影响因素

影响家长群体和学生群体选择留学学校的因素排名基本一致，但这六个因素对家长群体和学生群体的影响程度存在差异，对学生群体的影响程度更低，对家长群体的影响程度则更高。

首先，学校综合排名、学校课程体系和学校专业排名是中国学生与家长在选择留学学校时非常看重的因素。不难理解，学校综合排名通常可以反映出学校的教学质量、师资力量、科研实力和学术声誉，而这些都是学生和家长在选择留学学校时需要考虑的。此外，学生会关注学校在自己所学专业领域的声誉和实力，以确保自己能够获得最好的学习资源和职业发展机会。

其次，国内认知度也是影响中国学生和家长选择留学学校的重要因素之一。在中国，许多家长和学生更愿意选择那些国内认知度高的学校，因为这些学校的教育质量和学术声誉更有保障。此外，国内认知度高的学校也有更多的交流机会和职业发展机会。

再次，师资力量（实验室 / 导师）也是影响中国学生和家长选择留学学校的重要因素之一。学生会关注学校的师资力量、导师的背景和实验室的设备等，以确保自己能够获得最好的学习和科研机会。良好的师资力量和实验室设备可以帮助学生更好地掌握知识和技能，提高自己的学术水平和职业竞争力。

最后，学校所在地区的安全程度是中国学生和家长选择留学学校时较为看重的因素之一。在选择求学目的地时，安全是最基本的要求之一。学生和家长会关注目的地的治安情况、政治稳定性以及社会环境等，这些都会直接影响到学生的生活和学习质量。

对于即将留学的学生而言，选择一个合适的求学目的地和学校是非常重要的。根据 2023 年的调研数据可知（见图 1–37），学校综合排名（70.9%）、学校专业排名（60.8%）、国内认知度（57.4%）、学校所在地区的安全程度（56.0%）、学校所在地区 / 城市的舒适度（54.7%）、学费（50.7%）等因素是意向留学生群体在择校时的重要考量因素。毕竟学校综合排名反映的是学校的整体教学质量和学术水平，因此，学生和家长往往会参考学校综合排名来决定选择哪所学校。此外，学校专业排名也是学生在选择留学学校时考虑的重要因素之一。不同的学生关注的专业排名也会有所不同，例如，一些学生更加注重商科专业的排名，另一些学生则更加注重理工科专业的排名。留学费用通常是一笔不小的开支，因此，学生和家长往往会比较不同学校的学费，选择一个相对合适的留学学校。

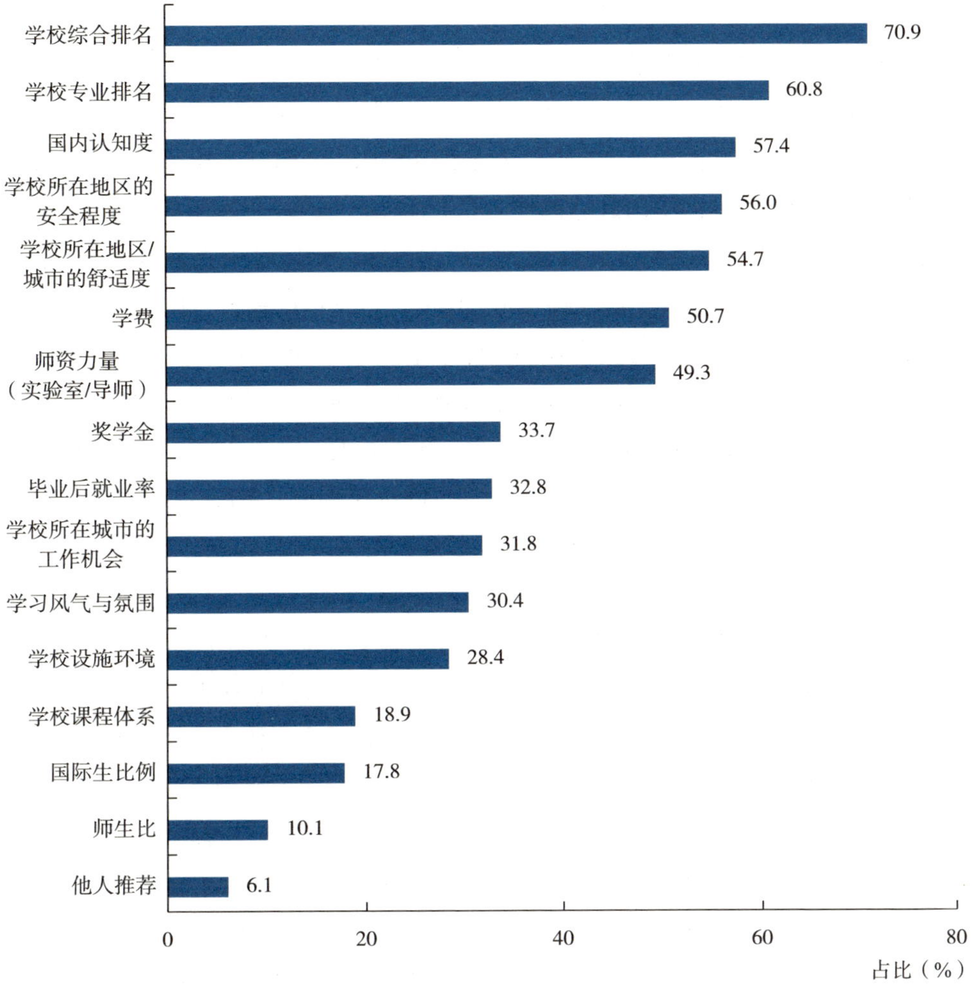

图 1–37　意向留学生选择留学学校的影响因素

意向留学生群体在选择留学学校时最不看重的五个因素分别是他人推荐（6.1%）、师生比（10.1%）、国际生比例（17.8%）、学校课程体系（18.9%）、学校设施环境（28.4%）。这些因素虽然不是意向留学生在选择留学学校时最看重的因素，但是对他们的留学生活质量和学习效果有很大的影响。例如，师生比和学校课程体系都是影响学习效果的重要因素，学生在选择留学学校时应该更加注重这些因素。此外，学校设施环境是影响留学生活质量的重要因素之一，学生应该选择设施完备、舒适安全的学校。

四、STEM、商科和社科类专业是三大主流专业

《2022 美国门户开放报告》显示，2021—2022 年度，前往美国留学的国际学生总人数为 948 519 人，较上一学年增长 3.8%。中国依旧是美国最大的国际学生生源地，以 290 086 人占在美国际学生总数的 30.6%。中国赴美攻读研究生学位的留学生为 123 182 人，占中国赴美留学生总数的 42.5%，较上一学年上升了 3.6%。但报告显示，2021—2022 年度，就读三大热门专业的国际学生人数有所变化：数学和计算机类专业的国际学生人数（200 301 人）增长幅度较大，比上一学年增长了 10%，占比为 21.1%；工程类专业的国际学生人数（188 194 人）减少 1.3%，占比为 19.8%；商业管理类专业的国际学生人数（147 293 人）增长了 1.1%，占比为 15.5%。另外，社科类专业的国际学生人数（78 770 人）增长 3.1%，占比为 8.3%；物理和生命科学类专业的国际学生人数（78 712 人）增长 4.9%，占比为 8.3%。在 2022 年，有 52.6% 的留学生选择 STEM① 领域的专业，比上一年度下降了 1.4 个百分点。

2023 年的调研数据显示（见图 1–38），分别有 45.1%、23.8%、12.7%、10.9%、5.4%、2.1% 的家长表示其子女选择了 STEM 类专业、商科类专业、社会科学类专业、医科类专业、人文学科类专业、艺术类专业。在学生群体中，STEM 类专业占比为 44.1%，商科类专业占比为 21.2%，人文学科类专业占比为 12.3%，医科类专业占比为 9.4%，社会科学类专业占比为 7.9%，艺术类专业占比为 5.1%。

2022 年，在家长群体中，STEM 类专业、商科类专业、社会科学类专业、医科类专业、人文学科类专业和艺术类专业分别占到了 39.1%、28.9%、10.7%、9.9%、6.4% 和 5.1%。在学生群体中，STEM 类专业占比为 35.1%，商科类专业占比为 23.9%，医科类专业占比为 8.3%，人文学科类专业占比为 17.6%，社会科学类专业占比为 7.9%，艺术类专业占比为 7.1%。可以看出，STEM 类专业在两次调研中都是最受欢迎的专业之一。这并不令人意外，因为 STEM 类专业在国际上一直都备受关注。STEM 类专业的学习内容涉及科学、技术、工程和数学领域，这些领域在现代社会中发挥着至关重要的作用。STEM 类专业的留学生往往可以获得更广泛的就业机会和更高的薪资待遇。

---

① STEM 是 Science（科学）、Technology（技术）、Engineering（工程）、Mathematics（数学）四个英文单词首字母的缩写。

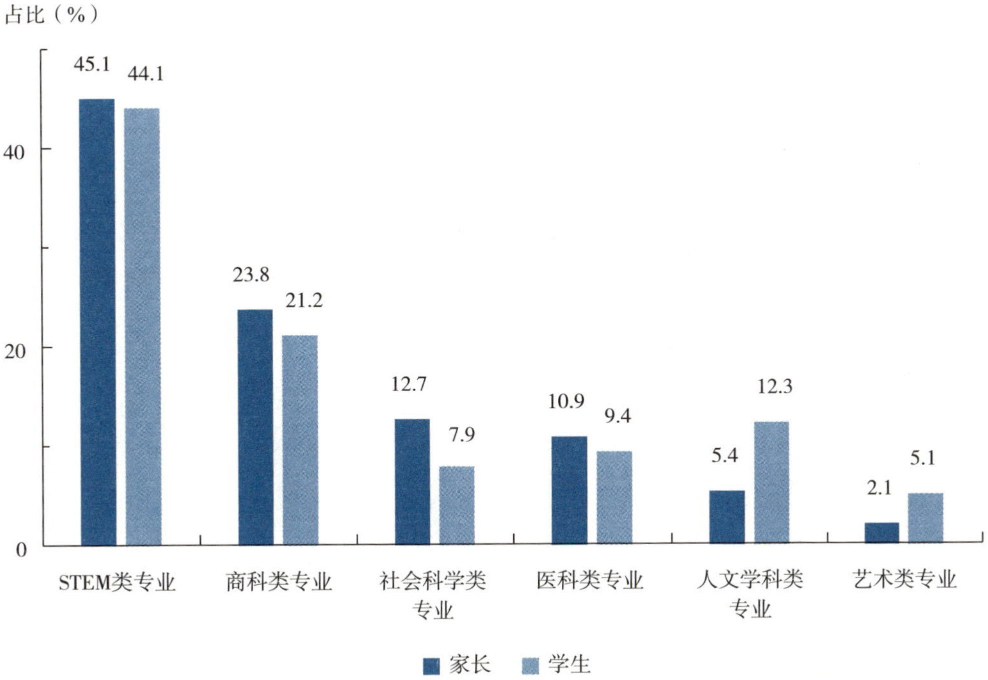

图 1–38　中国家长和学生对留学专业的选择

随着时代的发展和全球化教育的普及，越来越多的中国学生选择留学，追求更好的教育和更广阔的发展空间。2019 年，中国教育部发布的数据显示，中国留学人数已达到 66.9 万人，其中包括本科生、研究生以及留学预科生等。而 2022 年，这一数字飙升至 102.3 万人，比 2019 年增长了 52.9%。

由图 1–39 可知，2023 年，有超过五成（53.4%）的意向留学生打算申请 STEM 类专业（包括计算机科学与应用数学、工科和理科），有超过 1/5（20.9%）的意向留学生计划申请商科类专业。打算申请其他专业的意向留学生占比从高到低依次是生物医学类专业（9.5%）、社会科学类专业（8.1%）、人文学科类专业（7.4%）、艺术类专业（0.7%）。在留学生群体中，近五成（48.4%）选择的是 STEM 类专业，其次是商科类专业，占比接近 1/5（19.7%），再次是生物医学类专业，占比为 13.2%。选择社会科学类专业、人文学科类专业和艺术类专业的留学生人数较少，占比分别为 9.1%、5.0%、4.6%。

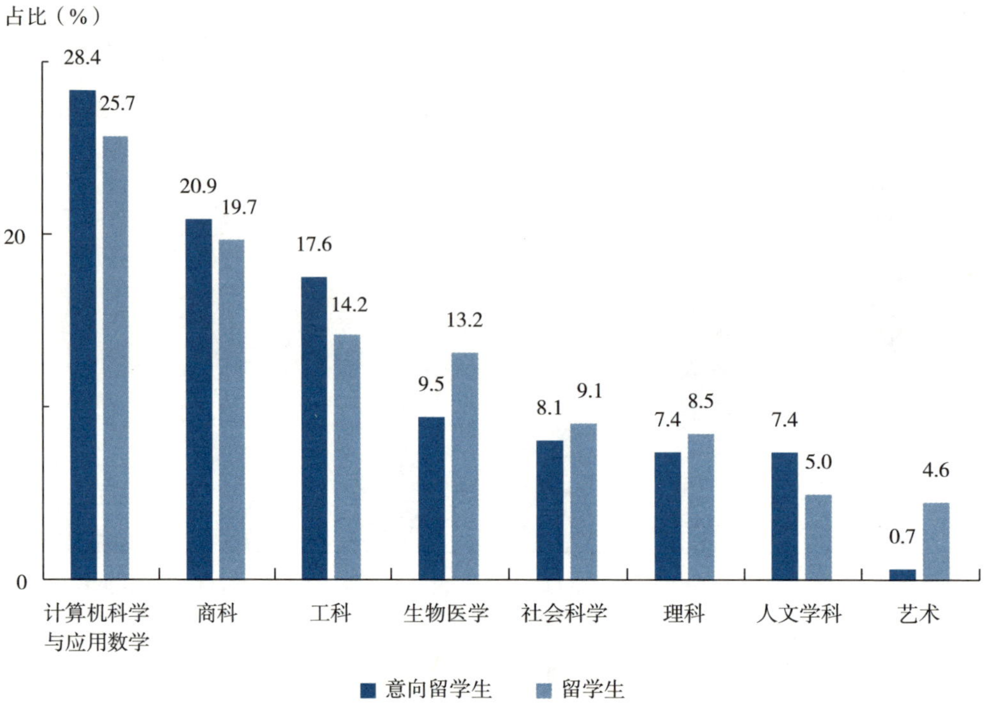

图 1–39　中国学生对留学专业的选择

五、中国学生以学习兴趣为导向选择专业

如前所述，无论是意向留学生群体还是留学生群体，选择的留学专业大多集中于 STEM 类专业。2023 年的调研数据显示（见图 1–40），家长群体表示影响其子女选择留学专业的前五个因素分别是录取率及申请难度（54.7%）、与自己的教育背景的契合度（56.7%）、专业排名（60.8%）、就业前景（69.7%）、个人兴趣（78.5%）。学生群体反馈，他们在选择留学专业时最看重的五个因素分别是录取率及申请难度（45.9%）、与自己的教育背景的契合度（52.4%）、专业排名（55.4%）、就业前景（65.2%）、个人兴趣（76.7%）。由此可见，中国学生在选择留学专业时都是将个人兴趣摆在第一位的，并兼顾专业的就业前景和排名。而课程体系难易程度、奖学金和父母影响等因素对他们选择留学专业的影响程度较低，他人推荐的影响程度最低。

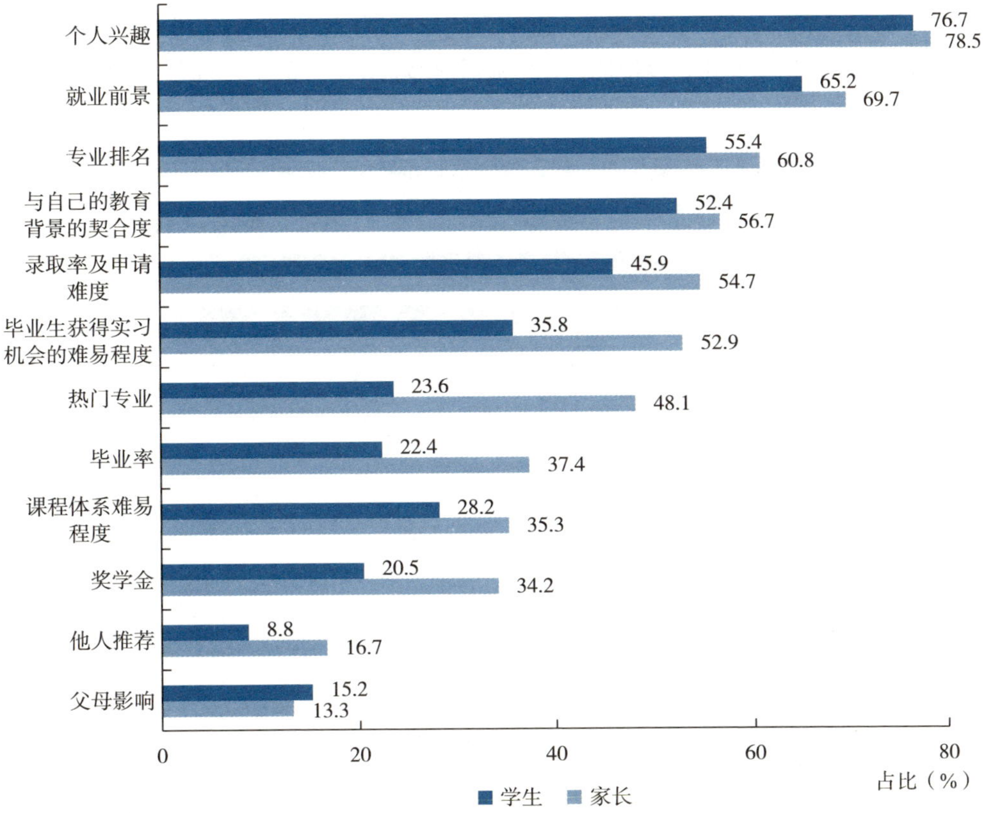

图 1–40　中国家长和学生选择留学专业的影响因素

如图 1–41 所示，2023 年，留学生群体明确表示影响他们选择留学专业最重要的五个因素分别是热门专业（36.4%）、专业排名（40.9%）、与自己的教育背景的契合度（45.5%）、就业前景（54.5%）、个人兴趣（63.6%）。而意向留学生群体在选择留学专业时最看重的五个因素分别是录取率及申请难度（37.1%）、与自己的教育背景的契合度（53.4%）、专业排名（54.1%）、就业前景（57.4%）、个人兴趣（64.9%）。

对比可知，除了兴趣、专业、就业前景和教育背景，意向留学生群体还比较看重奖学金（20.9%）、录取率及申请难度（37.1%），而留学生群体则更看重毕业生获得实习机会的难易程度（32.3%）。当然，这种差异或许与两者所处的留学状态息息相关：意向留学生更关注申请的困难程度和能否获得奖学金；而留学生更关注就业前景和职业发展空间，同时，留学生群体往往已经在目标国家完成了一定的学业，因此更加关注毕业后的实际就业情况。

学生通常会选择与自己的教育背景相符的留学专业，以便更好地适应学习节奏。

此外，就业前景也是学生选择留学专业时的重要考虑因素。学生往往会选择那些有良好就业前景的留学专业，以便他们在毕业后能够获得更好的工作机会和薪资待遇。

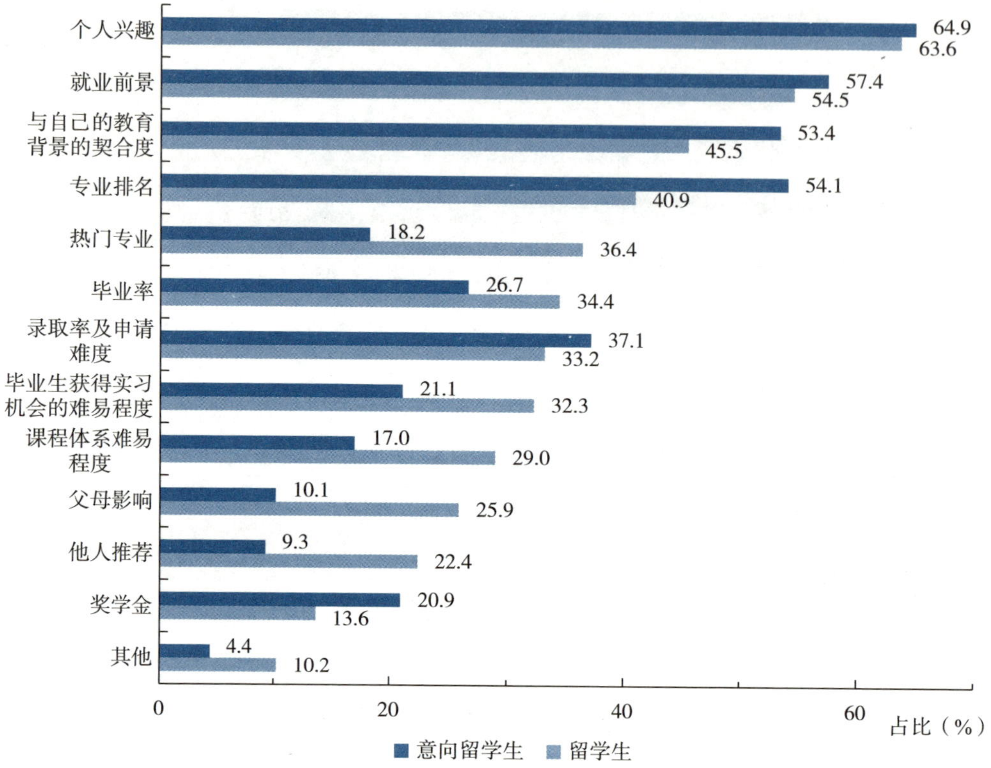

图 1-41　中国学生选择留学专业的影响因素

第四节
意向留学生群体普遍具有留学规划意识

除了考试成绩，学生在申请留学时还需要提供课外实践和公益活动的参与资料，以证明自己的学术能力和个人素养。因此，为了提高留学申请的成功率，学生在申请留学前都会积极参与各类社会公益活动、学术竞赛和学术实践类活动，以完善和充实申请材料。这些活动可以让学生获得更多的实践经验和社会经验，提高其综合素质和能力水平。通过展示自己的学术成就和实践经验，申请人可以更好地证明自己的能力和潜力，从而提高留学申请的成功率。

在留学规划中，学生需要考虑许多因素。在选择留学国家和地区时，他们需要考虑留学国家和地区的教育水平、综合实力、科技发达程度、整体安全情况等。在选择留学专业时，他们需要考虑兴趣爱好、职业前景和自身能力等。在选择留学学校时，他们需要考虑学校的综合排名、专业排名、师资力量，以及其所在地区的安全程度等。这些因素都将影响留学申请的成功率和留学生活的质量。

一、中国学生在留学前参与的课外活动类型多样化

2023 年的调研数据显示（见图 1–42），家长群体反馈，他们子女在留学前参与的课外活动，占比从高到低依次是公益活动（75.9%）、兴趣类活动（71.9%）、学生工作 / 社团工作（70.7%）、学术竞赛（70.4%）、科研实习（62.6%）、海外交换生 / 短期海外交流 / 海外夏校（57.3%）、暑期实习（50.2%）。学生群体反馈，他们在留学前参与的课外活动，占比从高到低依次是学生工作 / 社团工作（68.9%）、公益活动（67.2%）、兴趣类活动（62.0%）、学术竞赛（60.0%）、科研实习（51.6%）、暑期实习（41.6%）、海外交换生 / 短期海外交流 / 海外夏校（36.5%）。

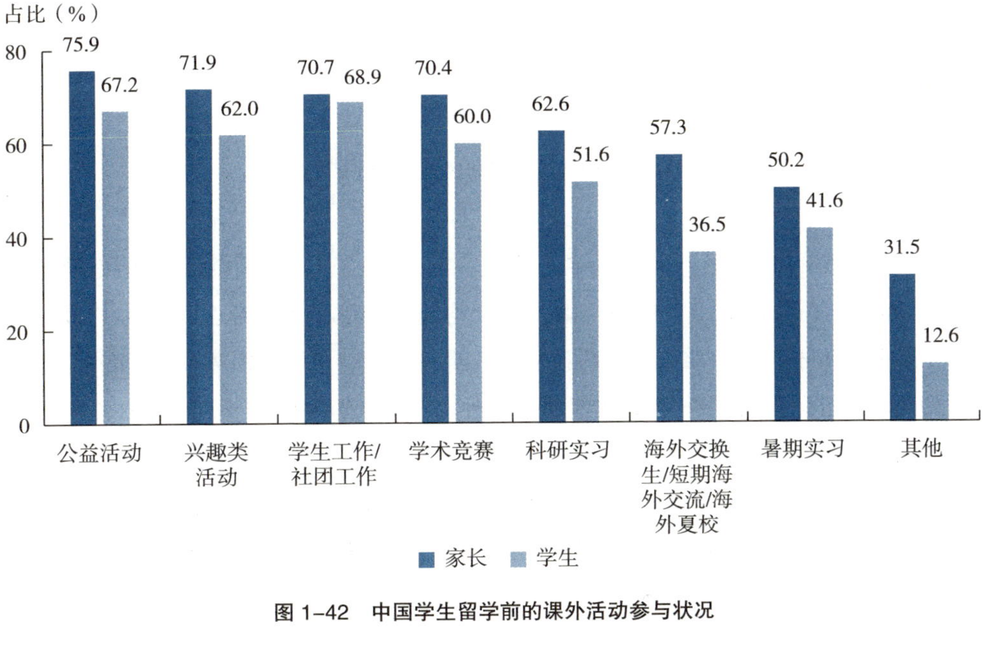

图 1–42　中国学生留学前的课外活动参与状况

在留学生群体中，分别有 72.7%、68.2%、59.4%、59.1%、54.5%、40.9%、36.4% 的学生明确表示他们在出国前参与了学术竞赛、科研实习、海外交换生 / 短期海外交流 / 海外夏校、学生工作 / 社团工作、公益活动、兴趣类活动、暑期实习（见

图 1–43）。而在意向留学生群体中，他们参与的课外活动占比从高到低依次是学生工作 / 社团工作（66.2%）、公益活动（63.5%）、科研实习（61.5%）、学术竞赛（58.1%）、暑期实习（49.3%）、兴趣类活动（43.9%）、海外交换生 / 短期海外交流 / 海外夏校（24.3%）。

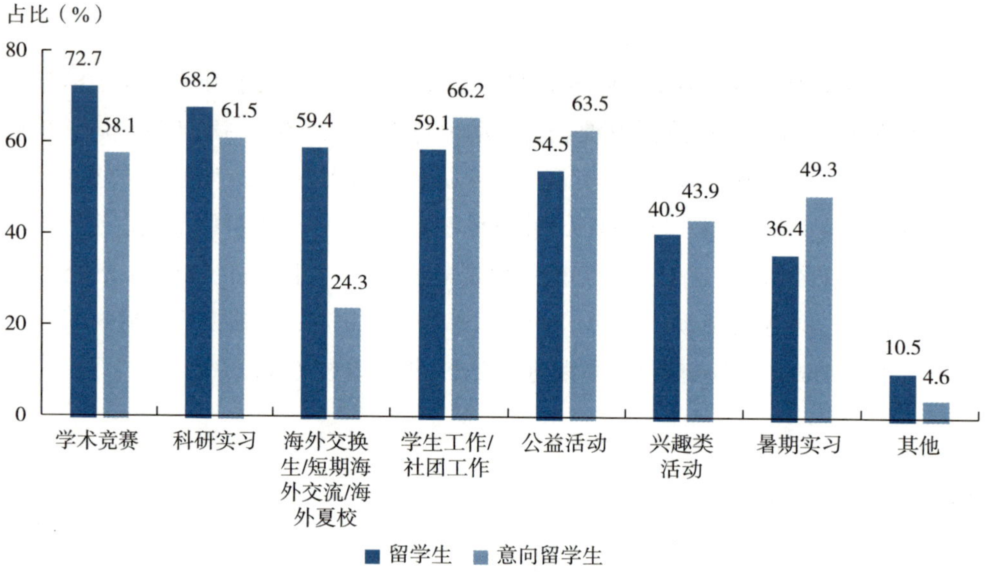

图 1–43　中国学生留学前的课外活动参与状况

通过对比不难发现，意向留学生群体参与最多的三项课外活动分别是学生工作 / 社团工作、公益活动、科研实习，占比均超过 60%；而留学生群体参与最多的三项课外活动分别是学术竞赛、科研实习、海外交换生 / 短期海外交流 / 海外夏校。有 59.4% 的留学生表示在留学前参加过海外交换生 / 短期海外交流 / 海外夏校，而在意向留学生群体中，这一比例仅为 24.3%。此外，留学生群体留学前参与的课外活动类型多于意向留学生群体。在留学前的准备阶段参与更多的课外活动，尤其是学术竞赛、科研实习和海外交换生 / 短期海外交流 / 海外夏校，有助于提高学生被海外高校录取的概率。

二、接近五成学生在留学前已有海外经历

在正式留学之前，不少学生都会主动通过各种方式和渠道增进对海外的学校、学习和生活状况的了解，例如参加学校或者各类机构组织的夏令营或短期海外交流

项目。由图 1–44 可知，有 47.2% 的学生表示在留学前有海外经历，有 52.8% 的学生表示在留学前没有海外经历。

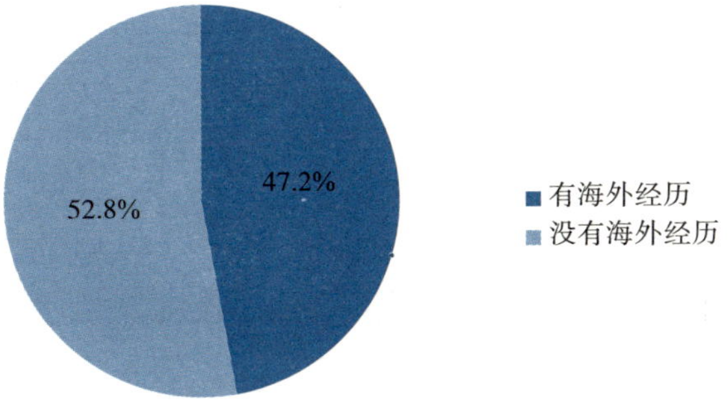

图 1–44 学生在留学前的海外经历

根据 2023 年的调研数据可知（见图 1–45），中国学生在留学前参加的海外项目，占比从高到低依次是学校组织的夏 / 冬令营（37.5%）、短期交换项目（35.0%）、培训机构的游学营（17.4%）、海外高校暑期项目（8.8%）。而 2022 年，分别有 35.0%、25.6%、16.4%、11.7%、11.3% 的学生参加的海外项目是学校组织的夏 / 冬令营、培训机构的游学营、海外高校暑期项目、其他海外项目、短期交换项目。因此，学校组织的夏 / 冬令营是学生留学前参与的最主要的海外项目。

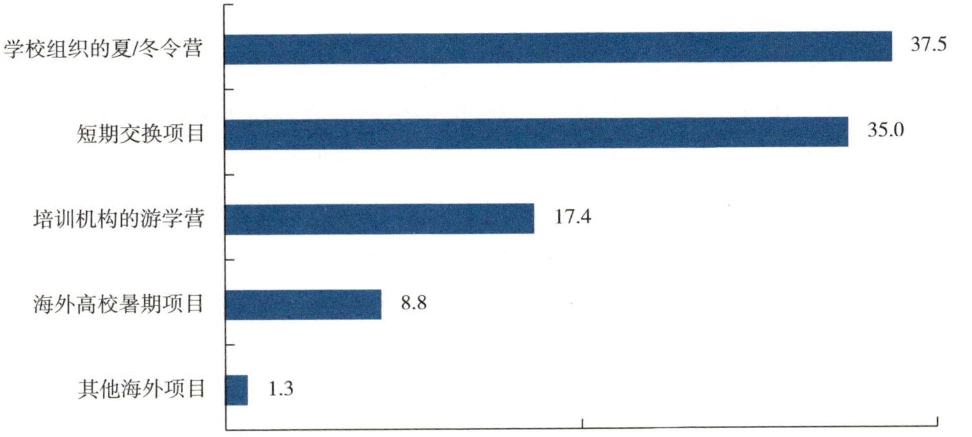

图 1–45 中国学生在留学前参加的海外项目

2023年，在意向留学生中，68.0%的学生没有海外经历，32.0%的学生有海外经历。在有海外经历的意向留学生中，分别有44.6%、21.3%、18.5%、15.2%的学生参加的是学校组织的夏/冬令营、培训机构的游学营、短期交换项目、海外高校暑期项目（见图1-46）。2022年，在有海外经历的意向留学生中，分别有49.2%、21.3%、12.9%、11.2%的学生参加的是学校组织的夏/冬令营、培训机构的游学营、短期交换项目、海外高校暑期项目。

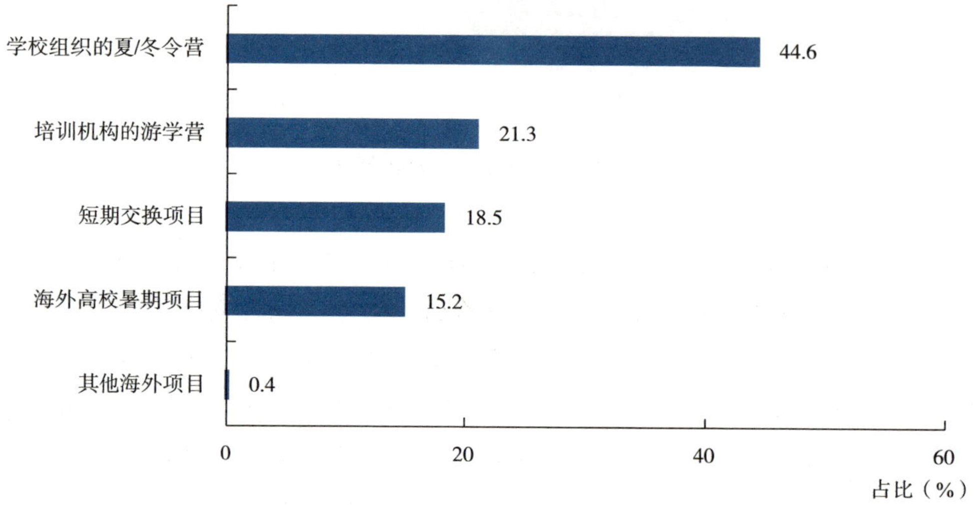

图1-46　意向留学生在留学前参加的海外项目

2023年的调研数据显示（见图1-47），在有海外经历的学生中，有41.1%的学生的海外经历时长为1～3个月，36.3%的学生的海外经历时长在1个月以下，16.3%的学生的海外经历时长为3～6个月，3.8%的学生的海外经历时长为6个月至1年，2.5%的学生的海外经历时长在1年以上。总体来看，接近八成（77.4%）的学生的海外经历时长在3个月以内，绝大部分学生留学前参与海外交换或交流的时间都比较短，与学校组织的夏/冬令营有关。

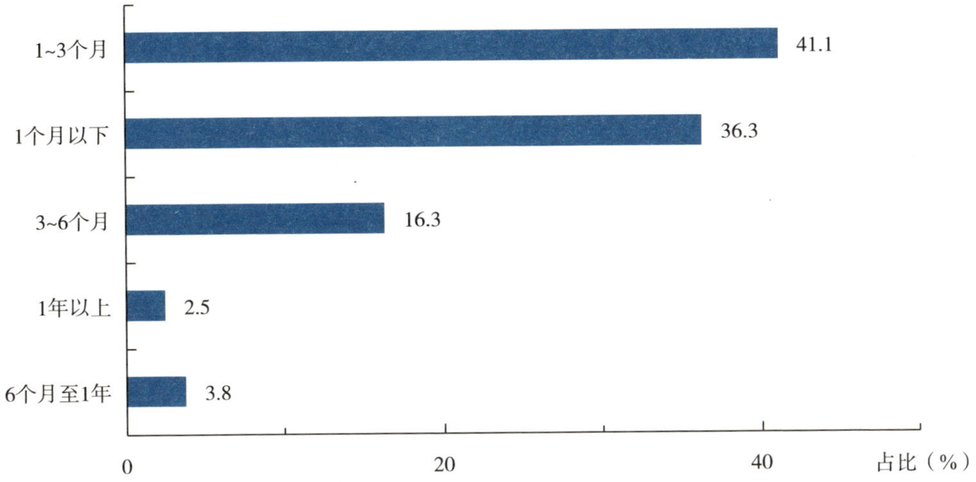

图 1-47　海外经历的时长

第五节
影响留学申请结果的因素更为复杂

一、意向留学生群体更加重视活动规划与背景提升

根据2023年的调研数据可知（见图1-48），分别有82.9%、72.4%、68.2%、55.9%、52.9%的家长表示，其子女在留学申请中最需要帮助的五个环节分别是活动规划与背景提升、文书指导、国家/学校/专业选择、课程规划、行前准备。在学生回答者中，分别有80.0%、70.0%、56.7%、53.3%、46.7%的学生表示在留学申请中最需要帮助的五个环节分别是活动规划与背景提升、文书指导、国家/学校/专业选择、课程规划、留学申请流程。

在留学申请中，活动规划与背景提升是非常重要的环节。这一环节要求学生参加各种活动和项目，完善自己的背景和经历，增加自己的竞争力。这些活动和项目包括志愿者工作、实习、社团活动、比赛和奖学金等。准备文书也是留学申请中非常重要的环节。在申请留学时，学生需要准备一系列的文书材料，包括个人陈述、推荐信、简历等。专业的文书指导服务可以助力学生更加精心地准备文书，以展现学生的优秀品质和能力。国家/学校/专业选择也是留学申请中的重要环节，学生需要根据自己的实际情况和兴趣选择合适的留学国家、学校和专业。这需要学生了解不同国家、学校和专业的特点和优势，以及自己的兴趣和能力。选择合适的国家、学校和专业，可以帮助学生更好地实现自己的留学目标。

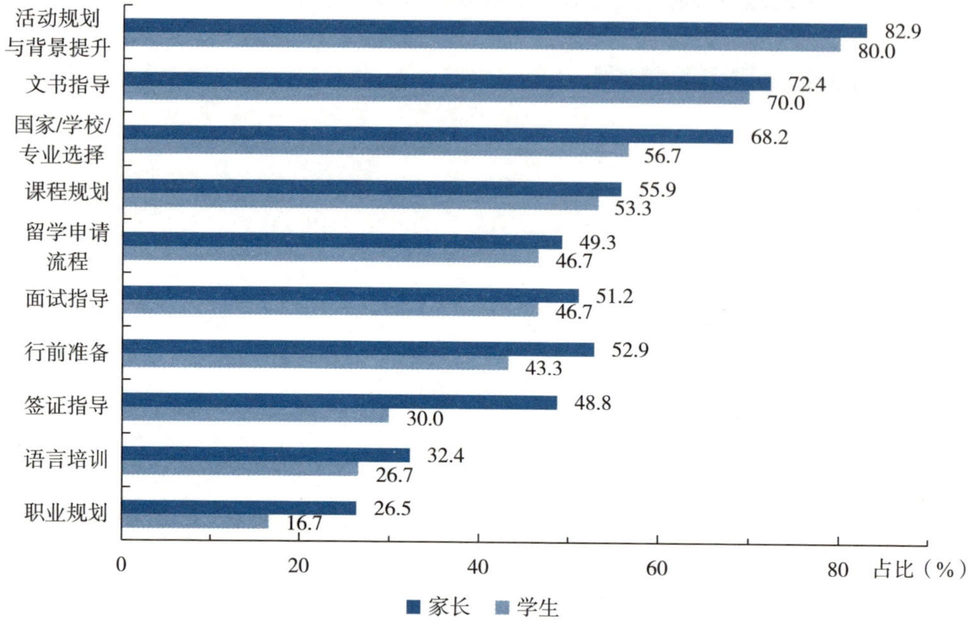

图 1–48 2023 年中国家长和学生在留学申请中最需要的服务

2022 年，家长反馈其子女在留学申请中最需要帮助的五个环节分别是面试指导（83.9%）、留学申请流程（77.8%）、国家 / 学校 / 专业选择（73.1%）、签证指导（71.5%）、活动规划与背景提升（64.8%）（见图 1–49）。在学生群体中，分别有 73.1%、71.4%、64.3%、58.9% 和 57.6% 的学生表示在留学申请中最需要帮助的五个环节分别是面试指导、留学申请流程、国家 / 学校 / 专业选择、签证指导和文书指导。对比可知，从 2022 年到 2023 年，中国家长和学生在留学申请中，对活动规划与背景提升、文书指导的需求在上升，而对签证指导和面试指导的需求有所下降。

留学对于很多人来说都是一件非常具有挑战性的事情，它不仅需要学生具备足够的语言能力和学术素养，还要求学生具备较为丰富的留学申请相关知识。而在留学申请中，学生需要的服务也是相当复杂的。根据 2023 年的调研数据可知，无论是留学生还是意向留学生，他们在留学申请中最需要服务的三个环节均为活动规划与背景提升、文书指导、国家/学校/专业选择。其中，八成左右的留学生（83.8%）和意向留学生（77.3%）都对活动规划与背景提升这一服务有需求（见图 1–50）。

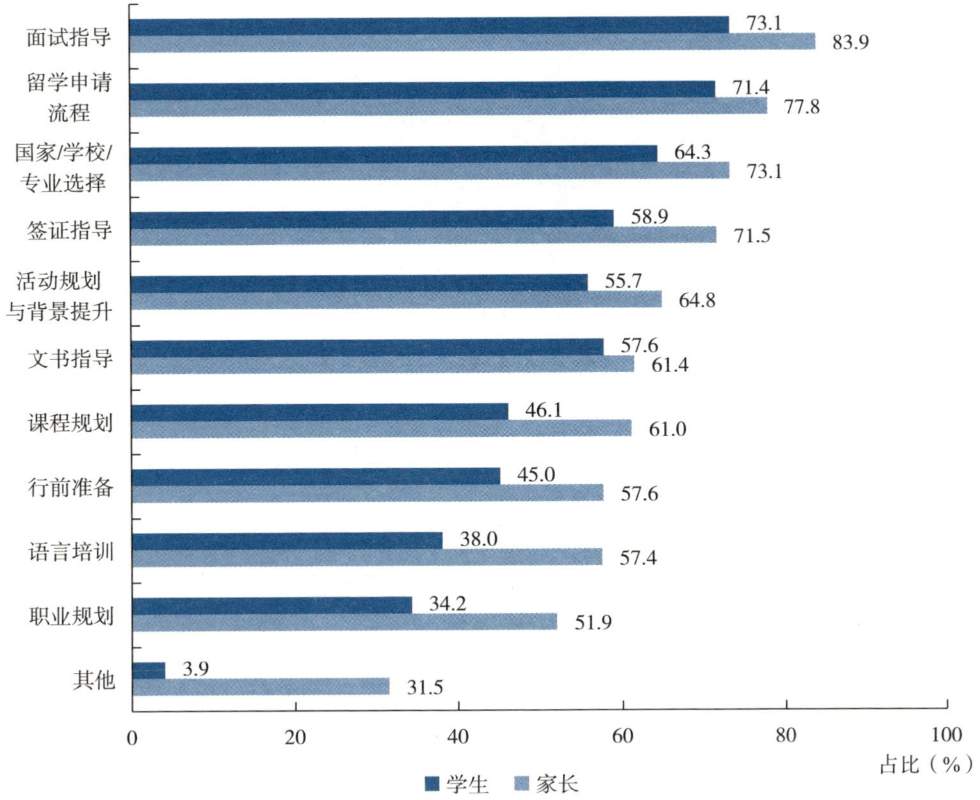

图 1–49　2022 年中国家长和学生在留学申请中最需要的服务

活动规划与背景提升是非常重要的，在留学申请阶段，学生需要通过各种途径来提升自己的背景，这样才能更好地展现自己的实力和特长。学生需要寻找适合自己的活动，并且进行合理的规划和安排，以确保自己的时间和精力得到最大程度的利用。在这方面，留学咨询机构、学校国际部的老师和私人中介或顾问等都是重要资源，这些资源可以帮助学生更好地了解求学目的地的文化和教育体系，为留学申请提供重要的支持和帮助。

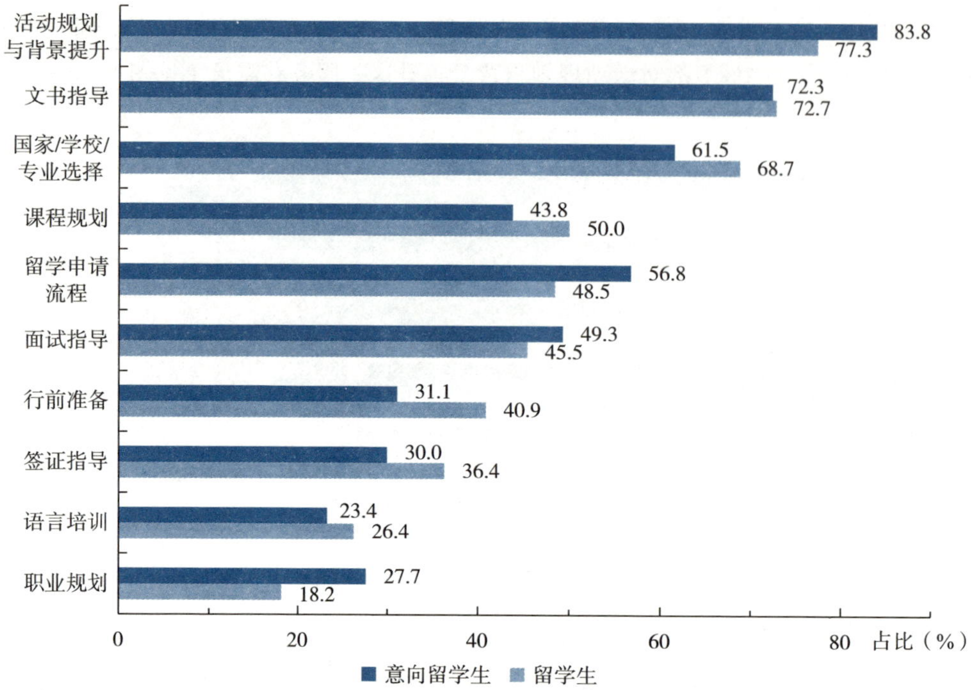

图 1–50　中国学生在留学申请中最需要的服务

二、家长普遍认为就读中学的背景与认可度颇为关键

留学申请是一个长期的准备过程，需要学生与家长投入大量的时间和精力。而留学申请的录取过程是一个相对综合和全面的过程，其中就读学校的历年录取率及录取学生的表现会影响学校的信誉度。根据 2023 年的调研数据可知（见图 1–51），分别有 75.8%、71.4%、68.8% 的家长表示，除了标化考试[①]成绩和 GPA（平均学分绩点），就读学校的背景与认可度、国际学术赛事奖项、长期的公益活动三项因素对录取结果有很大影响。学生群体认为，除了标化考试成绩和 GPA，就读学校的背景与认可度（72.7%）、国际学术赛事奖项（63.6%）和科研实习经历（65.4%）是对录取结果影响较大的三个因素。此外，家长和学生普遍认为，老师的推荐信和个性化补充材料等因素对录取结果的影响相对较小。

根据 2023 年的调研数据可知（见图 1–52），留学生群体认为，除了标化考试成绩和 GPA，对录取结果影响较大的四个因素分别是就读学校的背景与认可度（79.0%）、

① 标化考试是指雅思、托福、ACT（美国大学入学考试）、SAT（美国高中毕业生学术能力水平考试）、GRE（美国研究生入学考试）等。

国际学术赛事奖项（73.0%）、长期的公益活动（65.1%）和科研实习经历（64.7%）。意向留学生群体也认为就读学校的背景与认可度（64.6%）、国际学术赛事奖项（68.5%）、长期的公益活动（60.3%）和科研实习经历（53.3%）是对录取结果影响较大的四个因素。意向留学生认为校外的额外推荐信和校内社团活动对录取结果影响较小。

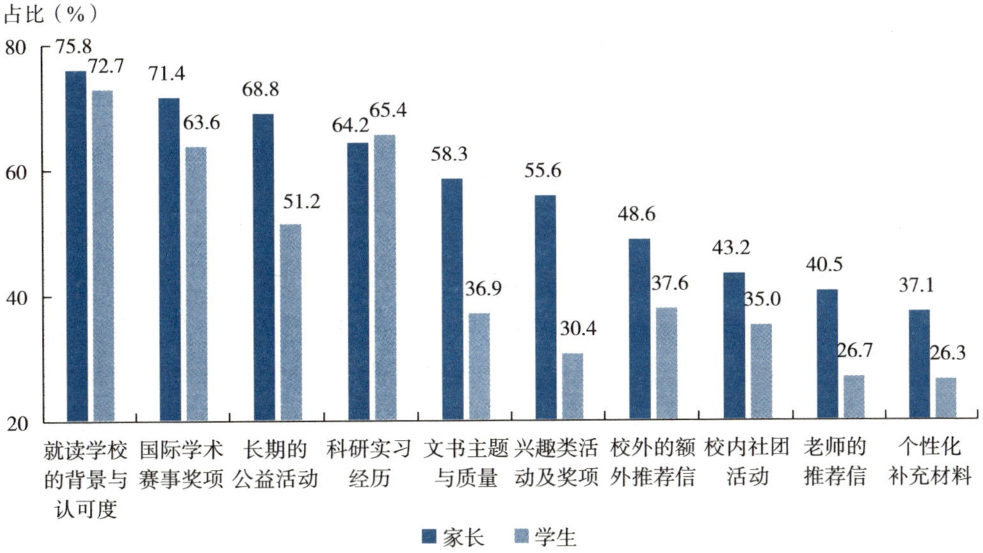

图 1-51　中国家长和学生认为影响录取结果的因素

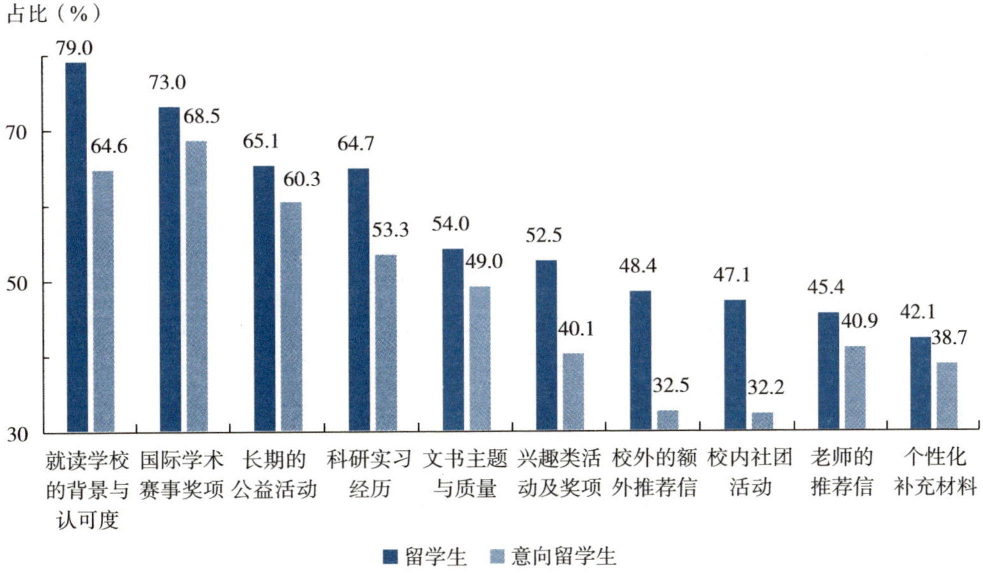

图 1-52　中国学生认为影响录取结果的因素

与意向留学生群体不同，留学生群体已经成功拿到录取通知书，对海外院校的录取标准有着更为清晰和全面的认知。但数据分析结果显示，两类学生群体对于影响海外院校录取结果的因素的认识存在较高的一致性，均认为就读学校的背景与认可度、国际学术赛事奖项、长期的公益活动和科研实习经历是最重要的四个因素；但也存在一定的差异，留学生群体认为就读学校的背景与认可度最重要，而意向留学生群体则认为国际学术赛事奖项最重要。

三、标化考试是中国学生留学申请过程中的痛点

根据 2023 年的调研数据可知（见图 1–53），有 36.1% 的家长表示其子女在留学申请过程中遇到的最大痛点是标化考试。此外，分别有 23.4%、15.8%、9.0%、6.5% 的家长表示个性化的课外活动、选校的精准度、文书质量、与家长的目标冲突是其子女在留学申请过程中遇到的最大痛点。在学生群体中，有 42.9% 的学生明确表示他们在留学申请过程中遇到的最大痛点是标化考试，其他痛点依次是个性化的课外活动（24.7%）、文书质量（11.6%）、选校的精准度（7.8%）、校内 GPA（5.3%）。

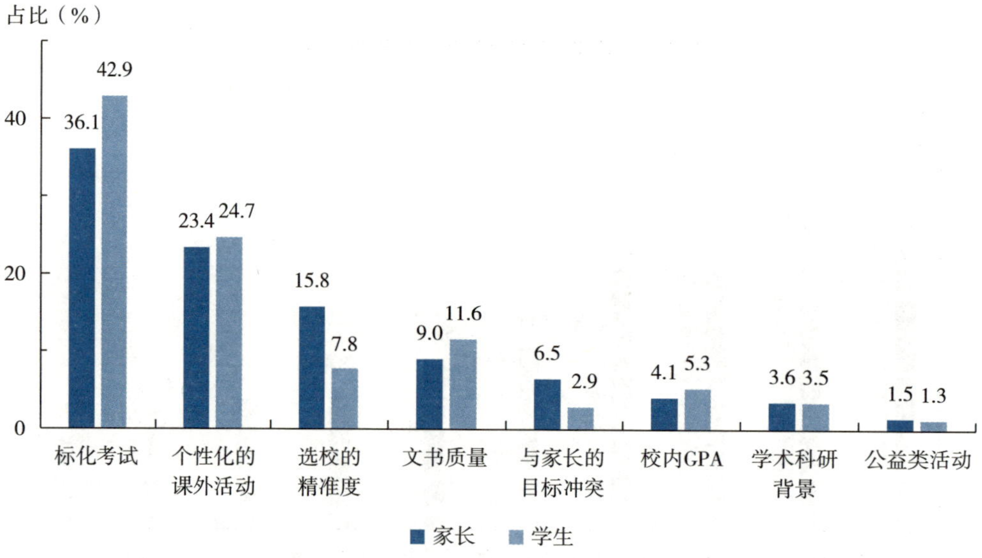

图 1–53　2023 年中国家长和学生留学申请过程中的痛点

标化考试对留学申请的重要性不言而喻。由于国外高校会将标化考试成绩作为

重要的录取标准之一，因此在留学申请过程中，学生需要花费大量的时间和精力来备考。除了考试本身的难度与复杂性，标化考试还要求学生具备一定的英语水平，这对于不是以英语为母语的学生来说更加困难。当前，家长和学生群体都认为标化考试是留学申请过程中的最大痛点，其次是个性化的课外活动。

根据 2022 年的调研数据可知（见图 1–54），有 34.0% 的家长表示其子女在留学申请过程中遇到的最大痛点是标化考试。此外，分别有 21.4%、16.3%、8.0%、6.5% 的家长表示学术科研背景、选校的精准度、校内 GPA、个性化的课外活动是其子女在留学申请过程中遇到的最大痛点。在学生群体中，有 36.2% 的学生明确表示他们在留学申请过程中遇到的最大痛点是标化考试，其他痛点依次是学术科研背景（18.8%）、校内 GPA（9.9%）、选校的精准度（9.7%）、个性化的课外活动（9.7%）。

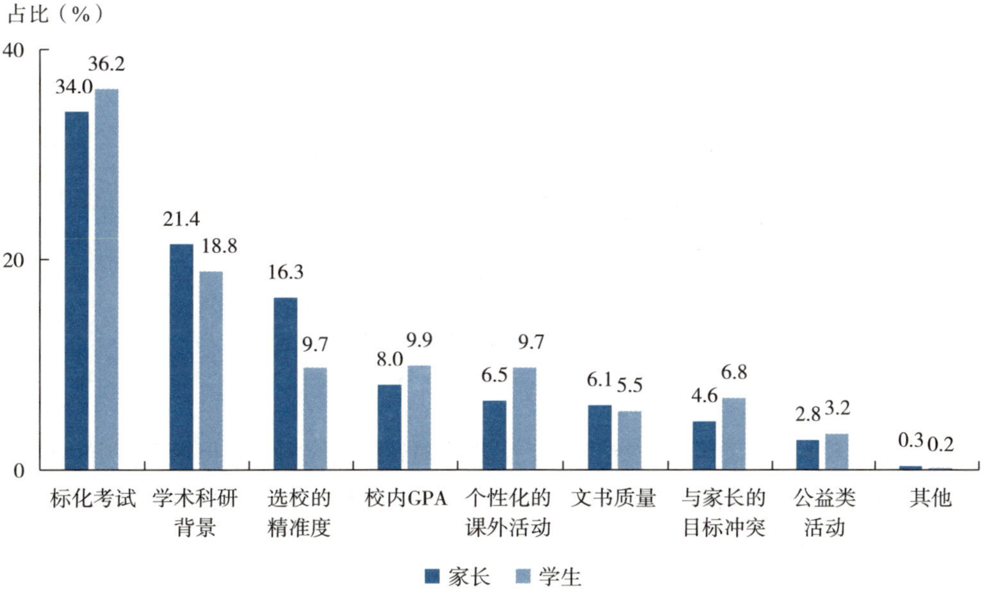

图 1–54　2022 年中国家长和学生留学申请过程中的痛点

对比可知，从 2022 年到 2023 年，中国家长和学生仍然认为在留学申请过程中遇到的最大痛点是标化考试；学术科研背景不再是困扰家长和学生的第二大痛点，个性化的课外活动和文书质量则成为部分家长和学生的新痛点。

2023 年的调研数据显示（见图 1–55），有 45.2% 的留学生认为在留学申请过程中遇到的最大痛点是标化考试，另有 21.3%、11.2%、6.7%、6.6%、4.5%、3.2%、1.3% 的留学生认为他们在留学申请过程中遇到的最大痛点分别是个性化的课外活动、选校的精准度、文书质量、与家长的目标冲突、校内 GPA、学术科研背景、公益类活动。在意向留学生群体中，有超过四成（41.8%）的学生表示他们在留学申请过程中遇到的最大痛点是标化考试，其次是个性化的课外活动（26.4%）和与家长的目标冲突（11.5%）。

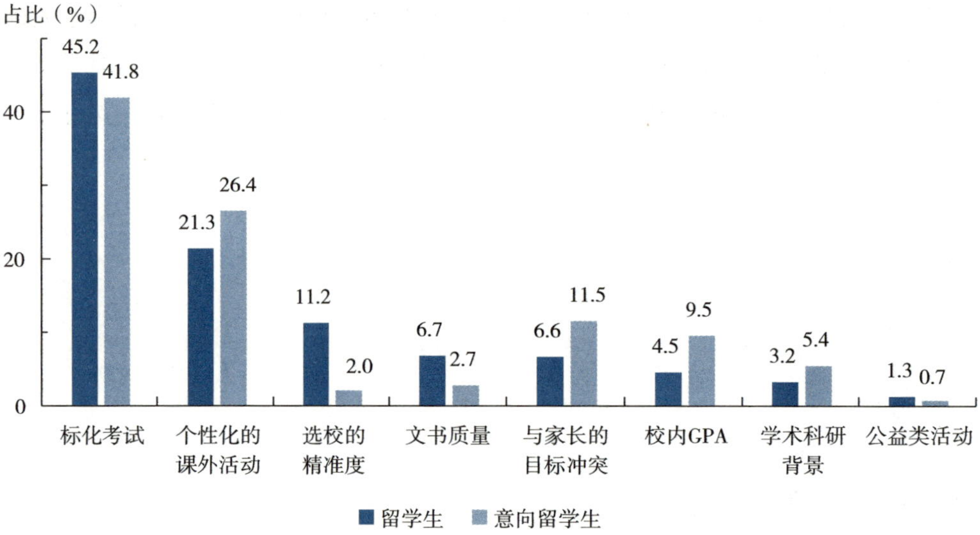

图 1–55　中国学生留学申请过程中遇到的痛点

对比发现，虽然标化考试是两类学生群体遇到的最大痛点，但留学生群体中有更高比例的学生认为标化考试是最大痛点。此外，留学生群体在选校的精准度和文书质量方面的困扰更胜于意向留学生，而校内 GPA 对于意向留学生来说则是更大的痛点。

四、国际关系等外部因素对中国学生的留学决策影响甚微

国际教育高峰论坛发布的《2022 年度全国留学报告》显示，我国留学人数仍在不断增长，在因外部环境延迟留学的人群中，仍有 91% 坚持留学计划，这表明学生群体对留学的意愿依然强烈。

2023 年的调研数据显示（见图 1–56），分别有 54.9%、49.9%、46.7%、38.4%、

26.1%、24.8%、19.5%、18.9% 的家长表示外部因素对其子女的留学选择产生了影响，体现在对留学城市安全度更为重视、留学时间段有改变、对择校有一定的影响、出国热情降低、求学目的地改变、对未来职业规划有影响、对未来事业发展目标有影响、对学费更为敏感方面。

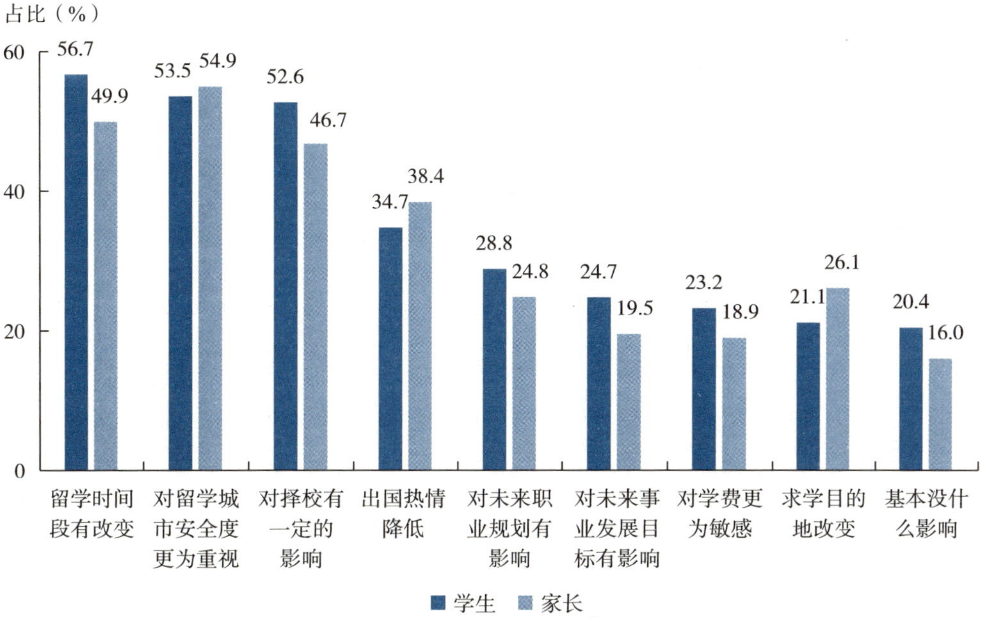

图 1–56　外部因素对中国家长和学生留学选择的影响

学生回答者反馈，外部因素对他们的留学选择产生的影响从高到低依次是留学时间段有改变（56.7%）、对留学城市安全度更为重视（53.5%）、对择校有一定的影响（52.6%）、出国热情降低（34.7%）、对未来职业规划有影响（28.8%）、对未来事业发展目标有影响（24.7%）、对学费更为敏感（23.2%）、求学目的地改变（21.1%）。值得注意的是，国际关系等外部因素对留学群体在未来事业发展目标和学费的敏感性方面的影响远低于社会各界的预期。

由图 1–57 可知，在留学生群体中，有 18.2% 的学生表示国际关系等外部因素对其留学决策基本没什么影响。在表示国际关系等外部因素对其留学决策有影响的留学生群体中，对他们影响最大的四个方面依次是留学时间段有改变（68.2%）、对留学城市安全度更为重视（54.5%）、对择校有一定的影响（45.5%）、对未来事业发展目标有影响（40.9%）。相较而言，在意向留学生群体中，仅有 5.4% 的学生表示国际关系等外部因素对他们出国留学的选择基本没什么影响。国际关系等外部因素对意向留学生群体的留学选择影响最大的五个方面依次是留学时间段有改变（69.6%）、对留学城市安全度更为重视（53.4%）、出国热情降低（39.6%）、对择校有一定的影响（33.1%）和对未来职业规划有影响（32.4%）。

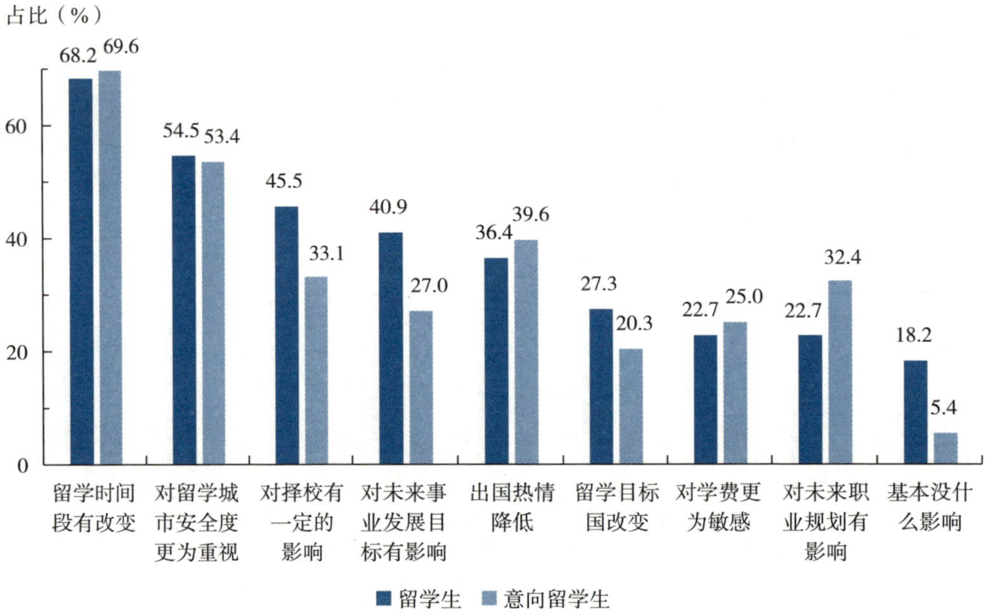

图 1–57　国际关系等外部因素对中国学生留学选择的影响

第六节
学业压力是留学生最大的痛点

留学生在异国求学的过程中，往往面临着一系列文化差异问题，他们需要快速适应全然陌生的环境，独自解决来自学业、社交、生活等方面的问题，同时，还要排解内心的负面情绪，尤其是在刚进入一个陌生的文化环境时，更容易产生迷失、迷惑、排斥甚至恐惧的感觉，产生文化休克（Culture Shock）。

学业压力是留学生面临的最为直接和严峻的挑战。面对与国内截然不同的教育体系和学科难度，他们需要积极融入新的学习环境和掌握新的学习方式，克服时间管理和学习计划上的问题，确保在规定时间内完成学业任务并保持良好的学习成绩。在社交方面，留学生需要与有不同文化背景的人相处，这需要他们直面语言和文化差异带来的沟通障碍，克服社交恐惧和害羞心理，积极主动地结交新朋友和拓展人脉。在日常生活方面，面对崭新的生活环境和生活方式，他们需要独自解决在食宿、交通、医疗等生活各个方面遇到的问题，并适应新的生活节奏，这对他们独立生存的能力而言无疑是一大挑战。

一、留学过程中面临的普遍压力与障碍

学业压力、人际交流和文化冲突是留学过程中最普遍的障碍。2023 年的调研数据显示（见图 1–58），分别有 72.4%、71.2%、66.5% 和 65.9% 的留学生认为在留学期间遇到的主要障碍是学业压力、人际交流、文化冲突和实习机会。保证课业成绩、顺利完成学业并获得学位证书无疑是留学生的首要任务，学业也就自然成为留学生最大的压力来源。人际交流和文化冲突也是留学生身处异国他乡不可避免会遇到的问题。不同文化语境下，人们的生活习惯、价值观念、沟通方式等都存在差异，这会造成留学生与当地人沟通上的隔阂，进而影响到生活和学习。此外，在海外求学期间寻找实习机会也是留学生遇到的一大障碍，这是因为他们对当地市场和行业的了解不足，以及语言与文化存在差异。

此外，数据显示，有超过一半的留学生表示存在师生关系（59.4%）和孤独情绪（54.1%）方面的障碍。尽管留学生在前往异国求学之前已经顺利通过了语言考试，但考试与真实场景的实际应用仍然存在较大差异，且东西方文化背景的差异不可忽视。对于第一次远离家乡和亲人，独自在外求学的留学生来说，孤独情绪不可避免。这些都对留学生融入当地生活造成了困难，但这是留学生适应海外生活的必经之路。

家长对其子女在留学期间所遇到的障碍的预估与学生基本一致。在家长看来，学业压力（76.7%）是主要的障碍，其次是文化冲突（70.0%）、师生关系（68.4%）和人际交流（65.9%）。同时可以看到，家长对其子女在生活自理能力（37.3%）、语言能力（51.9%）方面遇到障碍的担忧要高于学生。这从侧面反映了家长对其子女在异国求学的担心和关注，同时提醒学生需要在留学前做好自我准备，提高自身的生活自理能力和语言水平，以便更好地适应海外生活和学习。

随着国际交流的日益频繁，以及国外大学日益看重申请者的跨文化经历，许多学生在留学之前就开始利用暑期交换、暑校或其他机会参加各种海外项目，为之后的留学生活打下基础。那么，留学前的海外经历是否能帮助学生更好地适应之后的

留学生活呢？

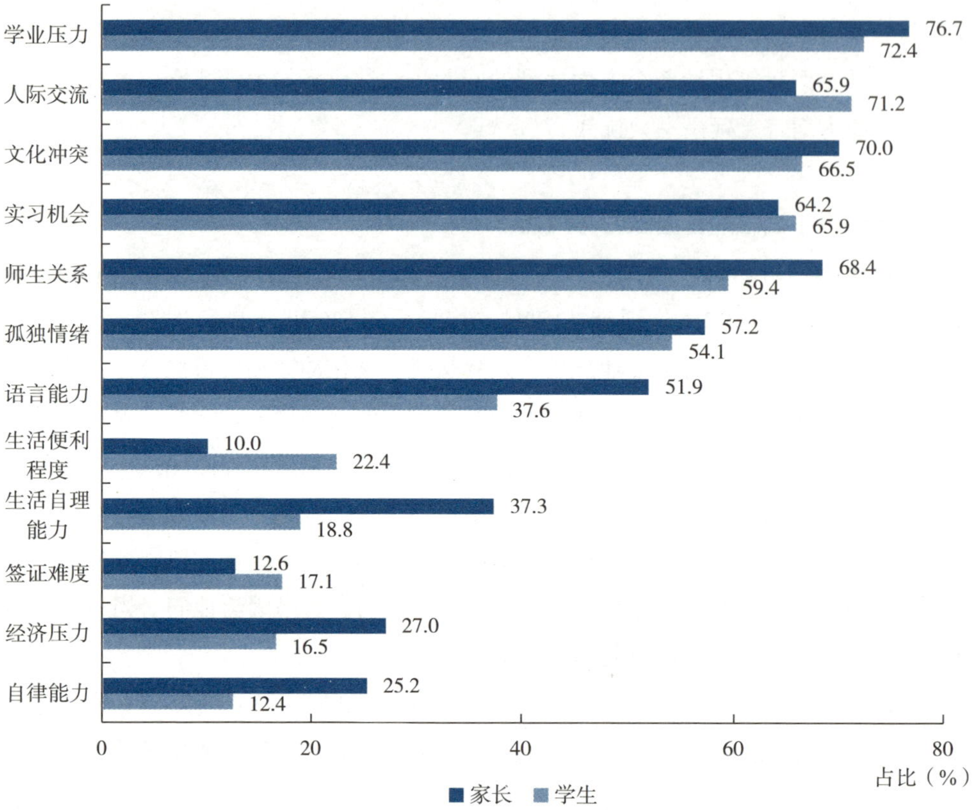

图 1–58　留学生在留学过程中遇到的障碍

由 2023 年的调研数据可知（见图 1–59），在留学前有海外经历的留学生在留学过程中遇到的障碍主要是文化冲突（71.3%）、实习机会（70.0%）、学业压力（65.0%）和人际交流（57.5%），师生关系（50.0%）和孤独情绪（33.8%）也是他们普遍遇到的障碍。没有海外经历的留学生在留学过程中遇到的主要障碍是学业压力（76.7%）、人际交流（74.3%）、文化冲突（73.3%）和实习机会（63.3%），师生关系（57.8%）、语言能力（48.9%）和孤独情绪（41.1%）也是大部分人面临的障碍。相比于有海外经历的留学生，没有海外经历的留学生经历这些障碍的频次更高，尤其是在人际交流、语言能力和生活便利程度方面遇到的障碍远多于有海外经历的留学生。由此可见，海外经历可以使学生提前体验海外的语言环境和生活习惯，从而减少语言障碍和沟通困难，同时丰富他们的经历，使其更容易适应留学生活以及克服在留学过程中可能遇到的障碍。

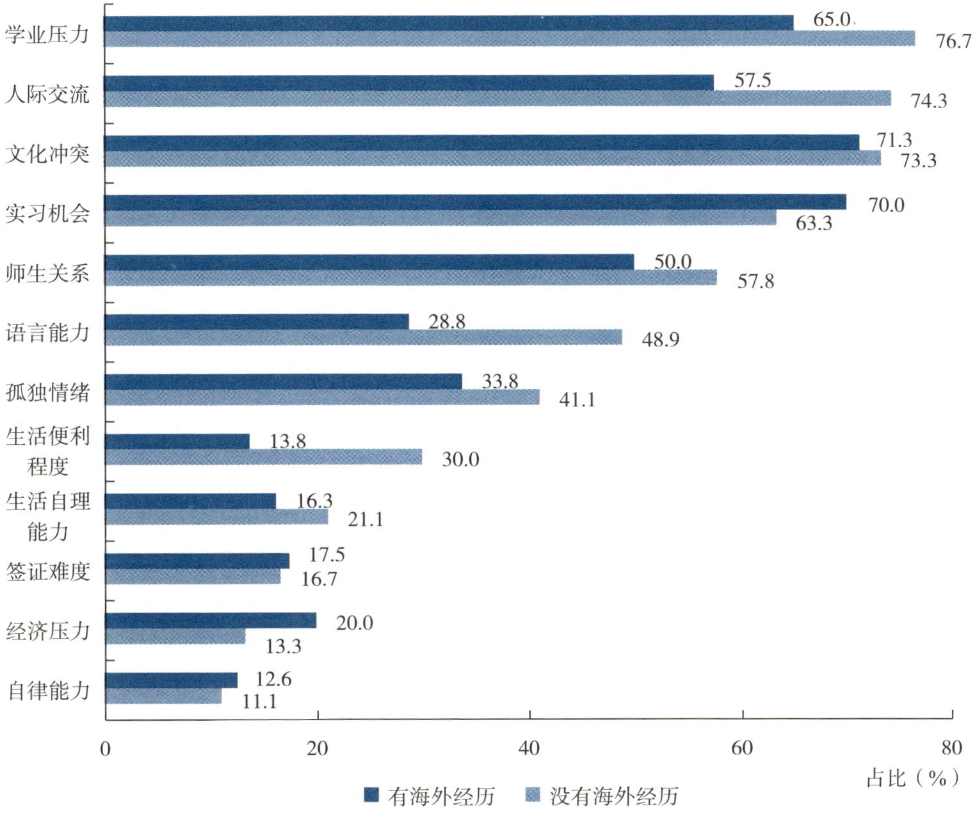

图 1–59 有无海外留学经历与留学过程中遇到的障碍

二、留学生和家长对所学专业及其授课方式的满意度较高

留学生与家长普遍认为所学专业及其授课方式符合预期。最新的调研数据显示（见图 1–60），留学生和家长对留学所学专业的满意度较高，超过七成的留学生（77.0%）和家长（82.4%）认为所学专业符合预期，认为所学专业不符合预期的家长和留学生仅占 5.1% 和 0.6%。

根据调研数据可知（见图 1–61），大部分留学生（包括 88.2% 没有海外经历的留学生和 76.3% 有海外经历的留学生）都认为留学所学专业符合预期。留学生在选择留学国家和学校时，通常会对目标专业的师资情况、教学设施和课程设置等信息加以了解，从而对所选专业的教学质量和水平有一个基本的评估和判断，建立合理的预期，这些前期准备能提高留学生对所学专业的满意度。

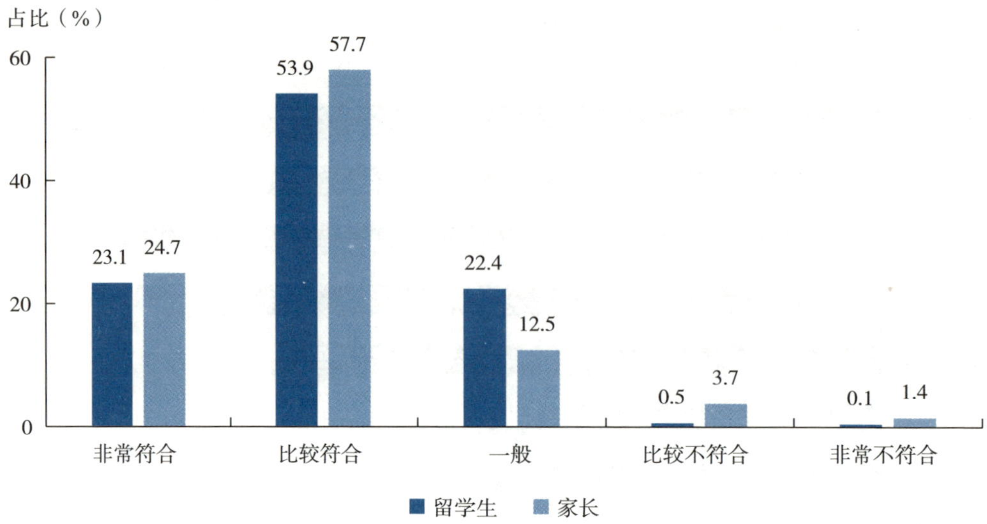

图 1–60　所学专业是否符合预期

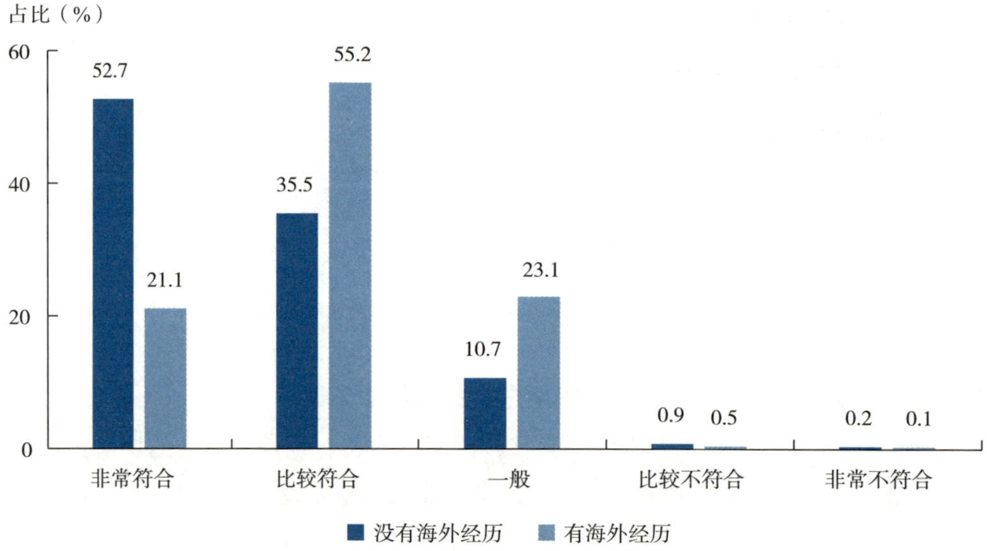

图 1–61　有无海外经历与所学专业是否符合预期

调研数据显示（见图 1–62），超过七成的留学生和家长对留学所学专业的授课方式表示满意，分别占 73.7% 和 70.5%。仅有 4.6% 的留学生和 4.7% 的家长表示留学所学专业的授课方式不符合预期。这说明大部分留学生和家长对他们选择的专业和学校的教学质量比较满意，大部分留学生也能很快适应国外的授课方式。

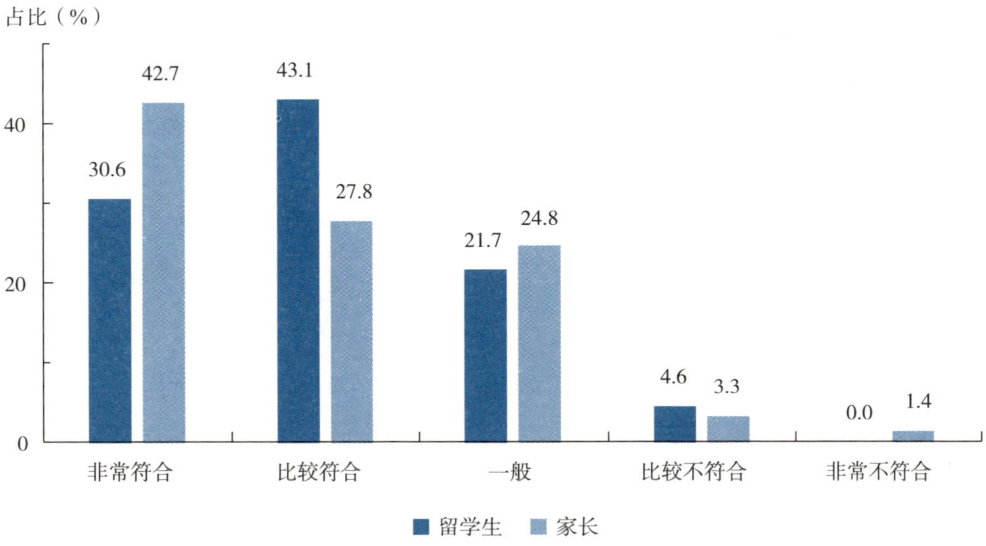

图 1-62　所学专业的授课方式是否符合预期

根据调研数据可知（见图 1-63），超过八成没有海外经历的留学生（81.9%）认为留学所学专业的授课方式符合预期。这一比例在有海外经历的留学生中也占到了 72.0%。可以看出，留学生群体对国外学校的授课方式有着较高的满意度。

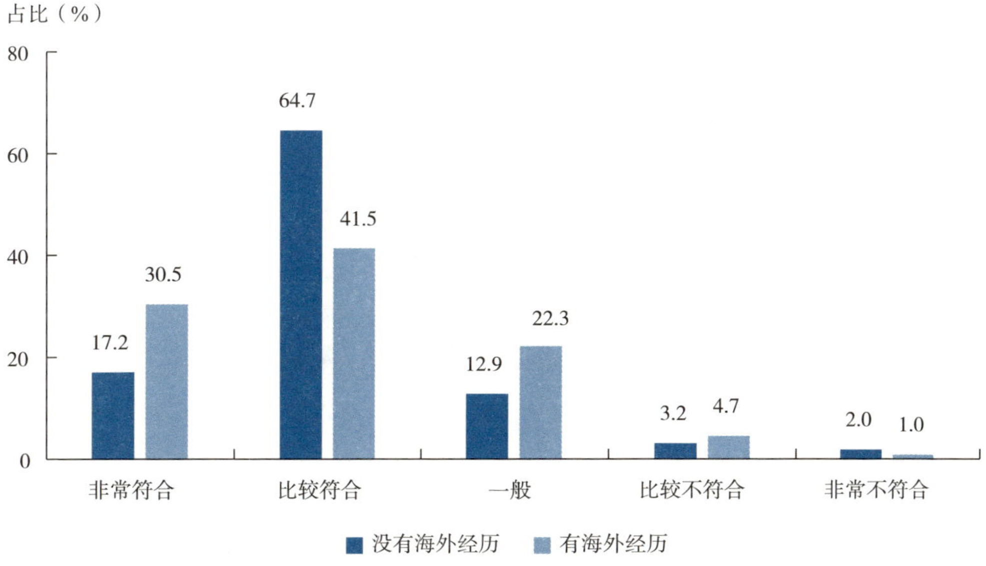

图 1-63　有无海外经历与所学专业的授课方式是否符合预期

三、半数以上留学生感到学业压力比较大

留学生的学业压力是留学过程中的一个普遍问题。国外学校的课程体系、培养方式和考核模式与国内学校有着很大的不同，这种不同是留学生面临的主要挑战。调研数据显示（见图 1–64），一半以上的留学生（59.7%）和家长（69.3%）认为留学过程中的学业压力比较大。仅有 9.6% 的留学生和 9.9% 的家长认为留学过程中没有学业压力。

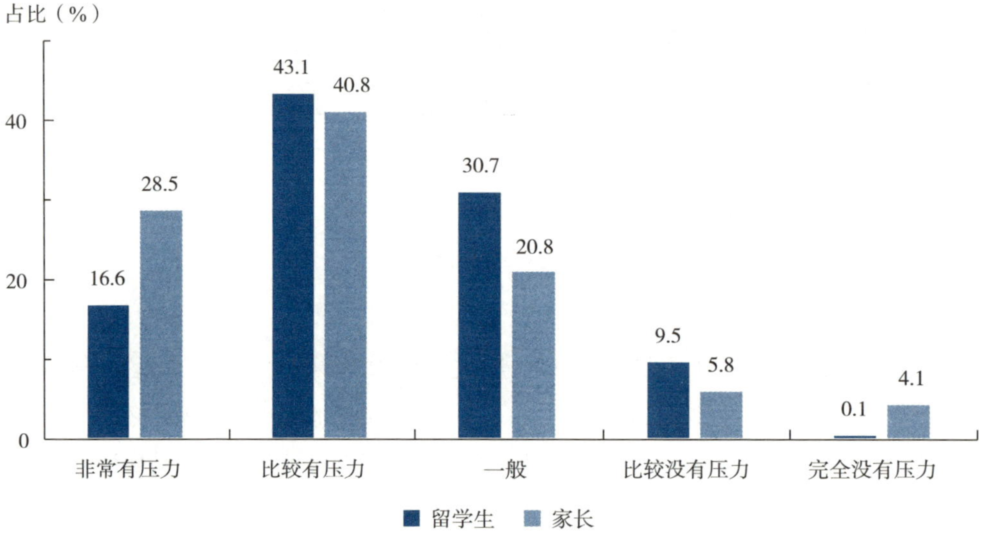

图 1–64　学业压力程度

在留学生群体中，有六成以上（62.0%）有海外经历的留学生认为学业压力比较大，而没有海外经历的留学生只有 38.0% 表示学业压力比较大（见图 1–65）。为什么有海外经历的留学生会认为学业压力更大呢？一方面，有海外经历的留学生通常会选择更高水平的学校和专业，这意味着他们需要面对更高难度的学术挑战和更严格的学习要求。另一方面，有海外经历的留学生已经适应了国外的学习方式和文化环境，他们对自己的学习能力更加自信，因此对学习的要求和期望也更高。

留学过程中的论文压力和毕业压力，也是留学生不得不面对的问题。不同的学校对毕业有不同的要求，许多学校会将毕业论文作为毕业合格的要求之一。调研数据显示（见图 1–66），一半以上的留学生（69.3%）和家长（60.4%）认为留学过程中的论文压力或毕业压力比较大。仅有 10.9% 的家长和 8.2% 的留学生认为留学过程中没有论文压力或毕业压力。

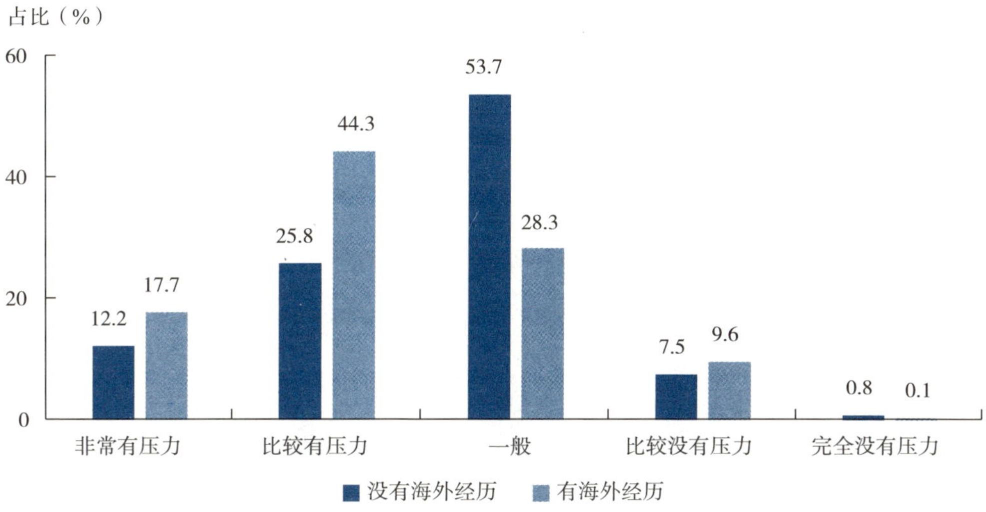

图 1-65　有无海外经历与学业压力程度

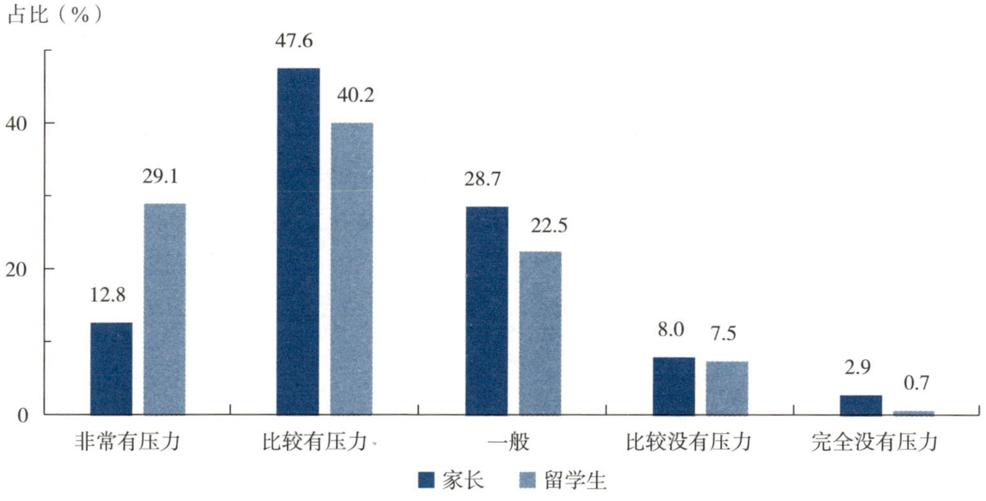

图 1-66　论文压力或毕业压力程度

根据调研数据可知（见图 1-67），在留学生群体中，78.6% 没有海外经历的留学生表示在完成毕业论文和顺利毕业方面有压力，相比之下，这一比例在有海外经历的留学生中有所降低，为 68.5%。这是因为前者往往没有接触过国际化的教育体系，对于海外高校的学习方式和论文要求也不太了解，因此在面对这些问题时更加困惑和焦虑。

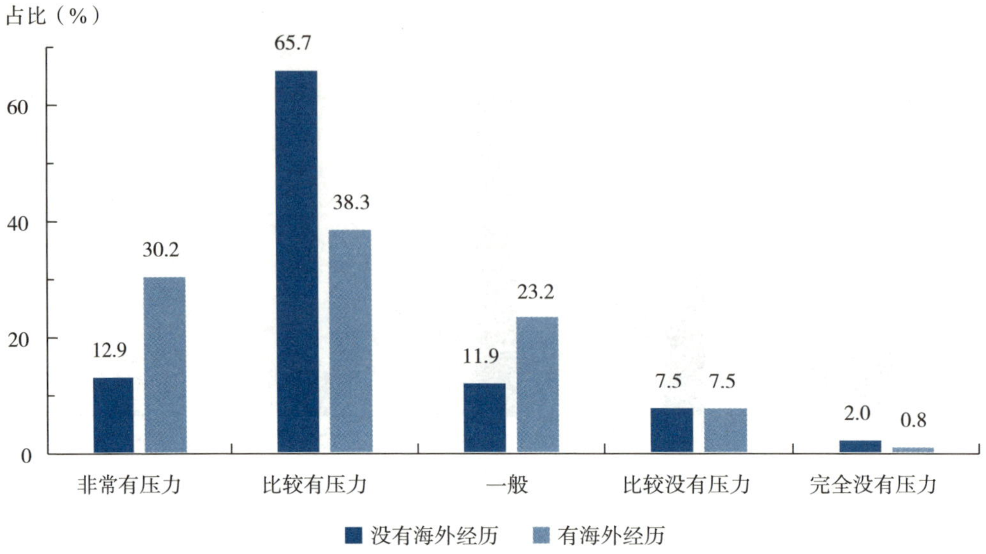

图 1–67　有无海外经历与论文压力或毕业压力程度

对于留学生而言，顺利毕业离不开导师的指导和帮助，与导师沟通的顺畅程度也是影响他们成功完成学业和顺利毕业的关键因素之一。根据调研数据可知（见图 1–68），大部分留学生（74.8%）和家长（79.4%）认为留学过程中与导师沟通得顺畅，仅有 0.1% 的留学生和 2.4% 的家长认为留学过程中与导师沟通不顺畅。

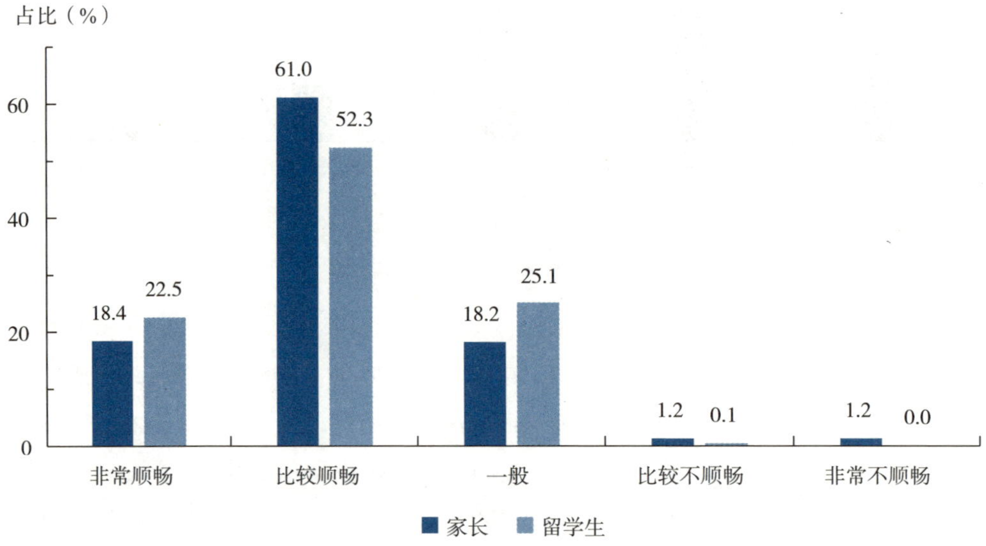

图 1–68　与导师沟通的顺畅程度

在留学生群体中，没有海外经历的留学生中有 59.2% 的人认为和导师沟通得顺畅，而在有海外经历的留学生中这一比例则更高，为 72.8%（见图 1–69），这表明留学前的海外经历对于减少留学过程中与导师沟通的障碍有所帮助。

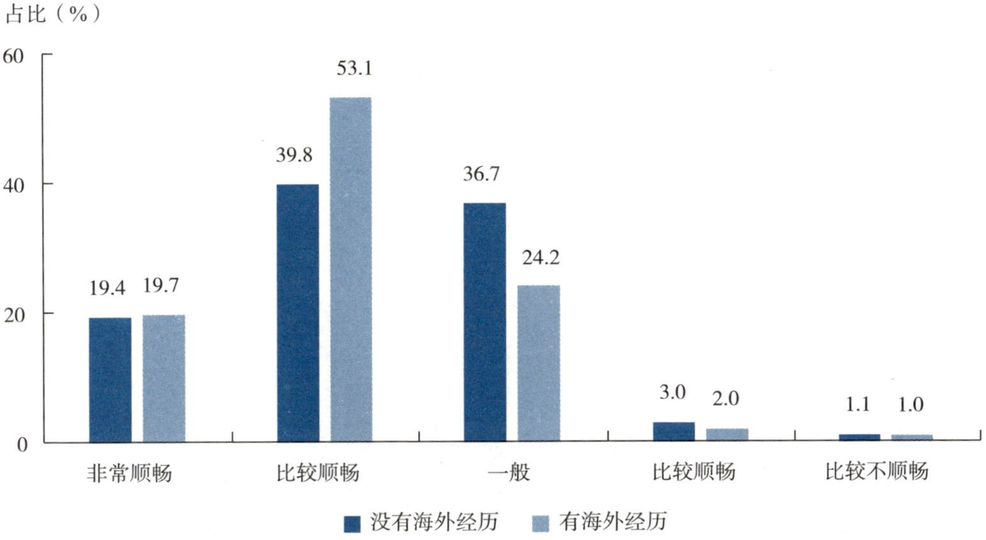

图 1–69　有无海外经历和与导师沟通的顺畅程度

第七节
学成归国是当代留学生的选择趋势

众多中国家长和学生对留学一直情有独钟，这在很大程度上是因为留学能带给学生所期待的收获与成长，尤其是对学生思维方式等方面的深层次成长有所帮助。同时，留学提升了学生在国际和国内劳动力市场上的竞争力，为其提供了更加多元的就业机会和更加广阔的就业空间。而近年来，随着国内经济社会的稳定发展，学成归国也成为越来越多留学生的选择。

一、留学带来的最大收获：独立解决问题的能力提高

一直以来，留学对于中国家长和学生来说都是一种非常具有吸引力的选择。除了接触不同的文化和语言，留学还可以为学生带来许多深层次的成长和收获（见图 1–70）。例如，留学可以提高学生独立解决问题的能力，因为学生需要自己面对

各种挑战和困难，包括学习、生活和文化等方面的问题。同时，留学会对学生的思维方式产生影响，使他们能更加开放、包容地理解和接纳多元文化。此外，留学能提升学生的专业知识并开阔学生的视野，这对学生的个人成长和未来职业规划都有着积极影响。因此，留学对于许多家长和学生来说，确实是一种非常有价值的选择。

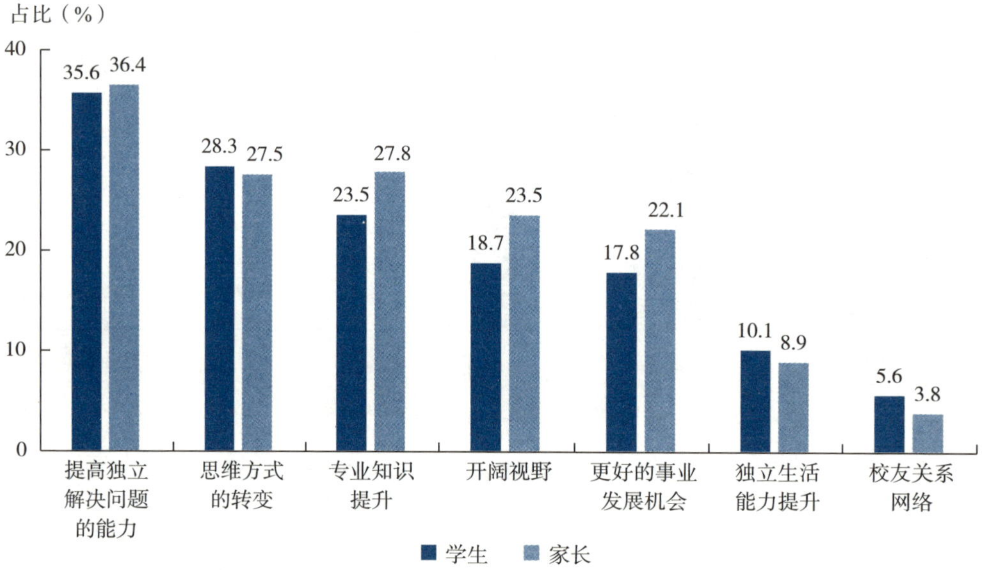

图 1-70　2023 年留学过程中的最大收获

将三年的调查数据进行比对（见图 1-71），可以看到，2023 年，学生群体普遍认为，在留学过程中的最大收获是提高独立解决问题的能力（35.6%）、思维方式的转变（28.3%）、专业知识提升（23.5%）和开阔视野（18.7%）。2022 年，学生群体普遍认为，在留学过程中的最大收获是提高独立解决问题的能力（24.6%）、思维方式的转变（18.7%）、专业知识提升（18.3%）和开阔视野（14.4%）。2020 年，思维方式的转变（26.9%）、专业知识提升（20.4%）、开阔视野（17.6%）和提高独立解决问题的能力（17.1%）是学生群体认为在留学过程中的最大收获。纵观三年数据，提高独立解决问题的能力越来越成为学生群体在留学过程中的最大收获，更好的事业发展机会也日益成为留学经历为学生群体带来的重要收获。

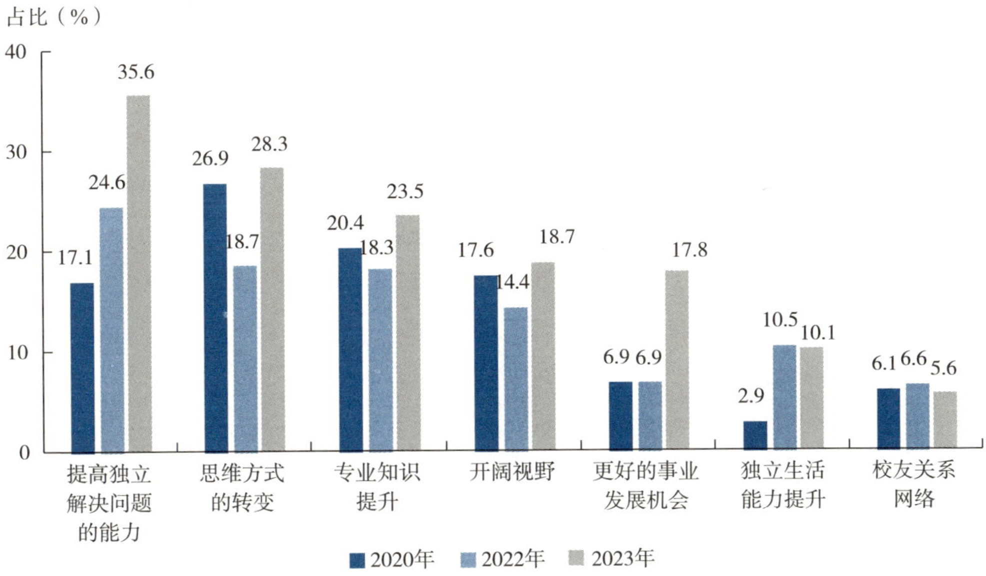

图 1–71　学生在留学过程中的最大收获

在家长群体看来，提高独立解决问题的能力（36.4%）是留学带给孩子的最大收获（见图 1–72），这表明家长高度重视孩子在留学期间独立思考和解决问题的能力的提升。同时，家长也认可留学带给孩子的思维方式的转变（27.5%）和专业知识提升（27.8%）。2022 年，家长群体认为提高独立解决问题的能力（34.4%）、思维方式的转变（18.8%）和专业知识提升（18.5%）是孩子留学后的最大收获。2020 年，家长群体认为提高独立解决问题的能力（23.8%）和专业知识提升（13.6%）是孩子留学后的最大收获。可见，家长始终关注留学经历对孩子独立解决问题的能力和自我成长产生的积极作用。

近几年来，由于国际形势和留学环境的变化，留学生面临更加严峻的考验。留学生在面对国际关系等众多不确定性因素时，一方面追求个人能力的提升以及独立解决问题能力的提高，另一方面十分重视专业能力的精进和国际视野的开阔。对于留学生而言，能够在留学过程中实现预期目标，在能力、思维方式、专业水平等方面得到深层次的提升，是值得庆幸的。

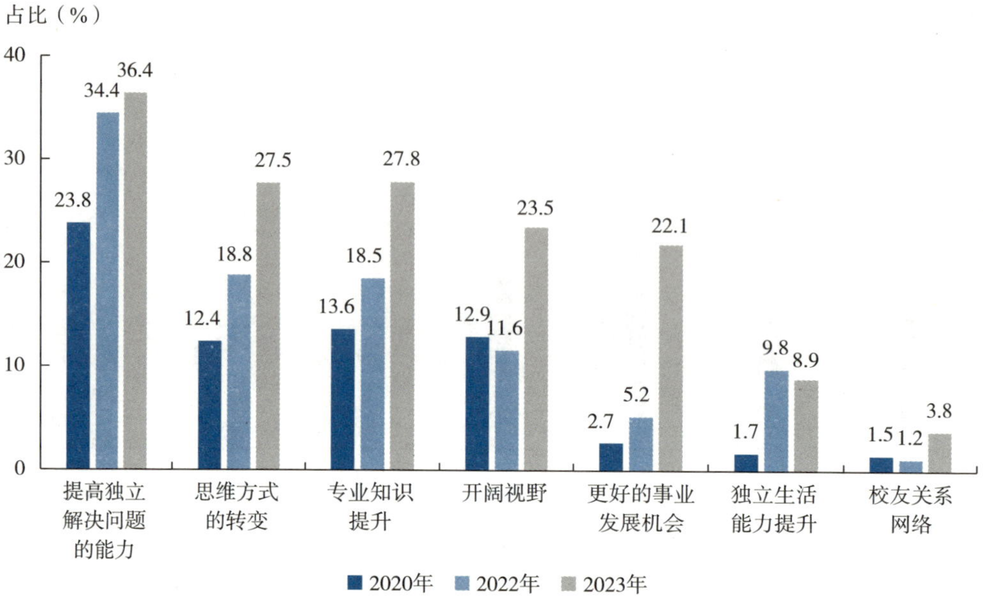

图 1–72 家长认为孩子留学后最大的收获

二、留学生学成归国的热度持续升温

近几年，毕业后选择回国发展的留学生人数呈现持续上升趋势。教育部发布的相关统计数据显示，从 1978 年到 2019 年，我国各类出国留学人员累计达 656.06 万人，其中 490.44 万人已完成学业，423.17 万人在完成学业后选择回国发展，占已完成学业群体的 86.28%。①2019 年，我国出国留学人数突破 70 万人，留学回国人数超 58 万人，回流比例已超八成。

自 2020 年以来，留学回国人数呈显著上升趋势。全球化智库（CCG）发布的《2020 中国海归就业创业调查报告》显示，2020 年着手回国就业并向国内岗位投递简历的留学生人数较 2019 年增长 67.3%。国家信息中心大数据发展部针对 2021 年海归大数据分析的报告显示，海外留学生回流趋势显著增强，2021 年回国就业留学生首次超过百万，达到 104.9 万人。② 全球化智库、中国银行与西南财经大学发展研究院共同发布的《中国留学发展报告（2022）》蓝皮书也显示，中国留学人员回国热持续升温，留学人员参与公共治理的热情高涨。教育部发布的最新数据显示，

① 资料来源：教育部，http://www.moe.gov.cn/jyb_xwfb/gzdt_gzdt/s5987/202012/t20201214_505447.html。

② 资料来源：中国教育在线，https://www.eol.cn/e_html/report/osr2022/content.shtml。

2022 年，我国各类出国留学人员有超过八成完成学业后选择回国发展。[①] 由此可以看出，我国留学人员赴海外深造后回国发展的趋势更加显著，“出国深造—回国就业”的国际人才环流趋势日渐明显。在这一趋势下，出国留学的中国学生将持续增加，具有海外教育背景的国际化人才将在国内国际双循环中发挥更加重要的作用。同时，有留学背景、国际视野的海归人才越来越愿意参与国家治理，为服务人民贡献出自己的知识和经验。这些人才在国内具有独特的优势，他们的海外经历和国际视野使得他们更加开放、包容。他们的回归也将为国家的创新驱动发展和高质量发展注入新的动力，推动我国公共治理的长足发展和全球治理的充分参与。

2023 年的调研数据显示（见图 1–73），有 64.4% 的留学生有回国发展的打算，其中“直接回国发展”的留学生占全部受访留学生的 25.3%，“先在国外工作两年，再回国发展”的留学生占 39.1%，而“留在国外，希望获得永久居住权”的留学生占 21.4%。在家长群体中，有高达 74.8% 的家长希望孩子回国发展，其中希望孩子“直接回国发展”的家长占全部留学生家长的 31.1%，希望孩子“先在国外工作两年，再回国发展”的家长占 43.7%，而希望孩子“留在国外，希望获得永久居住权”的家长占 13.6%。

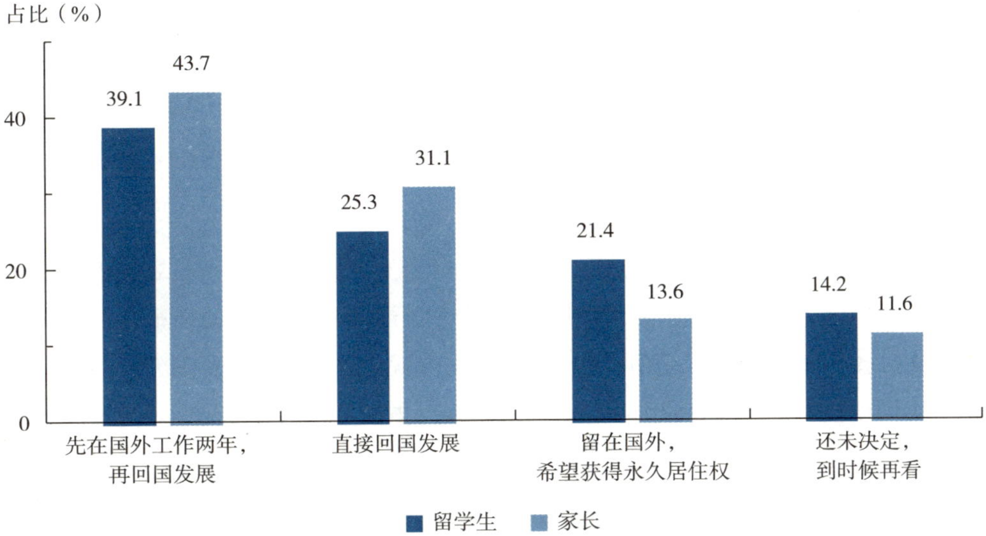

图 1–73　2023 年留学生毕业后的选择

① 资料来源：教育部，http://www.moe.gov.cn/fbh/live/2022/54849/mtbd/202209/t20220920_663361.html。

2022 年的调研数据显示（见图 1–74），有 48.6% 的留学生有回国发展的打算，其中“直接回国发展”的留学生占全部受访留学生的 23.7%，“先在国外工作两年，再回国发展”的留学生占 24.9%，而“留在国外，希望获得永久居住权”的留学生占 24.5%。在家长群体中，有 57.6% 的家长希望孩子回国发展，其中希望孩子“直接回国发展”的家长占全部留学生家长的 16.9%，希望孩子“先在国外工作两年，再回国发展”的家长占 40.7%，而希望孩子“留在国外，希望获得永久居住权”的家长占 10.3%。

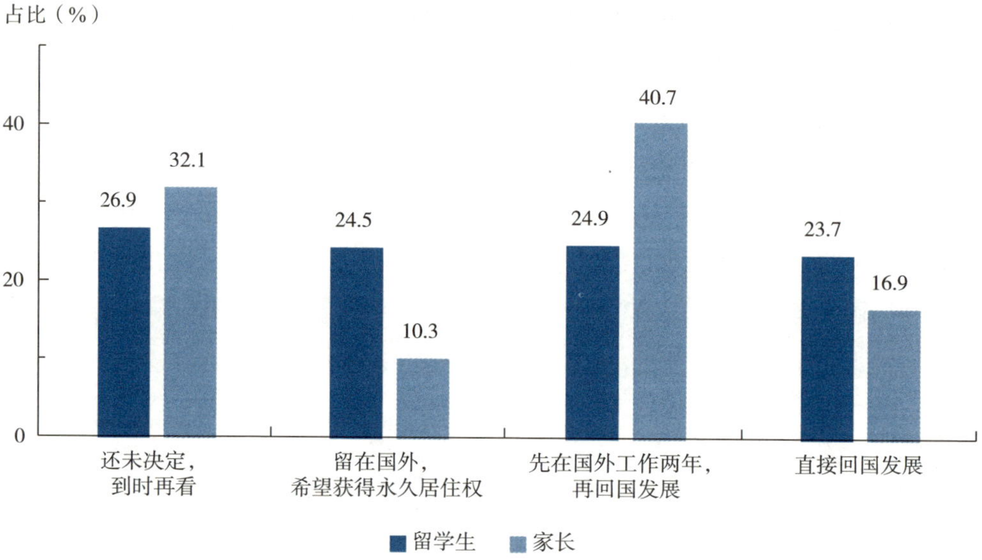

图 1–74　2022 年留学生毕业后的选择

对比最近两年的数据，我们可以发现，越来越多的留学生和家长更加倾向于回国发展，留学生群体中希望回国发展的比例增长了 15.8%，家长群体中这一比例增长了 17.2%。这一趋势受到国际环境变化和国内就业政策变化等多种因素的综合影响。中国科技力量的崛起和国际影响力的增强，再加上国内各地的人才激励、留学生引进等政策持续升温，使得越来越多的留学生意识到，相比在变幻莫测的海外奋斗，回国发展不失为一种更加稳定和可靠的选择。

三、更适合自己专业发展是留学生选择留在国外发展的主要原因

2023 年的调研数据显示，“更适合自己专业发展”一直是留学生和家长群体选择留在国外发展的主要因素，这与往年（2020 年和 2022 年）调研数据显示的结果

相吻合（见图 1–75 和图 1–76）。相比于往年，2023 年，因为“更适合自己专业发展”和“喜欢国外的生活环境”而留在国外的留学生比例均有所上升。同时，在留学生群体中，“日后可以移民定居”和“有许多亲戚在国外”也成为其做出留在国外发展的决策时十分重要的考虑因素。在家长群体中，“有许多亲戚在国外”同样成为十分重要的考虑因素。

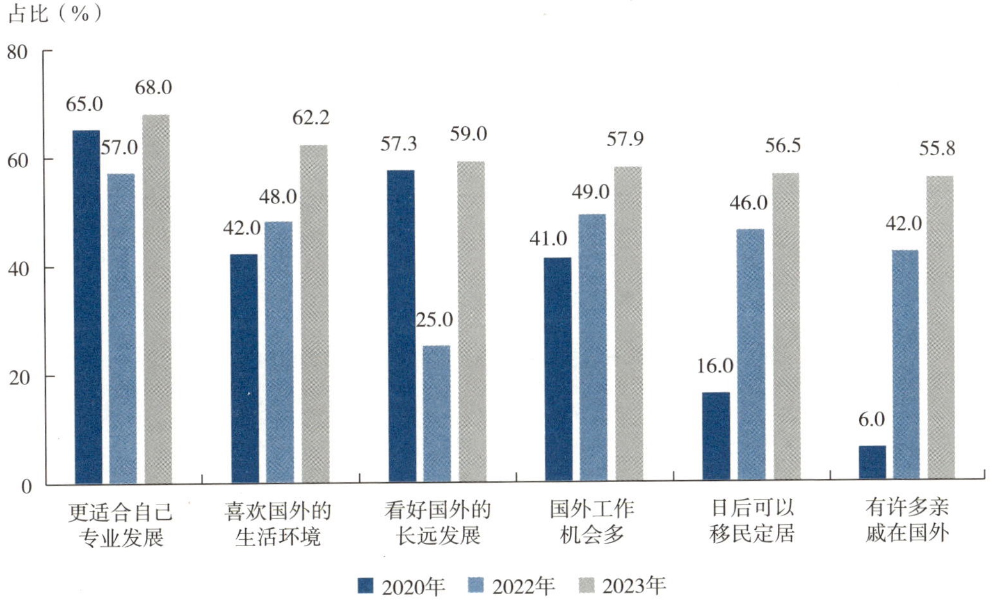

图 1–75　留学生毕业后想要留在国外发展的原因

2023 年的调研结果显示（见图 1–77），对于选择留在国外发展的留学生和家长群体来说，国外“更适合自己专业发展”始终是影响其做出选择的首要因素（分别占比 68.0% 和 59.8%），专业与国内企业的市场需求不匹配和技能在短期内无法显现出明显的竞争优势一直是阻碍留学生回国就业的重要因素。关于海归群体回国后面临的择业困境的调查也显示（见图 1–78），“职业发展方向不明确”（58.8%）和“对国内就业环境预判不足”（57.6%）是海归群体在就业时面临的主要困难。相比于国内企业，良好的工作、生活环境和更多的就业机会一直是国外企业吸引留学生的主要原因。

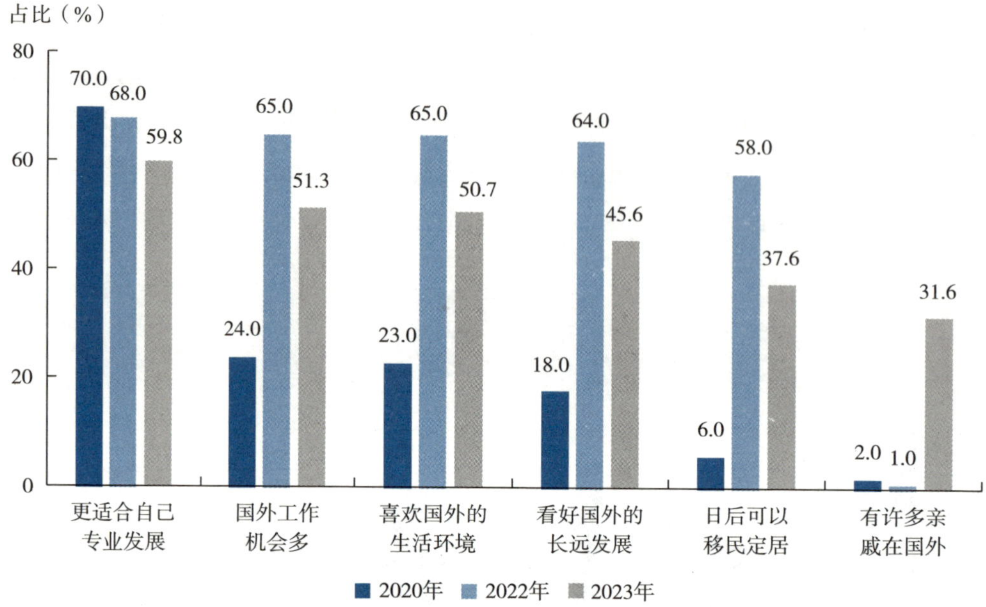

图 1-76　家长希望孩子毕业后留在国外发展的原因

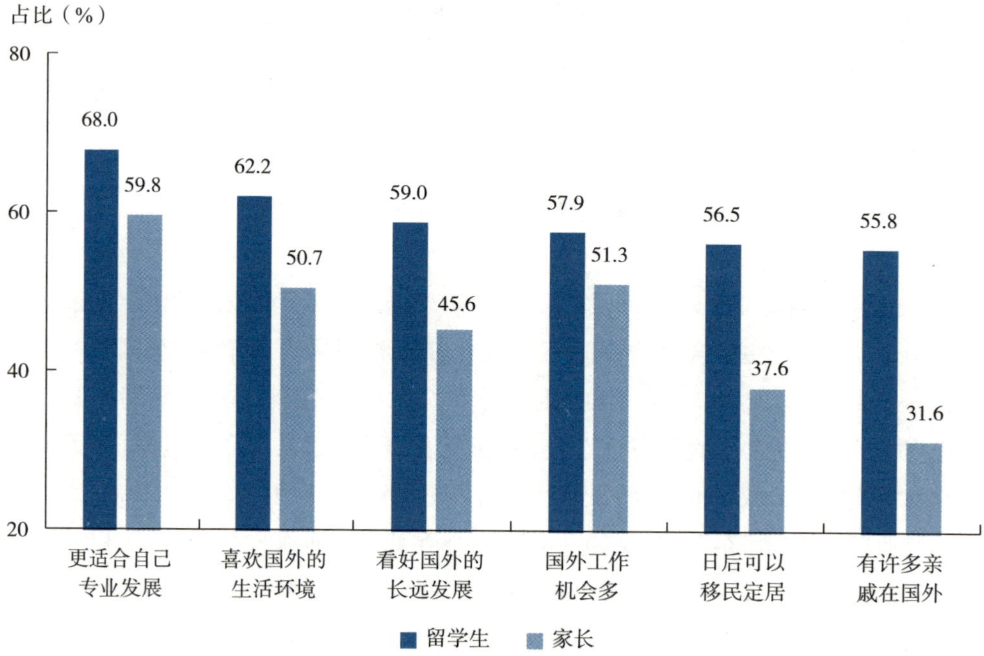

图 1-77　2023 年毕业后选择留在国外发展的原因

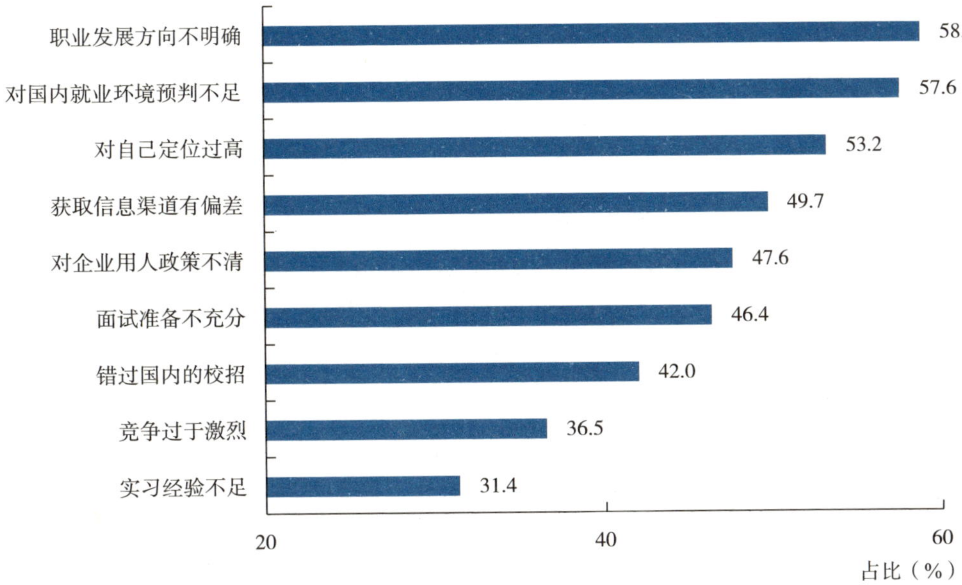

图 1–78　海归群体就业遇到的困难

对于留学生群体来讲，“喜欢国外的生活环境”（62.2%）也是其做出留在国外发展决策时考虑的重要因素之一。在长期的国外求学过程中，许多留学生已经适应了国外的生活节奏，也接受了国外的思维方式和生活习惯，对于高中及以下阶段就出国留学的低龄留学生来说更是如此。在这种情况下选择回国，对于他们而言，不仅意味着需要重新适应国内的环境，还意味着在就业时会面临“对国内就业环境预判不足”“获取信息渠道有偏差”“对企业用人政策不清”等困难。对国内就业环境的不熟悉，让他们在择业过程中处于相对被动的处境，这也是很多留学生选择在国外就业的重要原因。

此外，相比于国内的就业环境，“国外工作机会多”（57.9%）也是留学生选择留在国外工作的重要原因之一。近年来，随着国内外高校的扩招和国内的留学热潮，海归群体逐渐失去了精英的标签，尤其是在国内研究生群体不断扩大的背景下，留学生身份的相对优势有所减弱，而在国内择业过程中，“对自己定位过高”和“竞争过于激烈”成为海归群体遇到的主要困难。

四、留学生选择回国发展的主要原因

兼顾事业发展与照顾家庭是留学生选择回国发展的主要原因。2023 年，智联招聘发布的《2022 年中国海归就业调查报告》显示：自 2020 年以来，在国内求职的海归数量明显增长；与 2021 年相比，2022 年应届留学生规模同比增长 8.6%。报告还显示，近几年来，国内海归的薪酬持续走高，从海归优先职位平均招聘薪酬与全平台平均月薪对比来看，海归优先职位的平均招聘薪酬连续三年走高，2020—2022 年呈阶梯式上涨。2022 年海归优先职位的人均薪资为 14 680 元 / 月，比 2021 年增长了 7%。整体看来，海归的薪酬优势明显，尤其是在高薪领域，例如，在 50 万元以上收入群体中，有留学背景的人才显著多于无留学背景的人才，前者约为后者的 2 倍。除了薪酬待遇上的优厚福利，留学生群体及其家长群体在做出回国发展这一决策时，还会考虑哪些因素呢？

智联招聘发布的报告显示，对于回国发展这一决策，排名前三的考虑因素是“国内生活更加便利”、“更认同国内的文化环境”和“国内就业机会多”。这与 2023 年的调研结果基本吻合。2023 年的调研结果显示（见图 1–79），对于决定回国发展的留学生及其家长来说，“看好国内社会的长远发展”、“国内生活更舒适”和“国内事业发展机会多”均在其考虑的前三个重要因素之中，相比而言，家长群体对“国内事业发展机会多”这一因素的重视程度高于留学生群体。2020 年，“国内更安全稳定”是 81.0% 的家长和 74.0% 的留学生选择毕业后回国发展的首要考虑因素（见图 1–80 和图 1–81）。2022 年，“喜欢与家人在一起”（59.2%）和“国内更安全稳定”（67.3%）分别是留学生和家长选择毕业后回国发展的首要原因。这与 2020 年以来全球出现的特殊公共健康安全问题有着十分密切的关系，相比于国外，国内安定的社会环境对留学生有着很大的吸引力。

结合三年数据，我们可以发现，无论是对留学生群体还是家长群体而言，“看好国内社会的长远发展”和“国内事业发展机会多”都越来越成为留学生回国发展的重要影响因素，这与国内稳定的社会环境、多样的人才政策以及向好的创新创业潜力有关。我国经济社会发展稳中向好，国内企业对海归人才的需求快速释放，各地政府也积极组织当地企业引进海归人才。同时，我国各地都有专门面向高校和研究机构的地方性人才计划与人才政策，也都出台了相应的海归创业人才引进与奖励措施，这些措施给海归人才就业提供了更多机会。人才机制的改善使归国留学生能够充分发挥所长，也推动国内对海归人才强大的“磁铁”效应的形成。此外，与家人团聚、照顾家庭始终是留学生无法割舍的情怀，这也是留学生选择归国发展不可忽视的原因。

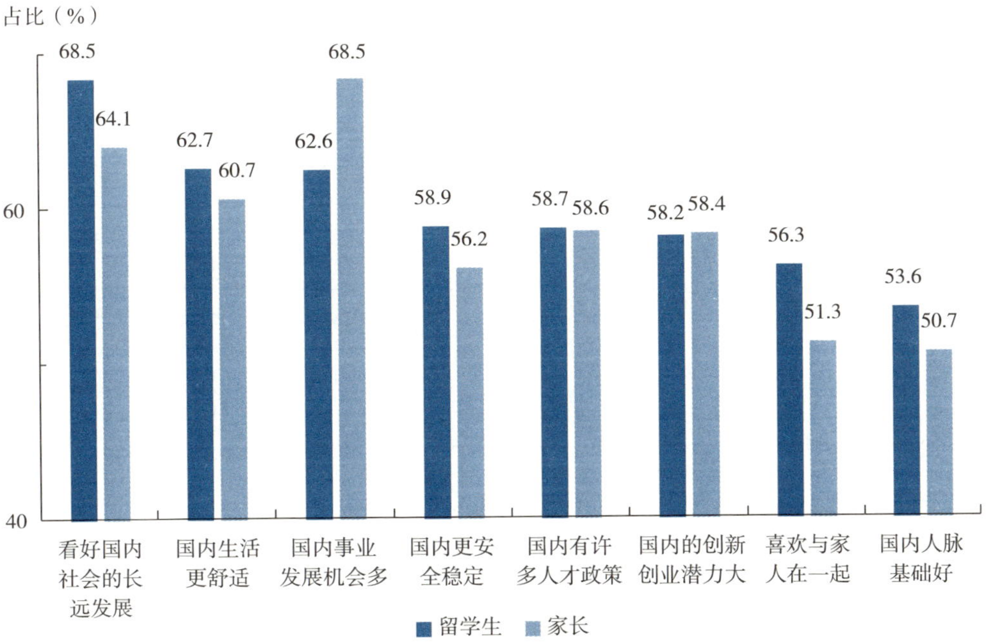

图 1–79　2023 年毕业后选择回国发展的原因

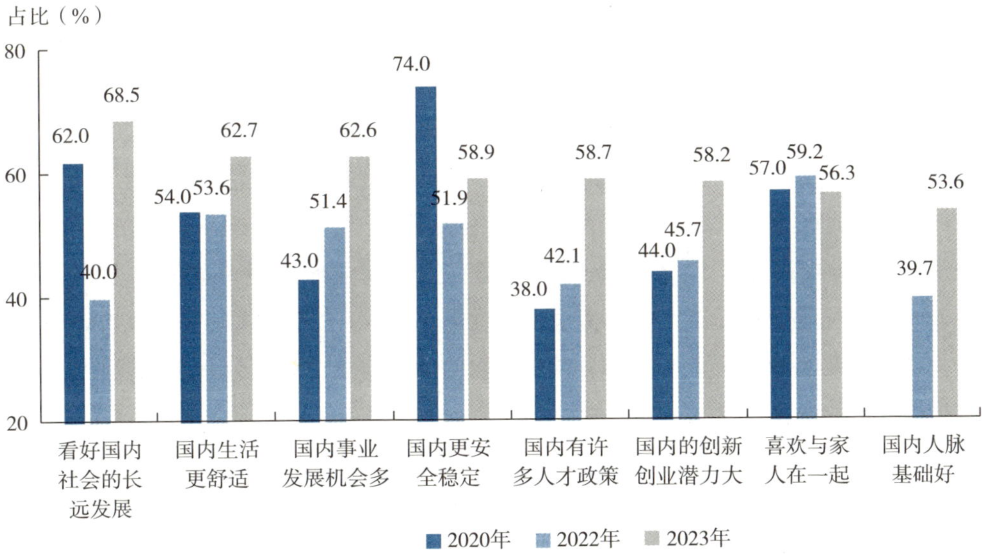

图 1–80　留学生毕业后选择回国发展的原因

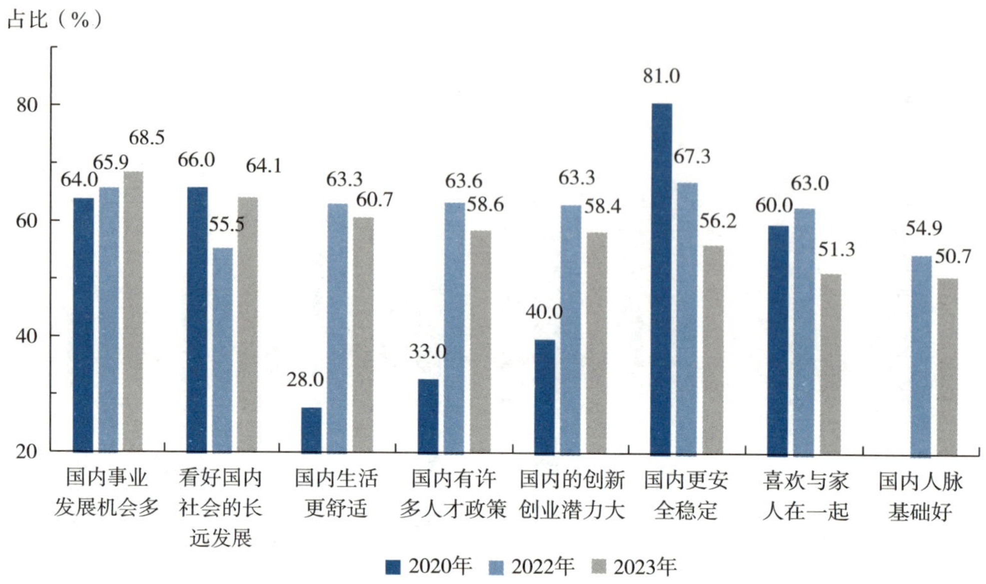

图 1-81　家长希望孩子毕业后回国发展的原因

五、留学生选择国内就业城市的影响因素

薪酬待遇和职业发展前景是海归选择就业城市时考虑的主要因素。2023 年智联招聘发布的《2022 年中国海归就业调查报告》显示，2022 年海归群体前往新一线城市、二线城市和三线及以下城市发展的意愿均有所提升，占比分别为 31.0%、15.7% 和 14.3%，均高于 2021 年的占比。由于新一线城市、二线城市和三线及以下城市陆续推出“抢人”政策，发展潜力大，同时房价较低，生活便利度也不亚于一线城市，因此越来越多海归以实际行动加速“下沉”。2023 年的调研数据显示（见图 1-82），薪酬待遇（57.6%）是海归人群在选择就业城市时考虑的最重要因素。此外，职业发展前景（55.1%）、留学人才政策（53.1%）和照顾家庭（49.7%）也是其关心的重要因素。可见，大部分留学生在归国后会从更多维的角度对就业城市进行衡量并加以选择。

2023 年的调研数据显示（见图 1-83），在决定就业方向时，海归群体更倾向选择外资企业和上市公司，分别占比 34.2% 和 27.4%，其次是创业型企业，占比为 19.5%。此外，分别有 10.3% 和 5.9% 的受访留学生选择央企或国企和事业单位，仅有 4.3% 和 2.1% 的受访留学生选择自由职业和部委或政府机关。由此可见，外资企业的雇主品牌认可度在吸引国际化人才的过程中仍然占有明显优势。同时，上市公司平台大、机会多、薪酬水平高、发展前景好，也是海归群体重要的选择。近年来，毕业生似乎更偏向于追求稳定的工作，央企或国企和事业单位越发受到青睐，这个趋势在海归群体中也略有显现。《2022年中国海归就业调查报告》显示，求稳心态体现在留学生对“考公”的热情参与中。2022年，74.4%的留学生认为海归群体中存在“考公热”，高于2021年的59.0%。其中，51.9%的留学生认为“考公热”近两年明显升温，高于2021年的38.3%。

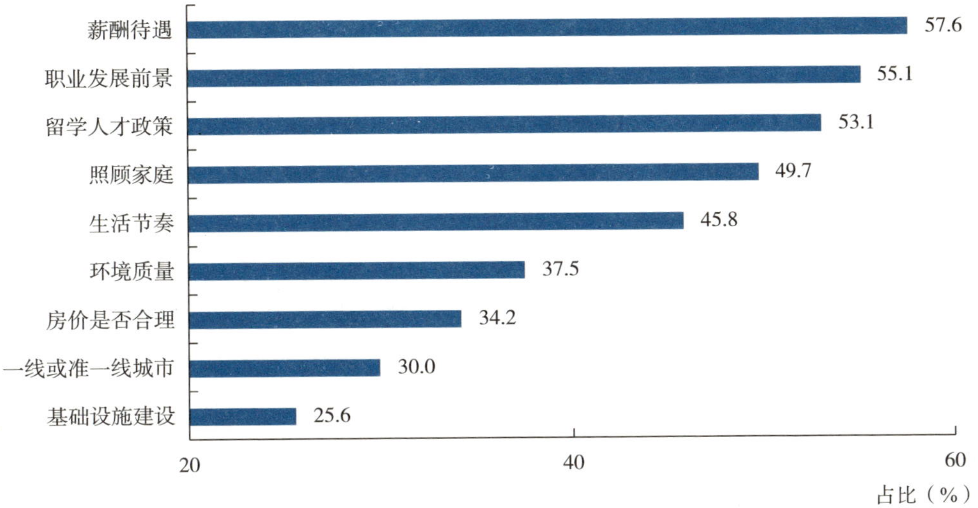

图 1–82　海归选择就业城市时考虑的因素

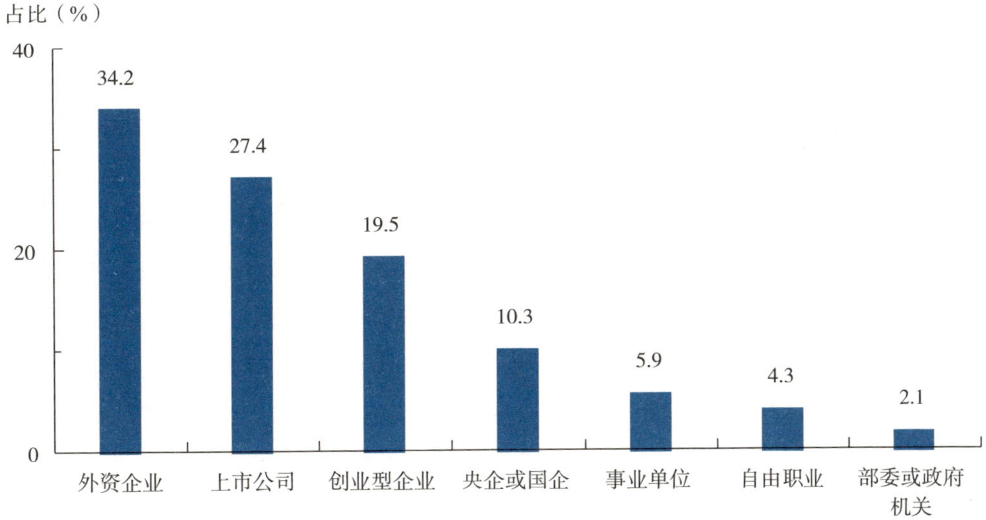

图 1–83　海归选择的就业方向

国际课程体系的差异性体现不同的教育理念

世界上最主要的三种大学预科课程体系是 AP（Advanced Placement，大学预修课程）体系、IB（International Baccalaureate，国际预科证书课程）体系和A-Level（General Certificate of Education Advanced Level，英国高中课程，这是英国全民课程体系、英国普通中等教育证书考试高级水平课程，也是英国学生的大学入学考试课程）体系。大学预科课程成绩在留学申请中可以起到非常重要的作用，它不仅能体现学生高中时期的 GPA，还能体现学生的学习兴趣、学习能力与潜力，是英美等国家的大学在录取时衡量的重要指标。三种大学预科课程体系在课程设置和难易度上都略有不同，不同的学生可以根据自身的特点选择不同的课程体系。可以说，不同的课程体系代表着不同的教育理念。

（1）AP 体系重视多元化

AP 体系由美国大学理事会（College Board）设计，主要针对美国大学的申请，但也被英国、加拿大等多个国家认可，是含金量很高的课程。AP 考试每年 5 月在全球 80 个国家举行，学生可以自选科目，科目数量不限，考试次数也没有限制。自 2020 年起，AP 考试的报名开放时间由原先的 12 月至次年 1 月提前到了 10 月。美国大学理事会 2021 年大学理事会中国教育年会（2021 College Board China Forum）公布的数据显示，2021 年参与 AP 考试的学校多达 746 所，其中非 AP 体系的学校有 365 所。这也意味着 AP 体系在美国大学申请中得到了更多的重视。AP 科目共有 38 个，文理兼备，无论是什么专业的学生，都可以选到较为适合自己的课程。每个 AP 科目的满分为 5 分，最低分为 1 分。在换取学分时，大部分学校都只接收 3 分以上的 AP 考试成绩，有些学校甚至只接收 5 分的 AP 考试成绩。比如，如果想换取麻省理工学院经典力学课程的学分，那么学生需要拥有 AP 物理 C 力学和 AP 物理 C 电磁学均为 5 分的 AP 考试成绩。

（2）IB 体系追求全面发展

IB 体系是目前认可度最高的国际课程体系之一。全球有 150 多个国家的多所高中开设了 IB 体系，我国许多知名的国际高中基本上都开设了 IB 体系。IB 体系分为大学预科项目（DP，Diploma Program）、中学项目（MYP，Middle Years Program）和小学项目（PYP，Primary Years Program）。大学预科项目适合 16～19 岁的学生，学制 2 年；中学项目适合 11～16 岁的学生，学制 5 年；小学项目适合 3～12 岁的学生，学制 5 年。我们通常提到的高中 IB 体系，指的就是 IBDP，即大学预科项目。IBDP 课程主要集中在中学的最后两年。采用 IB 体系的学校希望学生具有以下特点：喜欢探究、思想开放、善于交流、全面发展、博爱包容、敢于冒险、自我反省等。为期两年的 IBDP 课程，对多数中国学生来说，需要提前完成至少 1 年的 Pre-IB（IB 体系先修课程）或 IGCSE（International General Certificate of Secondary Education，国际普通中等教育证书）课程。IBDP 课程文理兼顾，但学生需要在一定范围内选课，因此其灵活性相对 AP 体系来说较小。

（3）A-Level 体系在英联邦大学申请中优势凸显

A-Level 体系是英国高中课程体系，与 AP 体系和 IB 体系相比，更适合英国、澳大利亚、加拿大、新加坡等国家，即英联邦教育体系的学生。许多美国大学也认可 A-Level 体系，允许学生用 A-Level 成绩换取大学学分，但在美国大学申请中，A-Level 的优势并没有在英国大学申请中那么明显。A-Level 共开设 40 多门课程，常见的有进阶数学、化学、计算机、英语语言文学等。A-Level 学制共两年，分为 AS 阶段（第一年）和 A2 阶段（第二年）。学生在 AS 阶段选择 3～4 门课，不计入最终成绩；在 A2 阶段选择 3 门课，计入最终成绩。每门课的成绩分为 A、B、C、D、E、U 六个等级，A 为最高，U 为不合格，格外优秀的学生还可能获得 A* 的成绩。想要申请英国 G5 大学，包括牛津大学、剑桥大学、伦敦大学学院、帝国理工学院、伦敦政治经济学院，学生每门课通常要获得 A～A* 的成绩。

第二章

自由探索型教育的典范——美国

时至今日，中国已经连续 13 年成为美国最大的留学生生源国。2017—2018 学年，在美国的中国留学生共计 350 755 人，占美国留学生总人数的 32.5%；2018—2019 学年，在美国的中国留学生共计 369 548 人，占美国留学生总人数的 33.7%；2020—2021 学年，中国大陆留美学生达 317 299 人，占美国国际生总人数的 34.7%；2021—2022 学年，中国大陆留美学生为 290 086 人，占美国国际生数量的 30.6%，中国依旧是美国的最大生源国（来自《美国门户开放报告》统计数字）。只是随着留学目标国的多样化，留学生有了更多的选择，所以赴美留学的增长幅度略有降低。

美国在教育资源与教育多元化上，居于世界领先地位。此外，美国的教育制度非常灵活，不仅提供多元的教育资源，还给予广大学子多样化选择、纠偏空间。尤其是其扬长式教育，更深得广大学子的青睐。留学美国的原因有很多，但学生与家长所关注的因素是显而易见的：美国教育资源丰富，教育质量稳居世界第一；综合实力强，高科技创新与前沿科学发展位居世界第一；名校云集，教学方式多样化；专业选择自由度大，学生在学业上有更多的选择；美国学校不以标化考试成绩为唯一录取指标，重视课外活动，这有利于有特长的学生脱颖而出，等等。总而言之，美国学校的多样化、包容性、学校和专业选择的自由度让广大学子有了更广阔的发展空间，并在这种包容的教育环境中找到自己的发展潜力。

第一节
美国私立高中——扬长式教育尊重个性发展

美国公立高中共有 2 万多所，私立高中有 2 000 余所。公立高中由政府投资办学，对教学设施、课程体系甚至老师的要求都相对统一。美国的公立教育属于平民教育，除在房价高昂的学区房地段的公立高中教育质量非常高，大多数公立高中的教育质量都比较普通。学区房区域的公立高中教学质量很高，但数量并不多。虽然美国一流公立高中的优秀学生并不比一流私立高中的学生差，但私立高中的优势在于学生的水平比较均匀，课程难度普遍较高，师生比例较高，学校非常重视学生的升学辅导，而这些特质是优秀的公立高中没有的。所以，即使是一流的公立高中，其在整体教学质量及教学资源上也是无法与私立高中比肩的。

根据规定，美国公立高中原则上是不接收国际生的，因为政府是用教育税来办学的，这属于财政支出。因此，即便有些学生以交换生的形式到美国的公立高中读书，也只能在此校学习一年，之后会立刻转学去私立高中。出国留学的学子几乎都选择在一所优秀的私立高中就读，虽然私立高中有着较为严苛的入学要求，有些好学校的入学标准与面试要求都很高，但从某种意义上讲，进入一所排名高的私立高中与进入一所常春藤大学在难度上是不相上下的，但由于优质的私立高中所提供的顶级优质教育，以及学校高质量生源和优秀的教学环境所带来的完美体验，成为诸多国际生的选择。

一、私立高中体现美式精英教育

美国的私立高中总共有 2 000 多所，而寄宿制私立学校大约有 300 所，仅占美国高中总数的 1% 左右（2020 年《美国教育统计年鉴》数据）。美国的私立高中大多历史悠久，有着自己独特的传统，而且强调精英教育，注重学生的全面发展。优质的私立学校除了强调学习成绩，还注重学生在非学术方面的发展，比如领导力、全球视野、创新精神、批判性思维等，学生在这些方面能得到很好的训练与培养。申请者不仅要拥有极其优秀的才能，还要有超强的独立自主能力和利用资源来发展自我的能力，同时能够适应高难度的挑战和快节奏的学习与生活。因此，这类学校的申请难度极高，托福分数要超过 110 分，SSAT（Secondary School Admission Test，美国中学入学考试，适用于美国、加拿大私立中学的入学）成绩达到总分的 95% 是基本门槛。美国排名前十的私立高中都属于超级难申请的学校，录取标准都非常高。可以说进入这类学校，不比申请进入常春藤名校轻松。这类学校每年在中国仅招收个位数的学生，所以这类学校的录取也受诸多因素的影响，不是简单地根据学术成绩就能决定的。在入学申请的面试中，除了考查学生的标化考试成绩、全面的课外活动及学术表现，许多私立学校还要面试家长，所以家庭背景也是这些贵族精英中学所考查的指标之一。可以说进入这类中学，不比申请进入常春藤名校轻松。

对于未成年的留学生而言，寄宿制私立学校是最理想的。吃、住、学全都在学校，寄宿制学校都有严格的管理制度并具有明显的优势：一是无论是在人身安全还是在隐性安全上，寄宿制高中由学校行使了部分监护人的职责，在管理制度上提供了很大的安全性；二是有利于学生与老师的密切沟通，以及与其他寄宿制同学的紧密联系；三是让学生有更加充分自由的时间投入紧张的学业，形成中学生应有的自律与学习习惯。以上三个方面，使优秀的寄宿制高中颇具优势。

美国私立高中的优势是非常明显的，主要体现在以下五个方面：

（一）安全规范的校园管理

私立高中的管理严格程度基本上与其排名成正比，排名越高的学校管理越严格，可以说，学校的安全管理达到了极致。比如，学校有规定的外出时间，否则学生不能外出，即便有特殊需求，也必须到老师那里拿到签字并得到许可。有的寄宿制私立高中，轮值老师会住在学生宿舍一旁，学生可以随时找到老师处理问题。所以，一流寄宿制私立高中的严谨管理和安全度也很具有吸引力。许多学校不允许学生带手机上课，甚至老师在校期间也不得使用手机。寄宿制私立高中更为严格，老师还需要轮流带领学生在周末进行户外运动。所以说，优秀的寄宿制高中是国际生的首选。

（二）丰富多元的课程体系

美国私立高中不仅注重学生的学术基础、兴趣发展，还非常重视学生的综合素质培养，尤其是精英教育中的领导力、人文教育等方面的内容。演讲和领导力方面的活动与训练也非常多。即便到了大学课堂，这种教育也在延续。私立高中在假期时会有许多合作项目，国际化程度非常高，给了学生极大的自由与空间。私立高中所设的 AP 课程也很多，除了 AP 课程，一些学校还与附近大学合作，让学生到大学上课直接修大学课程，拿学分，并在申请大学时将这些作为学分课程提交，以证明学生的学术潜力与能力以及学术兴趣。这种灵活的教育体系、丰富的教育资源，满足了学生的不同需求。

（三）强大的师资队伍

顶级私立高中老师的教育背景颇为强大，拥有博士学位的老师比比皆是。私立高中提供的高额薪酬，特别是令人无法拒绝的教师子女免费上本校的巨大福利，是吸引众多高级人才进入私立高中的原因。有些学校还给老师提供免费食宿，并根据家庭成员人数来进行住房分配，住房就在校园内，以方便老师工作。顶级私立高中的巨大福利吸引着许多来自名校的大学教授和讲师，为中学服务。有的私立高中的升学主任曾任常春藤大学的招生办主任，教授文学的老师曾是常春藤大学的文学教授。这种强大的师资力量，是普通的公立高中无法相比的。美国私立高中在选拔老师时要求非常严格，对于声誉良好的私立高中而言，其最核心的资源就是师资力量，许多优秀的私立高中还会聘请美国一流大学的教授来当老师。所以，这些学校在选拔教师时，不仅考查教师的教育背景、学术能力、教学水平，还考查其在艺术、体育等方面的特长。因为寄宿制私立高中的老师经常会住在学校里，轮流值班，有的老师还会担任学校各种社团的辅导老师，所以多才多艺的老师自然会受到欢迎。

（四）先进完备的硬件设施

在美国，许多私立高中都拥有非常先进的实验室设备，尽管这些设备非常昂贵，一些私立高中甚至还拥有国际竞赛标准的游泳池等设备。总之，私立高中的硬件设施远远超出了平均水准，昂贵的学费和家长捐款足以支撑这一支出。比如位于新罕布什尔州的全美顶级私立中学菲利普斯埃克塞特中学，每年都会吸引一大批对理工科感兴趣的学生。这所学校拥有非常完备的实验室设施，能满足日常研究的需要，吸引着热爱科学实验的优秀学子，这对学生在中学阶段进行科学实验有着非常深远的影响。这也是私立高中吸引一众优质生源的重要原因之一。

（五）丰富的社会资源

私立高中有着丰富的社会资源，不只是因为学生家长大多来自社会精英阶层，更重要的是，这些私立高中有着声名显赫的校友。这些校友包括美国总统、华尔街精英、诺贝尔奖获得者、扬基棒球队的教练以及白宫发言人等。因为学校经常请自己的校友来举办讲座，所以学生的阅历与经历是超出想象的。比如布什总统父子的母校是全美排名第一的菲利普斯安多佛中学，就经常邀请著名校友参加学校的活动，给中学生们极大的鼓舞，让他们树立更为高远的人生目标。所以，这类学校的教育不仅体现在教学水平与教学环境上，还体现在更多丰富的教育资源上，这些能让学生见多识广，目标高远。

二、美国私立高中的入学条件比较严苛

美国前 30% 的私立高中录取非常严格，其录取的难度不亚于常春藤大学，而申请者都是很优秀的，并做了充足的准备。顶级的私立高中录取的基本条件是托福 100 分以上，但很多学生都是 110 分以上甚至更高，所以托福考到 110 分才具有竞争力。SSAT 达到 2 300 分、GPA 基本满分是很常见的。除了这些硬指标，录取条件中的软指标也非常关键。许多申请人在初中就与大学教授一起做项目，还有的学生有自己的专利和发明，他们大多获得过国际性大奖。在课外活动上，艺术、体育一个都不落下，还都很突出，并且获得数学奥赛、化学奥赛的金奖比较普遍，这是

顶尖学校的基本要求。如果申请其他学校，那么条件会有所降低。

除了过硬的标化考试成绩、完美的 GPA，申请人还要有耀眼的课外活动成绩来体现自身的综合能力与素质。面试环节作为最后一关，也极为重要。总体而言，学校更愿意在看到学生申请材料或进行面试时，学生能展现以下特点：语言成绩优异、领导力突出、性格活泼开朗、对某领域充满好奇心、有运动或音乐特长。

（一）美国高中入学的标化考试类型

1. SSAT。它由私立高中自行选用。该考试共 167 道题，分值范围为 1 500 ~ 2 400 分，考试时间共 185 分钟，分为数学、词汇、阅读三大部分。

2. ISEE（Independent School Entrance Exam，独立入学测试）。这是美国私立高中常用的入学考试。ISEE 由美国私立高中入学考试办公室（ISEE Operations Office）和 ERB（美国教育档案局）主办，主要考查学生的语言和数学理解力及推理能力。通常是美国私立走读学校，特别是 ERB 会员学校，采用这个考试，尤其是马萨诸塞州、纽约州和加利福尼亚州的走读学校。

ISEE 分为四个级别，申请美国高中的学生应参加 Upper Level（高级）的考试。ISEE 的分值范围为 760 ~ 940 分，考试总时长为 140 ~ 160 分钟，考试包括文字推理、数量推理、阅读理解、数学、写作五个部分。

3. 托福考试。这是面向非英语国家留学生的英语考试。托福考试满分为 120 分，考试时间为 3 小时，分为阅读、听力、口语、写作四个部分，每个部分 30 分。托福成绩的有效期为考试日后两年内。

4. 小托福考试，即 TOEFL Junior，也叫初中托福。它是美国教育考试服务中心专为全球 11 ~ 17 岁学生开发的权威英语能力测试，为学生提高英语能力或者将来参加托福考试提供权威指导。小托福考试的分值范围为 600 ~ 900 分，考试总时长为 110 分钟，包括听力、语法和词汇、阅读。

（二）美国高中录取中的弹性指标

除了标化考试成绩与课外活动，面试环节等弹性指标也非常重要。

最普遍的三种面试方式如下：申请人到美国高中参加校园面试；招生官来中国开展面试；远程视频面试。校园面试通常是家长与学生参观校园 45 分钟，接着招生官会面试学生 30 ~ 45 分钟，面试家长 30 ~ 45 分钟。第二种面试是招生官到中国面试申请人，这个效果也非常好。招生官来中国面试学生通常会持续两三周，如果能面试到优秀学生，就会非常有成就感，所以这种面试效果通常也不错。

面试家长是因为中学生是未成年人，所以学校希望从家长的角度来观察学生的特点及成长背景与环境，面试内容包括家长对孩子未来发展的意愿和规划。家长面试没有学生面试重要，因为学生的面试是决定性因素。首先，面试官最为认可的面试是自然交流。其实，招生官会明显感觉到学生是否在背诵提前准备的面试答案，因此 to be yourself（做真实的自己）是第一原则。其次，在面试中，一定要加强互动，这是交流的核心。面试不是回答问题，而是申请人与招生官的良性互动和交流。另外，家长与学生在面试过程中不要乱讲话。在面试前，家长应进行充分准备，了解校园文化与学校诉求，了解学校是否与自己孩子的兴趣特长和发展目标相吻合。

三、申请美国高中需准备的材料

申请美国高中需要在以下七个方面做好准备：

在校成绩单。美国高中招生办要求申请人提供过去两年及截至申请时的成绩单。

标化考试成绩单。在校成绩是申请美国高中最重要的部分，其次就是标化考试成绩。标化考试分为托福和 SSAT。

特长及课外活动。课外活动体现学生的软实力及兴趣目标，学校非常希望了解学生除了学业的特长、特点与性格等方面。

面试。美国高中面试分为第三方面试和校园面试，其中，第三方面试又分为维立克面试（Vericant）和初鉴面试（Initial-View）。

老师打过分或评价过的文章（Graded Essay）。这也是申请材料中的一项。申请人如果来自普通高中，没有发表过很多国际体系认可的文章，那么可以写一篇文章并让自己的英语老师给评价或打分。有些学校除了要求提交文章，还要求提交额外的 Graded Math（打过分的数学作业）或者 Graded Science（打过分的科学作业）。所以，申请人需要根据学校的不同要求来提交这些资料。

特色文书。美国高中的文书题目五花八门，申请系统不同，则文书题目不同。现在最为流行的美国高中申请系统有 SAO（Standard Application Online，在线标准申请系统）、Gateway（目前支持 Gateway 的学校有 60 所，包括很多排名前十的学校，比如菲利普斯埃克塞特中学和菲利普斯安多佛中学）。除了 SAO 和 Gateway，有些学校还有独立网申系统。Gateway 和学校独立网申系统规定每个学校都有独立的文书题目。SAO 有统一的公共文书，但有些学校会要求提供补充文书。而美国高中的申请文书相当繁杂，申请人需要花费大量时间和精力来构思和写作。申请人需要预留出大量时间来完成文书。

推荐信。任课的指导顾问（Counselor）、数学老师和英语老师的推荐信是必要的。2021 年以来，学校要求再增加一门任课老师的推荐信，以更为全面地了解学生的综合能力。

需要提醒的是，与申请美国本科不同，美国高中的申请文书工作是需要家长参与的，每个申请系统和学校独立网申系统也有需要家长自己完成的文书。其内容通常为父母把学生送到美国读高中的动机、对学生在美国高中发展的期待和目标，并且需要说明学生的性格特点、优势特长，以及需要提升的短板有哪些、家长可以为学校做哪些贡献等。

四、美国高中申请时间轴

美国高中申请时间轴（以 2024 年秋季入学为例）如图 2–1 所示。

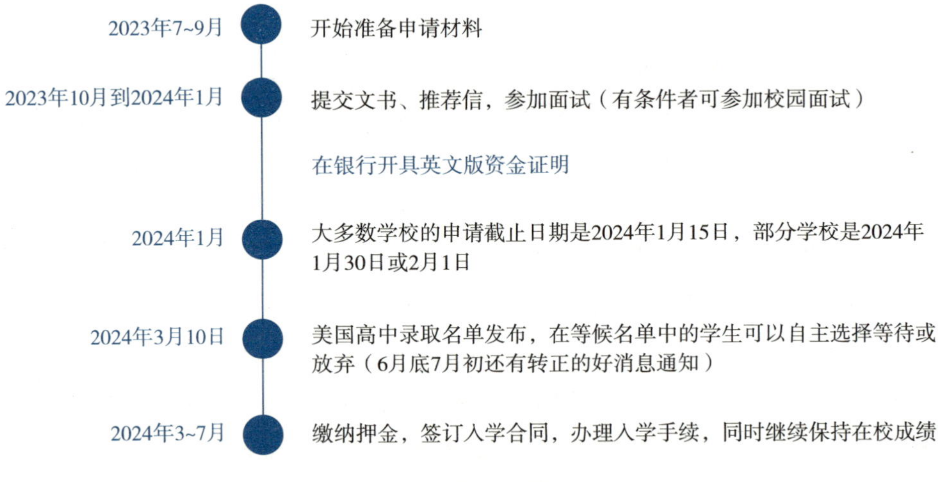

图 2–1　美国高中申请时间轴

第二节
美国大学具有较高的自由度与包容度

在美国，优秀的大学不仅代表学术前沿阵地，有着良好的声誉，还有巨大的影响力和衍生的新兴产业链，比如以斯坦福大学为中心的硅谷创新产业链、以麻省理工学院为中心的波士顿创新产业链。除此之外，在美国的大学，无论是选校还是选专业，自由度都非常大，这给了学生极大的自由探索空间，而且许多前沿学科排名世界第一，这些都是美国大学热度不减、一直是中国留学生最大的留学目标国的原因。

一、美国大学的学术包容度与自由度

放眼全球，在大学选择、专业选择和学术自由度上，美国大学都有着不可取代的优势。

（一）灵活的课程体系与教学模式

在美国读大学，学生只要有足够的能力与精力，就可以选择多门主修和辅修课程。在选择课程时，学生的自由度更大，因为美国大学的专业课程占 1/3，而 2/3 的课程为通识课程或非专业课程。对于兴趣广泛、勇于探索的学生而言，这具有很大的吸引力。

但是这种灵活性也有一定的限制，学生必须完成一些规定课程的学习才被准予毕业。这些课程通常包括通识课，比如科学、数学、英语、第二现代语言等，以确保毕业生全面掌握各种技能和基础知识。除了这些基础课程，现在许多美国大学还要求学生完成批判性思维和伦理学等课程的学习。

（二）尊重个性，专业选择自由度大

美国大学有个很特别的地方，即学生会在大二下学期结束时做出专业选择。这个政策让学生有足够的时间去探索他们的兴趣与专长。事实上，许多学生在进入大学时并不清楚自己要读什么专业，当然也有学生从一开始就很清楚自己的兴趣。美国大学在大一、大二安排的都是通识课程，有许多类型的课程供学生选择，特别是绝大多数大学都有 P/F（合格或不合格，成绩不计入学分绩点）的政策。即便学生有一两门课程选择失利，也不会导致大学期间的 GPA 降低。

（三）强大的学术支持与校友网络

美国的大学生有数名联络人来督导他们的学业进展情况。比如，在斯坦福大学，所有新生都配有一名与其将要选择的专业有关的指导咨询老师，这位老师会帮助学生明确学习目标和感兴趣的学习领域，并提议有哪些实习和课外的兴趣爱好会对其之后的职业发展有长远的帮助。学生在整个大学的学习过程中都会有这类指导咨询老师的陪伴。除了指导咨询老师，学生在大学第一年还有一位 peer advisor（同辈顾问），这通常由高年级的学长担任，以帮助引导学生处理大学一年级遇到的各种问题，学长有过同样的经历，对新生遇到的问题有同感。此外，与学校教职人员

相比，他们更容易接触与沟通。

（四）有容错与试错空间，未来一切皆有可能

并非所有学生在申请季都能进入理想学校，但美国学校不仅允许学生换专业，还允许学生转学。学生在大一或大二可以转学至心仪的学校。这样的试错机会给了年轻学子更多的选择。学生只要踏入大学门槛，抓住学习机会，努力提高学习成绩，就有可能转入当年没有申请到的学校，而且大一、大二有许多次机会。这种包容度与自由度，以及在青春时代给予年轻人的试错机会，都是美国大学体制非常亮眼的优势。

（五）就读名校的机会多，教育质量名列前茅

全美拥有 4 000 多所大学，其中有相当数量的私立与公立（州立）大学，有综合性大学，也有小班精英制的文理学院。每一个学生都可以找到最适合自己的大学，享受四年的美好时光。美国拥有世界上最多的一流大学，并给予了学生选校的高自由度。

作为移民国家，美国在整体社会环境方面是包容和多元化的，虽然有着不少极端个案影响了这一长期形象，但就目前而言，美国依旧是未来五到十年的热门留学地区。这是因为无论从国际生容量还是从教育质量上看，预计近期内很难有其他国家可以取代它的地位。

二、综合性大学和文理学院提供多种选择

美国大学通常分为两大类：综合性大学和文理学院。其中，文理学院是美国本科精英制教学的典范。很多文理学院有着上百年的历史、优秀的师资团队、出色的本科教育，其名气在美国本土并不逊色于常春藤名校等综合性大学。可以说，综合性大学大而全，文理学院则小而美。

综合性大学和文理学院的七大差别如下：

从定义上看，综合性大学与文理学院最大的不同是，综合性大学有自己的硕士、博士教育，而文理学院只有本科教育。这一区别也导致两者在地理位置、学生群体、课堂氛围、专业设置、校园文化、学术机会和经济资源七个方面都有所不同，下面将逐一介绍。

地理位置。大部分综合性大学坐落于城市之中，少部分学校会建立在城市附近比较偏僻的地点，形成设施齐全的小城市般的大学城，比如号称全美最安全的大学城之一的密歇根大学安娜堡分校，简直就是理想中的“独立王国”。其面积比纽约

的曼哈顿岛还大 25%，有自己的山地、湖泊、沼泽、剧院、音乐厅、商场、常年举办赛事的大型体育场、免费公交系统。当然也有一些很小的大学城，比如位于新泽西州的普林斯顿大学，麻雀虽小，但五脏俱全。文理学院大都处于乡村地带。由于规模较小，文理学院不需要大量的城市公共资源支撑，而为了追求安静、私密的学术环境，文理学院通常会选择乡村为建校地点。

学生群体。综合性大学的学生规模远远大于文理学院的。官网数据显示，截至 2019 年，哈佛大学学生注册总人数为 36 012 人，而同在马萨诸塞州的威廉姆斯学院只有 2 000 人左右。因此，综合性大学的学生群体更为多元化。来自不同地区、不同种族的学生，都可以在校园里找到和自己背景类似的同伴。文理学院的学生群体则相对单一，以白人学生为主。

课堂氛围。综合性大学因为人数较多，教授也经常忙于研究，所以其基础课大多是 100 人以上的大班课，有时还会由助理教师代替上课。而文理学院学生较少，大部分学校的师生比都在 1∶8 左右，课堂也都是小班教学，因此每一个学生都有充足的时间与机会跟教授进行交流。

专业设置。综合性大学的学科设置范围一般较广，从人文、社科到理科、工科，学生都能找到想要学习的课程，而文理学院的课程设置则会集中在某一方面。包括阿默斯特学院、史密斯学院在内的大多数文理学院都不设置工科课程，提供的课程大都围绕理论性学科（人文、社科、纯理科）展开，而哈维穆德学院则只注重 STEM（科学、技术、工程、数学）学科，这在文理学院中也是少见的，因此这所学校就不适合想学习人文学科的学生。

校园文化。与专业设置类似，文理学院通常有自己独特的校园文化，学生群体的特质也更为突出。史密斯学院看中学生的“积极、决心和好奇心”，而韦尔斯利女子学院则喜欢“接受自己的局限性、有立场但也能倾听他人立场、有目标但也接受改变、敢于冒险也接受失败的更具有开放性思维”的学生。不同特质的学生在选择文理学院时往往能一眼看出自己是否适合这所学校。独特的校园文化也增强了文理学院的凝聚力，促使其形成了较强的校友文化。而综合性大学的校园文化往往更为多元化，每个专业、每个学院甚至每个宿舍都有所不同。

学术机会。由于综合性大学要培养本科、硕士、博士等不同层级的人才，学生通常会有更多的机会参与一些前沿研究项目。因为地处城市，学生在公司等机构实习的机会也更多。而文理学院也有其独特的优势，由于规模小，每位学生在项目中的参与度会更高，与教授互动的机会也更多。文理学院通常会和其他学校有更多的合作项目，因此学生可利用的资源不局限于本校。比如，阿默斯特学院、罕布什尔学院、史密斯学院、曼荷莲学院和马萨诸塞大学阿姆斯特分校组成的五校联盟的学生可以在其他学校上课，参与其他学校的项目。这类联盟弥补了文理学院在规模上的不足，为学生提供了更多的机会。

经济资源。由于文理学院有着较强的校友文化，其校友捐款通常会比普通的综合性大学更多，因此，文理学院的奖学金、助学金会比较容易拿到。

三、美国大学提供充分的自由探索专业及转学

美国大学具有强大的包容度与自由度。在美国大学体系中，大一、大二是通识课程，学生除了选择规定的文科、理科通识课程，还可以选择自己感兴趣的专业课程，以充分了解自己的真实兴趣。在大二下学期期末考试后，学生才最终确定专业。除了部分热门专业设置的门槛很高，学生比较难转专业，其他专业都较易选择。所以，在申请美国大学时所填的是倾向性专业，而非最终决定的专业，学校会给学生两年时间来纠偏与纠错。这种体系给予了学生很高的自由度与包容度，让学生能真正选择到自己喜欢的专业。

不仅专业可以换，学校也可以换。美国所有学校都允许学生转学，只是名额有限。除了加利福尼亚大学体系下的几所分校需要学生有足够的学分才允许其转入，即大二才可转学，其他学校基本上都允许学生在大一转入。所以，即便在高中申请本科阶段未申请到理想大学，学生也有两年充分的时间做积累并展现一个更好的自己，从而进入更好的大学。

美国本科院校的转学录取率并不低，有时甚至高于常规申请的录取率。一般而言，公立大学放出的转学名额要远远高于私立大学，其转学录取率是相对较高的。比如，著名的分控名校密歇根大学安娜堡分校在本科录取时，是著名的“高冷”公立名校，以标化考试成绩要求高著称。所以，真正能申请进入该校的学生都是极优秀的学生。但是由于公立学校的性质，其每年都会释放很多转学名额，所以转学就相对容易。这种“曲线救国”的方式给许多学子惊喜，也给申请失利的学生提供了广阔的纠偏空间，这是美国教育体系一个突出的优点。

（一）大一和大二有四次转学机会

学生可以选择在大一或大二转学，有的大学规定学分达到要求才可转学，比如加利福尼亚大学的学生基本上只能在大二转学，因为学生大一的学分基本上是无法达到要求的。但绝大多数大学并不要求学生拿到一定的学分，才可以在大一转学。

但总体而言，学生在大一转学需要重新提交申请大学的全套材料，所以如果高中的标化考试成绩不佳，那么我不建议学生在大一转学，而是在大一积累更好的 GPA，并提高标化考试成绩，然后再转学，这样成功率会高很多。

（二）转学考量指标与流程

转学申请的指标和流程同本科申请相近，具体细节因学校而异。值得注意的是，GPA 在转学申请中会起到至关重要的作用。由于本科入学学术测试成绩在转学过程中不能完整地反映学生的学术能力，因此 GPA 便成了学校评估学生学术水准的极重要指标。优秀的 GPA 能极大提高转学的成功率。同时，每所大学所认可的课程有所不同，GPA 的转换算法和学分的转移政策也不同。学生在申请转学前应充分了解这些信息，提前规划转学后的学习生活。加利福尼亚大学甚至为学生提供了一个转学计划工具（Transfer Admission Planner），以帮助他们查询可转换的学分，制订更全面的转学规划。总体而言，大二转学的成功率要高于大一转学，而且现在越来越多的学生开始用科研实习背景来提高转学的竞争力，转学也越来越“卷”。

对于转学，不同大学、不同专业有不同的要求，学生需要提前做好研究工作。大学的魅力在很大程度上来自学生的就读体验，学生与大学是彼此成就的关系，而美国的大学在包容度与自由度上，无疑给予学生很好的体验。

第三节
美国大学录取的三大要素

与英联邦体系着重考查学生学术水平不同的是，美国大学除了要求学生有很强的学术能力，还要考查学生高中四年的课外活动，且课外活动分类繁多，本书将在本章第五节对此进行非常详细的阐述。美国大学的录取指标由硬性指标与软性指标共同构成，在申请的过程中，学生不仅需要通过保持平时成绩、参加各种大型考试来满足硬性指标，还需要通过参加能充分展示学生特点与优势的各种课外活动、创作个性化的申请文书来达到软性指标的要求。

一、申请美国大学的三大要素

美国大学重点考察以下三个方面，缺一不可。

高中平均绩点，即 GPA。GPA 是最重要的大学录取硬性指标。如果学生想申请美国排名前三十的大学，那么保守地说，GPA 通常要在 3.5 以上。其实在录取中，大多数学生的 GPA 都在 3.8 以上，更有许多高中四年成绩全 A 的学生。如果学生申请排名前五十的大学，那么 GPA 至少要达到 3.0，一般情况下，需要达到 3.5。尤其是近两年，美国大学录取可以说是进入了“GPA 为王”的时代。GPA 是一切录取指标的基础，也是第一块敲门砖。越来越多的学生将拥有完美的 GPA 当作目标。

标化考试成绩。标化考试包括两大内容：一是语言能力水平测试，即托福、雅思等英语水平测试；二是美国大学入学考试，即 SAT（Scholastic Assessment Test，学术能力评估测试，满分 1 600 分）、ACT（American College Test，美国大学入学考试，满分 36 分）。语言能力水平测试成绩是重要性仅次于 GPA 的大学申请硬性指标。大部分美国排名前三十的学校对托福成绩的最低要求都是 100 分以上（必须提醒的是，美国大学官网所列的基础要求都是最低要求），但真实情况是，110 分以上的托福成绩是申请前三十的大学的标配。学生如果想要申请美国排名前十五的学校，那么可能需要取得更高的分数，在中国的申请者中，托福成绩在 115 分以上的并不少见。比如，北京师范大学附属实验中学国际部 2022 年申请季所有学生的平均托福分高达 113.5 分。若申请美国排名前三十的大学，则 SAT 成绩通常要在 1 500 分以上，ACT 成绩需要在 34 分以上。

课外活动。课外活动包括竞赛及兴趣、公益、社区服务及领导力等方面的活动。本章第五节将详细阐述各类课外活动。课外活动的作用是，在申请者用 GPA 和标化考试成绩打开学校审查大门后，向招生官展示一个多面、立体和丰富的形象，所以说课外活动是展现申请者独特性的重要因素。

二、硬性指标是大学申请的敲门砖

大学录取过程中的硬性指标指学生的平时成绩和标化考试的分数。学生需要在保持平时成绩的同时参加各种考试，以达到目标学校的基本要求。美国本科院校录取的主要硬性指标包括：GPA、语言能力水平测试（托福、雅思等）成绩、学术测试（SAT、ACT）成绩和大学预科课程（AP、IB、A-Level）成绩等。由于考试种类繁多，学生可能会觉得这些考试的准备过程漫长而烦琐。同时，由于需要兼顾许多指标，学生可能会找不出重点，无从下手。

（一）GPA 成了筛选学生的第一道门槛

GPA 指学生的平均学分绩点，用更通俗的语言来说，就是学生的平时成绩。GPA 制是大多数国外中学以及大学采用的记录学生平时成绩的方法。学生在学校每修一门课，都会获得相应的绩点。在每学期末或每学年末，学校会通过所采用的计算方法，把学生每门课获得的成绩转化为本学期或本学年的最终 GPA。在申请过程中，大学通常会要求学生填报 9 ~ 12 年级的 GPA，并附上成绩单作为依据。

1. GPA 是重中之重

GPA 是大学申请中的硬性指标。近年来，随着有选择性地提交标化考试成绩的政策执行，GPA 已经成为最重要的指标。GPA 的重要性超过其他硬性指标，因为它体现了一个学生大学四年的学术表现与潜力。GPA 在申请中的作用是明显的，因此美国大学通常会要求学生上报 9 ~ 12 年级所选的课程和对应的 GPA，以此来了解学生自身的学习能力，以及在所在高中同级生中的大致排名。

耶鲁大学在官网上说，优秀的 GPA 可以弥补测试成绩的不足，但好的测试成绩却无法弥补 GPA 的不足。因此，GPA 是录取过程中的核心指标，对录取结果有重要的影响。

2. GPA 应该保持稳定上升的趋势

在大学录取环节，招生官会查看学生从 9 年级到申请时的所有成绩。除了保持良好的 GPA，学生还必须保证 GPA 稳定上升的趋势，以展示自身的长期发展潜力，特别是 11 年级的 GPA，是重中之重。有的学生因 9 年级不是全 A 而感到焦虑，怕这会影响到大学申请。实际上，四年全 A 固然非常重要，但如果学生在 10 ~ 11 年级能够保持 GPA 不断上升的趋势，那么这在很大程度上能弥补 9 年级 GPA 的瑕疵。

招生官通过学生四年 GPA 的变化趋势，可以全面地了解学生高中时期的学习状态，并以此预估学生进入大学后的发展潜力。芝加哥大学的招生官曾在招生说明会上明确表示，四年 GPA 呈上升趋势的学生往往比呈下降趋势的学生更容易被录取。前者虽然可能因为刚进入高中不适应学习的节奏而没有获得理想的成绩，却通过不断地调整与适应，最终提升了自己的成绩。

3. 美国排名前五十的大学的 GPA 门槛

如果学生想要申请美国排名前五十的大学，那么其 GPA 至少要达到 3.0，一般情况下，需要达到 3.5，但这只是最低标准。很多大学在官网上公布了被录取学生的平均 GPA，以供未来的申请者参考。比如，南加利福尼亚大学 2019—2020 学年申请季录取的学生，高中平均 GPA 高达 3.76。这需要学生的绝大部分课程的成绩都为 A。因此，学生需要高度重视自己在学校的学术表现，保持有竞争力的 GPA。全 A 是进入美国名校的基本标配。通过 GPA，招生官了解的绝不仅仅是学生的学术水平，更是学生的学习兴趣与认真程度。保持稳定且呈上升趋势的 GPA，对申请美国大学至关重要。

（二）语言能力与学术测试

语言能力水平测试成绩的重要性仅次于 GPA。语言能力水平测试有很多种，美国大学的申请以托福为主，英国、澳大利亚、加拿大等国则以雅思为主。近年来，一些新型语言能力水平测试也崭露头角，被很多大学在官网上列为认可的测试类型，比如多邻国英语测试（Duolingo English Test）。

英语语言能力是留学生顺利完成学业的基础。因此，在大学录取的硬性指标中，语言能力水平测试成绩的重要性仅次于 GPA。大部分美国排名前三十的学校对托福成绩的最低要求都是 100 分以上，但事实上，从录取情况来看，110 分以上的托福成绩更有竞争力。

美国大学本科认可的学术测试有 SAT 和 ACT 两种。SAT 和 ACT 要求学生有一定的阅读分析能力和逻辑推理能力。

近年来，美国教育界关于 SAT 和 ACT 的争议越来越多。包括芝加哥大学在内的很多学校已经将 SAT 和 ACT 成绩从强制提交改为选择性提交。加利福尼亚大学更是提出了“Test-Blind”（不看测试成绩）政策，即学校不会将 SAT 或 ACT 成绩作为录取指标，只会用其来决定学生被录取后的奖学金发放以及选课等事宜，该政策将于 2023—2024 学年实施。随着时间的推移，每所大学针对学术测试的政策也在不断变化。

三、软性指标为申请者画像

在本科申请中，软性指标主要指文书写作、课外活动、推荐信、面试和其他附加要求等，这些能够反映学生综合素质的指标都可称为软性指标。软性指标是在学生拿硬性指标这块敲门砖进入大学后，真正能够让学生脱颖而出，能“被看到”的因素。如果硬性指标是一个人的身高、体重、健康等状况，那么软性指标就是一个人的外貌、气质和性格特征。这些软性指标的作用有哪些？

文书显示申请者的英文写作能力及其性格特点、价值取向和哲学思考。

课外活动则显示学生在某方面投入的热情、兴趣及服务社区和社会的能力，以及关注的社会问题与在某个领域的潜质、创造力。

推荐信则是来自第三方的证明，以补充学生的能力、潜力和特点。美国本科申请中的必要推荐信必须由高中的指导顾问（相当于班主任）和两名任课老师来写，补充推荐信并不是必需的，但如果有有力的补充推荐人和推荐信，那么这会起到较好的效果。补充推荐人是没有职业要求的。

面试则是招生部门与学生的面对面直接交流。面试官通常希望在交流中看到学生与其所提交的资料相吻合，并进一步挖掘学生身上的闪光点。

补充材料用以补充学生在申请系统中所不能完全展现的内容。补充材料的形式非常多样化，可以是论文摘要，也可以是作品集，还可以是短视频。它只要能有效补充学生希望被招生官看到的特点即可。

软性指标没有统一的评价体系。每个学生都需要根据自身的特点，个性化地向招生官展示自己的特长、潜力及个性。

四、文书展示申请者的思考与个人体验

通过适用于所有学校的主文书和每所学校要求的独特的补充文书，学生可以从多方面展示自己的个性与特长，以及对目标学校的向往与展望。招生官将通过这些文书，将一份份资料还原成有血、有肉、有个性的申请人，从而更加真实、立体地了解学生。大部分学校的申请是在通用申请系统上进行的，常见的申请系统有 CA（Common Application，美国大学最常用的网申系统）、联合申请系统（Coalition Application，此申请系统于 2018 年上线，是以“准入、承受及成功为名建立的一个新网申系统），以及加利福尼亚大学自己独立的申请系统。

（一）CA 主文书

在申请系统里，文书被划分为两部分：主文书和补充文书。其中，CA 主文书及加利福尼亚大学主文书被视为最主要、最具代表性的两类文书。主文书，顾名思义就是申请文书中的核心项，其内容通常比较宽泛，要求学生从几个问题里面选一个作答，写一篇不少于 650 字的作文。

2023—2024 学年的主文书题目依旧是“7 选 1”，申请人从 7 个主文书题目中选择 1 个题目。这次的主文书题目全部沿用了上一个申请季的主文书题目，申请人可以就这些题目对自己、社区、身份以及理想展开思考与讨论。

2023—2024 学年申请季的主文书和 CA 主文书题目与过去两年申请季的主文书完全一样，没有改变，还是 7 选 1，字数不低于 650 字，其实每学年主文书的题目都大同小异。

2023—2024 学年申请季 CA 主文书的 7 个题目如下：

1. Some students have a background, identity, interest, or talent that is so meaningful they believe their application would be incomplete without it. If this

sounds like you, then please share your story.（一些学生认为自己的背景、身份、兴趣或才能非常有意义。他们认为如果不对这些经历进行分享，那么自己的申请是不完整的。如果这听起来像你的情况，那么请分享你的故事。）

【本题考查的是学生独特的个人背景、兴趣和才华。】

2. The lessons we take from obstacles we encounter can be fundamental to later success. Recount a time when you faced a challenge, setback, or failure. How did it affect you, and what did you learn from the experience?（我们从遇到的困难中学到的经验和教训是未来成功的基础。请讲述一次你面对挑战、挫折或者失败的经历，以及这个经历是如何影响你的，你从中学到了什么。）

【本题表面上要求学生写“失败”经历，实则展现“成长”。】

3. Reflect on a time when you questioned or challenged a belief or idea. What prompted your thinking? What was the outcome?（你是否曾经对某种观念或者想法提出疑问？是什么促使你有了这种想法？你这么做的结果是什么？）

【本题考查学生的辩证思考能力。希望学生描述一次质疑或挑战某种观念和想法的经历，以及思考的过程与结果。重点是质疑和思考的过程，以及自身的成长、变化。】

4. Reflect on something that someone has done for you that has made you happy or thankful in a surprising way. How has this gratitude affected or motivated you?（反思某人为你所做的事情，这些事情以一种令人惊讶的方式让你感到快乐或感激。这种感激是如何影响或激励你的？）

【本题表面上要求学生写他人，重点仍是自己，即这件事对自己产生了什么影响。】

5. Discuss an accomplishment, event, or realization that sparked a period of personal growth and a new understanding of yourself or others.（如果在你的过往经历中，有某个成就、事件或者认知激发了你的个人成长，以及让你对自己或者其他人有了新的认识，那么请分享。）

【本题所述事件可大可小，但要体现自己的思想变得更加成熟，对自己、他人和外部世界有更深层次的认知和感悟。】

6. Describe a topic, idea, or concept you find so engaging that it makes you lose all track of time. Why does it captivate you? What or who do you turn to when you want to learn more?（如果你对某个话题、思想或者概念特别感兴趣，以至于在研究这些东西的时候忘记了时间，那么你可以描述一下这个话题、思想或者概念，以及为什么你对它如此痴迷。如果想在这方面继续做深入研究，那么你会去哪里或者向谁寻求帮助？）

【本题考查申请者的学习动力和学习能力，申请者可以展现自己的专注力和思维开放性。这是一个容易出彩但也容易翻车的题目。】

7. Share an essay on any topic of your choice. It can be one you've already written, one that responds to a different prompt, or one of your own design.（分享一篇关于你的选择的文章。这篇文章可以是你已经写过的，或者是针对另外一个文书题目写的，或者是自己设计的。）

【本题自由度大，但容易跑题。申请者需要慎重思考后再写。】

CA 主文书要求是“7 选 1”。数据显示，过去两年 24.1% 的学生选择了第 7 题（自选题目），23.7% 的学生选择了第 3 题，21.1% 的学生选择了第 2 题。

（二）补充文书（小文书）

每个学校补充文书的具体问题与字数要求都不一样。常见的补充文书类型有择校原因（Why School）类文书与择专业原因（Why Major）类文书。有些学校也有着非常独特的补充文书题目，这需要学生发挥想象力与创造力才能完成。例如，芝加哥大学的补充文书题目向来以新奇、有趣著称，比如要求学生随意选择一个人或一个物品，并为其写一封信，或者解释说明一张可以代表自己的画。

（三）加利福尼亚大学独立的申请系统和文书体系

加利福尼亚大学要求学生从八个题目里面选择四个进行作答，写四篇各 350 字的补充文书；麻省理工学院则要求学生完成五篇各 250 字的补充文书。加利福尼亚大学的补充文书要求具体而明确，并风格独树一帜，这可以让学校更为了解申请者。虽然每篇只有 350 字，但学生需要构思并写出四篇文章。“你是谁？你认为什么是重要的？你想和加利福尼亚大学分享些什么？”这三点是加利福尼亚大学希望在学生的补充文书中看到的。

加利福尼亚大学不要求学生在申请阶段提交推荐信，这也是为什么申请者需要提交四篇补充文书。加利福尼亚大学在申请阶段不会要求进行面试。所以说，补充文书是展示学生性格特点和能力的媒介。补充文书的内容都是关于申请者本人的，因为学校想了解是什么塑造了这个学生。加利福尼亚大学对于“公民责任”非常重视，鼓励学生通过补充文书展现社会活动、自己所经历的挑战与困难，但最重要的是看到学生展示出自己解决问题的方法和能力。学校需要在多个层面了解“你是谁”。因此，加利福尼亚大学的补充文书更侧重个人的经历和成长。

加利福尼亚大学补充文书的写作是需要一些技巧的，即如何选出四个能全方位展现自身特点，以及如何通过四篇文书的关联性，全方位地打造出一个加利福尼亚大学的学子形象。加利福尼亚大学的补充文书通常也很少改变，下面就来看一下这八篇补充文书到底在问什么。

> 1. Describe an example of your leadership experience in which you have positively influenced others, helped resolve disputes or contributed to group efforts over time.（描述一次表现你领导能力的经历，当时你如何正面影响别人，如何帮助他人解决问题或为团队做出贡献。）

2. Every person has a creative side, and it can be expressed in many ways: problem solving, original and innovative thinking, and artistically, to name a few. Describe how you express your creative side.（每个人都有创造力，它能通过很多方面表现出来：解决问题、原创精神和创新思维以及在艺术上的创作等。请描述你具有创造力的那一面。）

3. What would you say is your greatest talent or skill? How have you developed and demonstrated that talent over time?（你最突出的才能或技能是什么？随着时间的推移，你是如何培养、发展和展示这种才能或技能的？）

4. Describe how you have taken advantage of a significant educational opportunity or worked to overcome an educational barrier you have faced.（描述你是如何利用重要的教育机会或努力克服你所面临的教育障碍的。）

5. Describe the most significant challenge you have faced and the steps you have taken to overcome this challenge. How has this challenge affected your academic achievement?（描述你面临过的最大挑战和你克服挑战所采取的措施。这项挑战如何影响了你的学术成就？）

6. Think about an academic subject that inspires you. Describe how you have furthered this interest inside and/or outside of the classroom.（思考一门让你有所启发的学科。描述你如何在课内和课外发展这方面的兴趣。）

7. What have you done to make your school or your community a better place?（你做了哪些事情让你的学校或社区变得更好？）

8. Beyond what has already been shared in your application, what do you believe makes you stand out as a strong candidate for admissions to the University of California?（除了你在申请表中已经分享的内容，你认为是什么让你成为加利福尼亚大学有竞争力的候选人？）

虽然补充文书题目是八个，但这其实是四大类。其中，题目 1 和题目 7 是一类，题目 2 和题目 6 是一类，题目 3、4、5 是一类，题目 8 是一类。

校友视角

张同学

加利福尼亚大学伯克利分校

我的标化考试时间规划

对于如何申请其实是老生常谈了，就像在我进入高中的第一天，老师给我讲了四个要点：标化考试（托福、SAT 等）成绩、GPA、活动和文书。这四个要点在任何一个申请系统中，比如 CA 或者加利福尼亚大学的申请系统，都是有要求的。我在这里细讲一下这四个方面大概都是什么，以及应该怎么做，包括我自己的一些心得。我只想分享一下站在一个申请完的角度去看这四个方面的重要性，这些是我可能平时忽略了，而在这次申请中又意识到的东西，我觉得大家可以借鉴一下。

我分享的关键词就是机会的重要性及时间安排。我觉得机会在整个高中时期都是非常特殊、非常珍贵的。因为时间并不多，而且每一次机会都存在不确定性，有的时候是随机出现的，有的时候需要自己去争取。因为每次都来之不易，所以我真的很想强调机会的重要性，并且要好好把握。

在时间安排方面，第一个就是语言测试，现在比较主流的是托福、雅思。语言测试毕竟考查的是学生是否能够在上大学后，可以充分理解与接受课程，其实就是有没有能力保证自己的语言运用在美国是畅通的，这才是语言测试的一个重点，所以请不要把托福、雅思、多邻国等考试只当作一个语言测试。其核心还是要掌握一门语言，而非考试技巧，所以我建议申请者很早就要建立起长期学习语言的习惯，而不是把它当作一个学科的考试那样去突击式准备。

第二个考试就是 SAT。目前大多数学校允许选择性提交，但考出高分一定是有帮助的。目前，麻省理工学院等学校开始强制性地要求提交这个分数，而加利福尼亚大学是不要求提交的。

第三个就是 AP。大家对 AP 都存在一个误解。因为很多学校都会开设 AP 课程，所以很多申请者可能会觉得一定要在学校修了 AP 课程才能参加考试，其实并没有这样的规定。修 AP 课程和参加考试没有必然的联系。AP 其实就是一个学术考试，它的作用就是兑换大学课程学分，只是一个学术能力的测试。它既有平时内容的积累，也有突击考试的性质。总体来说，AP 的一个特点就是考查学术能力，当然它也涉及语言。AP 是需要申请者在平时就刻苦钻研的，因为毕竟它和以后想申请的专业息息相关，所以申请者对选课方向要有所研究。AP 课程成绩虽然不是必须提交的，但是大部分申请美国学校的学生是一定会参加考试的，因为它能够提高竞争力。

第二个申请要素就是 GPA，也就是平时所说的平均成绩。我们学校每一年对 GPA 的计算都是不一样的。比如，小考试占一定的百分比，期末考试占一定的百分比，然后出勤占一定的百分比，但这些都是不确定的。我的 GPA 可能算是同龄人里面稍微高一点的（10～12 年级全 A），所以我觉得这的确是我的一个加分项，或者说它弥补了我在其他三个方面的短板。GPA 的重要性比托福和 SAT 有过之而无不及。有些好学校就是“分控”。而如果学生能拿到 4.0 的 GPA，就是绝对实力的体现。4.0 就是全 A，它主要体现了学生不缺课、不偏科、有良好的时间管理能力。但这也是相对的，美国大学有它所认可的学校系统。我建议大家对每一科、每一个小考试，即使是不计入成绩的考试，都要认真对待。学生在进入学校后可以征求高年级同学的建议，合理安排选课，这对拿高 GPA 有着很大的帮助。

五、早申请与常规申请

美国大学申请按时间分为三个阶段，按申请类别分为两个阶段（早申请阶段和常规申请阶段），而加利福尼亚大学有独立的体系，本书按时间将加利福尼亚大学归为第二个阶段。

早申请阶段常见的申请方案有 EA（Early Action，这是非绑定性早申请，也就是录取了可以不去）、ED（Early Decision，提前决定，这是绑定性早申请，也就是录取了必须去，分为 ED1 和 ED2）、REA（Restrictive Early Action，严格限制的提前行动，也就是录取了可以不去，不过是在早申请阶段，只要申请了 REA 的学校，就不能再申请 ED 的学校，但能申请 EA 的学校）、SCEA（Single-Choice EA，提前单选，也就是录取了可以不去，耶鲁大学早申请采取的是 SCEA 方案）。常规申请阶段的申请方案则有 RD（Regular Decision，常规申请），有的学校也称其为 RA（Rolling Admission，滚动式录取）。常规申请没有明确的申请或录取截止日期，只要学生的申请材料全部提交完毕，招生办就会开始对学生的申请进行评估，随后通知学生录取结果，直到录满为止。

针对以上六种申请方案，学生需要进行认真对比（见表 2–1），制定出合理的申请策略，这样才能进入理想的学校。

表 2–1　美国大学的六种申请方案

方案	截止日期	限制条件	放榜时间	结果类型	特点
EA	11 月 1 日左右	无	部分学校在 12 月中旬，部分学校在 1 月份及以后	录取、拒收或延迟到常规申请	非绑定性早申请，录取了可以不去；建议申请
ED1/SCEA	11 月 1 日左右	学生一旦被录取，就必须在该学校就读	12 月中旬	录取、拒收或延迟到常规申请	绑定性早申请，录取了必须去；谨慎申请，建议在出分后申请；录取率大于 RD 和 ED2

（续表）

方案	截止日期	限制条件	放榜时间	结果类型	特点
加利福尼亚大学	12月1日左右	无	3月中旬到4月初	录取、拒收或加入等待名单	多校使用同一文书及申请材料；建议多申请
REA	11月1日左右	学生在早申请阶段不能申请除该学校外的其他大学	12月中旬	录取、拒收或延迟到常规申请	申请后不允许申请其他ED学校，但可申请EA学校。录取了可以不去；建议有特别心仪的学校可申请，只有名校采取此政策
ED2	1月1日左右（部分学校较晚）	学生一旦被录取，就必须在该学校就读	2月中旬	录取、拒收和延迟到常规申请	如果ED1失利或刚出分，那么建议申请；录取了必须去
RD/RA	1月1日左右（部分学校较晚）	无	3月中旬到4月初	录取、拒收或加入等待名单	录取了可以不去；建议此阶段参照EA录取结果选校

数据来源：根据美国大学理事会公开信息及加利福尼亚大学官网公开信息整理。

值得一提的是，学生如果认为自己在早申请阶段还没有准备好申请材料，比如对标化考试成绩不满意、文书没有准备好，就不必强求自己提早申请。早申请只是给学生提供一个后续补充、完善申请资料的机会，但这种补充、完善并无法弥补申请指标上的硬伤。

第四节
进入美国名校的全链条规划路径

规划这个概念，对于深入了解美国大学申请的学生与家长而言并不陌生。但从几年级开始规划，以及在高中四年到底需要做哪些准备，才能满足美国名校的基本要求，可能是一个难题，并且对学子和家长的鉴别能力是一个巨大的挑战。在有限的三个暑假中，学生要把大量时间分割给托福、SAT或ACT，尤其是IB体系的学生在11年级还有大量的论文要写。所以，深入了解课外活动的类型及投入时间、做好活动规划与时间规划，对国际体系的学生而言，是非常关键的。

美国大学除了考查标化考试成绩这一硬性指标，还考查软性指标，即学生的课外活动，其比重大致会占到20%~40%。课外活动能够充分展示申请者的兴趣、实力和综合素质，它和能够展现申请者性格的文书结合在一起时，形成了招生官对申请者的初步印象。招生官可以更加全面、立体地了解申请者的性格、兴趣和热情，以及其在某方面的特长、领导力和创造力。

在每年申请季的早申请阶段，许多学生会面临令他们感到无比痛苦的事情：在ED、EA、REA等提前申请中，学生必须填写活动列表，除了五项奖项，还要填写十项课外活动，而且课外活动是分类别的。这些都并非一日之功，学生从9年级就要开始积累。

所以，在中学阶段，学生需要从GPA、标化考试（语言测试和学术测试）成绩、课外活动和文书四个方面来为本科申请做准备。良好的GPA和标化考试成绩可以互相印证，丰富的课外活动又是打造出彩文书和塑造申请者立体形象的前提。从9年级到12年级，学生需要从宏观的角度来整体规划这四个方面的准备工作，为申请季的工作奠定坚实的基础。

一、课外活动的四大类别及其特征

（一）公益类活动

公益类活动主要指志愿者活动、慈善活动以及社区服务活动。有强烈社区服务意识和公益意识的学生在申请时更受欢迎。学生需要找到真正愿意投入热情的事情，这样学生不仅能有丰富的课外活动经历，为文书写作提供有用的素材，还能真正培养自己的综合能力，以及社会责任感、同情心。例如，一名现就读于芝加哥大学的中国人民大学附属中学国际部学生，从初二起就在北京郊区一所民工子弟学校做义工，并坚持了五年，还为学校发起捐款以修缮房屋。在赴美读书前，他又在北京的几所中学组织了义工团队，以传承他多年来为民工子弟学校所做的事情。这个活动具有一个优秀公益活动的所有特点：持续性、热情、责任感、领导力，通过自己的行动推动社区进步，并带来改变。

从某种意义上讲，参加公益类活动靠的是发自内心的同理心、同情心以及社会责任感。

（二）学术类活动

学术类活动主要分为学术竞赛和学术研究两种。除此之外，一些以学术为核心内容的夏校[①]（Summer School）和暑期训练营也属于学术类活动。有竞争力的学术类活动需要学生花费大量时间。

学术竞赛主要指被多所海外大学认可的国际竞赛，其种类繁多，每项竞赛设置的科目也多种多样，但理科偏多。优秀的竞赛奖项能体现学生出色的学术能力与敢于挑战的个人素养，从而为学生的申请增色不少。学术研究在大多数情况下是指国内外高校自己的研究项目，学生可以利用假期的时间参与，在提高自身能力的同时，在项目上取得一定成果。

根据项目录取率、项目知名度、项目成员本科录取率与项目质量四个因素，本书大致筛选了 31 个最有竞争力的学术类活动或奖项以供参考（见表 2–2）。需要注意的是，有些项目仅限美国公民、美国绿卡持有者或美国高中在读学生参与，学生在报名前应看清报名要求。

表 2–2　美国部分高含金量的学术类活动或奖项

序号	项目名称	限制条件
1	国际数学、物理、生物、化学、信息奥林匹克竞赛奖牌获得者（International Math，Physics，Biology，Chemistry，Informatics Olympiads medalists）	无
2	再生元学者（Regeneron Scholar，原英特尔天才奖）	必须是美国高中在读学生
3	英特尔科学与工程大赛（ISEF）大奖获得者（Intel Science and Engineering Fair Grand Prize winners）	无
4	数学奥林匹克夏令营（MOSP）参加者（Mathematical Olympiad Summer Program participants）	美国公民或美国绿卡持有者，有时也包括美国高中在读学生
5	可口可乐学者（Coca-Cola Scholars）	美国公民或美国绿卡持有者
6	英特尔科学与工程大赛 22 个分类学科最优奖（Intel Science and Engineering Fair Best of 22 Categories Award）	无
7	麻省理工学院科学研究暑期项目（RSI）入选者（MIT Research Science Institute participants）	无
8	斯坦福大学数学暑期营（SUMaC）入选者（Stanford University Mathematics Camp participants）	无

① 夏校是指以学习为主的夏季暑期课程，分为无学分和有学分两种类型，有学分的夏校的含金量比无学分的高。

（续表）

序号	项目名称	限制条件
9	泰留瑞德基金会暑期项目（TASP）入选者（Telluride Association Summer Program participants）	无
10	暑期科学项目（SSP）入选者（Summer Science Program participants）	无
11	在 The Concord Review（TCR，美国出版中学生学术历史论文的季刊）上发表历史研究文章	无
12	俄亥俄州立大学罗斯数学项目（Ross Program in Mathematics at Ohio State University）	无
13	谷歌科学竞赛高中组决赛入围者（Google Science Fair finalists of the high school）	无
14	得克萨斯理工大学克拉克学者项目入选者（TTU Clark Scholar Program participants）	无
15	丘成桐中学科学奖（数学奖、物理奖、生物奖、化学奖、计算机奖、经济金融建模奖）	必须是 9～12 年级的全球华人学生，国籍不限
16	宾夕法尼亚大学工程暑期项目（The Engineering Summer Academy at UPenn）	无
17	耶鲁大学暑期天体物理项目（The Yale Summer Program in Astrophysics）	无
18	卡内基梅隆大学数学与科学暑期学院（CMU Summer Academy for Math & Science）	无
19	Kaggle 数据挖掘竞赛	无
20	洛克菲勒大学暑期生物医学研究项目（Summer Science Research Program in Rockefeller University）	无
21	加利福尼亚大学伯克利分校（SPARC）应用逻辑与认知暑期项目（Summer Program on Applied Rationality and Cognition）	无
22	麻省理工学院发射创业项目（MIT launch start-up program）	无
23	康奈尔大学（RABS）生物科学研究学徒项目（Research Apprenticeship in Biological Science）	无

（续表）

序号	项目名称	限制条件
24	沃顿商业领袖项目（Leadership in the Business World）	无
25	宾夕法尼亚大学科技管理分校（UPenn Management & Technology Summer Institute）	无
26	圣母大学领导力研讨会（Notre Dame Leadership Seminars）	无
27	爱荷华青年作家写作营（Iowa Young Writer's Studio，高中生写作类最高学术项目）	只向 10 年级、11 年级的学生开放，国籍不限
28	全美艺术与写作奖（Scholastic Art & Writing Awards）	面向 8～12 年级且就读于美国、加拿大的中学或美国教育部认证的海外中学生，国籍不限
29	Kenyon 青年作家项目（Kenyon Young Writers Workshop）	无
30	波士顿大学泰格林暑期音乐学院（Boston University Tanglewood Summer Institute）	无
31	Tisch 暑期高中（Tisch Summer High School Program）	无

资料来源：根据各项目官网公开数据整理。

除了这些活动，学生也可以选择参加目标学校的夏校或暑期深度科研，以此作为学术类活动的补充。带学分的夏校比不带学分的夏校有更高的认可度。学术类活动是学生了解感兴趣的学校或专业的好机会。学生可以在低年级时多涉猎自己感兴趣的项目，在 11 年级暑假参加目标学校的夏校，以增强对学校的了解。

（三）领导力类活动

领导力类活动是指能体现学生领袖精神和领导能力的课外活动。领导力包括但不限于组织协调能力、统筹规划能力、沟通调节能力。在大学生活中，团队合作的课程与项目很多，因此领导力是大学招生官一贯重视的能力。领导力类活动形式繁多，校内活动包括学生会与社团管理，竞赛类活动包括模拟联合国、模拟法庭等。领导力类活动不是孤立的，当参加公益活动、学术兴趣小组时，学生所展现的组织管理能力都属于领导力范畴。学生可以在学校创办各种社团，从而展现作为发起人的领导力，也可以参加美国大学的青少年领导力峰会、组织公益服务等，以此来展现自己的组织能力与领导能力。

（四）兴趣特长类活动

前三类活动分别展现了学生的学术能力、服务意识和领袖精神。最后一类活动则回归学生个人兴趣，向招生官展示了每个学生的爱好与特点。特长类活动包括但不限于艺术类、体育类活动，有时还可以是学生独特的“冷门”兴趣。比如，某学生对游戏格外上心，于是学习 3D 模型，成功制作出了几个游戏角色和游戏物件。只要学生在活动中投入了热情与心血，这些不常见的兴趣爱好就都可以写进活动列表，让招生官看到学生更真实、有趣的一面。如果学生有体育类、音乐类特长，那么这些都可以发展为优秀的课外活动。

二、课外活动规划的“加减法”原则

课外活动是除了标化考试成绩，最能体现一个学生的特点及个性化优势的关键所在。因此，课外活动规划这个环节是令学生与家长最为头疼的地方。

为什么要做课外活动？因为在美国大学的录取过程中，标化考试成绩只能证明一个学生的学习能力与潜力。而课外活动是展现学生的兴趣与热情、是否具有领导力，以及未来为社会做贡献、推动社会进步的愿景的一个重要环节。课外活动是建立在“硬条件”的基础上的一幅学生“画像”，而让招生官能一眼从众多申请材料中看到该学生的特点与画像，是课外活动规划的最高境界。

课外活动规划难在哪里？为什么大批申请者的课外活动画像极为相似，很难展现其独特点？这就涉及一个非常重要的判断：课外活动规划是应做“加法”还是“减法”？在申请大学时，学生需要在申请表上填写五个奖项与荣誉、十个活动。这十五项内容，其实就是活动申请中的两条主线：一条是学生的学术兴趣与动力；一条是申请者内在的潜质、性格，即申请者的画像。

合理的课外活动规划可以从以下四个方面着手：

第一，认真梳理、分析活动是否包括学术类和非学术类两大类，是否还有一些不相关的活动。

第二，找到短板，这主要体现为质量和数量是否达到要求、活动与申请专业方向的相关性如何、活动的深入性是否足够。

第三，聚焦活动内容，做减法。做减法主要是为了提升专业相关度，即把与申请专业的匹配度不足的活动直接放弃。同时，将学术研究与实践活动相结合。在活动设计上，学术类活动需展现学术成果，非学术类活动要展现其带来的社会影响力，即为家庭、学校、社区带来的改变。

第四，梳理是否有标签类活动，也就是学生画像中的点睛之笔。它能让学生的个性化画像突出而鲜明。

课外活动的设计与规划有四个重要的原则：质量比数量重要；各个活动之间要有内在逻辑与联系，不能是“各自为战”；无须复制他人活动，不“神圣化”任何活动，活动都是个性化的；避免“宏大叙事”，从身边的小事做起，产生看得到的改变。所以，课外活动的规划应当是在活动深度上做“加法”，在活动主线上做“减法”。

以下是连续 13 年蝉联 U.S.News 排行榜排名第一的、著名的常春藤名校普林斯顿大学在其官网上所写的对学生课外活动的期待，这可以很好地诠释何为优秀的课外活动：

- 特别关注一些具有领导才能、极高天赋和能取得杰出成就的学生。
- 精通一两个体育项目比参加五六个社团好，前者至少能展现自己的热情。
- 专注并深入一两种活动或者爱好，而不是同时参加许多一般的活动。
- 随着时间的推移，学生在活动中展现的领导才能才会有所提升。学校需要看到学生在教室外做了些什么。

三、走出课外活动规划的误区，避免“宏大叙事”

活动需要高大上，最好有名人加持，这是关于课外活动规划的最大误区。此外，学生往往习惯于“宏大叙事”，而这恰恰是规划课外活动时要避免的。

2020 年，哈佛大学等 315 所美国大学的招生办主任联合发布了 2021 年招生指引，这可能会成为以后的招生录取标准。其中一些理念与原则从侧面反映了美国教育所重视的特质。在招生指引中，招生办主任们提出了五大核心理念：

- 公平（equity）。
- 平衡（balance）。
- 自我照顾（self-care）。
- 照顾他人（care for others）。
- 有意义的学习（meaningful learning）。

同时，它还提出了招生的五大标准：

- 自我照顾。
- 学术表现（academic work）。
- 服务和对他人的贡献（service and contributions to others）。
- 家庭贡献（family contributions）。
- 课外活动和暑期活动（extracurricular and summer activities）。

着迷于大人物、名人、大事件等的活动，是一个非常大的活动设计误区。在中学校园、自己的社区、自己的城市，有许许多多需要年轻人投入其中并为之努力的地方。当申请人忽略自己的社区，每年寒暑假花着昂贵的旅行费用，飞到国外去献爱心时，可能招生官看到的是一个家境优渥且能负担起昂贵的旅行费用的申请人。关注自己的家庭、学校与社区，并致力于推动社区乃至社会进步，这样的活动并不是什么“高大上”的活动，但却是一个能实实在在体现学生社会责任感和研究兴趣的优秀活动。

四、9～12 年级四年的规划时间轴

学生无论是哪个年级，都要满足一个共同的前提——必须保持良好的 GPA 和标化考试成绩，这是重中之重。学生应从 9 年级开始全程积极参与课外活动。学生如果是体育特长生，那么请勿中断校队练习，并积极参加比赛。

除了以上几点，12 年级的学生如果继续参加科研活动或有文章发表，或者有兴趣爱好方面的成就，那么要及时更新申请材料，并将更新后的申请材料提交至大学。加利福尼亚大学等学校承认当年 1 月 1 日之前的标化考试成绩，所以如果托福、SAT 成绩不理想的学生不要放弃，一直到 12 月份都还可以参加考试，之后要将成绩提交给学校。

9～11 年级的规划时间轴如图 2–2 所示。

美国本科申请季（11 年级下半学期至 12 年级）的规划时间轴（以美国大学秋季入学为例）如图 2–3 所示。

9年级

9年级上学期
- 关注在校成绩，保持良好的 GPA
- 打好词汇基础，提高感兴趣方向的书籍阅读量，培养阅读习惯

9年级寒假
- 加强英语学习
- 深度探索自己感兴趣的领域，查缺补漏

9年级下学期
- 保持良好的在校成绩，准备中考或高中升学
- 积累词汇量和阅读量，加强英语学习

9年级暑假
- 参加低龄夏校，了解国外授课模式和大学氛围，提高适应力，正式学习托福
- 参加课外活动，参加美国等国家面向10年级以下学生的竞赛

10年级

10年级上学期
- 保持优秀的GPA，先报名两门能考到5分的AP考试
- 选择性地参加校内活动，理工科学生尽快参加竞赛，文科学生要参加经济学竞赛
- 写作极好的学生考虑申请写作夏校，抓紧时间准备托福

10年级寒假
- 托福强化阶段学习
- 参加有质量的课外活动，准备托福考试和AP考试

10年级下学期
- 托福考出基准分后开始SAT或ACT学习
- 准备5月份的AP考试

10年级暑假
- 参加探索型夏校
- 参加个人独立项目
- 参加学术实践课程、比赛、辩论等，准备小课题
- 继续进行托福学习并考出高分

11年级

11年级上学期
- 保持优秀的GPA，11年级的GPA最重要，GPA永远是第一位
- 托福冲刺阶段学习，SAT或ACT强化阶段学习
- 多报几门AP考试，开始申请夏校，有些项目截止得很早

11年级寒假
- 准备SAT或ACT考试；准备申请夏校；拓展校外活动

11年级下学期
- 保持良好的GPA，最重要的一次GPA切勿下滑
- 参加SAT或ACT考试，托福考试冲刺
- 准备5月份的AP考试
- 如前期未录取，继续申请夏校
- 继续参加校内活动，暑期补充缺少的活动，可参加学术提升活动

图 2-2　9～11 年级的规划时间轴

5~6月

- 参加AP考试
- 参加托福或雅思考试
- 参加ACT或SAT考试

6~7月

- 继续冲刺托福或雅思考试（考到成绩满意为止）
- 暑期是最后的课外活动补充时间，如果还未去夏校，建议做深度背景提升，查缺补漏
- 深化活动，尤其是文科方向，比较容易补充
- 撰写主文书初稿

7~8月

- 专业背景提升（课外活动、夏校、实习等）
- 学校初选名单要最终确定下来，开始准备相关文书资料
- 确定推荐信老师并与老师保持沟通
- 冲刺SAT或ACT考试（如未出分，继续报名再考）

9月

- 托福成绩没有达到预期目标的学生，可以接着参加考试
- 定稿主文书，开始写补充文书
- 保持优秀的GPA

10月

- 开始填写CA系统的内容，并认真打磨活动列表
- 修改、打磨补充文书
- 提交在此期间截止申请的学校的申请资料
- 注册面试，并提前进行第三方面试

11月

- 通过CA系统或者学校独立的平台提交申请资料，联系学校
- 未参加第三方面试的同学，提交申请资料前需进行面试（部分学校需要）
- 11月1日部分早申请截止，开始准备加利福尼亚大学的申请

12月

- 开始陆续收到早申请录取，积极准备相关面试和其他学校的补充材料
- 准备补充文书；定稿加利福尼亚大学的文书并提交，12月1日加利福尼亚大学申请截止
- 准备好早申请阶段的所有文书和其他申请材料并提交
- 在此期间如有新的标化考试成绩，请提交至申请学校

隔年1月

- 准备期末考试，必须保持良好的GPA，甚至要提高GPA
- 1月1日部分早申请材料提交截止
- 寒假可进行补充材料的准备，1月1日前可以向加利福尼亚大学申请系统补交标化考试成绩
- 提醒老师提交这学期成绩

1~3月

- 尽早提交推荐信，争取转正
- 提交视频、作品集等补充材料

3~4月

- 选定最终就读学校，接受学校录取，交付押金
- 在录取院校教学系统中注册学生账户及邮箱

- 准备申请签证材料，预约签证
- 接种疫苗，申请宿舍
- 提交毕业证、学位证、高三成绩单等

5~6月

- 新生见面会、入学前考试等通知都会在学校注册的邮箱中接收到
- 开始选课
- 购买赴美机票
- 官网选课

7月

- 根据每个学校要求支付学费，支付方式多为电汇，请携带学校发送的银行账户信息到银行办理转账手续

图 2-3　11 年级下半学期至 12 年级的规划时间轴

五、留学规划中不可错过的金融节点

本科留学申请过程中的几个金融节点请勿错过：

12 年级的 11 月 1 日之前冻结（至少）60 万元，冻结时长为 6 个月。此资金必须预留在账户中（因为在美国除 ED 以外的学校均要求 5 月 1 日决定是否予准学生就读并收押金）。

12 年级下半学期的 5 月 1 日前后重新冻结 60 万 ~ 120 万元（根据学校学费要求而定），用以申请 I–20（可以冻结到 7 月底，办理签证时使用）。

7 月底至 8 月底，不同大学开始要求交学费。

在不同阶段冻结资金是美国本科申请的要求，其他国家并没有类似的硬性要求。

第三章

宽进严出的教育体系——加拿大

加拿大拥有优质的教育体系，教学质量高，学科设置科学、全面，在商科、工科、医学、理科、文艺等学科中具有独特的优势，受到广大学生的欢迎。许多国际学生在加拿大读了高中后，会爱上加拿大的生活与学习环境，大多数学生会直接选择在加拿大读大学。而加拿大大学的教育质量很高，多所大学在QS世界排名中名列前茅，加之学费、生活费的性价比优势，因此其是理想的大学留学目标国。加拿大移民局（IRCC）的最新数据显示，2022年加拿大留学生人数已经打破来自184个国家共551 405名留学生的历史纪录，截至2022年12月31日，持有加拿大有效学签的国际留学生人数为807 750人。统计数据显示，2023年第一季度获批来加拿大读书的中国留学生人数急升逾34%。

统计数据显示，2019—2023年，加拿大留学生的数量增长了30%。其中，中国是加拿大留学生的主要生源国，近年来中国留学生的数量保持着高速增长。据悉，2023年中国留学生数量已经占加拿大留学生总人数的43%。

第一节
加拿大高中——严谨治学的体系

加拿大没有全国统一的教育制度，各省有权制定本省的教育体系。初中课程一般包括英语、社会科学、科学、数学、体育、艺术（视觉艺术、音乐、戏剧）、应用技术（商业教育、家政、科技教育）、法语等，不算学分。高中课程是在初中课程的基础上增加了课程的内容和深度。它包含必修课与选修课，每个学校都有150多门选修课供学生选择，而各个学校有自己的特色课程。高中毕业的考核方式为学分制，即学生要想顺利毕业，必须修满规定的学分。这些学分包含修读科目学分、社区义工服务学分、12年级必修课程学分及毕业过渡学分。各省、区之间的教育制度也有所差别，比如：绝大部分省是12年义务教育制度，但魁北克省和纽芬兰省是11年制；大多数省的高中是从9年级开始的，而不列颠哥伦比亚省的高中是从8年级开始的。这都是一些微小的差别。总体而言，各省、区的高中教育体系差别不大。其中，安大略省是教育实力最强的省份，有着很大的影响力。安大略省的大学最多，名校如云。此外，它还有 900 所左右的中学，而小学数量是中学的四倍，有近 4 000 所小学。

一、加拿大中学的就读优势

加拿大地大物博，人口非常少，社会资源丰富，社会福利位居世界前列，而且社会治安相对较好，因此加拿大的就读优势明显。加拿大各省的课程体系得到了世界各所大学的广泛认可，而且无论是学费还是生活费等方面，作为北美国家，其性价比很高，是非常理想的留学国家。

加拿大的中学分为四类：公立学校、教会公立学校、私立国际学校、私立贵族学校。加拿大各省都有不错的私立中学，选择非常多，其中安大略省的优质高中最多，尤其是多伦多，聚集了大批高质量的私立名校。

二、加拿大高中具有代表性的三大课程体系

加拿大高中影响力最大、最具代表性的课程体系是加拿大 BC 省（不列颠哥伦比亚省，British Columbia，简称 BC 省）的课程体系、安大略省的课程体系（OSSD 课程体系）和魁北克省的课程体系。不过，其他省和地区也有自己的课程体系。加拿大的课程体系具有广泛的认可度，无论是用于申请美国还是其他国家的大学，都是被高度认可的。

（一）安大略省的课程体系

安大略省的高中教育体系非常有名，是优秀教育的典范。它的课程设置既针对学生的爱好和要求，又达到了大学的要求和适应将来工作的要求。安大略省的课程比 BC 省的课程简单，门槛更低。其要求学生修满 30 个学分，包括 18 学分的必修课、12 学分的选修课、40 小时的社区服务，并通过该省 10 年级英语水平测试，之后即可取得高中毕业证书。海外国际学校的学生如果选了 6 门大学预科课程，就不用参加公开统一考试了，可以直接用这些课程的成绩申请加拿大、美国、英国、澳大利亚、新西兰等国家的大学本科课程。

与新加坡、日本类似，加拿大高中课程设置的基本逻辑是，按未来目标进行分流。以安大略省为例，高中毕业生有两个选择：继续升学读大学，或者直接就业。据此，9 年级和 10 年级的课程会被分成以下三种类型：学术型课程（Academic）、开放型课程（Open）和应用型课程（Applied）。很明显，学术型课程是为高等教育

准备的，学生完成学术型课程后，11～12 年级便能选修课程代码为 U 的大学预科课程，也可以选修课程代码为 M 的部分大学或大专的预科课程。学生完成应用型课程后，只能选读部分大学或大专的以 M 为课程代码的课程、课程代码为 C 的所有大专预科课程，以及就业需要的课程代码为 E 的预科课程。这些学生会在毕业后就读大专、学徒课程，或者直接毕业。

所以，该省 11～12 年级的课程会被分为四种类型：大学预科课程（U 课程）、大学或大专的预科课程（M 课程）、大专预科课程（C 课程）、就业预科课程（E 课程）。

选修以上课程只能从高阶向下转移，不能从低阶向上转移。即 U 课程只能往 M 课程或更低阶的课程转移，而 M 课程或其他课程却不能向 U 课程转移。

加拿大高中的课程体系是与大学对接的，实行学分制。安大略省规定：30 个学分中除了公民教育和职业规划是 0.5 个学分，其余各科都是 1 个学分。在安大略省，高中阶段的必修课程包括：英语、数学、科学、法语、加拿大历史、加拿大地理、健康与体育、艺术、公民教育和职业规划、科学和科技、体育、商科、第三语言、社会科学和人类学、世界历史。

选修课程包括商科系列、自然科学系列、艺术类、社会科学类。除此之外，还有三组课程，每组选修一个。

第一组包括英语、第三语言、社会科学、世界地理与历史、辅导职业教育和职训课程。

第二组包括体育、商业、艺术（音乐、戏剧文学或舞蹈）、职训课程。

第三组包括科学、电脑、工业科技和职训课程。

对于学生的考核聚焦以下四个方面：知识理解、联系应用、沟通交流、探索与思考。根据学科特点，每门课在这四方面所占的比重不同。

OSSD 国际高中课程的学生都要参加 OSSLT（Ontario Secondary School Literacy Test，加拿大安大略省高中文学水平测试，由教育质量监督委员会举办，通常一年两次，分别在 11～12 月和当年的 3 月底至 4 月初进行）。届时，全安大略省的学校都会参加。OSSLT 主要是为了检测学生的文学水平（阅读、写作）是否达到安大略省高中生所需达到的最低标准，是一项重要的英语标化考试，对于在安大略省就读的 10 年级学生来说，参加该考试是获得高中毕业证书的必要条件。

该考试共 120 分钟，涵盖以下两部分的内容。

一是阅读测试。阅读测试主要针对的是学生的阅读理解能力，涵盖不同类型的阅读材料，包括报纸报道、小说、诗歌、说明文等。测试时间为 60 分钟，试卷中有大量的多项选择题。

二是写作测试。它有两道写作题，包括一篇短作文与一篇长作文，主要测试学生的写作能力和阅读理解能力。该部分的测试时间为 60 分钟，两篇作文的字数要求分别为 100 字和 500 字。短作文通常是简短的写作任务，例如写一封信、一篇日记等。长作文会提供一些阅读材料，并要求学生通过对这些材料的阅读和分析来完成一篇文章。

OSSLT 失利并不可怕，安大略省教育局为没有顺利通过 OSSLT 的学生专门开设了一门课程——OLC4O，旨在帮助他们通过进一步的学习和强化，达到安大略省的高中文学水平标准。

（二）加拿大 BC 省的课程体系

BC 课程相对较难，含金量更高，适用的大学也更多。该省的高中选修课程非常多，大多数学校提供 150 门以上的选修课，学生可根据自己的兴趣和未来选择的专业，选修相应课程。学生获得高中毕业文凭的最低学分要求为 80 学分，其中必修课程学分不少于 48 分、选修课程学分不少于 28 分、毕业过渡课程学分不少于 4 学分，同时社区服务不少于 40 小时。国际学校的学生如果参加 BC 省的高中会考，那么会获得 BC 省教育部颁发的高中文凭，其成绩也会被加拿大、美国、英国等国的大学广泛认可。

（三）魁北克省的课程体系

魁北克省的高中课程体系是学生进入大学预科或者职业教育的准备课程，兼具学术性和实用性。它更适合想去加拿大留学并有就业规划及移民想法的学生。课程难度较低，与大学预科衔接紧密。它依据魁北克省教育部中学教学大纲设置课程，其中英语、数学、历史、科学为必修课程。学生修满 54 个学分即可取得高中毕业证书，其中最后一年必须修满 20 个学分，必修课每门 4 ~ 6 个学分，选修课每门 2 个学分。毕业生获得魁北克省颁发的高中文凭，可选择进入大学预科或专科学院学习，进而申请全球各国的大学或直接进入就业市场。

校友观点

刘同学

滑铁卢大学和多伦多大学

留学让我有了很强的抗压能力

我在 2014 年就来加拿大读书了。选择加拿大更多是出于安全方面的考虑，再加上有熟人照顾。但是当年获取的信息比较少，我不太了解学校间不同的教育体系，更多还是从生活条件这一角度出发选择国家的。当时选择继续在加拿大就读本科与当时的老师有关系，老师与高中的同学已经组建成我比较熟悉的圈子，所以去美国读书等于重新建立关系网。此外，考虑到滑铁卢大学的认可度也不错，所以我继续留在加拿大，并且从学费角度考虑，加拿大的性价比更高。

滑铁卢大学更注重本科期间的实习，一年只有八个月的学习时长，剩下四个月需要去实习，而我个人不太喜欢这种模式，所以我转学到了多伦多大学。转学的另一原因是滑铁卢这座城市比较闭塞。而多伦多大学规模更大，所处城市是经济中心，文化交流更丰富，学校提供的交流机会更多。同时我可以为未来申请多伦多大学的研究生提前做准备。

但是多伦多大学的弊端也比较明显，学生人数过于庞大，学生素质参差不齐。此外，授课班规模也比较大，老师没有任何精力与学生交流，学生全靠自学。虽然多伦多大学的进入门槛比较低，但是它能提供的学术资源还是很丰富的，而且毕业要求很高，属于典型的“宽进严出”，这非常考验学生的自律性。

最大的文化差异是，加拿大的公立学校对初中、高中学生的培养太过开放，崇尚快乐教育。而私立学校相对严格，注重学生学术能力的培养，在学生的学科选择上有很大的指导。这可以起到很不错的二次启蒙作用。

我承受挫折的能力有所提高。大学生活与我最初想象的不一样，我有过一段时间的思想斗争，因为最初选择学校的目的很功利，我最终决定转学。在大二结束时选择转学是一个很大的挑战，我面临着很大一部分所修学分可能不被新学校承认的压力。同时大三已经进入实习期，压力非常大，这些都让我的心理成熟度有所提升，我学会了如何不断调整学习状态以及如何面对未来的挑战。

如果你有自律性和独立思考能力，那么在高中阶段出国也是一个很好的选择，你能更早地接触研究方法。如果本身素质不错的话，那么国外高中会起到一个拔高的作用。

我对申请本科的建议是：第一，态度要坚定，不要觉得麻烦，一定要做好前期研究，比如对于各个大学的系统以及能接触到的资源都要有充分的认知，这对于未来进入大学后学习心态的调整有所帮助；第二，保持与亲朋好友的沟通，包括同学、老师及家人，申请者在这个阶段要与父母达成共识，要有共同的目标，因为在本科阶段会遇到很多困难，父母只有在知情的情况下才能给予你充分的理解；第三，享受学习的快乐，以纯真的心态追求知识探索，不要过早被工作所困扰；第四，做到知行合一，尽管有时会高估自己，但你一定要落到实地，并客观评判自己的能力，保持良好的心态，毕竟大学只是起点，并不是终点。

第二节
加拿大高等教育独具特色

加拿大的大学分类与美国的不同。加拿大的大学分为基础类大学、综合类大学和医博类大学。基础类大学注重本科教育，相比其他两类大学，硕士及博士项目较少。综合类大学除本科教育外，还设有一定的硕博专业，相比基础类大学，其更注重科研。而医博类大学有最全面的硕士和博士项目，并拥有医学院，其重点在于学术研究。三类大学各有特点。但医博类大学是中国学生的首选，加拿大大学官网数据显示，2021 年医博类排名前三的名校——麦吉尔大学、多伦多大学和英属哥伦比亚大学的中国本科生和研究生留学人数分别为 2 937 人、15 671 人和 6 385 人。加拿大有一百多所大学，但真正吸引中国学生的学校并不是很多。本书针对拥有广泛声誉，同时吸引中国学生最多的四所大学进行阐述，这也是加拿大最具代表性的四所高校。

一、多伦多大学——综合实力之王

多伦多大学是世界著名的公立研究型大学，连续多年在 QS 排名中名列前茅。在 2024QS 世界大学排名中，其占据第 21 名的位置，实力可见一斑。

多伦多大学拥有 700 个本科项目以及 200 个研究生项目。但与其他世界知名大学不同的是，它是非常典型的“宽进严出”大学，招收的本科生非常多。所以相较于美国的同类学校，多伦多大学的门槛会低很多。

（一）多伦多大学的热门专业

多伦多大学的优势专业是商科、工程和计算机三大专业。它的罗特曼管理学院是加拿大排名第一的商学院，设有会计、金融与经济、管理等精修科目。大一结束后，学生还可以得到实习及带薪实习的机会。本科毕业生可以申请就读学院的 MBA（工商管理硕士）课程，也可以选择与其他系合作的课程，比如 MBA 的学生可选读法律系或工程系的课程。

多伦多大学的工程系在加拿大也是数一数二的，在北美高校中声名显赫。工程系的体系比较灵活，有八个核心专业项目（core8），分别为化学、土木、计算机、电子、经营管理、材料、机械和矿业工程，学生可以在申请大学时直接申请目标专业。工程系也有 Undeclared 和 TrackOne（两种不定专业项目），没有确定专业的学生可以在大一结束时再申请具体专业。目标学科为工程的学生，还有一个独特的选择，即可以选择申请工程科学专业，在完成两年的基础工程课程学习后，再从航空航天、工程数学、统计与金融、机器人技术等八个工程专业中选择自己的主修项目。选择工程科学专业的学生可以在大二或大三时申请 12 ~ 16 个月的带薪实习。而国际生在大二和大三时还可以申请暑期带薪实习，这种实习为期四个月。所以，工程系作为强势专业，一直受到国际生的青睐。

多伦多大学的计算机专业在加拿大排名第一，世界排名也很靠前。学生可以选择精修、主修和辅修这个专业。精修计算机专业的学生还可以选择另一个学习方向，这个方向与计算机专业高度相关，包括互联网技术、游戏设计、人机交换、科学计算、计算机视觉、电脑系统、计算语言学及人工智能和计算伦理等。计算机专业有一个条件是大一结束时，学生需要再次选择是精修还是主修，但只有必选课达到 85 分才有竞争力，否则学生很可能不能再学习此专业。与工程系的学生一样，计算机专业的学生在大二和大三时可以申请 12 ~ 16 个月的带薪实习。

（二）多伦多大学的录取条件及高考体系学生的机会

国际生想要进入多伦多大学，除了必要的高中成绩，如果不符合语言豁免条件，即在经认证的加拿大英语教学学校完成四年全日制学习，或在官方语言为英语的国家的英语教学学校完成四年全日制学习，抑或是第一语言是法语并完成了在加拿大学校的四年全日制学习，则需要提供语言成绩证明。

- 雅思：总分不低于 6.5 分，单项不低于 6.0 分。
- 托福：总分不低于 100 分，写作不低于 22 分。如果低于这个分数，学校会考核学生的综合条件，有选择地录取。

与加拿大其他大学一样，多伦多大学也设有语言预科班。如果英语成绩并未达标，学生可申请多伦多大学的绿色通道或是 IFP（International Foundation Program，国际基金项目），这两个都是语言预科班项目。

与美国不同，加拿大的大学对高考体系学生是非常友好的，普通高中的学生只要有良好的平时成绩，提交已通过的会考成绩，并达到语言成绩要求，就可以申请加拿大的大学，这为中国学生提供了广阔的选择空间和各种可能性。

二、滑铁卢大学

滑铁卢大学有六个学院，分别为健康学院、文学院、数学院、工学院、理学院、环境学院。它还有其他教学单位，包括研究生院、药剂学、眼科视光学和社会工作等研究中心。它有 40 多个系、100 多个专业。学校共有 10 多种本科学位、28 种硕士及博士学位。其中以工学院和数学院最为著名，它拥有世界上最大的数学系。该校作为加拿大重要的高等教育学校，拥有众多科研机构，包括会计研究与教育中心、应用保健研究中心、信息理论中心、分子束与激光化学中心、新牛津英语词典中心（用计算机编辑）、职业写作中心、滑铁卢生物技术中心、遗传资源中心、计算机研究所、地下水研究所、提高质量与生产率研究所、高分子研究所、风险研究所、多孔介质研究组、第四纪科学研究所、太阳热工程中心、滑铁卢纳米技术研究所、滑铁卢人文研究团体、滑铁卢计算机集成电路制造中心、滑铁卢过程开发中心、滑铁卢核磁共振中心、滑铁卢研究所、滑铁卢量子及纳米计算机研究中心等。由此可见该校重视研究的教育体系，以及为学生提供研究条件的能力。滑铁卢大学是英联邦大学协会成员，与四十多个国家有合作交流项目。该校也被称为加拿大的"硅谷"。

（一）滑铁卢大学的带薪实习项目（CO-OP，Co-operative Education）

这是该校的办学特色和强项，学生能在所读学科中同时获得学习与实习机会，学校则通过对外教学、科技转化和进阶培训等方式服务社会。国际留学生是可以参与大部分项目的，但也有个别项目不对留学生开放，比如生物科技。

（二）滑铁卢大学的热门专业

计算机专业、数学专业和工程专业是滑铁卢大学的热门专业。滑铁卢大学的计算机科学家曾开发出许多知名软件，例如 Maple。每年，谷歌、Meta、微软和亚马逊等互联网巨头，都会从该校招收许多计算机专业的学生。

滑铁卢大学拥有世界上最大的数学系和北美最大的精算课程体系、世界上最集中的定量信息研究中心，以及世界上最大的高等教育衔接合作项目。其数学系包含精算、应用数学、数据科学、电脑数学、数学经济、金融和风险投资管理等一系列热门专业，就业率非常高。

工程专业也是该校的热门专业，工程系提供了与 1 000 多家知名高科技公司合作的带薪实习项目，给学生提供了非常难得的机会。学生在学校和校外实习中，能获得非常前沿的学术能力与科技知识。

（三）滑铁卢大学的双录取项目

滑铁卢大学的所有学院开放“语言 + 本科双录取”。语言成绩没有达到要求但学术成绩达到要求的学生，可获得滑铁卢大学“英语桥梁课程（BASE 课程）+ 本科双录取”。滑铁卢大学的英语桥梁课程是一个全新的英文强化课程，面向学术成绩优异，但是英语语言测试成绩略低于大学英语成绩录取要求的本科学生，即托福成绩低于 100 分或雅思成绩低于 6.5 分（写作成绩低于 6.5 分）的学生。英语桥梁课程不需要直接申请，如果学生达到所申请专业的录取要求，但是没有满足英语语言测试成绩要求，那么所申请的大学会根据情况有条件地将其录取到英语桥梁课程。

三、麦吉尔大学——加拿大最难进的大学

麦吉尔大学是一所世界著名的研究型大学，是加拿大最古老的高等学府之一，被誉为“北方哈佛”或“加拿大哈佛”，曾连续 12 年位列加拿大大学排行榜榜首，在 2024QS 世界大学排名中位列 30 名。麦吉尔大学也是美国大学协会中仅有的两所非美国学府之一。麦吉尔大学的入学标准相当严格，新生平均分均在 90 分以上，其平均录取分数为加拿大大学之首，被称为加拿大最难进的大学之一。

麦吉尔大学的热门专业如下：

麦吉尔大学共有 22 个学院，有 340 个本科专业和 250 多个博士、硕士专业。最热门的专业是商科、医学、工程、自然科学以及建筑和艺术。麦吉尔大学的工程学院与多伦多大学的工程学院实力不相上下，非常具有竞争力。

在北美所有商学院中，麦吉尔大学拥有最多的具有国际背景的教职人员，2/3 的教学人员来自世界各地。该校的商科项目有本科商科项目，以及工程管理学硕士和 MBA、EMBA（高级工商管理硕士）项目，专业有金融、国际贸易、发展经济

管理、市场营销等。在自然科学方面，该校设有分析化学、自然科学、有机化学、无机化学、气象学、天文学与行星科学、物理学，以及大气化学与气候学等专业。

艺术建筑和设计类也是该校的热门学科，包括艺术史、建筑学等专业。

麦吉尔大学在生物和生物医学方面也颇有建树，在免疫学、遗传学、呼吸道疾病和神经病学方面有重大成就。生物和生物医学系设有解剖学、药物学、生态学、生物学、神经科学、微生物和细菌学等多门前沿学科。

四、英属哥伦比亚大学——“三强”之一

英属哥伦比亚大学与多伦多大学、麦吉尔大学并称加拿大“三强”，在2024QS世界大学排名中位列第34名。

（一）本科热门专业

商科、地球环境与可持续发展是该校的热门专业。其地球环境与可持续发展学院在加拿大的大学中排名第一，设有化学、大气科学、地质学、地理学、地球物理学、地震学、海洋科学、天体物理、物理学、天文学等专业。

此外，该校的尚德商学院是加拿大颇有美誉的商学院之一，与多伦多大学的商学院齐名。这个学院有一个特色，即学生可以用四年半的时间读完一个本科荣誉学位和管理学硕士学位，并且含有带薪实习项目。在读完四年本科荣誉学位的所有课程后，学生可以再用六个月的时间完成高强度的管理学硕士学位的学习。

（二）入学条件

加拿大各大学的豁免条件都差不多，英属哥伦比亚大学的豁免条件与多伦多大学的基本一样，除了没有第一语言为法语的要求。申请者如果不符合语言成绩豁免条件，就需满足以下条件：

- 雅思：总分不低于6.5分，单项不低于6分。
- 托福：总分不低于90分，写作与口语不低于21分，听力与阅读不低于22分。

第三节
高考成绩也能用于申请加拿大名校

越来越多的国家开始认可中国高考成绩，这为普通高中的学生提供了更多选择。除了国际课程体系的学生可自由申请加拿大高校，中国高考体系的学生也可以

申请加拿大的大学。表 3–1 将部分大学商科的申请条件一一列出，以供参考。

表 3–1　中国高中毕业生申请商科的入学条件一览表

院系	课程要求	其他要求	高考成绩	语言成绩（二选一）		额外入学条件
多伦多大学罗特曼管理学院	高三数学、化学、物理课程成绩达到 90 分	高中毕业证；高中会考成绩	建议达到一本线，但有弹性	雅思总分不低于 6.5 分，单项不低于 6 分	托福总分不低于 100 分，写作不低于 23 分	网上面试，包括命题写作和 90 分钟视频面试
西安大略大学毅伟商学院	高三数学、化学、物理课程成绩达到 90 分	高中毕业证；高中会考成绩	建议达到一本线，但有弹性	雅思总分不低于 6.5 分，单项不低于 6 分	托福总分不低于 95 分，写作不低于 22 分	无
女王大学史密斯商学院	高三数学、化学、物理课程成绩达到 90 分	高中毕业证；高中会考成绩	建议达到一本线，但有弹性	雅思总分不低于 6.5 分，单项不低于 6 分	托福总分不低于 100 分，写作不低于 22 分	无

资料来源：根据各大学官网公开资料整理。

商学院的申请门槛普遍较高，比如著名的约克大学舒立克商学院，其要求雅思成绩不低于 7.5 分，12 年级的课程成绩至少为 A+，即 93 ~ 97 分的水平。国内高中毕业生是很难直接通过申请的。

除了商学院，就读工程学院的学生也很多，加拿大名校的工程学院也非常热门，入学条件要求不低（见表 3–2）。目前，加拿大的 43 所高等院校提供了 281 个工程专业，培养了 14 个领域的工程师。加拿大工科毕业生的待遇很好且就业率高，就业范围非常广泛，比如建筑行业、机械制造行业、电力行业和运输行业。从加拿大大学工程学院的学科设置来看，除了传统的土木工程等专业，交叉学科的工程专业也很多。各省大学根据自身条件与自然资源，开设了独具特色的工程专业。比如，石油大省阿尔伯塔省就开设了石油化工领域的工程专业，魁北克省有飞机制造工程专业，还有的省开设了海洋工程专业。加拿大大学的工程专业设置在很大程度上是为了培养应用型人才。

表 3-2　中国高中毕业生申请工程学院的入学条件一览表

院系	课程要求	其他要求	高考成绩	语言成绩（二选一）		额外入学条件
多伦多大学工程学院	高三平均成绩 85 分以上；热门专业成绩 90 分以上	高中毕业证；高中会考成绩	建议达到一本线，但有弹性	雅思总分不低于 6.5 分，单项不低于 6 分	托福总分不低于 100 分，写作不低于 22 分	无
滑铁卢大学工学院	高三平均成绩 85 分以上；热门专业成绩 90 分以上	高中毕业证；高中会考成绩	建议达到一本线，但有弹性	雅思总分不低于 6.5 分，口语、写作不低于 6.5 分，阅读、听力不低于 6 分	托福总分不低于 90 分，口语、写作不低于 25 分	无
麦克马斯特大学工程学院	高三平均成绩 85 分以上；热门专业成绩 90 分以上	高中毕业证；高中会考成绩	建议达到一本线，但有弹性	雅思总分不低于 6.5 分，单项不低于 6 分	托福总分不低于 86 分，单项不低于 20 分	无

资料来源：根据各大学官网公开资料整理。

除了商学院与工程学院，加拿大的数学系也全球闻名。数学与应用数学专业的毕业生选择多，是计算机、金融等许多领域需要的人才，所以去加拿大读数学专业也是一个非常好的选择（见表 3-3）。

表 3-3　中国高中毕业生申请加拿大数学院系的入学条件一览表

院系	课程要求	其他要求	高考成绩	语言成绩（二选一）		额外入学条件
多伦多大学数学系	高三数学、化学、物理课程成绩 90 分以上	高中毕业证；高中会考成绩	建议达到一本线，但有弹性	雅思总分不低于 6.5 分，单项不低于 6 分	托福总分不低于 100 分，写作不低于 22 分	无
滑铁卢大学数学系	高三数学、化学、物理课程成绩 90 分以上	高中毕业证；高中会考成绩	建议达到一本线，但有弹性	雅思总分不低于 6.5 分，单项不低于 5.5 分	托福总分不低于 92 分	无
麦克马斯特大学数学系	高三平均成绩 85 分以上；热门专业成绩 90 分以上	高中毕业证；高中会考成绩	建议达到一本线，但有弹性	雅思总分不低于 6.5 分，单项不低于 6 分	托福总分不低于 86 分，单项不低于 20 分	无

资料来源：根据各大学官网公开资料整理。

与在美国一样，许多中国学生在加拿大也选择就读计算机专业。计算机专业在加拿大的高等教育体系中，主要分为计算机科学、计算机安全、信息技术和计算机工程专业。表 3–4 是部分大学的计算机专业招收中国高考学生的入学条件，以供参考。

表 3–4　中国高中毕业生申请加拿大计算机专业的入学条件一览表

学校	课程要求	其他要求	高考成绩	语言成绩（二选一）		额外入学条件
多伦多大学	高三数学（微积分）、化学、物理课程成绩 90 分以上	高中毕业证；高中会考成绩	建议达到一本线，但有弹性	雅思总分不低于 6.5 分，单项不低于 6 分	托福总分不低于 100 分，写作不低于 22 分	无
滑铁卢大学	高三数学、化学、物理课程成绩 90 分以上	高中毕业证；高中会考成绩	建议达到一本线，但有弹性	雅思总分不低于 6.5 分，口语与写作不低于 6.5 分，听力与阅读不低于 6 分	托福总分不低于 90 分，口语与写作不低于 25 分	无
约克大学	高三平均成绩 85 分以上；热门专业成绩 80 分以上	高中毕业证；高中会考成绩	建议达到一本线，但有弹性	雅思总分不低于 7.5 分	托福总分不低于 99 分	无

资料来源：根据各大学官网公开资料整理。

校友视角

唐同学

多伦多大学

多元文化让我从容而自信

说实话，我从未想过本科就留学，最后却来多伦多大学读本科，因为我觉得研究生出国留学的性价比更高，但各种机缘巧合让我来到了加拿大。我总觉得遇见某个人、某个国家、某个城市都有一定的缘分。如果说有几个国家可以选择的话，那么加拿大显然是目前众多留学国家中留学政策最友好的一个国家，我非常感激当时有这个缘分来到加拿大。

当时我一共申请了 13 所加拿大的学校，基本上都被录取了，并且都有奖学金。多伦多大学其实很晚才录取我，当时我比较纠结，因为它的学费最贵。但是综合考量，最后我还是选择了多伦多大学。因为我觉得多伦多大学的地理位置、人文环境对于我个人而言是非常重要的，我非常享受在一个大都市里学习，因为它有很多丰富的社会及文化资源，我可以利用这些资源进行学习、社交与自我发展，甚至是择业。基于此，我最后选择在多伦多大学的主校区进行学习。

我觉得申请多伦多大学需要保持优秀的 GPA 和标化成绩，把文书写好，同时要有丰富的社会实践经历。不过有的专业需要面试，这要认真准备。我觉得最具挑战性的是选择学院，多伦多大学有七个学院，每个都独具特点，但是在申请的时候一定要排序，因为招生官会看申请者的排序，并按先后顺序来选择学生。当时我其实有几个非常心仪的学院，但最后还是选择了住宿费最便宜，规模也最小的那个学院。

我首先要说的是，多伦多是一个非常有爱的城市，多伦多大学更是一所具有包容性的学校，我觉得在这所学校，每一个学生都能被尊重和重视，我非常享受和同学、教授一起探讨问题的时光。另外，多伦多大学的地理位置也非常好，建筑真的非常美，我每次走在校园里都有一种非常幸福的感觉。

对于每个留学生而言，可能最大的挑战就是学会独立，因为你必须自己面对所有问题。但是对于我而言，留学给我带来的最大影响是，我变得自信且从容。

我觉得在一个尊重多元文化的环境，当我跟不同国家、不同背景和文化的人深入交谈之后，我会对自己的选择更加自信，而且更加从容、淡定。读书的时候我们被告知成功的标准只有一种，但其实人生的选择和成功是有无数种的，你只需要活出你心中最憧憬的那一种就可以了，成功无须被定义。我觉得在这个过程中，我变得更加成熟、更加稳重，也更加淡然了。换句话说，我开始专注于走好自己的路，对别人的目光并不是非常在意，这种状态让我感到很愉悦。

第四章

严谨治学的精英制教育——英国

选择英国留学的主要原因不外乎以下三点：第一，其教育质量相对较高，作为教育水平一流的国家，英国的教育制度历经数百年的发展，历史悠久，很多学校都是百年学府，并且英国实行精英制教育，注重个性化培养，高中升学率高、课程安排灵活、学习氛围好，学生可以根据自身条件选择科目参加考试；第二，学制相对较短，硕士项目大多是一年，许多大学都是四年本硕连读，并且相比澳大利亚、美国，更为经济、实惠；第三，在国际形势风云变幻的今天，安全系数相对较高。

UCAS（Universities and Colleges Admissions Service）官网数据显示，过去 10 年，中国学生申请人数翻了两番，这充分说明中国学生对英国高等教育的需求是多么强劲。截至 2023 年 6 月 30 日，英国官方本科申请系统 UCAS 最新数据显示（除了牛津、剑桥及大部分医学院，其截止日为 10 月 15 日，这包括了 2023 年英国本科的申请人数、成绩、热门专业、各大高校录取人数等数据），中国有 27 710 名申请者，占总申请人数的 4.6%，占国际生总申请人数的 29.3%。

第一节
保持个性的英国私立中学

英国的私立高中共有 2 700 多所，大部分都是 ISC（Independent Schools Council，英国私立学校协会）的成员。ISC 会对其管辖的学校定期进行监管和评审，以确保学校教育质量的稳定提升。因此，家长与学生可以通过 ISC 官方网站获取安全可靠的信息。

一、英国中学教育体系的五个阶段

英国已经形成了完备的教育体系。它的中学教育体系分为五个阶段，其中初中阶段是第三阶段（KS3），GCSE（英国普通初级中学毕业文凭）处于第四阶段（KS4），A-Level 为第五阶段（KS5）。

（一）初中阶段

初中阶段指的是英国 7 ~ 9 年级，学生年龄为 11 ~ 14 岁，相当于我国的初中。学生在初中阶段学习的课程包括英文、数学、科学、音乐、电脑、历史、地理、经济、设计、宗教。大多数学校会开设 20 门左右的课程，学生需要在这些课程中选择 7 ~ 10 门进行学习。其中，英文、数学、科学是必修课。初中阶段的课程种类众多，学生可以在优秀老师的引导下发散思维、开启智慧，尽情探索不同学科的学习方式，这个阶段可以说是向 GCSE 阶段的过渡。

（二）GCSE 阶段

GCSE 证书是英国学生通过中等教育第一阶段会考后获得的证书，也可称作英国普通初级中学毕业文凭，但实际上，GCSE 的考试内容是英国中学 10 年级和 11 年级的课程，难度和要求都比国内初中的高。从理论上说，国内的高一学生申请 GCSE 较为合适。经过两年 GCSE 的学习，学生方可进入 A-Level 阶段。学生的 GCSE 成绩是进入 A-Level 阶段甚至获得大学录取的参考指标。GCSE 阶段有一年制和两年制之分。

在 GCSE 阶段，学生通常用两年时间来学习 8 ~ 12 门课程。大多数学生都会学习学校规定的必修课，包括英文、数学、设计与技术、语言、自然科学、宗教、通信技术及体育等。选修课有艺术与设计、商务、戏剧、经济学、工程学、卫生与社会护理、休闲与旅游、音乐与物理等。学生在完成 GCSE 课程后，需参加统一考试，学生的成绩主要取决于考试，只有少数科目的成绩根据学生全年的学习情况进行评估，GCSE 成绩等级从最高的 A* 一直到 G，还包括 U 与 X，U 是不合格，X 为缺考。

（三）A-Level 阶段

英国高中课程是英国普通中等教育证书考试的高级水平课程，也是英国学生的大学入学考试课程。A-Level 证书几乎被所有英语授课的大学当作招收新生的入学标准。A-Level 成绩分为 A*、A、B、C、D、E、U 7 个等级，A 以上为优秀，E 为及格，U 为不及格。如果某门课程成绩不理想，那么学生可以选择重考。

A-Level 阶段的学制为两年。第一年称为 AS 阶段，学生通常选择自己最擅长、最感兴趣以及和未来所选专业有一定关联的 3 ~ 4 门课程，通过考试后获得 AS 证书。第二年称为 A2 阶段，学生可选择继续攻读 AS 阶段成绩优异的 3 门课，通过考试后获得 A-Level 证书。

A-Level 阶段包含 70 多门可供学生选择的课程，在 AS 阶段，学生一般会选修

3～4 门课程。A-Level 阶段的考试相对灵活，学生可以分阶段参加考试。比如，AS 阶段的学生可同时报考该课程在 A2 阶段的考试；A2 阶段的学生可选修 AS 阶段的课程。每一门课程都可以进行多次考试，最终成绩按照最优异的一次计入。但是在同等水平下，重考同一考试的难度会根据不同科目的情况有所增加。大部分大学更看好第一次就获得优异成绩的学生。

二、英国九大公学彰显精英制教育的精髓

在英国的私立学校中，英国公学因其悠久的历史、高质量的教学，以及引以为傲的成就被视为英国精英教育的典范。公学是专门为名门贵族服务的私立学校，目前英国有一百多所公学。“保持自己的个性”是每一个公学学生遵守并引以为傲的信条。因此，公学一直保持着与众不同的传统，以彰显自己“高贵”的地位。

在众多公学中，最能代表英国精英教育的是英国九大公学。这九大公学是由英国皇家授权、克拉伦登委员会指定的（见表 4–1）。

表 4–1　英国九大公学

序号	学校名称	英文名称	学校性质	学校类型	成绩得 A 比例	牛津大学、剑桥大学录取率
1	威斯敏斯特公学	Westminster School	寄宿学校	混校	46.70%	49.90%
2	圣保罗女子中学	St Paul’s Girls’ School	走读学校	女校	64.60%	49.00%
3	温切斯特公学	Winchester College	寄宿学校	男校	52.50%	36.00%
4	伊顿公学	Eton College	寄宿学校	男校	45.50%	32.40%
5	麦钱特泰勒斯学校	Merchant Taylors’ School	走读学校	男校	58.70%	14.40%
6	切特豪斯公学	Charterhouse School	寄宿学校	混校	34.00%	16.00%
7	什鲁斯伯里中学	Shrewsbury School	寄宿学校	混校	38.30%	14.70%
8	哈罗公学	Harrow School	寄宿学校	男校	40.00%	14.10%
9	拉格比公学	Rugby School	寄宿学校	混校	53.10%	10.40%

资料来源：《卫报》学校指南，https://ukguardianship.com/independent-school-A-Level-rankings/。

这九所公学各有特点，它们的教育模式多样化、多元化，这会充分挖掘学生的特长与潜质。英国公学的寄宿制也是其另一大特点。英国人认为寄宿制学校管理严格、规则多，这有利于学生的人格培养、贵族风度的养成，以及品格塑造。在英国，学术界、政界、体育界、经济界、演艺界等各个领域均不乏公学背景的名人。

当年，英国著名首相“铁娘子”撒切尔夫人的内阁共22位成员，其中17位曾就读于公学，占总数的77%。英国前首相鲍里斯·约翰逊、戴维·卡梅伦都毕业于九大公学，而英国王室成员大都在九大公学接受教育。

英国私立学校学生申请顶尖名校更有优势，他们进入罗素大学集团的可能性是其他学校学生的两倍多，其牛津大学、剑桥大学的录取率更是后者的7倍，因此，越来越多的学生去英国私立学校留学。全英排名前20的私立中学有8所位于伦敦，可以说全英最顶尖的私立学校集中在伦敦。

三、选校与申请时间轴

家长与学生可以通过自己的研究和分析找到最合适的学校。申请学校是一个双向选择，在申请高中的过程中，学生可以分以下三个步骤进行。

（一）对英国教育标准局公布的官方数据进行研究

所有申请的第一步也是最关键的步骤，就是选校。学生可以阅读英国教育标准局发布的报告，查看各学校的考试成绩要求、区域地图信息、各项独立评估信息等。学生如果想更具体地了解某一所学校，那么可以访问学校官网，学校官网对于学校的课程设置、硬件设施和课外活动等都有详细介绍。

（二）考察学校的录取习惯与背景

在选校过程中，学生应尽量避免申请名额过少的学校，并认真查看学校背景及录取习惯。例如，有些学校会为特长生开放特别通道，有些宗教背景的学校更青睐来自有宗教信仰家庭的学生，而大部分学校都比较重视校友后代申请。同时，学生需要了解自己应选择GCSE和A-Level的哪些课程，自己的优势、潜能是否能在这所学校得到充分发挥，自己是否喜欢该学校的校园文化，学校的课外活动能否满足和发挥自己的特长与兴趣。

（三）申请材料准备充足

一般英国中学要求学生提供的申请材料有：近两年的在校成绩单、雅思成绩单、学校推荐信、个人陈述等。其中，语言成绩最为关键，是最基本的录取条件。另外，值得注意的是，在填写申请表时，学生应尽量填写翔实，同时准备充足的申请材料，切勿填写过少或过于简单的内容，以避免留下不重视申请的印象。提交前务必力求严谨，认真检查，切勿出现笔误。

英国中学的申请时间轴如图4–1所示。

- 4月　准备材料：初中三年成绩单、初中毕业证书、高中在读证明、高中成绩单、语言成绩单
- 5月　认真研究并择校
- 6~9月　提交申请：缴纳申请费和注册费
- 9月到次年3月　准备入学考试：参加笔试（以英语与数学为重点）和面试
- 次年3~5月　收到录取通知书并缴纳学校抵押金
- 次年6月　选择监护人
- 次年6~7月　提交签证资料
- 次年9月　准备赴英留学

图 4–1　英国中学申请时间轴

第二节
英国名校的录取标准与要求

英、美两个国家在教育体系、教学方式、学制和人才培养体系上都有区别，这种区别是非常明显的。所以，学生需要研究一下英、美两国在教育模式上的不同，找到更合适的留学国家。切勿从众和盲目比照他人，因为适合他人的并不一定适合自己。

一、英国独特的大学教育体系

与美国相比，英国的大学体系有其优势和独特之处。

英国学校的优势在于本科和硕士阶段的学制短，学费相对便宜，并且本科教育扎实。另外，英国学校更重视学术表现，而对美国学校非常重视的课外活动设置了较低权重，在某种程度上，这有利于在课外活动方面不出彩而学术水平良好的学生。尤其是现在，有些理工专业也受到了影响，因此理工科学生在选择留学国家时要考虑这个因素。

英国大学的优势还在于：本科教学扎实，重逻辑推理；录取机制公平，以硬核

的学术表现为主要录取标准；专业目标明确，适合有明显专业倾向与喜好的学生；大多为本硕四年，在时间成本上有着明显的优势。

当然，严谨治学的英国大学教育体系与自由探索型的美国大学教育体系相比，也有一些不足，这主要体现在：选课自由度小，没有通识教育，大一就上专业课；在专业选择上，转专业的概率较低；转学的概率也极低；在本科录取中，基本上是有条件录取；在博士申请中，基本没有奖学金。

所以，申请英国大学的学生应具备以下三个特点。

首先，在高中阶段就已经明确自己未来专业目标的学生可以申请英国大学。英国大学更适合喜欢沉浸于知识的海洋，埋头钻研，并享受安静的学习氛围的学生。

其次，从近年牛津大学、剑桥大学在中国的录取情况来看，理工科学生占绝大多数，所以未来致力于理工科研究的学生更适合在英国完成本科学习。

最后，英国的大学在大一就开始专业教育，如果学生想尽快步入职场，那么四年本硕连读的英国大学非常适合。

无论是英国的大学还是美国的大学，学生都需要基于自身性格特征和优势，全面权衡两者的利弊，以做出更适合自己的选择。

除了中国家长与学生熟知的 G5，其实英国还有很多优秀学校，罗素大学集团旗下的优秀学校都各有特点与优势。罗素大学集团盟校包括六所金三角名校（剑桥大学、牛津大学、帝国理工学院、伦敦大学学院、伦敦政治经济学院这五所 G5 学校以及伦敦国王学院）、六所红砖大学（曼彻斯特大学、布里斯托大学、伯明翰大学、利兹大学、利物浦大学和谢菲尔德大学）、两所苏格兰大学（爱丁堡大学和格拉斯哥大学、威尔士的卡迪夫大学、北爱尔兰的贝尔法斯特女王大学，以及八所英格兰大学（伦敦玛丽女王大学、诺丁汉大学、南安普敦大学、纽卡斯尔大学、华威大学、杜伦大学、埃克塞特大学、约克大学）。

二、前置考试政策复杂且严格

牛津大学、剑桥大学等名校的前置考试（Pre-Interview Assessments）政策很复杂，它们对学生的筛选也很严格。所有学生必须参加面试，但取得面试资格的前提条件是通过前置考试。学校根据考试成绩给予学生面试邀请，没有收到面试邀请说明学生在前置考试中未达标，也意味着学生提前被拒录了。

大部分前置考试于每年秋季举办，但也有个别考试在夏季，所以学生需要了解清楚每年的考试时间。前置考试的专业性很强，许多内容超出高中课程范围，因此学生最好参加专门的培训以提高通过率。目前在英国通用的前置考试主要有以下 15 类：数学入学考试（MAT，Mathematics Admissions Test）、第六学期考试（STEP，Sixth Term Examination Paper）、剑桥计算机入学考试（CTMUA，Cambridge Test of Mathematics for University Admissions）、思维能力入学考试（TSA，Thinking Skills Assessment）、经济学入学考试（ECAA，Economics Admissions Assessment）、工程入学考试（ENGAA，Engineering Admissions Assessment）、物理入学考试（PAT、Physics Aptitude Test）、自然科学入学考试（NSAA，Natural Sciences Admissions Assessment）、地理入学考试（GAT，Geography Admissions Test）、历史入学考试（HAT，History Aptitude Test）、语言入学考试（MLAT，Modern Languages Admissions Test）、英国文学入学考试（ELAT，English Literature Admissions Test）、生物医学入学测试（BMAT，Biomedical Admissions Test）、法律入学考试（LNAT，National Admissions Test for Law）、哲学入学考试（Philosophy Test）。

牛津大学、剑桥大学、帝国理工大学、华威大学、伦敦政治经济学院的一些专业要求学生参加前述 15 项考试中的一项或多项，所以在申请英国学校时，学生应提前在官网上认真查看所需参加的前置考试。

三、英国 G5 大学的录取标准与申请要求

相对美国大学而言，英国大学的申请从准备到提交，流程上简单了许多，但限制性因素也相对多一些。UCAS 系统中只有五个空格，学生在申请季最多只能填写五所大学（同一所大学的不同专业也算多个名额）。学生如果想多申请一所，就只能在 2 月份申请。

（一）英国 G5 大学录取标准分析

相比大部分美国大学，英国大学更注重学生的学术表现。因此，每所大学对学生的语言测试和学术测试都有着明确的分数要求（见表 4–2）。

语言和学术成绩是申请 G5 大学的基本要求，需要注意的是，同一所学校的不同专业对学生的要求也会有所不同。有些学校还要求学生参加与专业相关的学科测试或提交相关学术论文，比如牛津大学和剑桥大学。在申请前，学生应了解清楚自己意向专业的要求，做好充分的准备。牛津大学、剑桥大学和帝国理工学院等学校通常会有面试环节。与美国大学不一样的是，英国大学的面试大多以学术测试为主，由申请院系的老师进行面试。

表 4-2　G5 大学录取标准表

学校	雅思或托福基本要求	A-Level 基本要求	AP 基本要求	IB 基本要求	SAT 或 ACT 基本要求
牛津大学	**雅思** 计算机科学、数学、数学与计算机科学、数学与统计学专业：总分 7 分以上，单科 6.5 分以上；其他专业：总分 7.5 分以上，单科 7 分以上 **托福** 计算机科学、数学、数学与计算机科学、数学与统计学专业：总分 100 分以上，听力 22 分以上，阅读 24 分以上，口语 25 分以上，写作 24 分以上；其他专业：总分 110 分以上，听力 22 分以上，阅读 24 分以上，口语 25 分以上，写作 24 分以上	AAA~A*A*A	至少 3 门课程达到 5 分	最低分 38 分、39 分或 40 分，具体取决于各专业；3 门 HL 课程单科达 6~7 分	**SAT** 1 470 分以上，不接受拼分 **SAT2** 3 门专业相关学科 700 分以上 **ACT** 32 分以上
剑桥大学	**雅思** 总分 7.5 分以上，单科 7 分以上； **托福** 总分 110 分以上，单科 25 分以上	A*AA~A*A*A	至少 5 门课程达到 5 分	40~42 分；3 门 HL 课程分别达 7 分、7 分、6 分	**SAT** 理科或经济学专业：1 500 分以上（阅读 750 分，数学 750 分）；其他专业：1 460 分以上（阅读 730 分，数学 730 分），不接受拼分 **ACT** 人文艺术专业：32 分以上；理科专业：33 分以上

（续表）

学校	雅思或托福基本要求	A-Level 基本要求	AP 基本要求	IB 基本要求	SAT 或 ACT 基本要求
伦敦大学学院	不同专业的要求不同，分为 Standard、Good、Advanced（普通、良、优）三个等级 **雅思** Standard：总分 6.5 分以上，单科 6 分以上；Good：总分 7 分以上，单科 6.5 分以上；Advanced：总分 7.5 分以上，单科 6.5 分以上 **托福** Standard：总分 92 分以上，阅读和写作最低 24 分，听力和口语最低 20 分；Good：总分 100 分以上，阅读和写作最低 24 分，听力和口语最低 20 分；Advanced：总分 109 分以上，阅读和写作最低 24 分，听力和口语最低 20 分	ABB～A*A*A	5 门课程达到 5 分或 3 门课程达到 5 分且 SAT 成绩达到 1 380 分、ACT 成绩达到 29 分（ACT 写作成绩应达到 10 分）	34 分以上；3 门 HL 课程总分 17 分以上，单科最低分 5 分	**SAT** 1 380 分以上，且 3 门 AP 课程达到 5 分 **ACT** 29 分以上，写作 10 分以上，且 3 门 AP 课程达到 5 分（注：如学生有 5 门以上 AP 课程达到 5 分，则 SAT 或 ACT 成绩不作要求）
帝国理工学院	不同专业的要求不同，分为 Standard、Higher（标准、高阶）两个等级 **雅思** Standard：总分 6.5 分以上，单科 6 分以上；Higher：总分 7 分以上，单科 6.5 分以上 **托福** Standard：总分 92 分以上，单科 20 分以上；Higher：总分 100 分以上，单科 22 分以上	AAA～A*A*A	3～4 门课程达到 5 分	38～42 分；3 门 HL 课程单科 6～7 分	无明确要求，不推荐用 SAT 或 ACT 成绩申请该学校

（续表）

学校	雅思或托福基本要求	A-Level 基本要求	AP 基本要求	IB 基本要求	SAT 或 ACT 基本要求
伦敦政治经济学院	**雅思** 总分 7 分以上，单科 7 分以上，不接受拼分 **托福** 总分 100 分以上，阅读 25 分以上，听力 24 分以上，口语 24 分以上，写作 27 分以上，不接受拼分	AAB～A*AA	5 门课程达到 5 分	37～38 分；3 门 HL 课程单科 6～7 分	无明确要求，不推荐用 SAT 或 ACT 成绩申请该学校

资料来源：根据各学校官网公开数据整理。

（二）牛津大学和剑桥大学的面试是决定性环节

牛津大学的面试比例为 50%，通过前置考试来筛选学生，有 33% 左右的面试者被录取。其中申请人数最少的是宗教与东方研究专业，录取率超过 50%。而录取人数最少的专业的录取率仅为 20% 左右。

剑桥大学的录取率比牛津大学的更低。近年来，每年有约 1.7 万名申请者，其中约有 75% 的申请者能收到面试邀请，最后会录取 3 400 名学生，即 26% 左右的面试者会被录取。

美国大学的面试由招生办公室的人员负责，并不对学生的学科水平再次进行深入测试。而英国大学的面试与之相比，可谓难上加难，会再次进行学科测试，由此可见英国大学严谨治学的作风。

除了牛津大学和剑桥大学，帝国理工学院和伦敦政治经济学院的一些院系和专业也非常重视面试。所以，拿到面试邀请是进入这些学校的第一步。英国大学严格认真的面试流程及内容，会给所有学子留下极为深刻的印象，也正因如此，这些学校的本科教育以严谨扎实名扬世界。

第三节
英国大学的申请步骤与要求

大部分英国大学的申请都是通过 UCAS 系统完成的，UCAS 系统通常在每年

8 月初开放（牛津大学、剑桥大学以及医学、牙科学、兽医科学、B 类艺术专业除外）。在每一轮的申请中，学生一共可以申请五所大学，但牛津大学与剑桥大学不可同时申请，专业要求一般是同一方向，因为 UCAS 系统只能提交一篇文书，这篇文书必须是五所学校通用的，所以专业方向必须有很强的相关性。学生在系统上填写完申请材料后，这一份材料会被同时递交给其申请的五所大学，每所大学收到的材料都是一样的。

一、UCAS 申请步骤与流程

（一）选择学校与专业

学生可以浏览学校信息，从而确定自己想申请的学校及专业。

（二）提交申请资料

不同大学、不同专业的申请截止日期不同。牛津大学、剑桥大学以及其他大学医学相关专业的申请截止日期为 10 月 16 日，而其他学校及专业则是 1 月 30 日。需要注意的是，因为学生的申请材料会同时提交给五所大学，所以申请截止日期应以最早日期为准。剑桥大学与牛津大学都是学院制，所以在申请环节，选择学院也是重要的一环。学生需要在 UCAS 官网填写个人信息、学术成绩、个人陈述并缴纳申请费，同时向各申请院校提交学校成绩单、英语标化成绩单、老师推荐信、高质量获奖证书等背景材料。英国院校非常看重学生个人陈述的相关性和严谨性，学生需要对申请的院校、专业和个人优势做出精准分析和表述。部分学校会在录取前要求学生参加笔试及面试，比如牛津大学、剑桥大学、帝国理工学院、伦敦政治经济学院、杜伦大学等。

学生如果想额外多申请一所学校，那么可以通过 UCAS 系统在 2 月中旬提交申请。

（三）查看结果

大部分学校的录取结果大约在 3 月份发布，部分大学的录取结果发布得早，比如牛津大学和剑桥大学，大约在 1 月份。因为学生最后一学年平时成绩的出分时间通常在录取结果公布以后，所以英国大学通常为有条件录取，并要求学生达到预期分数。如果学生的预估分数与最终成绩的差距较大，那么英国大学会取消之前发放的预录取。

（四）补录机会

如果学生的实际考试成绩比预估的好，想去更好的大学就读，并且已经持有无条件录取，那么他可以将原先的录取拒掉，把自己的相关信息释放到补录系统中。补录系统的开放时间是每年的 6 月底到 7 月初或 8 月中旬，7 月初相当于提前批，适用于 IB 和 AP 应届生，以及已有最终成绩的往届生。8 月中旬适合 A-Level 学生，应届生此时正式进入补录阶段。

（五）确认入学

学生在 12 年级最后一学期的成绩（A-Level 和 IB）出分后，确认录取结果，并通知学校自己是否就读。学生如果确认入学，就进入签证办理与准备阶段。

如果申请的大学都未录取，那么学生进入补录阶段，在 7 月初再次进行申请。

二、申请英国大学需要提交的材料

UCAS 系统要求学生递交的申请材料主要有个人陈述、学术成绩和推荐信三项，国际学生还需要提交语言能力水平测试成绩。

（一）个人陈述

与美国大学的主文书不同，英国本科申请要求学生在 4 000 个字母或 47 行以内全面地介绍自己。学生需要阐述自己的申请原因、学术特长、意向专业选择原因、活动经历、获奖经历等多方面的信息。英国大学的申请文书与美国大学的完全不同，美国大学的申请文书需要讲故事，写感人文章。而英国大学的申请文书更强调为什么申请这个专业，学生为这个专业做了哪些准备与积累，取得了哪些成绩，它更像是一篇专业文书。

2024 年，UCAS 系统有新的要求，目前已确定了新版文书的六个关键项：

- Motivation for the course（申请动机）。
- Preparedness for the course（申请准备情况）。
- Preparation through other experiences（通过其他经历所做的准备）。
- Extenuating circumstances（任何情有可原的情况）。
- Preparedness for study（对学习的准备程度）。
- Preferred learning style（喜欢的学习方式）。

除了个人陈述，UCAS 系统中没有任何要求学生提及课外活动的部分。因此，申请英国大学的学生在填写个人陈述时，不仅要写一篇完整的文章，还要系统地说明自己的课外活动与经历，从而使学校全面了解自己。

（二）学术成绩

英国大学一般对学生的学术成绩有着非常明确的要求。在申请时，学生需要在UCAS 系统上提交这些成绩。英国常见的课程体系为 A-Level 体系和 IB 体系，英国大学一般接受的学术成绩也是这两种课程体系的成绩。学生需要自行将分数汇报给学校，并提交成绩单。同时，因为申请季开始于最后一学年的第一学期，所以学生需要预估第二学期的分数，将其一并汇报给学校。如果学生所在的学校没有开设这两种课程，那么学生除了提交平时成绩，还需要提供其他学术测试成绩，以满足申请要求。大部分英国大学接受 SAT、ACT、AP 等美国本科申请常用的学术测试成绩，近年来，中国高考成绩也逐渐被包括剑桥大学在内的部分英国院校接受。上一节简单列出了 G5 大学的部分学术要求，以及其他学校各个专业的具体成绩要求，学生可以在各学校官网上查询。

（三）推荐信和补充材料

英国大学只要求学生提交一封推荐信。推荐信可以来自任课教师、升学指导老师或其他对学生的学术水平有一定了解的专业人士。需要提醒的是，英国大学要求学生先提交一封老师推荐信，之后才能提交申请材料。

UCAS 系统决定从 2024 年秋季入学的申请开始，取消推荐人自由写作的推荐信书写模式，改为要求推荐人回答以下三个问题：

- 学校的基本信息和介绍（必填）。
- 影响申请人考试成绩和表现的特殊情况（选填）。
- 任何你觉得学院应该了解的申请人的情况（选填）。

除了以上材料，包括 G5 在内的一些学校要求学生额外提供针对本校的补充材料。例如，学生在 UCAS 系统提交申请后，剑桥大学会通过电子邮件向学生发送补充问卷。同时，剑桥大学还针对不同专业的学生设置了不同科目的入学考试，学生的成绩是影响录取结果的因素之一。

三、中国高考学生也可以申请英国大学

越来越多的英国大学开始认可中国高考成绩，学生可以免去读国际预科，而直接就读本科课程。部分学校及其录取要求如表 4–3 所示。

表 4-3 认可中国高考成绩的部分大学一览表

学校	录取要求
剑桥大学	1. 高考成绩排名达到省内前 0.1%; 2. 雅思要求：视专业而定，通常情况下雅思成绩要达到 7 分; 3. 从奥赛、SAT 以及大学先修课程等方面考查学生
伯明翰大学	1. 高考成绩占总分的 80% 及以上; 2. 高中 3 年平均分达到总分的 85% 以上; 3. 达到所申请本科课程的英语语言要求（注：个别本科课程对高考数学分数有特殊要求）
斯特灵大学	1. 按高考成绩直接入读大一：全国大部分地区 425 分（总分 750 分），上海 375分（总分 660分），江苏275分（总分480分），海南525分（总分900分）; 2. 按高考成绩直接入读大二：全国大部分地区 500 分（总分 750 分），上海 435分（总分 660分），江苏316分（总分480分），海南594分（总分900分）
利兹大学	1. 高考成绩占总分的 75%~85%，或者江苏省排名前 20%~50% 的学生; 2. 高考成绩占总分的 75%~82% 且会考成绩占总分的 85%; 3. 部分专业还要求学生递交 A-Level 数学成绩
莱斯特大学	1. 有高中毕业证书; 2. 高中 3 年平均分达到总分的 75% 及以上; 3. 高考成绩达到 500 分（上海、江苏等地区的学生按个案处理）; 4. 达到所申请本科课程的英语语言要求; 5. 医学专业不接受高考成绩申请
思克莱德大学	1. 会考成绩达到总分的 80%，单项成绩不低于单科总分的 80%; 2. 无会考省份的学生的高中毕业成绩达到总分的 80%，其中至少 6 门相关课程都达到要求; 3. 高考成绩达到总分的 70%（可申请就读大二）; 4. 达到所申请本科课程的英语语言要求
邓迪大学	1. 有高中毕业证; 2. 高中3年平均分达到总分的75%或会考成绩达到总分的75%，可以就读大一; 3. 高考成绩达 525 分，可以就读大二（上海、江苏等地区的学生按个案处理）; 4. 达到所申请本科课程的英语语言要求; 5. 高考不分文理科，接受往届高考成绩; 6. 医学和牙医专业不接受高考成绩申请
贝尔法斯特女王大学	1. 高考成绩占总分的 75% 及以上; 2. 达到所申请本科课程的英语语言要求; 3. 医学和牙医专业不接受高考成绩申请（注：个别本科课程对高考单科、会考、物理及数学分数有特殊要求）

（续表）

学校	录取要求
卡迪夫大学	1. 高考成绩占总分的 80% 及以上； 2. 获得高中毕业证书，高二总成绩达到该学年总分的 85%，高三总成绩达到该学年总分的 85%； 3. 达到所申请本科课程的英语语言要求（注：个别本科课程对高考数学分数有特殊要求）
伦敦玛丽女王大学	1. 高考成绩占总分的 80% 以上，高考数学成绩也要达到该科目总分的 80% 的以上； 2. 高中 3 年平均分达到总分的 85%，11 年级或 12 年级的物理、化学和生物成绩达到该科目总分的 80%； 3. 目前只有五个学院接受高考成绩：生物化学学院（仅限化学或化学科学专业）、工程与材料科学学院（仅限材料科学专业）、经济金融学院、物理与天文学院、数学科学学院
伦敦大学皇家霍洛威学院	1. 高考成绩占总分的 75% 及以上； 2. 雅思总分达 6.5 分，单项成绩达 6.0 分
埃克塞特大学	1. 高考成绩占总分的 75% 及以上； 2. 如果申请的专业有 A-Level 数学科目要求，那么高考数学成绩要达到该科目总分的 80% 及以上； 3. 高中 3 年的平均分达到总分的 85% 及以上（高二和高三），若所申请的专业对 A-Level 相关科目有要求，对应的相关科目成绩需达到该科目总分的 85% 及以上； 4. 满足国际学生直读本科课程的标准英语语言入学要求； 5. 医学专业不接受高考成绩申请
卡迪夫城市大学	1. 高考成绩达 450 分及以上； 2. 雅思达到 6.0 分； 3. 达到内测要求
亚伯大学	1. 社会科学领域的专业要求高考成绩占总分的 75% 及以上； 2. 自然科学领域的专业要求高考成绩占总分的 70% 及以上
布莱顿大学	1. 高考成绩占总分的 75% 及以上，有些专业要求单科课程达到单科总分的 75% 及以上； 2. 部分专业可能要求高考成绩占总分的 80% 及以上

注：此表为不完全统计，接受中国高考成绩的英国大学会越来越多，申请条件也会随之改变，请以各大学官网的信息为准。

资料来源：根据各学校官网公开数据整理。

四、英国大学申请时间轴

英国大学的申请流程相对简单，学生只需提交一次申请，需要关注的是补录开放时间。

英国本科申请时间轴（以 2024 年英国大学秋季入学为例）如图 4-2 所示。

2023年9月6日	2024年UCAS本科申请正式开放，学生可以递交申请
2023年10月15日	2024年牛津大学、剑桥大学及医学类专业申请截止
2024年1月26日	申请截止，学校会统一审查申请信息
2024年2月23日	UCAS系统补申、额外申请开放
2024年3月	许多大学发放录取，学生开始交抵押金
2024年7月初	UCAS系统补录申请开放，适合IB或AP体系的学生
2024年8月	UCAS系统第二次补录申请开放，适合A-Level体系的学生（2022年曾取消）
2024年9月21日	2024年本科入学申请截止（不管是什么申请，这都是最后期限）
2024年10月17日	UCAS系统补录申请与录取最终截止（至此，2024年英国本科申请全部结束）

注：英国大学与美国大学不同的是，大部分英国大学要求学生接受录取后在 6 ~ 8 周内缴纳 500 ~ 2 000 英镑的押金，此押金可在入学后抵扣学费；英国大学常见的学费支付方式为电汇和汇票。

图 4–2　英国本科申请时间轴

第五章

多元充实的教育体验——法国和德国

近年来，欧洲[①]以其深厚的历史文化底蕴、世界一流的高等教育水平、低学费、低生活成本等优势，逐渐成为留学热门目的地，在艺术、商科、工科等学科领域优势明显。

第一节
欧洲留学的优势突出

根据 2024 QS 世界大学排名，全球前 200 名大学中，欧洲的大学占四成以上。全球教育网站发布的 2022 年全球十大最佳留学国家排行榜上，有 6 个欧洲国家：德国、英国、瑞士、荷兰、法国、西班牙。德国位列欧洲第 1、世界第 3，超过美国和英国。为鼓励国际学生赴欧留学，欧洲各国政府为留学生提供了多项福利补贴，例如，法国政府向留学生发放社会保险、住房、交通等优惠补助，意大利政府会给予留学生医疗保险方面的补助，丹麦有全民公共医疗健康体系等，这些都为留学生在欧洲的基本生活提供了强有力的保障。

一、欧洲拥有众多最佳留学国家

欧洲的高等教育实力傲视全球，教学质量和学术水平都很高，不输英美。世界排名前 100 的大学中不乏欧洲名校。

教育在很多欧洲国家仍然是一项福利，它们没有像英、美、澳等国家那样将高等教育过度产业化。欧洲有很多国家仍实行免学费或低学费的高等教育政策。目前在欧洲发达国家中，德国、法国、瑞士、比利时、挪威、意大利、西班牙、奥地利、卢森堡、冰岛这 10 个国家的公立大学对非欧盟国家的学生仍实行低学费或免学费的高等教育政策。爱尔兰、荷兰、丹麦、瑞典、芬兰这 5 个国家的大学对非欧盟国家的学生收取学费，但学费相比传统的留学国家，比如美国、英国、澳大利

① 因前一章已经专门讲了英国留学，故本章所说的欧洲指的是英国之外的欧洲国家。

亚，仅为其 1/3 到 1/2。

二、多样化的特色院校和专业选择

欧洲各国在美术、歌剧、交响乐、西洋乐器、设计等艺术专业领域的学术地位举足轻重，意大利、法国、德国等国家的艺术院校是艺术类留学生的理想去处。欧洲各国的设计专业实力很强且风格各异，比如：以丹麦为首的北欧崇尚“极简主义”和人性化设计；荷兰重视设计概念及想法，极具自由表现性；德国的设计具有明快、严谨、高品质、功能性强的特点。

欧洲各国院校除了有传统的强项专业，还有自己的特色专业，其教学质量和成效在世界范围内被广泛认可，例如法国的艺术、商科（比如奢侈品管理、葡萄酒管理等）、工科、人文社科类专业，西班牙的建筑、旅游、贸易、体育管理等专业，德国的机械工程类专业，瑞士的酒店管理专业，荷兰的物流管理、经济、金融等专业都位居世界前列。

三、不断推出吸引高端人才的诸多政策

为了吸引和留住高端人才，欧盟推出了关于就业的“蓝卡”计划。这种工作和居留许可政策给予了技术移民许多优惠条件，而且在工作满一定年限之后，他们还可以选择到其他欧盟国家工作，并能够享受与“蓝卡”签发国公民同等的社会保障和劳动条件等。而在有些国家，比如德国，工作满两年即可申请永久居住权。为了解决人口老龄化问题和用工短缺难题，目前，在欧盟国家中，荷兰、德国、瑞典、芬兰、爱尔兰、比利时等国给予在本国取得学位的外国学生 9 个月到 2 年的工作签证，甚至允许 3 ~ 5 年内毕业的学生申请签证回流就业，这一举措大大增加了学生毕业后留在欧洲就业的概率。这一系列利好政策促使近些年赴欧洲留学的学生人数大幅增长，法、德等国已经成为继美国、英国、澳大利亚之后，中国学生留学的重要选择地。

第二节
工科、商科并重的法国教育

法国的多所大学在世界大学排名中名列前茅。法国的高等教育历史悠久、系统完善、资源丰富、教育和科研水平颇高。此外，法国还拥有 14 名菲尔兹奖获得者

和 65 名诺贝尔奖获得者。在法国高校就读的国际学生占法国大学生总数的 10%，中国留学生人数位居第二且呈逐年增长的趋势，每年都有超过 1 万名中国留学生赴法国留学。法国凭借其悠久的历史文化、浪漫优美的生活环境、卓越的高等教育体系、低廉的留学费用和良好的社会保障制度，成为全球第五大留学生输入国。

一、法国四大教育体系各具特色

法国拥有 78 所公立综合性大学（含法属领地）、近 250 所工程师院校、220 所高等商学院、120 所艺术院校、20 所建筑学院以及 273 所博士生学院和 2 500 所其他类院校，提供近 1 600 个英语授课项目，遍及所有学科和各个层级。每年在法国留学的学生人数有 4 万人左右，其中约 40% 以上的学生选择公立大学，30% 以上选择商学院（根据法国高等教育、研究与创新部公开数据所得）。法国完善的教育体系可以满足各种教育需求，有科研水平颇高的公立综合性大学，有以工科见长的工程师院校，有培养商业精英的高等商学院，更有培养美术、设计、音乐、厨艺等各行业专业人才的一流院校，每个学生都能在这里找到适合自己的教育模式。

2024 QS 世界大学排名显示，法国有四所高校跻身世界排名前 100 位：巴黎文理研究大学（第 24 名）、巴黎综合理工学院（第 38 名）、索邦大学（第 59 名）和巴黎萨克雷大学（第 71 名）。

（一）高等商学院

法国高等商学院是“法国大学校”（Grandes Ecoles），也称作“精英院校”，是法国教育机制的一大特色，因其培养了大批高级商业精英，非常有“前（钱）途”，而颇受法国本土和国际学生的欢迎。大部分高等商学院设有本科和硕士课程，而法国排名第一的巴黎高等商学院仅有硕士课程，授课语言有英语、法语和英法双语。法国高等商学院文凭有 GE（Master of Management，管理类硕士）文凭、MSc（Master of Science，理学硕士）文凭、MBA 文凭，这些都可被认证为硕士文凭。

（二）工程师院校

法国工程师院校涵盖多个工程师专业，既有国立大学深厚的学术背景，又兼具工程师教育的灵活性。法国社会各界对工程师院校的教育质量高度认可，工程师院校的毕业生有很高的就业率和社会地位。这是因为此教育体制培养了既掌握尖端技术，又精通管理的高素质人才。工程师院校的工程师文凭（MS 文凭）可被认证为硕士文凭。

（三）艺术院校

艺术院校的定义非常宽泛，包括建筑学校、应用艺术学校、平面设计学校、服装学校、设计学校、电影学院等。这些院校的特点是非常注重艺术操作和实践，而公立综合性大学的艺术教学则侧重于艺术理论知识。

学生获得高中会考文凭后，可通过考试或材料审核进入该类院校就读，该类院校颁发的文凭覆盖各个层次。公立艺术院校文凭包括 DNAP 国家造型艺术文凭（学士）、DNSEP 国家高等造型艺术表现文凭（硕士）。私立艺术院校文凭包括 BTS 高级技术文凭（Bac+2，大专）、DMA 艺术行业文凭（Bac+2，大专）、DSAA 高等实用艺术文凭（Bac+5，硕士）。

（四）公立综合性大学

在法国的公立综合性大学中，学士学制通常为 3 年（180 学分），硕士学制 2 年（120 学分），博士学制 3 年（180 学分）。这类大学主要提供 7 个学科门类的教育：艺术、文学、语言；人文科学；法律与政治学；科学；经济与管理；体育科技与运动学；医学。大部分公立综合性大学免收学费，学生每年只需要交两三千欧元的注册费用。公立综合性大学的 LMD 文凭［本科（Licence）、硕士（Master）、博士（Doctorat）］制度是大多数欧盟国家一致实行的学制。

二、法国留学申请的主要类型

（一）语言要求

想去法国学习语言的学生可以直接申请语言学校，法国语言学习留学签证包括 3 个月以下的短期签证和 3 ~ 18 个月的长期签证。

（二）专业预录取

1. 语言 + 专业预录取

法语初学者（法语 A2 或 B1 水平）到法国后可以先学习一年法语，以提高法语成绩，为进入法国大学学习专业课做准备。

2. 预科 + 专业预录取

国际预科主要针对国际学生，比如普瓦提大学和雷恩第一大学的经济管理专业的预科，圣埃蒂安美术学院或南特美术学院的艺术专业的预科等。

申请者可以在学习法语的同时学习一些专业课程，比如经济管理预科会教授数学、宏观经济学、微观经济学等课程，艺术预科会教授艺术史、作品集辅导、艺术实践等课程。还有一些预科直接对口大学，比如格勒诺布尔大学预科就直接对口该大学。无论第一学期就读的是语言学校还是预科，申请者如果想在第二学期进入大学学习，就需要在通过考试后再次提出申请。预科会有一定的风险，比如学生因未通过考试而无法转正。

3. 直入专业项目

申请者在语言达到要求后，可以申请法国公立大学本科一年级及以上、法国高等商学院 SAI 项目、法国工程师院校（IP 工程师联盟、巴黎高科、IMT 工程师联盟、N+i 项目）等。

三、国内高中学生申请法国留学的途径

部分法国学校设有未成年学生项目，例如 Ecole Saint Martin de France、Ecole des Roches，还有一些开设中文课程的学校也接收中国的高中生。另外，AFS 国际文化交流组织也会选拔、资助未成年国际学生赴法交流学习。

根据中法两国签订的教育领域学历互认协议，所有学习项目均不强制要求申请者提供高考成绩证明。已获得普通高中毕业证书或中等职业学校毕业证书的中国学生可以申请进入法国高等院校就读。

就读于国际学校或中外合作办学学校（或国际班）、中国高中的中外班的学生，可以直接申请赴法留学签证，不用提供高考成绩，只需要提供其修习高中课程的毕业证书或类似材料。

四、法国高校的申请流程

申请法国大学并不复杂，以下是基本的申请要求及流程。

教育背景：有高中及以上毕业文凭的申请者一般只需要提供高考成绩（达到二本分数线）；大专、本科及以上学历的申请者如果英语成绩优异，那么可以直接申请攻读硕士或博士；高中毕业生需要提供高中毕业证和大学录取通知书，大学在读学生需要提供大学成绩单，本科毕业生需要提供学位证书及大学期间完整的成绩单。

年龄限制：有些法国学校对应届生有年龄限制，比如申请法国本科的要求为 18 岁以上、22 岁以下，个别艺术院校要求年龄不超过 26 岁。

GPA：一般要求 GPA 为 2.5 分（满分为 4 分）以上，GPA 越高，申请学校时越有利。

专业背景：法国公立院校一般要求学生有相关专业背景，高等商学院 GE 项目

不严格要求有专业背景。

语言条件：不同类型的院校对语言的要求不一样，以公立大学的研究生课程为例，文科类专业至少要求达到 C1，理科类专业一般要求达到 B2。法语考试主要有 TCF 或 TEF（两种法语水平考试）、DELF 或 DALF（法语学习文凭或高级法语文凭）、SIM（管理类研究生需要参加的考试）等，英语考试有雅思、GMAT（研究生管理科学入学考试）等，英语授课的硕士课程要求雅思成绩不低于 6.5 分或 7.0 分。

申请材料：提前准备可以证明自己能力的重要申请材料至关重要，包括个人简历、个人陈述、相关证书、三封相关学科的推荐信，以及成绩单。

资金要求：银行活期存款流水余额 6 万元以上。

申请时间：不同专业的截止时间不同，公立综合性大学是秋季入学，一般在 3～6 月份截止申请，一些工程师院校联盟和高等商学院的 MBA 专业每年可以分批次申请。

以下为法国公立大学的申请流程及要求（见表 5–1）。

表 5–1　法国公立大学的申请流程及要求

项目	直入本科一年级或医学专业	直入本科二年级及以上（博士除外）
申请系统	DAP Blanche 申请系统	HORS DAP 申请系统
申请要求	已获得或即将获得高中文凭，提交 TCF、TEF、DELF、DALF 成绩	应届或往届大专生、本科生、硕士生，提交 TCF、TEF、DELF、DALF 成绩
材料清单	护照、个人照片、高中毕业证或在读证明、高中三年成绩单、高考成绩单（如有）、标化考试（TCF、TEF、DELF、DALF）成绩单、简历、动机信等	护照、个人照片、毕业证、学位证或在读证明、在校成绩单、高考成绩单、标化考试（TCF、TEF、DELF、DALF）成绩单、简历、动机信等
申请流程	材料准备—递交申请—材料审核—（面试）—最终结果公布	
另一种申请系统	E-Candidat 是法国公立大学中最常见的申请系统，主要针对在法申请本科二年级及以上的学生，申请流程都在系统内操作，申请者一次最多可申请五个专业。有些学校有特殊要求，申请者需要邮寄纸质材料	

资料来源：根据各学校官网公开信息整理。

法国高等商学院的申请流程和要求与公立大学的不同（见表 5–2），管理学等专业的申请者需要提交 GMAT 成绩单。

表 5-2　法国高等商学院的申请流程及要求

项目	本科项目	硕士项目（英语课程）		
		GE	MSc	MBA
申请要求	高中学历，良好的英语成绩（雅思 6.0 分以上，个别专业要求 GMAT 600 分以上）；法语课程或英法双语课程要求法语 B2 以上	应届生或往届本科生，年龄 30 岁以下	应届生或往届本科生，专业不限，部分专业要求有相关专业背景或工作经历	应届生或往届本科生，一般要求三年以上工作经验，至少一年以上管理经验
申请材料	护照、个人照片、毕业证、学位证或预毕业证明、标化考试成绩单（雅思或托福等，GE 或 MBA 需要 GMAT 成绩）、简历、动机信、推荐信（MBA 需要两封企业推荐信）			
申请流程	材料准备—递交申请—材料审核—面试（现场或线上）—公布录取结果；对于在读学生，学校会考察其课外实践活动情况			

资料来源：根据各学校官网公开信息整理。

法国工程师院校的申请流程及要求相对而言不算复杂（见表 5-3），申请者通过工程师联盟申请即可。

表 5-3　法国工程师院校的申请流程及要求

项目	申请工程师联盟	申请单个工程师院校
代表院校	巴黎高科、N+i 项目（由 50 所法国工程师院校组成，成员均属于“法国大学校”）、IMT 联盟（法国国立高等矿业—电信学校联盟）等	巴黎中央理工学院、巴黎综合理工学院等
申请方式	通过联盟申请平台递交申请材料，以 N+i 项目为例，申请者通过 N+i 平台，可以申请五年制工程师文凭和两年制硕士文凭	通过学校的网申平台递交申请材料，不同学校的不同专业，申请时间、申请要求略有差别，以学院官网为准
申请时间	N+i 项目每年 4 批：11 月、12 月、次年 3 月、次年 5 月	截止时间一般在 3 月，6 月考试
申请条件	大学本科往届生或应届生，法语 B1 或 B2 水平	数学、生物、物理、机械相关专业的大三学生或具有工程师文凭的本科毕业生，要求法语 C1 水平、英语雅思 6.0 分以上
申请材料	申请表、护照、个人简历、动机信、学历材料、法语成绩单、推荐信等	申请表、护照、个人简历、动机信、学历材料、法语成绩单或英语成绩单、推荐信、高考成绩单等

资料来源：根据各学校官网公开信息整理。

如表 5-4 所示，法国艺术院校的申请有时需要面试，申请材料与其他院校差别不大，但对语言成绩没有太多要求。

表 5-4　法国艺术院校的申请流程及要求

项目	公立艺术学院与美术学院	私立艺术设计类院校	公立大学（指艺术相关专业）
开设专业	艺术类：国画、油画、版画、雕塑；设计类：平面、空间、产品设计等	时装设计、视觉传达、建筑景观设计、室内设计、工业设计、电影、摄像、产品设计、游戏设计、动漫设计	造型艺术、视觉设计、产品设计、多媒体、艺术管理、艺术理论研究、遗产文物修复（偏理论学习和研究）
学制	本科 3 年，硕士 2 年	本科 3 年，硕士 1~2 年	本科 3 年，硕士 2 年
文凭	DNAP 国家造型艺术文凭、DNSEP 国家高等造型艺术表现文凭（硕士）	BTS 高级技术文凭、DMA 艺术行业文凭、DSAA 高等实用艺术文凭、DU 大学文凭	Licence（普通学士）、Licence Professionnel（职业学士文凭）、Master（普通硕士）
申请方式	通过 Campus art（校园艺术）平台申请或通过院校网站直接申请，可能要求面试		
申请材料	简历、动机信、学历材料、作品集（有具体要求）、护照及电子照片、法语成绩单等		

资料来源：根据各学校官网公开信息整理。

目前，法国大学英语授课课程的数量超过 1 600 门，其中近 1 333 门为全英语授课。具体的院校、专业会在法国高等教育署的官网上公布，以商科院校居多。在法国留学的中国学生，有 46% 选择了英语授课课程。不同类型的院校都有相应的英语授课项目，公立大学中英语授课的热门专业有法律、经济类、管理类、计算机、数学等专业。

第三节
严谨扎实、低调务实的德国教育

德国教育以治学严谨、文凭含金量高而著名。德国的高等教育水平世界领先，为不同教育程度的人提供多样化的选择。德国有 427 所国家承认的高校，提供约 19 000 门课程，英语教学的国际课程（以硕士课程居多）也在不断增加，尤其在工程科学和自然科学领域，学生将从德国历史悠久的、著名的高校中获益良多。德国高校有超过 14% 的国际学生，国际化氛围很好。

德国教育资源虽然丰富，学术声誉全球闻名，但留学费用低，性价比很高。德国大部分公立高校都免收学费。此外，德国学术交流中心（DAAD）是世界上最大的奖学金机构之一，为优秀国际学生提供金额不低的奖学金补助。德国物价处于欧盟平均水平，相对较低。此外，留学生每年可以有 120 个全天或 240 个半天的打工时间。

一、德国留学申请的步骤与要求

（一）德国高中申请

中国学生最早在初二结束后就可以申请德国中学的 9 年级（12 年制）或 10 年级（13 年制），最晚初三或高一毕业后申请入读德国中学的 10 年级（12 年制）或 11 年级（13 年制）。中国学生可以申请公立或私立的寄宿制中学，德国中学一年的各项费用（包括学费）总计约 20 万 ~ 40 万元（公立学校免学费，一般总开支在 20 万元以下）。

德国中学的留学规划一般需要提前一到两年准备，因为国际学生比例有限，所以学校需要及早确定名额。德国中学以德语授课为主，仅少部分国际学校有英语授课课程。学校在录取时会发放标有语言要求的录取通知，学生在报到时需通过德语歌德考试（歌德等级考试是由德国对外文化机构之一歌德学院举办的德语等级考试）或达到欧标 B2（约 33 周全日制学习课程）水平。

（二）德国本科申请

中国学生进入德国大学读本科，通常有以下三个渠道。

（1）中国高中毕业生直接申请赴德留学。不过这需要满足以下条件。

- 高中毕业证书（12 年制）。
- 普通高中会考成绩和高考成绩。
- 申请人的高考分数至少达到高考满分的 70%。若申请热门专业，比如医学、药学、兽医、牙医和法律专业，则高考分数至少要达到高考总分的 80%。
- 高考科目中有两门语言（语文和一门外语）、一门数学，以及理科或文科综合中的两个科目。
- 来自中国国际学校和 DSD（德语语言证书）学校的中学毕业生：若通过了 DSD 二级考试，且高考分数达到高考满分的 70%，则具备直接入学德国大学的资格；若通过了 DSD 一级考试且高考分数达到高考满分的 70%，则可以申请德国大学的预科；成功获得 IB、A-Level、AP 等国际中学毕业证书的学生，也有可能具备直接入学德国大学的资格。

（2）在国内大学读完 1 ~ 3 学期，再申请德国本科。

- 国内重点大学学生完成一个学期的课程即可；普通高校学生则需完成三个学期的课程。
- TestDaF（德福，一种考查学生语言表达能力的标准化中、高级考试）成绩 16 分以上（满分 20 分）。
- 通过德适考试（TeatAS）或 APS（德国使馆文化处留德人员审核部）面谈。
- 申请者拿到审核证书后，才可以申请德国学校与专业。

（3）一年德国预科，再申请德国本科。

- 高考成绩达到本科线。
- 参加 7 月份的中国预科选拔考试（大学入学资格鉴定考试）。
- 10 月份进入预科。
- 第二年 6 月份进入德国大学本科。

综合大学与应用科学大学分别有各自的预科，或几所大学共有一所预科，申请者向希望就读的综合大学或应用科学大学提出申请即可。

（三）德国硕士申请

学术要求：申请者要有相关专业本科背景；四年制本科毕业或已完成六个学期的学习；申请前需通过 APS 面试；国内本科成绩均分不低于 80 分（德国知名大学要求本科成绩均分高于 85 分）。

语言要求：德语授课课程一般要求学生达到德福 4*4、歌德 C1（或 C2，个别 B2）或 DSH2[①] 的水平；英语授课课程一般要求雅思 6.5 分或托福 90 分以上；经济系的部分专业要求 GMAT 达 600 分以上。专业不同，语言成绩要求不同，这类要求以各学校官网公示信息为准。

---

① DSH2 是指高校德语水平考试 2 级。

（四）德国艺术专业申请

申请艺术、设计、音乐和体育等专业的学生最好提前一年给意向大学写信索要意向专业的背景材料，然后根据要求及时寄去本人的作品集等资料。一旦作品通过预选并收到学校的考试通知书，申请者应立即办理有效签证赴德参加专业能力考试，考试通过后将获得入学资格，持合格的语言证书即可正式入学。德国艺术类院校授课语言多为德语，一般要求达到德福 4*3 或 4*4 的水平。

二、德国的教育体制和院校分类

德国有公立大学（约 60%）、私立大学（约 30%）和教会资助高校（约 10%），大部分学生选择就读免学费的公立大学，约 7% 的学生选择学费较高的私立大学（多为应用科学大学），但这两类高校的教学质量并无差异。私立大学凭借小班授课、国际化课程设置以及与经济界的紧密合作受到学生的欢迎。

德国的高等教育院校按其任务性质分为三种类型。表 5–5 为德国综合大学和应用科学大学的对比情况。

表 5–5　德国综合大学和应用科学大学对照表

项目	综合大学	应用科学大学
课程设置	学科较多、专业齐全，包括工科、理科、文科、法学、经济学、社会学、神学、医学、农林学等	开设专业有限，集中在技术、经济、农林、设计、社会福利、护理、传媒等专业，教学实习几个月到半年不等
毕业学位	学士（学制 3 年，180 学分；个别学制 4 年，240 学分）； 硕士（学制 2 年，120 学分） 法律、教育、医学、药学等专业的学生需通过国家统一考试	学士（学制 3～4 年） 硕士（学制 2 年） 学分要求与综合大学的一样，30 个学时算 1 学分，每学期要完成 30 个学分
博士申请	毕业生可以申请读博（学制 2～5 年）	优秀毕业生可申请进入综合大学读博
科学研究	科研与教学并重，强调基础研究和理论知识	除了掌握必要的基础理论，学生还要从事一定的应用性研究
学校规模（学生人数）	15 000 人左右	4 000 人左右
课程选择	各专业的学习条例规定了学习内容和需要完成的教学模块，每个教学模块会开设不同类型和主题的课程，学生可以自行选择课程，每完成一个教学模块的课程任务就会获得一定的学分，达到总学分要求后即可毕业	

（续表）

项目	综合大学	应用科学大学
上课形式	研讨课、练习、实习或实践、讲座	
学分评级	1～5分（从低到高），4分及格	
考试形式	笔试、课堂报告、书面家庭作业、口试	

注：表格里的学制是推荐学制，仅供参考。很多学生并不能在推荐学制内完成学业。

资料来源：根据德国各学校官网公开数据整理。

（一）综合大学

它属于以科研为导向的大学，专业设置最为广泛，教授专业理论知识以及具体的学习和研究方法，毕业生通常都有较强的独立工作能力和科研能力。在德国，只有综合大学有博士授予权。综合大学不仅包括慕尼黑大学、海德堡大学和柏林自由大学之类的“精英大学”（共13所），还包括德国理工大学联盟（TU9），即亚琛工业大学、汉诺威大学、斯图加特大学等9所大学。此外，它还包括师范类、体育类、医学院、行政管理类和国防类等专业大学，例如汉诺威医学院、科隆德国体育学院。

（二）应用科学大学

这类大学属于以应用为导向的大学，随着现代工业经济的飞速发展应运而生，相对于理论知识，这一类型的大学更侧重于传授符合具体职业需求的实践经验。其教学密切联系实际，毕业生除了掌握必要的专业理论知识，还要有很强的实践能力，因此应用科学大学的毕业生备受企业的欢迎。代表大学有亚琛应用科技大学、安哈尔特应用技术大学等。

（三）艺术学院和音乐学院

艺术学院和音乐学院致力于培养艺术人才以及艺术领域的学者和教育工作者。被艺术学院和音乐学院录取的前提是学生通过专业能力测试，证明自己具有艺术才能。学历不够但通过“天赋测试”的学生也会被破格录取。艺术学院和音乐学院通常只提供德语授课课程。代表大学有富克旺根艺术大学、柏林艺术大学等。

三、德国留学申请的语言要求与时间规划

（一）赴德留学的语言要求

德国学校一般要求申请者有扎实的德语基础知识和较高的听、说、读、写能力，申请者在入学前必须通过德语语言考试。目前，有多种考试及语言证书得到德

国大学的承认。

- 德福考试，由德福考试院统一命题，每年在全球范围内多次举行。德国大学一般要求申请者在听、说、读、写四个方面都达到德福 4 级的水平（个别专业除外）。
- DSH，即外国学生申请德国大学时的入学前德语考试，由各个德国大学自主命题，每年举行两次。德国大学一般要求申请者达到 DSH2 的水平（个别专业除外）。
- DSD，这是德国大学面向那些开设了德语课程，并将其作为第一外语或第二外语相关课程的学校（DSD 学校）的学生的考试。

此外，学生如果通过了由德国业余大学以及私立语言学校举办的 Telc Deutsch C1 Hochschule 德语考试，或者获得歌德 C2 证书，那么无须提供其他德语语言证明。很多德国高校也接收歌德 C1 证书，个别学校会接收 B2 作为语言证明，具体要求以各学校官网公示信息为准。

许多德国院校开设了国际课程，目前有超过 2 000 门此类课程。授课语言为英语或英德双语，涉及学士、硕士和博士课程。除了个别文科专业，英语授课的课程一般不需要申请者提供德语语言证明。双语课程通常设置为第一年用英语授课，第二年用德语授课，学生在申请时通常需要提供英语成绩（托福或者雅思）。

（二）德国留学申请时间

学生申请德国大学至少需要提前半年到一年做准备，因为除了准备文书材料，背景提升也需要一定的时间。学生申请德国大学还需要提交 APS 审核证书，而 APS 审核周期一般为 3 ~ 4 个月甚至半年。德国大部分院校是冬季学期入学（10 月开学），少部分是夏季学期入学（4 月开学）。申请冬季学期入学的网申开通时间一般在年初，截止申请时间是 4 月至 7 月，非欧盟国家的申请者建议在 3 月 15 日前提交资料。申请夏季学期入学的时间为每年 10 月至次年 1 月。

（三）确定申请专业和意向大学

国内高校在读生或本科毕业生申请就读德国大学，通常只能申请原专业或相关专业，除非申请者选择全新的专业并从零开始。申请者如果对自己专业的课程设置是否符合德国大学的专业要求有疑问，可以直接将成绩单或者课程设置信息发给意向大学进行询问。德国的一些热门专业有名额限制，比如医学、药学、牙医学、兽医学；地区性入学限制（部分高校）专业有心理学、生物学、法学、建筑学、企业经济学或管理学、食品化工、营养学等。申请者可通过各学校官网直接给外办老师发邮件，以了解具体情况。

申请者可通过 DAAD（德国学术交流中心）官网查阅德国的大学和专业，或通过德国联邦教育及研究部的门户网站（www.study-in-germany.de）来了解各专业在德国高校的开设情况，还可以通过课程检索数据库（www.myguide.de）来搜索专业和课程信息，从而确定想就读的专业和意向大学。

四、赴德留学的材料准备

申请德国大学的绝大部分申请材料都需要经过 APS 审核。一般情况下，国内申请者必须递交学历原件的盖章、签字复印件以及翻译件等材料以供审核，并参加审核面谈或者德适考试，审核通过后获得 APS 证书。该证书是德国高校录取中国学生的前提条件之一，拥有该证书即表明申请者所提交的申请材料是真实有效的，并且在中国大学取得了较好的学习成绩，具备申请德国大学的条件。在获得 APS 证书和德国大学的录取通知书后，申请者可通过 APS 递交签证申请材料。

申请材料准备齐全后，申请者在受理截止日期前的两三个月将其寄出。申请材料按学校官网要求，有的是直接寄给学校外事处，有的则寄给 uni-assist（外国学生申请大学服务处），后者的主要工作是对所有外国学生的申请材料进行核实，对其入学资格进行认证，以规范国际学生申请大学的程序。经审核认证，符合条件者的材料由 uni-assist 转给申请者希望就读的院校，各院校再根据申请者的情况及本校实际情况决定是否录取，录取通知书一般由校方发放。

校友视角

严同学

德国汉堡大学

德国留学毕业并不容易

我在 2018 年底到德国学了一年语言，2019 年 10 月到汉堡大学读研究生，专业是公共与非营利研究。我的情况比较特殊，我本科毕业后在上海工作了十年才来德国。我一直想出国留学，想在大学毕业后经济独立了再出来读书，所以拖得有些久。

在选择专业时，我研究后发现这个专业比较新。我以前从事的是工业链管理，但一直以来，我特别想做公益方面的事务。我当时想去新加坡或德国，但新加坡没有这个专业，所以我选择了德国。

在德国上学的自由度很高，国内有固定课表与学习进度，但在德国我只能根据自身情况来选择进度与课程。我把完成学业的时间规划成三年，根据情况，我可以在每学期选择我想选的课程。德国是允许学生工作的，但有工作时间限制，每年累计不超过 240 个半天或 120 个全天就可以。

德国大学会给学生很多优待。比如在校学生可以免费使用图书馆，而非学生要缴纳费用。德国公立大学基本上是没有学费的，私立大学或南部的一些大学有学费，每年学费约为 1 500 欧元。学校有管理费，以及每学期的交通费（328 欧元）。租房可以租学生宿舍，但要申请，申请过程是非常困难的，仅排队就要花半年到一年的时间。租房价格幅度很大，汉堡一个月为 300～700 欧元。吃饭方面，每个月 200～300 欧元就够了。

德国的教育体制在欧洲是有保证的，学费低，但毕业很困难。我当时申请了四所大学，提交了本科成绩、学位证书和学历证书，并提前考了德福。

我所在的城市有许多来自同济大学的学生，机械制造与汽车专业以及艺术专业的学生比较多。申请者如果性格比较活泼，爱玩，那么在德国留学并不大适合。这里的教授要求很高，学习也比较辛苦。我遇到一个学运动科学的同学，他读了十一个学期才研究生毕业。

第六章

热度不减的留学乐园

世界格局与国际形势的变化，使得越来越多的学生和家长将安全因素视为选择求学目的地的重要指标。其中，新加坡是热点求学目的地，无论是本科申请还是研究生申请，热度都颇高。中国香港与中国澳门是内地学生热选的地区，澳大利亚因其松弛舒适的求学及生活条件，也一直受到中国学生的青睐。

第一节
留学新加坡——高质量、扎实的优质教育

新加坡的基础教育在东南亚乃至全球都处于领先地位。它呈现出东西合璧的特色，既有严格的应试教育，以夯实学生的基础，又有灵活的教学方法，以培养兴趣、发展个性。早在 2012 年，在新加坡学习的中国留学生就占新加坡全体学生的 18%。如今，中国留学生已经达到了 5 万人。新加坡以其高质量的大学教育和稳定的社会环境，满足了广大中国留学家庭对于安全与教育质量并重的留学要求。

一、新加坡独特的分流式教育体系

新加坡的教育体系采用“分流”的方式来分配学生，这在世界其他发达国家中是比较罕见的，从某种意义上说，这是一种比较“残酷”的教育体系。新加坡小学是 6 年制，学生在毕业后都会参加小学会考。根据小学会考成绩，所有学生进入三类学校学习：5% 的成绩优异的学生进入 6 年制的直通车课程学校，跳过 O 水准考试（O 水准考试相当于国内的中考，学生凭借优异的成绩可以申请新加坡初级学院，也就是高中以及理工学院），并直接通过 A 水准考试（A 水准考试的级别比 O 水准考试的高，主要用于申请新加坡的公立大学，比如新加坡国立大学、南洋理工大学、新加坡管理大学和新加坡科技设计大学等）考取大学，类似中国某些学校开设的少年班；成绩稍微差一些的学生则会进入 4 年制的特别课程或快捷课程学校（相当于国内的初中）并参加 O 水准考试，在这之后决定是进入理工学院修得大专文凭，还是进入 2 ~ 3 年制的高中继续学习，并在参加 A 水准考试后进入大学；剩

下的学生则会进入4～5年制的普通学术或工艺源流课程学校，通过N水准考试（新加坡水准考试中最容易的考试，通常情况下，学习成绩不理想的学生参加N水准考试，用以申请工学院）后进入预科以获得技术文凭，或者继续学习并参加O水准考试。新加坡的分流制度看起来很残酷，因为它过早地对学生的人生道路进行了分级。

二、新加坡最优秀的大学是公立大学

与中国和日本一样，新加坡最优秀的高校教育体系是公立大学体系。新加坡有6所公立大学，分别为新加坡国立大学、南洋理工大学、新加坡管理大学、新加坡科技设计大学、新加坡理工大学和新跃社科大学。其中，前2所为综合性研究大学，后4所为专业研究型大学。

除了南洋理工大学，新加坡还有4所政府级理工院校，分别是新加坡理工学院、义安理工学院、共和理工学院、淡马锡理工学院 。新加坡的理工院校和人们通常认为的“大专”不同，新加坡理工院校的文凭在全球范围内都广受认可。理工院校的申请成功率和就业率也较高，因此选择就读理工院校的学生数量也在稳步增长。在这几所政府级理工院校中，南洋理工大学是新加坡最难申请的大学。

新加坡的私立大学相对于公立大学来说，门槛较低。私立大学制度灵活，大部分院校都受到中国教育部的认可。在私立大学，学生可以修得没有学位的文凭或者学习有学位的课程。相较于公立大学，学生在新加坡私立大学更容易申请到热门专业，比如商科、金融学等。学生在申请前应先在中国教育部官网查验经认证的海外学校名单。

相较于美国和欧洲国家，中国留学生更容易融入新加坡社会。首先，新加坡有良好的治安，严厉的法律使得犯罪率一直维持在较低水平，这保证了学生的安全。其次，作为拥有双语学习环境的国家，新加坡有着深厚的华人文化，是同属儒家文化圈的国家，这也方便了中国留学生的交流和融入。

新加坡留学拥有很高的性价比。作为一个对教育投入大量精力的国家，新加坡大学学位的认可度非常高，有“黄金跳板”之称。在新加坡读书的学生在结束了一到两年的学习后，有30%的学生选择前往英国、澳大利亚等国家继续学业。而相比于其他国家高昂的学费，新加坡的学费较为低廉。除了学校设立的多种奖学金项目，政府还对留学生提供补贴政策。强大的学术能力与良好的社会环境使新加坡成为许多中国学生的首选，因此近年来，新加坡国立大学与南洋理工大学的申请条件也水涨船高，录取标准有所提升，远超美国排名前三十的大学。

三、新加坡国立大学与南洋理工大学的本科录取条件

作为新加坡的两所顶级学校，新加坡国立大学和南洋理工大学在中国有着很高的声誉。尤其是近两年，申请这两所名校的中国优秀学生不计其数，其录取标准也已超过美国排名前 30 的一些大学，更有学生在拿到美国名校录取通知书后转而进入这两所学校就读。表 6-1 为这两所学校的本科录取情况。

表 6-1　新加坡国立大学与南洋理工大学的本科录取情况

项目	新加坡国立大学	南洋理工大学
2024 QS 世界大学排名	世界排名第 8 名	世界排名第 26 名
录取率	16%	36%
国际生比例	19.5%	23.9%
优势学科	生物科学、社会政策与行政管理、计算机科学与信息系统、建筑学、通信媒体、化学工程	材料科学、高分子材料、能量与能源、化学、计算机、机械、航空与制造、传播学与媒体研究、图书馆信息管理
IB 课程体系申请要求	满足专业学科要求	3 门高级水平课程和 3 门标准水平课程的成绩均大于 5 分（含知识理论和拓展论文）
中国高考生申请要求	超过一本线 60 ~ 100 分并符合专业学科要求，语言考试成绩合格 语言成绩要求： 托福 >92 分或托福纸质版 >580 分，PTE（培生学术英语考试）线上考试 >62 分，雅思 >6.5 分且阅读与写作部分 >6.5 分	超过一本线 60 ~ 100 分，并符合专业学科要求，语言考试成绩合格 语言成绩要求： 托福 >90 分，或 PTE>55 分，或雅思 >6 分且阅读与写作部分 >6 分
A-Level 课程体系申请要求	3 门 A 或预测 A，符合专业要求	3 门 A（不接受预测成绩），符合专业要求
美国国际课程体系申请要求	1. 完成语言考试：ACT>29 分且写作 >8 分，或 SAT>1 260 分且阅读与写作 >600 分、数学 >650 分 2. 提交 3 门 AP 或 3 门 SAT 科目考试成绩，AP：一门微积分 BC 和其他任选的两门考试（不包含微积分 AB、研究与研讨会）；SAT：一门 2 级数学和其他两门考试（不包含 1 级数学），这三门考试都必须在 12 个月内完成，并且不允许混合分数 3. 提交申请文书和推荐信	1. 完成语言考试：ACT>30 分（含写作）或 SAT>1 250 分且任意一科的分数不低于 680 分 2. 提交 3 门 AP 或 3 门 SAT 科目考试成绩，且需要符合专业要求 3. 提交申请文书和推荐信

（续表）

项目	新加坡国立大学	南洋理工大学
预估费用（每年）	约 16 万~20 万元（无奖学金）	约 16 万~20 万元（无奖学金）

资料来源：根据各学校官网公开资料整理。

四、高考成绩和国际课程体系皆可申请新加坡大学

新加坡大学的本科接收多种不同课程体系的学生，中国学生可以选取以下 4 种方式中的一种进行报考。

（一）参加高考的学生可以直接报考新加坡大学

新加坡的大学接受学生用中国高考成绩来申请入学，这有两种申请方式：一种是在高考成绩公布后进行申请；一种则是在高考之前提交申请。

新加坡的大部分大学在 10 月中旬开放面向中国高考学生的申请通道。高三在读学生此时可以通过大学主页的申请入口提交申请。不过，学生在申请时需要提交高一、高二的成绩单和语言考试成绩单，并在高考成绩公布之后的 3 天内提交高考成绩。这类申请者的专业选择会受到一定的限制，比如不可报考法学、药学、护理等专业。已经完成高考的申请者则可以提交高考成绩和语言考试成绩进行申请。因为新加坡大学的申请截止日期大多在 2 月底或 3 月初，所以已经参加过高考的学生需要延迟一年进行申请，申请者需要提前规划自己的学业。

报考新加坡国立大学或南洋理工大学的学生需要达到一本线，超过一本线 80~100 分最佳，至少要达到国内一般 985 院校的录取分数线。个别专业对单科成绩有具体要求，学生需要仔细对照学校给出的信息。例如：一些工程专业要求学生的数学成绩达到总分的 80%；一些特定的专业要求学生在通过初审后，还需要通过面试才能入学。

新加坡的大学对参加高考的学生有语言要求，语言考试成绩单需要和其他申请资料一起提交给学校，以供审查。大部分学科（文学等专业除外）的要求如下（可任选其一提交）：

- 托福成绩 92 分及以上；
- 托福纸质版成绩 580 分及以上；
- PTE 线上考试成绩 62 分及以上，且阅读与写作部分不低于 62 分；

- 雅思成绩 6.5 分及以上，且阅读与写作部分不低于 6.5 分。

（二）IB 课程体系学生申请新加坡大学的条件

新加坡的大学也接受 IB 课程体系学生的申请，但因为新加坡的大学会优先录取本国国籍的学生，所以 IB 课程体系的中国籍申请者需要凭借非常优异的成绩才能脱颖而出。

IB 课程体系学生的申请通道会在 10 月中旬开放，并在 2 月底或 3 月初结束。学生可以提交已有的 IB 课程成绩或者预测成绩。有些专业要求学生以母语语言入学。新加坡国立大学和南洋理工大学都会根据申请者的专业选择而提出不同的课程要求。虽然新加坡国立大学没有给出非常明确的课程要求，但竞争是非常激烈的，学生的总分至少应该达到 37 分。南洋理工大学则要求考生至少完成 3 门高级水平课程和 3 门标准水平课程，并且分数都要超过 5 分。这 6 门课程应包含知识理论和拓展论文。在此基础上，学生还要满足所选专业的课程要求。尽管 IB 课程体系的学生并不需要提供语言成绩单，但是提交了的学生可以更好地证明自己的语言能力，以提高竞争力。与其他体系一样，南洋理工大学也不允许基于预测成绩来录取学生，所以申请者需要尽早规划自己的申请道路。

（三）A-Level 课程体系学生申请新加坡大学的条件

新加坡大学的入学考试为 A-Level，也可以叫作 A 水准考试。与其他地区不同，它是新加坡教育部和剑桥大学考试局共同举办的考试，对于申请新加坡大学的学生来说，这是含金量最高的考试。英国的 A-Level 成绩也可用于申请新加坡的大学。

年满 17 岁并且已经在国内完成高二学业的学生可以参加新加坡的 A-Level 考试，在新加坡完成高一学业的学生也可以用 A-Level 成绩申请大学，但是建议在国内完成高中学业或者高考分数达到二本线的同学采取这种方式。

申请通道会在 A-Level 成绩公布三天之后开启并在 3 月初结束。申请者同样分为两类：一类是在申请截止前已经取得成绩的学生；一类是在申请截止前没有取得成绩的学生。新加坡国立大学要求后者在同年 7 月前提交 3 门预测成绩，并且提交语言考试成绩单。而南洋理工大学则不接受同年 8 月公布的成绩，所以申请者的所有考试都需要在入学前一年完成。同样，南洋理工大学不允许基于预测成绩进行录取。公立大学一般要求申请者至少提交 3 门达到 A 的成绩，4 门以上最佳。考生可以提交 12 个月内的 2 次考试中所有科目的考试成绩，这不需要经过考试局的同意。

虽然新加坡的大学只要求学生提交 3 门 A-Level 成绩，但能用国际 A-Level 成绩申请到新加坡两所顶级高校的学生至少会提交4门达A甚至A*的成绩，雅思也要达到7分以上。因为南洋理工大学不接受预测成绩，所以所有考试都需要在高二结束前完成。再加上新加坡本土大部分学生都学习新加坡的A-Level课程，用A-Level成绩申请新加坡大学的竞争十分激烈。

（四）美国国际课程体系学生申请新加坡大学的条件

新加坡的大学也接受其他国际课程体系的学生，比如美国课程体系下的AP、ACT、SAT等。持有国际文凭的学生可以在10月中旬通过申请通道进行申请。这个通道会在2月底或3月初关闭。与别的体系不同的是，学校还会要求学生完成一篇申请文书，并提交由授课老师所撰写的推荐信。

新加坡国立大学要求学生必须通过ACT（含写作）或者SAT，并选择提交SAT科目考试成绩单或者AP成绩单。ACT分数必须达到29分，且写作部分不可以低于8分。SAT分数则不得低于1 260分，且阅读与写作部分要超过600分，数学部分要超过650分。提交AP成绩单的学生必须提交一门微积分BC和其他任选的两门考试的成绩单，这两门考试不得包含微积分AB、研究与研讨会。提交SAT科目考试成绩单的学生则需要提交一门2级数学和其他两门考试（不包含1级数学）的成绩单。这三门考试都必须在12个月内完成，并且不允许混合分数。

南洋理工大学在分数上的要求与新加坡国立大学有所不同。南洋理工大学要求申请者的ACT分数不低于30分，或SAT分数不低于1 250分且任意一科的分数不低于680分。南洋理工大学同样要求申请者至少提供3门优秀的AP成绩，并且必须满足专业要求，或者提供3门SAT科目考试的成绩。其中，2级数学是大部分工程和科学专业学生入学前的必修课。

虽然基本要求看似简单，但是大部分能被新加坡这两所高校录取的学生都提交了5门及以上的5分AP成绩和超过110分的托福成绩。申请者的ACT成绩至少要达到33分，SAT成绩则要达到1 450分。因此，任何国家的任何大学在官网上公布的参考分都只是该校的最低录取标准。

虽然新加坡的大学面向不同课程体系的学生提出了不同的要求，但是新加坡的大学本科录取遵循择优原则，会优先考虑持有本国国籍的学生。因此，想要被新加坡的大学录取，仅达到基本要求是远远不够的。申请表格还包含荣誉与活动部分，学生可提交国际奥林匹克竞赛成绩、国家体育比赛成绩等。参与社区活动和志愿者活动或者组织校内外的团体活动也可以帮助学生提高录取概率。在提供优秀成绩单的同时，学生可以在2 000字以内简述自己参与或组织的各项活动以及研究与竞赛成绩，以完善自己的申请信息。这些材料都可以向招生官展示学生的不同兴趣和能力，从而让他们更好地做出决定。

五、新加坡本科申请时间轴

与英国一样，标化成绩是新加坡的大学申请中最重要的内容。图 6–1 是新加坡的大学本科申请时间轴。

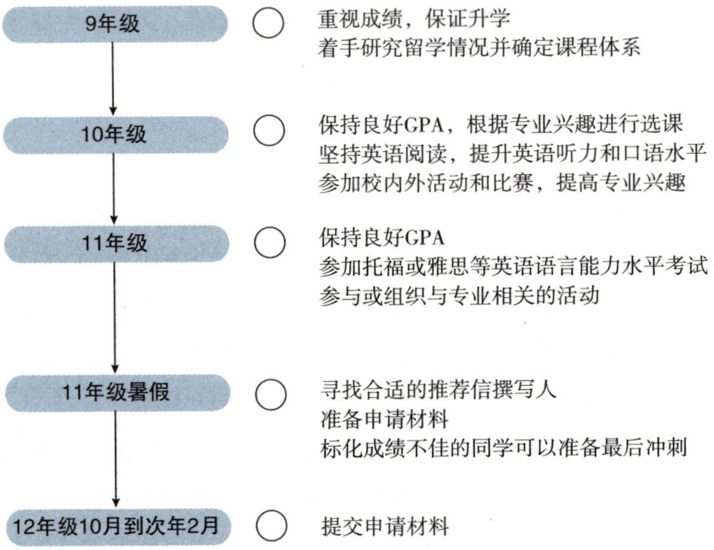

图 6–1　新加坡的大学本科申请时间轴

第二节
求学香港——东方明珠

香港教育局的报告显示，2022 年香港八大名校中的 6 所学校的内地学生占比都有所提升。其中占比最高的是香港大学，内地学生占学生总数的 16.7%，香港中文大学是 14.8%，两所学校的内地学生数量都在 3 000 人以上。

1997 年以来，为了与内地的四年学制接轨，香港开始逐渐改变原来的教育体制。现在香港大学的本科是四年制，硕士则有两种：授课型硕士，一年制；研究型硕士，两年制。香港的大学学费低，教育质量高，学生不出国门就能体验国际教育，这是许多家庭选择求学香港的主要原因。

一、香港八大名校分析与比较

香港的八大名校各具特色，最著名的是俗称“港三”的香港大学、香港中文大学和香港科技大学。表 6–2 对这八所大学的世界排名、优势学科以及学费进行了对比分析。

表 6–2 香港八大名校的基本信息对照表

学校	2024 QS 世界大学排名	优势学科	学费
香港大学	26	法律、工商管理、新闻学、金融、语言和政治学	14 万 ~ 17 万元
香港中文大学	47	人类学、工商管理、中国语言和文学、哲学、社会学、法律、中文教育和政治与公共行政学	10 万 ~ 14 万元
香港科技大学	60	电子工程、土木工程、计算机科学和统计学	13 万 ~ 17 万元
香港理工大学	65	酒店管理、工程学、专业会计学、咨询科学、设计学	10 万 ~ 14 万元
香港城市大学	70	银行学、金融学、法律、传播与媒体、专业会计与企业管治	12 万 ~ 17 万元
香港浸会大学	295	国际新闻学、大众传媒、信息管理学、多媒体管理、计算机	10 万 ~ 12 万元
香港岭南大学	641 ~ 650	工商管理、会计、文学	约 15 万元
香港教育大学	教育专业在亚洲排名第 3	教育学	10 万 ~ 13 万元

资料来源：根据各学校官网公开资料整理。

二、内地高中生申请香港高校的渠道

参加高考的学生如果想去香港求学，主要有三种方式：填报志愿、参加大学自主招生和考取副学位。

（一）直接填报志愿并报考香港高校

参加高考统招计划的大学有香港中文大学和香港城市大学，学生可以通过填报志愿来申请这两所大学。学生只需在提前批次填写志愿即可，不需要再向大学提交申请。学校不会给此类学生安排面试。即使未获录取资格，学生的本科录取也不会受到影响。

如果想顺利被香港的大学录取，那么学生的成绩必须达到一本线，原则上所有科目都要及格，并且报考的外语考试必须为英语考试（成绩在 120 分以上）。香港的大学是择优录取，分数相同的情况下会选择英语成绩更好的学生。因此，香港城市大学和香港中文大学这两所学校的录取分数并不比大部分 985 院校低。报考这两所学校的学生的分数需要超过一本线 160 分以上，英语成绩达到 120 分甚至 130 分最佳。有些人文学科或法律学科甚至要求英语成绩 135 分以上。一些学校的一些专业会对学生所选择的高考科目提出要求，学生需要关注学校发布的通知。

（二）使用高考成绩参加大学自主招生

除了香港中文大学和香港城市大学，其他大学都采取自主招生的方式。对于此类大学，学生需要在学校官网进行网申，填写表格并提交高考成绩。网申通常会在 6 月末或 7 月初截止。对于初步通过审核的学生，学校会发放面试通知。面试包括个人陈述、小组面试和单人面试三个环节。面试题目涉及社会、经济、环境等方面，考查学生的英语表达能力、逻辑思维能力和团队沟通能力。

一些学校还会额外设置考前面试环节，在高考之前对学生进行面试并根据结果进行适度的降分或者为学生减免学费。比如香港大学的"多元卓越入学计划"要求学生在高三的 10 月左右开始提交申请，并在次年 1 月对学生进行分批次面试。"多元卓越入学计划"的申请截止时间为 3 月中旬，学校会在 6 月公布录取结果。对于这类学生，学校会要求他们提交平时考试成绩、学科竞赛奖项以及各种课外活动证明，以进行筛查。参与香港大学"多元卓越入学计划"的学生不仅可以选择香港大学的所有本科专业，还可以参与香港大学和剑桥大学、加利福尼亚大学伯克利分校等国外名校联办的双学位课程。因此，学生如果想参加此类项目，就应当紧密关注学校官网的信息并早做准备。

香港各高校的录取分数线并不比内地高校的低。想要申请香港大学、香港科技大学、香港中文大学等知名大学，高考分数至少要超过一本线 130 分，英语成绩在 120 分以上。这个录取标准可以参照浙江大学或南京大学的录取标准，有时甚至会达到上海交通大学的录取标准。对于香港理工大学和香港城市大学，其录取分数大概在超过一本线 80 分到 100 分之间，英语成绩在 120 分以上，这可以参考中山大学或华南理工大学的录取标准。报考香港浸会大学、香港岭南大学和香港教育大学的学生的高考分数则需要超过一本线 30 分到 50 分，英语成绩在 110 分以上。同时，面试表现也是香港的大学决定是否录取一名学生的重要标准。因为大学课堂会采取全英文教学，所以学生的英文表达能力非常重要。

（三）高考成绩不理想，考取副学位

如果高考成绩并未达到香港高校的本科录取要求，那么学生可以考虑考取香港高校的副学位。副学位是一种源于美国的初级学位，学制一般为两年，分为文科副学位和理科副学位。在获得副学位后，学生可以直接报考香港高校的本科三年级。如果副学位成绩不理想，学生就不能升学进入大三。这有一定的风险性，虽然美国等国家接收转学生，但是排名较高的学校的转学名额都是有限的，竞争激烈。当然，香港高校也有不少与海外大学合作的项目，比如在副学位结束后前往海外就读本科衔接课程。除了香港科技大学和香港教育大学，八大名校中的其他院校都设有副学位课程，学生可以关注学校官网，查看更多信息。

一般来说，高考失利的学生可以报考副学位。学生的高考分数只需要高于三本分数线，而对一些排名更靠前的学生来说，超过二本分数线，英语成绩超过100分，并通过学校的面试就可以入学。申请时间是每年的12月，并持续到次年7月左右，学生可以通过学校官网申请。大部分副学位课程都采取滚动录取制，达到录取人数后学校就会停止招生。

三、通过国际课程体系申请香港的大学

香港的大学也接受各种国际文凭学生的申请，比如A-Level、AP、SAT、ACT和IB等课程体系。拥有国际文凭的学生可以于每年9月至10月，在学校开放申请窗口的时候通过官网进行申请。除了标化成绩，学生还需要额外提供一篇个人陈述，以说明自己选择该专业的原因和专业兴趣。高中老师的推荐信、活动列表和个人简历也可以作为辅助材料一并提交。

（一）A-Level课程体系学生的申请要求

如表6–3所示，对于A-Level课程体系的学生来说，大部分学校都要求申请者至少提交3门考试的成绩（不包含英语或中文等语言成绩单）。

表6–3　A-Level课程体系学生的申请要求

学校	基础要求	成绩要求
香港大学	2A*1A～2A1B，考试科目符合专业要求	3A*～4A*
香港科技大学	1A*2A～3A*，考试科目符合专业要求	1A*2A～3A*
香港中文大学	3AL或2AL+2AS，成绩高于C，考试科目符合专业要求	3A

（续表）

学校	基础要求	成绩要求
香港理工大学	3AL 或 2AL+2AS，考试科目符合专业要求	2A1B～3A，分数换算为 136～160 分
香港城市大学	3 门 AL 且成绩高于 E（2 门 AS 可以换算为一门 AL），考试科目符合专业要求	2A1B～3A
香港浸会大学	3 门 AL 成绩，考试科目符合专业要求	2A1B，分数换算为 112～144 分
香港教育大学	3 门 AL 且成绩高于 D，考试科目符合专业要求	2B1C
香港岭南大学	3AL 或 2AL+2AS，考试科目符合专业要求	2B1C～1A2B，分数换算为 80～152 分

资料来源：根据各学校官网公开资料整理。

（二）IB 课程体系学生的申请要求

除了 A-Level，香港高校也接收 IB 课程体系的学生。如表 6-4 所示，虽然各高校的基础要求相近，但不同专业的要求略有差别。

表 6-4　IB 课程体系学生的申请要求

学校	基础要求	成绩要求
香港大学	有包含 EE（拓展论文）和 TOK（知识理论）成绩在内的 IBDP 文凭，且成绩在 31 分以上（工科 33 分以上、商科和理科 37 分以上、牙医 41 分以上、医学 43 分以上，满分为 45 分），考试科目符合专业要求	总成绩建议在 40 分以上，医学专业建议更高
香港科技大学	有包含 EE 和 TOK 成绩在内的 IBDP 文凭；考试科目符合专业要求	总成绩为 37～42 分
香港中文大学	有包含 EE 和 TOK 成绩在内的 IBDP 文凭，且成绩在 30 分以上，考试科目符合专业要求	总成绩为 37～42 分
香港理工大学	总分 24 分以上，2 门 HL 成绩不得低于 4 分	总成绩为 31～36 分，健康科学等科目成绩为 36 分以上
香港城市大学	总分 30 分以上	总成绩为 31～39 分
香港浸会大学	具备 IB 文凭	总成绩为 30～36 分
香港教育大学	具备 IB 文凭，无具体要求	总成绩为 29～35 分
香港岭南大学	有包含 EE 和 TOK 成绩在内的 IBDP 文凭	总成绩为 29～34 分

资料来源：根据各学校官网公开资料整理。

（三）美国课程体系学生的申请要求

美国课程体系含金量高，认可度也比较高，因此香港的大学非常欢迎学生通过此体系申请本科。如表 6–5 所示，各高校的基础要求都不算高，但实际录取分数线并不低。

表 6–5　ACT、SAT 和 AP 等美国课程体系学生的申请要求

学校	基础要求	成绩要求	语言成绩
香港大学	SAT：1 350 分以上，理科学院 1 450 分以上，法学院 1 500 分以上 SAT 科目考试：至少 3 门课的考试成绩符合专业要求 AP：3 门课的考试成绩符合专业要求 ACT：29 分以上	至少 3 门 AP 成绩达 5 分，SAT 成绩为 1 500 分以上，ACT 成绩为 33 分以上	雅思 7 分以上或托福 93 分以上
香港科技大学	SAT：1 290 分以上 ACT：27 分以上 AP：3 门课的成绩在 3 分以上 SAT 科目考试：3 门课的成绩在 600 分以上且符合专业要求	至少 3 门 AP 成绩达 5 分，SAT 成绩为 1 420～1 490 分，ACT 成绩为 32 分以上	雅思 6 分以上
香港中文大学	SAT：1 190 分以上 ACT：24 分以上 AP：2 门课的成绩在 3 分以上 SAT 科目考试：2 门课的成绩在 600 分以上且符合专业要求	至少 3 门 AP 成绩达 5 分，SAT 成绩为 1 450 分以上，ACT 成绩为 32 分以上	雅思 6 分以上或托福 80 分以上
香港理工大学	SAT：1 190 分以上 ACT：24 分以上 AP：2 门课的成绩在 3 分以上 SAT 科目考试：2 门课的成绩在 600 分以上且符合专业要求	至少 3 门 AP 成绩达 4 分，SAT 成绩为 1 360 分以上，ACT 成绩为 30 分以上	雅思 6 分以上或托福 80 分以上
香港城市大学	SAT：1 190 分以上 ACT：24 分以上 AP：2 门课的成绩在 4 分以上 SAT 科目考试：2 门课的成绩在 600 分以上且符合专业要求	至少 2 门 AP 成绩达 4 分且 1 门 AP 成绩达 5 分，SAT 成绩为 1 360 分以上，ACT 成绩为 30 分以上	雅思 6.5 分以上或托福 79 分以上
香港浸会大学	SAT：1 190 分以上 AP：3 门课的成绩在 3 分以上 ACT：23 分以上	至少 2 门 AP 成绩达 4 分且 1 门 AP 成绩达 3 分，SAT 成绩为 1 330 分以上，ACT 成绩为 28 分以上	雅思 6 分以上

（续表）

学校	基础要求	成绩要求	语言成绩
香港教育大学	SAT：1 190分以上	至少1门AP成绩达4分且2门AP成绩达3分，SAT成绩为1 300分以上，ACT成绩为28分以上	雅思6分以上或托福80分以上
香港岭南大学	SAT：1 190分以上	至少1门AP成绩达4分且2门AP成绩达3分，SAT成绩为1 280~1 330分，ACT成绩为28分以上	雅思6.5分以上或托福79分以上

资料来源：根据各学校官网公开资料整理。

四、香港高校的本科申请（国际体系）时间轴

香港高校的本科申请要求与英国的类似，二者都强调学生的硬指标，即标化成绩与GPA，对课外活动方面的要求较少。图6-2为香港的大学本科申请时间轴。

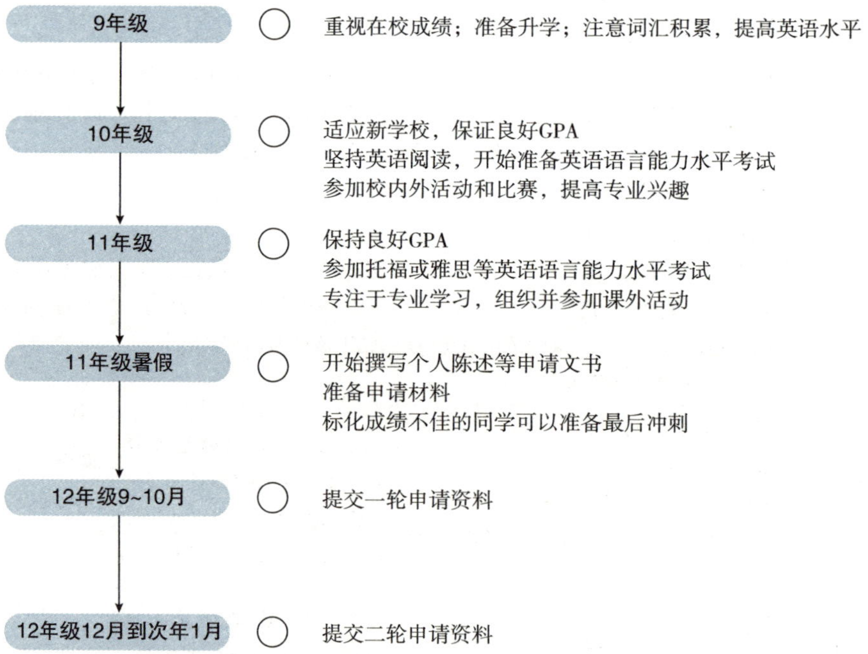

图6–2 香港的大学本科申请时间轴

第三节
留学日本——东西融汇的教育体验

中国学生一直是日本留学生的主流。日本学生支援机构（JASSO）统计的数据显示，中国在日留学生人数占所有在日留学生人数的47.1%，达到了114 255人。由于同在东亚儒家文化圈，日本有着与我国相似的文化背景和教育体系。此外，日本离中国非常近，中国学生在日本比较容易获得良好的留学体验。

日本的大学在物理、化学、医学等领域的成就被世界广泛认可，日本顶尖大学在亚洲也名列前茅，日本的诺贝尔奖得主数量居亚洲首位。由此可见，日本大学的教育质量是非常高的。在2024 QS世界大学排名中，日本有32所大学上榜。东京大学、京都大学、东京工业大学、大阪大学、东北大学、名古屋大学、九州大学、北海道大学、早稻田大学和庆应义塾大学稳居日本大学前10。

一、与中国高度相似的教育体系

日本的教育体系与中国的非常相似。日本的义务教育阶段也是从小学开始的，绝大多数小学和90%以上的初中都是免费的公立学校，学生在初中毕业后需要参加日本的“中考”。尽管日本设有培养学生技术能力的技术学校，但98%的日本初中生还是会选择就读高中。日本高中会根据学生的初中成绩、入学考试成绩和入学面试表现来录取学生。高中入学考试通常在1～3月举行，且各个学校的题目各不相同。各个区域的公立高中有统一的录取标准，而私立高中则没有这样的要求，其自行设置考卷。在完成高中3年的学业后，学生会参加日本的大学入学考试，这类似于中国的高考。

二、日本国立大学的教学质量最高

日本的大学分为三类：国立大学、公立大学和私立大学。国立大学有86所，公立大学有93所，私立大学有603所。在日本，教学质量最高的是国立大学。

日本的国立大学由政府出资并运营。日本综合排名前十的大学大部分都是国立大学，包括东京大学、东北大学等。国立大学因为直接由政府出资，所以不仅教学质量优良，学费也是三类大学中最便宜的。因此，日本国立大学的申请难度是最高的。

日本的私立大学则无政府投资，部分或全部经营费用源自学费或捐款。因此，私立大学会招收更多学生以获取学费收入。相较于国立大学，私立大学更重视社会实践活动，有更加完备的基础设施，课程设置也更加灵活且贴近市场发展。私立大学的学费基本上是公立大学的两倍以上。

日本公立大学的资金通常来自地方公共团体或者公立大学法人，因此其更容易受到地方公共团体的政治影响。相较于前两类大学，公立大学的招生规模更小，学费与国立大学基本持平。

三、日本本科的申请条件与流程

去日本读大学本科的学生需要选择以下两种考试中的一种：EJU（日本留学生考试）或 SGU（日本超级国际化大学项目）。这种体系与其他留学国家的差别很大。

（一）参加 EJU

1. EJU 简介

EJU 是为欲考取日本大学本科的外国留学生设置的语言能力以及学科基础能力测试考试。该考试每年举行两次，分别在 6 月和 11 月，学生可以参与两次考试并提交最佳成绩。EJU 的成绩是日本国立大学、公立大学在招收留学生时主要参考的成绩。

考试科目有日语、理科综合、文科综合和数学。日语考试分为听力和阅读部分（400 分）与写作部分（50 分），仅在日本本土举行。理科综合一共 200 分，学生可以从物理、化学、生物中选择两个科目，出题范围为日本高中课程内容。文科综合一共 200 分，考查学生的文学能力、辩证思维和经济、历史、社会知识。社会知识包括信息社会、生命伦理、社会保障与社会福利等方面的问题。

除了日语，其他科目都可以选择用英语进行考试，但也有一些学校不接受英语考试成绩。

2. EJU 准备工作

EJU 适合英语语言能力较弱，对用英文授课的 SGU 项目不感兴趣的学生。尽管 EJU 可以在中国内地举行，中国香港和中国台湾也设有考场，但大部分没有日语基础的学生会前往日本进行语言学习。语言学校是为留学生设置的学习日语的机构，学生每年有四次入学机会，分别在 1 月、4 月、7 月和 10 月。语言学校的学制一般为 1 ~ 2 年，课程内容不仅涉及日语，还涉及 EJU 题目，这是学生提高能力、适应新环境的过渡场所。

在确认心仪的语言学校后，学生可以向学校提交申请，并参加校方面试。面试通过后，学校会列出学生需要提交的材料，比如毕业证书、入学理由书、收入证明等，学生需要把这些材料提交至入管局等待审核。审核通过后，学生便可以缴纳学费，获取在留资格并申请签证了。

（二）大学出愿材料的准备

在日本，当得到留学考试成绩后，学生需要向心仪的大学提出申请并提交材料以备大学审查之用，有的大学还有面试要求。大部分日本大学会于 7 月至 8 月在官网公布招生简章，包含招生条件、报名费用、报考资料、EJU 分数要求和校内考试时间等内容。申请者应当按照时间表，或通过网络提交材料，或邮寄，或亲自将学校所要求的材料送到大学，这个过程叫作“出愿”。

日本大学通常要求学生提交 EJU 成绩、高中毕业证书、请愿单和报名费。有些大学还会额外要求学生提交托福或雅思成绩。申请日本顶尖大学的学生多半需要熟练掌握日语和英语这两门外语。

日本大学通常会在 11 月到次年 2 月举行校内考试和面试。大部分学校会在考试和面试结束一个月后通知学生是否被录取，而被录取的学生就可以着手准备 4 月的入学手续了。

（三）日本大学的 EJU 成绩要求

各大学有不同的录取分数线，但不会公开被录取学生的分数。日本最顶尖的两所大学是东京大学和京都大学，它们在日本的地位相当于中国的清华大学和北京大学。作为竞争最激烈的两所学校，被录取学生的 EJU 日语成绩需要达到 350 分以上（不含写作），文综在 190 分以上，理综在 180 分以上，数学则接近满分最佳。同时，这两所学校要求学生提供雅思或托福成绩，托福成绩需要在 90 分以上，雅思成绩则需要在 6.5 分以上。参加中国高考、SAT 或者 ACT 的学生也可以将此类成绩作为参考成绩提交。一旦通过了初审，学校就会要求学生在指定时间前往学校参加二轮测试。二轮测试一般考查学生所选专业的相关内容，或写一篇小论文来考查学生的语言能力。之后，学生会进入面试环节。如果成功通过了笔试和面试，学生就被正式录取了。

在日本，被称为“帝国大学”的学校除了东京大学和京都大学，还有大阪大学、东北大学、名古屋大学、北海道大学、九州大学。另外还有两所被称为“双雄”的私立大学，分别是早稻田大学和庆应义塾大学。这些学校都是被广泛认可的日本一流大学。申请这些院校的学生的总分应为 680 ~ 700 分，其中日语成绩应在 350 分左右，数学在 170 分以上，文综在 180 分以上，理综在 160 分以上。大部分学校接受超过 80 分的托福成绩或超过 6 分的雅思成绩，但是一些专业院校（比如医药学等）会要求学生有更高的英语成绩。在审核完学生提交的材料后，这些学校会向学生发出面试邀请，面试成功的学生才能拿到录取通知书。

（四）申请 SGU

1. SGU 是另一种选择

除了竞争激烈的 EJU，前往日本留学还有一种选择，那就是申请 SGU。SGU 是日本教育部门为提升日本大学的国际化程度和国际竞争力而推出的面向留学生的政策。日本政府从全国 775 所正规大学中筛选出了 37 所进入 SGU，并为它们提供了 7.7 亿日元的资助。SGU 里的大学分为两类：A 类大学和 B 类大学。

A 类大学是日本有潜力进入全球排名前 100 的大学，共有 13 所，包含 11 所国立大学和 2 所私立大学。11 所国立大学分别是东京大学、京都大学、大阪大学、北海道大学、东北大学、筑波大学、东京医科齿科大学、东京工业大学、名古屋大学、广岛大学、九州大学。2 所私立大学是庆应义塾大学和早稻田大学。B 类大学则是创新型大学，是领导日本大学国际化的大学，共有 24 所。

SGU 采取申请制，学生只需提交相关材料供学校审核，之后通过面试即可。因为以提升日本大学的国际化为目标，所以 SGU 对学生的日语水平没有要求，并采取全英文授课。学生可以直接提交托福、雅思或托业成绩进行申请。SGU 作为日本政府资助的项目，有多种类型的奖学金制度，学校可能会随录取信附赠高额奖学金。

2. SGU 准备工作与录取条件

SGU 高校的入学时间一般在 4 月到 10 月，学生可以通过学校官网递交资料。日本本地学生可以到学校进行线下面试。

虽然各 SGU 高校的侧重点和申请条件各不相同，但是它们都会要求学生满足以下三点：

- 已经完成 12 年及以上的教育并获得高中毕业证书。
- 符合要求的英语语言考试成绩。
- 有标化考试成绩，比如 SAT、ACT、IB、A-Level 等。

大部分 SGU 高校都会要求学生的托福成绩在 85 分以上，雅思成绩在 6.5 分或 7 分以上。少数接受托业成绩的学校则要求学生成绩在 800 分以上。同时，学校会对学生的高中成绩进行审查。

每所学校的 SGU 都包含不同的专业，所以专业课要求也不同。申请 SGU 的学生应提前查看学校官网发布的关于项目和专业的信息，以便做好准备。

四、日本顶尖大学的优势学科及录取条件

日本名校教学质量高，学科优势明显，所以录取条件较高（见表 6–6）。

表 6–6　日本顶尖大学的优势学科和录取条件一览表

<table>
<tr><th>学校</th><th>留学生比例</th><th>优势学科</th><th>本科报考条件</th><th>学费</th></tr>
<tr><td>东京大学</td><td>12.2%</td><td>化学、化学工程、土木工程、建筑学、历史学、物理与天文学、材料科学、现代语言文学和药理学等</td><td>日语 350 分以上（不含写作）；文综 190 分以上或理综 180 分以上；数学接近满分；托福 90 分以上或雅思 6.5 分以上</td><td>约 3 万元</td></tr>
<tr><td>京都大学</td><td>9%</td><td>中医学部、工学部和理学部</td><td>日语 350 分以上（不含写作）；文综 190 分以上或理综 180 分以上；数学 190 分以上；托福 80 分以上或雅思 6.5 分以上；有些学院对英语成绩有更高的要求</td><td>约 3 万元</td></tr>
<tr><td>大阪大学</td><td>14%</td><td>基础工学部、人类科学部、文学部、外国语学部、医学部</td><td rowspan="7">总分 680～700 分；日语 320～350 分，数学 170 分以上；文综 180 分以上或理综 160 分以上；托福 80 分以上或雅思 6 分以上，部分学院要求有更高的语言成绩</td><td>约 3 万元</td></tr>
<tr><td>东北大学</td><td>11.2%</td><td>材料、工程、物理、药理、语言学和社会学等</td><td>约 3 万元</td></tr>
<tr><td>名古屋大学</td><td>14%</td><td>工学部和医学部</td><td>约 2 万元</td></tr>
<tr><td>九州大学</td><td>12%</td><td>医学部和工学部</td><td>约 2 万元</td></tr>
<tr><td>北海道大学</td><td>18%</td><td>农学部和医学部（兽医、畜牧和水产相关研究）</td><td>约 3 万元</td></tr>
<tr><td>庆应义塾大学</td><td>5%</td><td>医学部、法学部、经济学部、商学院</td><td>约 5 万元</td></tr>
<tr><td>早稻田大学</td><td>10.5%</td><td>政治学、商学院</td><td>5 万～6 万元</td></tr>
</table>

资料来源：根据各学校官网公开资料整理。

五、日本本科留学时间轴

日本本科留学时间轴如图 6–3 所示。

入学前两年

语言学校学习阶段

1~2年

4~6月或10~12月选择学校
7~10月或1~3月向学校递交申请
1~3月或7~9月取得入学许可，办理出国手续
4月入学（学制1~2年）或10月入学（学制1年半）
参加7月或12月的JLPT（日语能力测验）考试

入学前一年

考试与申请阶段

1年

2~3月报名EJU考试
3~5月收集心仪大学资料，参加EJU考试
6~9月参加标化考试
10~11月（可以参加EJU考试）向心仪大学递交申请
12月~次年2月参加学校考试、面试
1~3月收到录取通知，准备入学

4月入学

图 6–3　日本本科留学时间轴

第四节
留学澳大利亚——黄金海岸下的自由选择

中国已连续 23 年成为澳大利亚国际学生的最大生源国。澳大利亚内政部数据显示，2023 年 1 月至 3 月，中国学生新签证批准量为 18 785 件，较 2019 年同期增长了 43.4%。澳大利亚教育部数据显示，2022 年 1 月至 12 月，共有 619 371 名国际学生在澳大利亚接受教育。其中，中国学生的人数为 156 217 人，排在第一位，在国际学生中的占比为 25%。中国学生注册高等教育课程的人数为 141 110 人，其中近一半为授课型硕士（67 302 人），四成以上为本科与荣誉学士（59 046 人），博士（5 677 人）占比 4%。

在学科专业领域，40% 的中国学生选择商务管理相关专业，人数为 57 297 人，然后依次是社会与文化专业 16 803 人、信息技术专业 15 599 人、工程与相关技术专业 12 165 人、创意艺术专业 10 177 人、自然和物理科学专业 9 413 人、建筑专业

5 831 人、教育专业 4 075 人、健康专业 3 970 人。

一、澳大利亚教育体系的特点

提起澳大利亚，大部分人会想到阳光海岸，美丽的度假胜地、自由舒适的生活。但澳大利亚能吸引众多留学生，与其完备的教育体系、相对宽松的教育氛围是分不开的。

（一）澳大利亚独特的教育体系

澳大利亚的教育体系由五部分组成：大学；由技术与继续教育学院构成的职业培训系统；为海外留学生提供英语补习课程的英语补习学校；开设商业、酒店管理、航空学等课程的私立学校；小学和中学。澳大利亚的教育体系大致承袭英国的教育系统，小学 6 年（1 ~ 6 年级），中学 6 年（7 ~ 12 年级，不分初中、高中），专科 2 ~ 3 年，大学 3 年。依据科系的不同，其学制年限也有所差异，比如文科、商科、理科为 3 年，工科为 4 年，法律为 4 年或 5 年，医科为 6 年。澳大利亚全国共有 39 所大学及 230 多所专科技术学院，学历资格被世界各国广泛认可，已先后有 13 位科学家获得诺贝尔奖，教育质量有目共睹。澳大利亚的大学教育体系根据学生个人的能力与兴趣而设，每个学生都能全方位发挥自身潜能，并将所学运用于各行各业。

（二）澳大利亚教育体系的优势与特点

“2022 全球人才竞争力指数”报告显示，澳大利亚的人才竞争力排名世界第 9，教育实力更是达到了世界一流水平。

优势一：澳大利亚的教育质量高。

澳大利亚全国共有 39 所大学，在各类世界大学排名中都表现不俗。在 2022 QS 世界大学排名中，澳大利亚有 38 所高校上榜，排名第一的是澳大利亚国立大学，世界排名第 27 位，得分 84 分。有一半以上的澳大利亚大学跻身世界大学 500 强行列，其中有 26 所大学进入前 200 名，7 所大学进入前 100 名。澳大利亚接收国际学生入澳就读已有 60 多年的历史。目前，有来自全球 200 多个国家和地区，共 50 多万国际学生在澳学习、生活。

优势二：澳大利亚教育制度弹性大。

留学生有权根据自己的需要选择申请日期、入学时间以及就读课程时间的长短，比如澳大利亚的本科生和研究生于每年 2 月和 7 月入学，个别大学还允许学生在 3 月入学。难以适应新学习环境的学生，也可以相应地延长课程的学习时间。非英语国家的学生可以选择先学习英语课程，然后再上主课。而学习能力较强的学生则可选择多修课程，比如修双学位。学生如果想早一点毕业，则可选择夏校，提前修完学分，提前毕业。

优势三：澳大利亚教育体系十分严谨。

澳大利亚政府自 1986 年便开始落实招收自费学生的政策，在此政策的基础上，澳大利亚政府对国际留学生给予了很多照顾。澳大利亚的教育体系一直非常严谨，澳大利亚政府要求所有教育机构提供给留学生的课程都要向有关部门登记、注册，并接受监管。学生如果遇到以上问题，可直接向澳大利亚政府投诉。

优势四：澳大利亚学校的录取条件人性化。

澳大利亚虽然名校众多，但是录取条件却非常人性化，以申请澳大利亚研究生为例，同样的国内大学成绩可以入读澳大利亚世界排名前 50 的大学，但却难以入读英美世界排名前 100 的大学。在语言要求方面，澳大利亚不仅认可雅思成绩，还认可托福、培生等考试成绩，且申请者无需参加其他考试，比如 GRE、GMAT 等美国研究生入学考试。澳大利亚八大名校的入学条件也不高，申请周期相对较短，十分适合想进入名校的中国学生。但需要注意的是，虽然入学门槛低于英美等国的名校，但是申请者仍然需要付出很多努力，因为澳大利亚名校都遵循“宽进严出”的规则。

二、澳大利亚高中入学较为灵活

澳大利亚的公立学校和私立学校均对国际学生开放。私立学校对学生的管理更为严格，这使得学生会有更好的高考成绩，表现更为优秀。近年来，澳大利亚高考满分的学生大多毕业于私立学校。同时，私立学校拥有更多的课外活动项目和更好的硬件设施。丰富的课外活动可以帮助学生扩展视野，掌握专长，提升社交能力，明确个人和职业发展目标。

公立学校的师资和设施是由政府资助，州教育局统一管理的，当地学生按照学区就近入学，而国际学生的申请则不受学区限制（个别学校除外）。公立学校的学费统一且性价比高，学校采用择优录取的方式录取学生。

（一）澳大利亚高中入学条件与申请要求

澳大利亚的留学目的地主要集中在维多利亚州（简称“维州”）、新南威尔士州（简称“新州”）和昆士兰州（简称“昆州”）。维州和新州拥有墨尔本、悉尼两个国际城市，可供学生选择的学校数量多，所以维州和新州是大部分家庭择校的第一选择。

对于正在国内就读高一的学生来说，如果目标是进入澳大利亚的大学就读本科课程，那么有以下三个渠道可供参考：

- 读完10年级后，去澳大利亚就读半年英文课程和两年高中课程（11～12年级），然后再进入澳大利亚的大学就读本科课程。
- 读完11年级并取得合格的雅思成绩后，去澳大利亚就读为期一年的预科课程，然后再进入澳大利亚的大学就读本科课程。
- 12年级毕业并取得合格的雅思成绩后，进入澳大利亚的大学就读本科课程。

需要注意的是，学校必须有CRICOS（澳大利亚联邦政府招收海外学生院校及课程注册登记）代码，这样学生才能注册和获得学位认证。公立学校统一使用所在州政府的CRICOS代码，私立学校则拥有各自的CRICOS代码。不同学校对招收的海外学生的年级要求不同，部分学校招收1～12年级或7～12年级的海外学生，有些学校则只招收10～12年级的海外学生。

（二）澳大利亚高中入学申请流程和材料

澳大利亚的中学主要从学术能力、英语能力、面试表现三个方面来综合考查申请人。

申请公立学校需要准备在读证明、过往两年的成绩单，申请者如果有不错的AEAS（澳大利亚教育评估服务机构为国际学生开设的考试）成绩，那么可以将其提交给学校，从而给自己的背景加分。澳大利亚的公立学校由各个州的教育部统一管理，申请材料也发往州教育部国际处，由其统一递交和处理。州教育部收到完整材料后，会与学生确认面试的时间和方式。学生如果顺利通过面试，则会收到一份语言课程和主课打包在一起的录取证明。公立学校对学生的英文水平没有明确的录取规定，但在学生正式入学开始主课学习之前，学校基本上都会为学生安排20～30周的语言课程。一些私立学校在录取海外学生时还会考查学生在体育、艺术方面的潜力和能力，并安排额外的入学测试。因此，申请私立学校的学生需要准备在读证明、过往两年的成绩单、AEAS成绩报告。申请者如果有各类竞赛活动的参与证书或获奖证书、体育和艺术方面的证书，也可以提供。私立学校均为自主招生，入学申请直接递交给学校，学生被录取后，会收到主课录取通知。如果语言成绩不满足直接入读条件，那么学生需要在开始主课学习前搭配一定的语言课程。私立学校一般通过AEAS成绩报告来考查学生的英语水平，并根据成绩决定学生是否需要学习语言课程。

需要注意的是，学生入读的主课是有年龄限制的。比如，入读 11 年级主课的学生不能超过 19 周岁，入读 10 年级主课的学生不能超过 18 周岁。同时，学生不能直接入读 12 年级。由于参加澳大利亚高考的学生在申请澳大利亚大学时要提交 ATAR（澳大利亚高等教育录取）成绩（由 11 年级和 12 年级两年的成绩转化而来），所以国际学生可以直接入读的最高年级为 11 年级，而且入读主课的时间不能少于 16 个月。

（三）高中申请规划时间轴

澳大利亚学校招收的海外学生均有限额，很多学校在前一年的名额就已经很少了。有赴澳留学意向的中学生需要尽早进行英文、学术和背景提升规划，以保证自己在激烈的竞争中脱颖而出。图 6–4 是澳大利亚的高中申请规划时间轴。

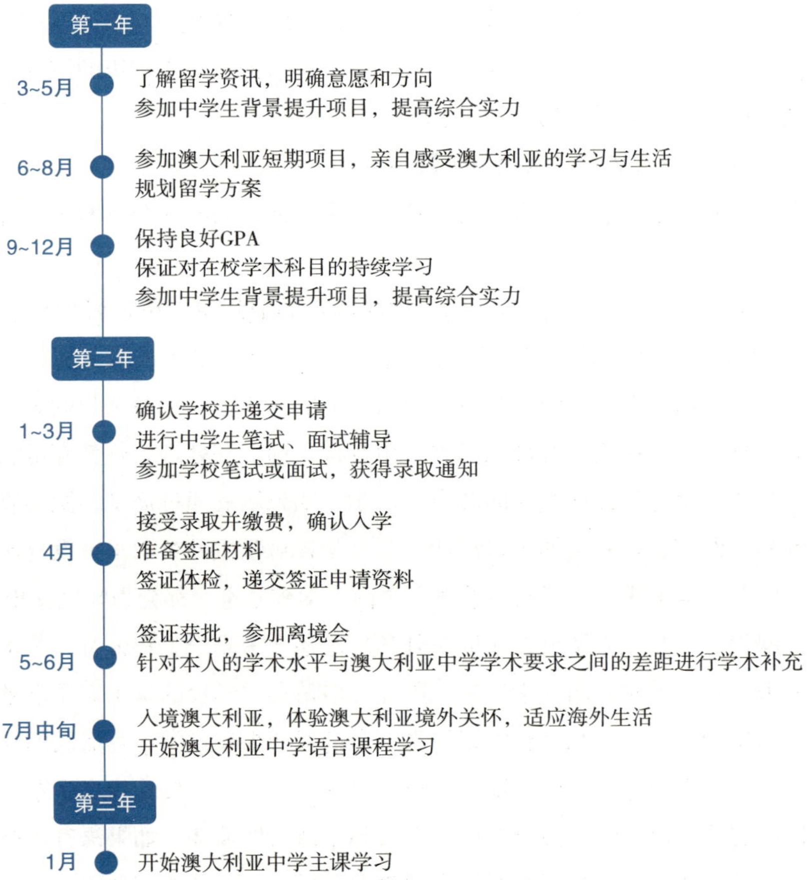

图 6–4　澳大利亚的高中申请规划时间轴（以 3 月入学为例）

三、澳大利亚本科入学政策较为宽松

澳大利亚共有 39 所大学，其中 37 所是公立大学，2 所是私立大学。从综合排名来看，有 8 所大学是教研类大学，另外 31 所是教学类大学。从学制来看，澳大利亚大学的大部分本科专业是 3 年学制（比如商科、文科、理科和计算机专业等），少部分本科专业的学制是 4 年（比如工程、法律、教育专业等），建筑学专业的学制是 5 年，医学专业一般是 6 年。

（一）八校联盟的优势专业分析

澳大利亚八校联盟（Group of Eight，简称 Go8 或 G8）又称澳大利亚八大名校或澳大利亚八校集团，是澳大利亚一个著名的高校联盟，包括澳大利亚国立大学、墨尔本大学、悉尼大学、新南威尔士大学、昆士兰大学、蒙纳士大学、西澳大学、阿德莱德大学。

除了八校联盟中的大学，澳大利亚还有许多不错的大学，学生有很多选择。但总体而言，中国学生去澳大利亚留学，基本上都选择这八大名校。这些学校各有优势专业（见表 6–7），申请者在选择学校与专业时需要认真比较。

表 6–7　澳大利亚排名前 10 的大学及其优势专业

排名	2023 QS 世界大学排名	学校	学校英文名称	优势专业
1	30	澳大利亚国立大学	The Australian National University	哲学（QS 学科排名第 3） 人类学（QS 学科排名第 6） 地理学（QS 学科排名第 7） 政治与国际研究（QS 学科排名第 11） 历史学（QS 学科排名第 12）
2	33	墨尔本大学	The University of Melbourne	法律（QS 学科排名第 12） 教育学（QS 学科排名第 12） 心理学（QS 学科排名第 17） 医学（QS 学科排名第 20） 会计与金融学（QS 学科排名第 21）
3	41	悉尼大学	The University of Sydney	体育相关学科（QS 学科排名第 4） 护理学（QS 学科排名第 12） 解剖与生理学（QS 学科排名第 12） 药剂学与药理学（QS 学科排名第 14） 法律（QS 学科排名第 16）

（续表）

排名	2023 QS 世界大学排名	学校	学校英文名称	优势专业
4	45	新南威尔士大学	The University of New South Wales	土木工程（QS 学科排名第 13） 法律（QS 学科排名第 14） 石油工程学（QS 学科排名第 17） 会计与金融学（QS 学科排名第 20）
5	50	昆士兰大学	The University of Queensland	体育相关学科（QS 学科排名第 2） 矿物与采矿工程（QS 学科排名第 4） 农业与林业（QS 学科排名第 16） 环境科学（QS 学科排名第 19）
6	57	蒙纳士大学	Monash University	药剂与药理学（QS 学科排名第 1） 教育学（QS 学科排名第 13） 护理学（QS 学科排名第 14） 矿物与采矿工程（QS 学科排名第 22）
7	90	西澳大学	The University of Western Australia	矿物与采矿工程（QS 学科排名第 5） 体育相关学科（QS 学科排名第 23） 解剖与生理学（QS 学科排名第 24） 地球和海洋科学（QS 学科排名第 30）
8	109	阿德莱德大学	The University of Adelaide	石油工程学（QS 学科排名第 10） 矿物与采矿工程（QS 学科排名第 19） 牙科学（QS 学科排名第 25）
9	137	悉尼科技大学	The University of Technology Sydney	网络安全、互联网科技
10	185	伍伦贡大学	The University of Wollongong	工程、商科、计算机、体育

资料来源：根据各学校官网公开资料和 QS 世界大学排名等整理。

（二）澳大利亚本科入学条件与申请要求

澳大利亚本科课程是由专业课和选修课组成的，某些院校还会进行独特的专业课程和学科单元设计。因此，学生在报考院校和选择专业前，十分有必要进行充分的调查和对比。

学生在完成本科课程后，可以继续修读澳大利亚的荣誉学位课程。荣誉学位课程通常是学生在本科学习中可以获得的最高级别的教育和培训资料，它将课程内容与基于实践或者基于论文的研究项目相结合，能够为学生接下来的研究生就读做准备，一般需要一年的学习周期。

澳大利亚各院校的本科录取主要审查学生的学术背景及语言水平。高中生在申请澳大利亚本科时，只要 GPA 达到意向大学的要求，就可以向该大学提交申请（见表 6–8）。若托福、雅思等语言考试的成绩未达到意向学校的直接录取标准，学生可以在入读之前进行一段时间的语言课程学习。当然，许多澳大利亚院校也开设了语言直升班，通过该班所有考试的学生无需提交托福、雅思等语言考试成绩，可以直接进行正式课程的学习。

表 6–8　澳大利亚本科院校类型及基本信息

类别	特点	学费（澳元）	开学时间
大学教育	学术水平高； 由联邦政府控制、管理，教育质量相对平均	每年 2 万~3 万	一般为每年的 2 月、7 月
职业教育	相当于国内的职业学校、技校、中专和高等专科学校； 以就业为导向； 学成后可获得大专文凭； 学制多为两年	每年 1 万~1.4 万	一般为每年的 2 月、7 月，少数为 10 月
私立商业专业学校	提供长、短期的广泛职业培训课程； 分为证书课程和文凭课程（包括电脑、商业、秘书、美容、美发及飞行员训练等专业）； 文凭课程一般是 40 周以上的课堂教学，科目广泛，以学习专业技能为主； 开设证书课程的项目和院系少，短期项目多，学生可以取得专业科目的证书文凭，以方便求职	视专业难度和授课时长而定	没有固定日期

资料来源：根据各学校官网公开资料整理。

（三）澳大利亚本科申请流程

澳大利亚的大学遵循早申请、早录取的滚动式录取原则，有些热门专业会因为申请人数过多而提前结束。因此，有申请意向的同学应尽早准备。申请本科的基本条件有四个。

- 学历要求：申请者至少是高中毕业或者大专毕业，所读的院校是经过国内教育部门认证的全日制院校。
- 年龄要求：申请者年龄要与实际情况相符合，不能太大或者太小，毕业年龄区间为 18 岁至 30 岁，若申请者超出年龄或者毕业太久，则其申请是无效的。

- 语言要求：直接就读本科的语言要求为雅思 6 分以上或托福 80 分以上，如果没有达到这个基本要求，申请者后续的日常生活和学习就会感到力不从心。
- 资金要求：资金在 60 万元左右。

（四）国内普通高中课程体系学生的申请途径及相关政策

学生不仅可以用国际高中课程的成绩申请澳大利亚的学校，还可以用国内普通高中的成绩或高考成绩申请。对于国内普通高中课程体系的学生而言，就读澳大利亚本科主要有以下四种申请途径。

- 途径一：用高考成绩直申大一。
- 途径二：用高中三年的成绩申请国际大一文凭课程。
- 途径三：用高中三年的成绩直申大一。
- 途径四：用高中两年或三年的成绩申请预科。

1. 途径一：用高考成绩直申大一

在澳大利亚八大院校中，除了墨尔本大学不承认中国高考成绩，其他盟校全都承认中国高考成绩（见表 6–9）。因此，应届高考生可凭高考成绩和雅思、托福等语言考试成绩，直接申请入读澳大利亚大学，然后用 3 ~ 4 年的时间完成本科学习。当年的高考分数一般可用于申请当年下半年的入学（7 ~ 8 月或 9 ~ 10 月的开学季），也可以用于申请次年上半年的入学（2 ~ 3 月）。由于国内高考成绩是在 6 月底公布，因此学生基本上都是用当年高考成绩申请次年上半年的入学。

表 6–9　澳大利亚部分大学对高考成绩的要求

学校	专业或学院	高考成绩要求（分数或分数在满分中的占比）
新南威尔士大学	人文、设计和建筑	70% ~ 75%
	商科	72% ~ 80%
	工程	75%
	法律和司法	70% ~ 84%
	医学和健康	70% ~ 92%
	理学	70% ~ 84%

（续表）

学校	专业或学院	高考成绩要求（分数或分数在满分中的占比）
悉尼大学	建筑、设计和规划	70%~75%
	人文和社会科学	70%~80%
	商科	75%~80%
	教育和社会工作	65%~70%
	工程和计算机科学	70%~80%
	法律	75%
	医学和健康	70%~75%
	音乐	50%
	理学	65%~80%
澳大利亚国立大学	人文和社会科学	525~615 分（满分为 750 分）
	商科与经济学	525 分（满分为 750 分）
	工程和计算机科学	525~675 分（满分为 750 分）
	法律	660 分（满分为 750 分）
	理学	525~675 分（满分为 750 分）
蒙纳士大学	艺术、设计和建筑学院	60%~65%
	人文社科学院	60%~70%
	商学院	60%~80%
	教育学院	65%
	工程学院	75%~80%
	信息技术学院	65%~75%
	法学院	80%
	医学、护理与健康科学学院	60%~80%
	药剂学与制药科学学院	65%~70%
	理科学院	65%~80%
阿德莱德大学	商科	65%
	工程	70%
	信息技术	55%
	教育类	70%
	理学	60%~85%
	音乐	55%~85%

（续表）

学校	专业或学院	高考成绩要求 （分数或分数在满分中的占比）
昆士兰大学	农业与环境	70%~75%
	建筑、规划与设计	70%~75%
	人文与社会科学	70%
	商科、经济与法学	70%~75%
	教育	70%
	工程与计算机	75%
	健康、行为科学与医学	70%~75%
	理学	70%
西澳大学	人文、商科、环境设计、音乐、理学	507 分（满分为 750 分）
	农业科学、生物医学、工程、环境科学、心理学	525 分（满分为 750 分）
	经济学	544 分（满分为 750 分）
	计算机科学	585 分（满分为 750 分）

资料来源：根据各学校官网公开资料整理。

2. 途径二：用高中三年的成绩申请国际大一文凭课程

申请国际大一文凭课程可以说是入读澳大利亚大学本科的捷径，即学生不用读预科，也不需要提供高考成绩就可以申请。学生在高三毕业后进入大学学习国际大一文凭课程，时间一般为 8 个月到 1 年。学生在完成课程并通过考试后，可以直接进入大二学习。如果本科学制是 3 年，则通过此途径来完成本科课程的总体时间依然是 3 年。各校对于申请国际大一文凭课程的要求均不同，总体而言，雅思成绩要在 5.5~6.5 分，根据学校排名，高中三年均分在满分中的占比为 65%~85%。各专业的要求也有所不同，比如新南威尔士大学要求高三均分在满分中的占比为 85%，其商科专业要求雅思不低于 6.5 分；悉尼科技大学则要求高三均分只需要达到满分的 68.5%，雅思成绩根据专业不同在 5.5 到 6 分之间。该途径有一定的前提条件，即学生需要完成国际大一文凭课程并通过考试。

开设这种课程的大学有新南威尔士大学、蒙纳士大学、阿德莱德大学、埃斯伯利学院、悉尼科技大学、麦考瑞大学、迪肯大学和格里菲斯大学等。

3. 途径三：用高中三年的成绩直申大一

澳大利亚有几所学校接受学生用国内高中三年均分申请本科，均分在满分中的占比要求为 70%～80%，雅思成绩要求为 6～6.5 分，个别学校对雅思没有要求。这是没有参加高考或高考成绩不理想的学生直接入读本科的一个选择。

开设这个入学渠道的大学有伍伦贡大学、皇家墨尔本理工大学、斯威本科技大学、西悉尼大学、邦德大学、塔斯马尼亚大学等。

4. 途径四：用高中两年或三年的成绩申请预科

学生申请预科只需要完成高二学业即可。学生需要提供高一、高二的成绩单，一般要求均分在满分中的占比为 70%～90%。语言要求为雅思 5.5 分以上或同等托福成绩，或其他语言测试成绩，部分大学接受语言内测。同时，学生需要满足申请学校的 GPA 要求，GPA 要求视所申请的学校和专业而定，难度略有差异。

接受预科申请的有墨尔本大学、悉尼大学、新南威尔士大学、蒙纳士大学、阿德莱德大学、悉尼科技大学、麦考瑞大学、迪肯大学等大学的部分学院和专业，中国学生通常不以此为主要选择。本节不做详细介绍，感兴趣的读者可在各学校官网查询。

校友视角

毛同学

墨尔本大学本科和研究生

留学让我视野广阔、目标更长远

我在墨尔本大学就读本科，专业是经济和金融（双学位），现在是最后一个学期，毕业后我会在本校就读金融专业的研究生。澳大利亚的研究生学制为 1～2 年，我可能会读一年半。

我出国留学是全家集体决定的。我小时候就觉得自己更适合国外的教育方式。我很早就有意识地进行了统筹规划，学习方法是由面到点学习。我觉得国外的教育可以让我有更多自由思考的空间。我是高二出去的，因为国内的基础教育很扎实，我在国内打下了坚实的理科基础，这令我的选择面更广。

大家可能有偏见——澳大利亚是留学鄙视链的底端。但我自己的感悟是：首先，澳大利亚文化多元，相对包容，总体环境不错；其次，老师是鼓励学生多做选择的，这让我可以更多地挖掘自己的兴趣，发现自己的天赋，同时更快掌握新知识。比如，在出国前我没有意识到自己的数学有多好，而在墨尔本大学，如果数学成绩很优秀，那么学生会得到校长的表扬，于是我居然收到了表扬信。我读的是商科，我们学院也鼓励学生进行各种探索，挖掘自己的特点，我感觉自己是在一个充满鼓励的氛围中学习、成长的。

我有一个很大的收获——自信心增长。除此之外我注意到，学到的知识可能会忘记，但系统地掌握知识的思维方式会受益终身。

我的另一个收获是学会了观察他人。从高二进预科再到申请大学，我在这个过程中发现，不同国籍的学生的特点也是不同的。中国学生在自律性和时间管理，以及理科知识掌握方面都是很突出的。在读预科时，有一门思想史类的课要求学生有很强的思辨能力，在课堂上，我感觉中国学生的回答比较僵硬，不知从何入手去辩驳。这反映了思考能力的缺失。以前我遇到有些事会觉得被冒犯，但现在我会用自己的方式进行有效沟通。

第七章

研究生留学前景广阔——美国与英国优势突出

《2022 美国门户开放报告》显示，全美研究生申请人数猛增 17%，申请研究生项目的学生人数迎来了爆发式增长，这也是最近 10 年来，研究生申请人数首次超过本科申请人数。

申请数据显示，中国的申请人数占总人数的 33%。研究生人数出现 3.6% 的反弹式增长，共 123 182 人，超过本科生人数，占中国赴美留学生总人数的 42.5%，超过 55 000 人拿到了 OPT（Optional Practical Training，可选择实习培训）。国际学生人数猛增，几乎全部来自研究生人数的增长。

为什么中国留学市场出现研究生热，并且研究生留学人数超过本科生留学人数？从中国教育部发布的数据，我们可以看到原因。

中国教育部官网数据显示：2022 年，中国有 1 076 万名大学毕业生；2023 年，则有 1 158 万名大学毕业生。2022 年全国硕士研究生报名人数为 457 万人，比 2021 年增长 80 万人，增幅为 21%。2023 年全国硕士研究生报名人数达 474 万人，同比增长 3.72%。研究生申请最卷时代已来临。与此同时，全国研究生招生数量每年仅为 120 万人左右。

这些数据表明，研究生境外留学率逐年上升的根本原因是国内 120 万研究生的招生数量远远满足不了学生的需求。境外留学率最高的 985 高校中有超过 30% 的学生选择出国留学。

除了传统的热门求学目的地，比如美国和英国，越来越多的学生开始选择亚洲地区（比如新加坡、日本与中国香港）、欧洲地区（比如德国、法国）、其他地区（比如加拿大、澳大利亚、新西兰）作为求学目的地。中国学生对研究生专业的选择趋向更为多元，包括 STEM、商科、艺术和设计等领域。学生更加注重个人兴趣和职业发展前景，选择适合自己的专业。随着留学竞争的加剧，中国学生开始意识到研究生项目申请技巧非常重要，他们开始更加注重标化考试成绩以外的背景规划，并早做准备，丰富个人经历。同时，他们也更加注重文书材料、推荐信和面试等环节的准备，以提高申请成功的概率。

本章对研究生的申请要求以及目前各大热门专业进行详细解析，并介绍了美国、英国、加拿大、中国香港、新加坡、日本、法国和德国等国家和地区的研究生项目申请的核心要素，探讨近两年的申请趋势和要求，以提供给读者清晰、专业的引导。

第一节
美国大学研究生申请人数逐年上升

美国国际教育学会与美国国务院教育和文化事务局联合发布《2022 美国门户开放报告》显示，美国持续成为国际学生最期待的留学目的地，在 2021—2022 学年，来自 200 多个国家和地区的 948 519 名国际学生在美国高等教育机构就读，相比上一学年增长了 4%。

其中，研究生人数增长了 17%，首次超过本科生人数，达到了近十年来的最高水平。研究生总人数为 385 097 人。中国和印度在美国际学生占了大多数（52%）。中国仍然是 2021—2022 学年派往美国的学生人数最多的国家，有 290 086 名学生在美国校园就读。

根据《2022 美国门户开放报告》可知，2021—2022 学年，数学和计算机科学超过工程成为学习人数最多的学科领域。与往年一样，超过一半（54%）的国际学生选择在 STEM 领域学习。超过 200 000 名国际学生学习数学和计算机科学（21%），超过 188 000 名国际学生学习工程学（20%）。其他受欢迎的学科领域包括商业和管理（16%）、社会科学（8%）、自然科学和生命科学（8%）以及美术与应用艺术（5%）。除了已注册的国际学生，还有超过 184 000 名国际学生选择了 OPT 计划。

由此可以看出，美国研究生申请在专业上的发展趋势是：STEM 专业需求将持续增长。STEM 专业在科技和创新领域拥有丰富的就业机会和广阔的前景，因此吸引了大量中国留学生。

越来越多的国际学生选择参加 OPT 计划，他们渴望在学术学习之后获得实际工作经验。STEM 专业会配有更长的 OPT 有效期，因此可能会有更多的中国留学生在申请时考虑选择 STEM 专业。

随着科技和创新的迅猛发展，对技术专业的需求不断增加，技术和创新驱动相关专业迎来大热。未来，人工智能、大数据分析、物联网、可持续能源、生物医学工程、人机交互等领域的专业将继续受到关注和重视。

此外，由于科技和时代的发展，研究生教育开始注重技术融合和跨学科研究，交叉学科兴起，所以具备综合能力和创新思维的交叉专业研究人才有望脱颖而出。

随着全球教育的国际化和学生对研究生学位的追求，美国研究生申请进入“外”卷时代已成为不争的事实。总的来说，未来 STEM 相关专业申请人数持续增长、技术相关专业大热、交叉专业兴起、商科和管理专业的受欢迎程度提升等将持续引领美国研究生申请的发展趋势。

一、研究生申请的基本原则与要求

美国大学的硕士项目申请是极具竞争性的。想要提高录取机会，学生不仅需要学术水平优异，还需要撰写有吸引力的个人陈述、递交真实有力的推荐信、拥有表现突出的研究经历和参与课外活动，并确保拥有优秀的英语语言成绩。

根据美国各大院校研究生项目的申请要求和历年来的成功录取案例的总结可知，美国研究生申请的基本原则可归纳为两个方面：硬实力和软实力的展示。

其中，硬实力包括学术成绩和标化考试成绩，而软实力则体现在申请者的学术和实践经历上。需要注意的是，研究生项目申请的导向是更加专业化且方向明确，并与学生职业发展紧密联系。因为在研究生项目的申请过程中，学生需要在文书材料中突出展示自己明确的学术兴趣和相关经历、在特定领域的研究能力和兴趣以及在实践方面的应用能力和行业经验。此外，学生还应明确展现出自己的职业发展方向，并说明研究生项目如何对实现这些目标起到关键作用。

值得注意的是，不同的专业甚至不同的项目，在软实力方面，都有很强的针对性。所以，对于如何有效展示软实力，学生需要提前做好功课。

（一）美国研究生项目申请中的硬实力和软实力

学生所有学年的学术成绩（GPA），以及标化考试成绩等都为大学的研究生招生委员会提供了一个客观的评估依据，帮助其对申请者进行筛选。

软实力，即申请者的学术经历和实践经历。尽管它涵盖了诸多方面，但科研经历是一个关键方面，能够展示申请者在特定领域的研究能力和兴趣。工作或实习经历显示出申请者在实践方面的应用能力和行业经验。

笼统来说，不同的研究生项目的考查侧重点不同。例如，在理工科研究生项目的申请过程中，评审委员会重点关注申请者的学术成绩和科研实习或项目经验，以评估其学术能力和研究潜力。泛商科的研究生项目中除了硬实力，评审委员会则特别看重申请者的充实的工作或实习经验，以及整个工作或实习过程中申请者所扮演的角色，因此交流能力、合作能力、领导力的展示是非常有必要的。招生委员会需要以此衡量其商业洞察力和潜在的职场生存机会等。具体来说，对于每个专业，学校在考核申请人的时候，侧重点都是不一样的，所以申请者应根据所申请的具体研究生项目，来合理准备和突出展现与竞向专业领域有关的优势和经历。

（二）明确的学术兴趣与相关经历

对于申请者而言，相关的研究经历和工作经验与目标学校的契合度高，通常是一种优势。在申请的过程中，学生的学术经历、实践经历、专业兴趣和职业规划都要展示出来，如果一个学生的经历看起来是连贯的，并且都与他未来的目标相匹配，那么他就能脱颖而出。

美国大学喜欢招收那些有积极、明确和真实动机的研究生项目申请者。

首先，美国名校欢迎那些对所选择的学术领域充满热情并具有坚定的学术目标的申请者。学校希望看到申请者能够清楚地表达出他们为什么对该领域感兴趣、对该领域的研究和做出贡献的愿望以及对学术成就的追求。而学生本科阶段优异的课程成绩和充分的研究经历，能够更好地展示其在目标领域的知识和技能，表明他们有能力为未来的研究项目做出贡献并积极参与目标学校的学术活动。这其实是申请者对目标院校做出的一种承诺。

当然，这并非要求申请人的每一段经历都必须与目标学校的项目直接相关。事实上，招生委员会希望招收有不同背景、来自不同文化环境和学术领域的申请者，以促进多元化和提升包容性，进而打造一个良性互补的学习生态。

即使申请人的某些经历与目标专业不完全是直接相关的，但能够展示其独特且与专业部分相关的经历和贡献，这也将为他的研究生项目申请带来巨大的益处。这些经历可能赋予学生卓越的能力，比如解决问题的积极性和良好的沟通能力。无论这个学生申请哪个专业，学校都会欣然接纳并看重这些经历，因为学校知道这些能力在该学生的研究生学习中将发挥重要作用，并为他的未来职业发展打下坚实的基础。

（三）合理清晰的职业规划和目标

美国大学非常看重申请人的职业规划和目标，它们希望看到申请人能够明确展示出自己的职业发展方向，并说明研究生项目如何对他们实现这些目标具有关键作用。在申请研究生项目的过程中，学生需要有合理、清晰的职业规划和目标，这是常常被其忽略的一部分。申请人需要能够将研究生学位与自己的长远职业规划连接起来，并展示出他们对所选择的专业的未来发展前景的理解。

如何在申请阶段就能够构建自己的职业未来呢？显然，这不仅仅依赖于校内的课堂学习。学生需要在整个大学时期积极参与社会实践和科研，以获得丰富的经验和知识。通过这些实践和科研活动，学生能够收集信息并发展出自己对目标专业的兴趣。同时，通过与职场中的专业人士或实验室中的教授接触，学生也可以获取最前沿的行业动态和专业资讯。此外，通过寒、暑假或平时的实践和科研，学生还能亲身体验具体的工作，从而更好地了解专业领域的核心工作。

总而言之，申请人在申请阶段想要展示自己的职业规划能力，需要积极参与社会实践和科研活动，与专业领域的人士互动，这些经历将有助于他们形成明确的职业目标，以及提交给学校一份翔实的申请材料。

（四）美国研究生项目申请的标准与要求

在美国研究生项目的申请过程中，不同的学校、不同的专业项目的申请要求都是有所区别的，不同学院的同一专业的要求也有所不同。本书在这里只介绍最常规、最普遍与最重要的要求（见表 7–1），学生只要满足以下条件，基本上大部分的研究生项目都可以申请到。

表 7–1　美国研究生项目申请要求表

要求	具体内容
学术资格	研究生项目通常要求申请人满足该项目特定的学术标准，比如要求学生持有本科学位或同等学历，且该学位由认可的机构颁发。而申请者的本科成绩，即 GPA，是一个非常重要的考量因素。不仅成绩很重要，成绩单上的课程是否足够满足该项目的要求和偏好，也会影响申请的结果 除此之外，有的美国院校还额外要求中国的申请人做成绩认证，要求申请人的成绩单经过教育部以及美国认证机构的认证，并计算 GPA
标化考试	许多研究生项目要求申请者提交标化考试成绩，具体的考试要求因专业而异，例如 GRE 通常用于文理、商科等各个专业领域，而 GMAT 适用于商科相关项目，LSAT 适用于法律专业 此外，国际学生可能需要提交托福或雅思等英语水平考试的成绩 较少的专业项目需要学生提交 GRE 学科考试成绩，这是针对某些特定学科领域的考试，例如生物、化学、文学、数学、物理等。它的目的是评估考生在特定学科领域的专业知识和理解能力 无论是 GRE，还是 GMAT，考试成绩在不同学校和不同专业有不同的重要性。一般来说，高分可以增加申请者被研究生项目录取的概率，也可以在获得奖学金和助学金方面提供竞争优势

（续表）

要求	具体内容
推荐信	申请者通常需要提交推荐信，由能够评估其学术能力、工作态度和在研究生学习中的潜力的人撰写。这些推荐信最好来自了解申请者资质并能够提供有意义的见解的教授、研究导师或雇主 对于不同的研究生项目，推荐信的作用是不一样的，而推荐人的评价和态度，以及是不是强力推荐，对申请结果也有较大的影响
个人陈述	申请人需要提交个人陈述或目标陈述，主要内容是申请人阐述他的学术和职业目标、追求研究生项目学习的动机以及该项目与其职业规划的契合度。个人陈述通常包含申请者的背景介绍、学术经历、专业兴趣、研究兴趣、个人成就以及未来规划等内容
简历	申请人需要提交一份简历，以全面总结自己的学术成就、工作经历、研究项目、出版物、计算机技能以及其他相关成就 这份简历应该组织有序、简明扼要，以清晰而有力地展示学生的过往成就
面试	部分学校要求学生参与网络面试，以评估学生的真实动机、经历或者英语水平
其他材料	例如，艺术类专业要求申请者提交作品集，部分专业（多为文科类专业）要求申请者提交写作样本等

资料来源：根据美国各大学官网公开资料整理。

（五）美国研究生申请规划时间轴

美国研究生申请较为复杂，想要申请到一个理想的研究生项目，学生需要提早做准备，尽早开始全面的课程规划和科研实习规划（见图 7–1）。

二、课程规划和科研实习规划是两大核心

课程规划和科研实习规划是研究生申请特有的环节。在美国的研究生项目申请过程中，学生需要明确地向学校阐述自己的学术目标和职业目标，同时展示自己在大学期间，为了这个学术目标以及职业目标所做的准备。除了标化考试成绩，学生还要在文书材料中介绍自己科研和实习等实践经历。由于研究生的学习方向是更加专业、具体的，为了避免在申请季没有达标的课程和科研或实习经历，学生需要从大一就开始规划整个大学四年的课程和活动。

大一学年

- **9月到次年6月**
  - 初步确定专业方向
  - 进行英语语言考试方面的准备
  - 与专业顾问一起做好课程规划，优化课程结构
  - 保持优秀的GPA
- **7~8月（大一暑假）**
  - 利用暑假进行强化学习和参加英语语言考试
  - 进行初阶实习或者科研

大二学年

- **9月到次年1月（大二上学期）**
  - 保持良好的GPA
  - 抓住校内科研机会
  - 申请暑假科研实习
  - 继续参加英语语言考试刷分
- **2~4月（大二下学期）**
  - 结合自身的背景、个人兴趣爱好和职业倾向，确定大致申请方向
  - 继续投递暑假科研实习
- **5~6月（大二下学期）**
  - 深入了解学校专业课程设置和选修课程设置及要求，制订背景提升方案和整体申请规划
  - 保持良好的GPA依旧是重点
- **7~8月（大二暑假）**
  - 对于弱项课程及课程规划中需补充课程，可以参加夏校以进行学分补充
  - 继续参加托福、GRE刷分
  - 参加中阶暑期科研或者专业相关的实习，并建立良好关系

大三学年

- **9月到次年1月**
  - 做好课程规划，选好高阶课程，但保证优秀的GPA，毕竟大三的GPA最为关键
  - 继续跟进校内科研实习机会，争取获得推荐信
  - 申请暑假科研以及暑期实习
  - 在校或寒假期间，集中参加专业相关的活动、科研或实习
- **3~5月**
  - 保持优秀的GPA
  - 继续申请暑假科研以及暑期实习
  - 博士或研究型硕士项目的申请人可以根据申请方向，筛选专业匹配的项目与导师，并开始套磁
- **大三下学期**
  - 建立与教授、学术指导的联系，争取拿到他们的推荐信
- **6~8月（大三暑假）**
  - 参加高阶及深度科研和实习，这是大学生涯最为重要的一次科研和实习
  - 开始向大学老师以及科研、实习的导师争取推荐信
  - 如有成果，及时发表，并参加国际会议
  - 未发表文章的话抓紧时间修改并投稿
  - 未参加标化考试，或标化考试成绩不理想，可以继续刷分
  - 确定最终要申请的研究生学校和项目
  - 收集文书素材

大四学年

- **9月到次年1月**
  - 依旧保持优秀的GPA，继续科研与实习
  - 用心打磨文书，递交院校网申材料，参加学校面试
- **1~3月**
  - 跟进院校申请状态，补充申请材料
  - 完成申请的收尾工作
- **3~4月**
  - 收到录取通知书，确认入学院校
  - 申请I-20，提供资产证明，尽管大部分学校对冻结时间不做要求，但金额要覆盖第一学年的学费和生活费
- **5~7月**
  - 办理留学签证，打疫苗，进行行前准备
- **7月底**
  - 支付学费（支付方式多为电汇）
- **9月**
  - 入学

图 7–1　美国研究生申请规划时间轴

随着美国研究生项目申请越来越“卷”，近两年，科研、实习经历成为美国研究生项目申请的标准配置，很多人都已经不再对这个概念感到陌生。然而，面对社会上关于科研或实习的各类信息的轰炸，分辨有效信息就变成申请的难点。很多申请人可能花费了大量的时间和金钱，而其所参加的科研或实习活动却与自己目标专业的方向并不吻合。也就是说，并不是所有的科研和实习都是有助于学生申请的，无效的经历不但没有帮助，反而可能产生负面效果，这需要学生根据所就读的学校的课程体系以及未来申请专业方向，进行合理的科研或实习规划以及时间规划。

（一）完整的课程规划代表着扎实的学术基础

课程规划一般是指在留学申请中，学生的目标专业是热门的交叉学科，除了本专业的学习，学生可能还需要学习其他相关课程，或是学生想要跨专业申请研究生项目，而这需要提前做好准备，以满足目标专业的前置课程要求。

除此之外，课程规划也适用于选课非常自由的大学，而学生尚且没有确定自己的目标专业，于是希望通过课程规划在低年级逐步探索自己感兴趣的专业。美国的大学都有独立的课程体系，并且同一专业在不同的大学有不同的课程结构与课程内容。学生与家长通常有一定的选择误区，对未来所申请专业的课程要求并不了解，进而导致因课程结构规划不当而不具有竞争力。

课程规划的不同，从申请金融工程和金融数学这两个热门专业的要求可见一斑。金融工程和金融数学属于交叉学科，它们都融合了金融学、数学、统计学和计算机科学等多个学科的知识。学生如果只专注于一个专业的学习，显然无法满足这个专业的研究生项目的申请条件。下面以美国著名的加利福尼亚大学伯克利分校的金融工程研究生项目的申请要求为例（见表 7–2）。

表 7–2　美国加利福尼亚大学伯克利分校的金融工程申请要求

<table>
<tr><th>硬性条件</th><th>推荐条件</th></tr>
<tr><td>GMAT 或 GRE 成绩优异</td><td>有统计分析和经济计量学方面的工作或实习经历，会使用 SAS、Gauss、RATS、S-Plus 以及 GARCH 等统计软件</td></tr>
<tr><td>拥有扎实的数学基础，包括线性代数、多元计算、微分方程、数值分析以及高级统计与概率论</td><td rowspan="3">金融工程领域相关项目的研究经历</td></tr>
<tr><td>具备计算机编程能力，掌握 C++ 和 Python 等语言</td></tr>
<tr><td>英语写作、演讲和简报技能</td></tr>
</table>

资料来源：根据加利福尼亚大学官网公开资料整理。

由表 7–2 可以看出，除了金融学，金融工程研究生项目对申请者的数学、计算机、统计，甚至计量经济学相关知识和经历都是有要求的。由此可确定学生未来要规划的课程需包括金融、数学、统计、计算机、经济这五个核心领域。

基于官网的要求，有几个领域的核心课程也需要跨学科选修，比如计量经济学、统计学、Python 编程课、金融建模课等。通过查缺补漏，申请者应尽可能地完成学校明确要求的多变量微积分、线性代数、偏微分方程、数值分析、高级概率统计的课程学习，并拿到 B 以上（80 分以上，如果是百分制的话）的成绩（这只是最低要求，事实上，申请金融工程专业的学生通常要有非常高的 GPA，才会有竞争力）。

因为金融工程和金融数学专业对计算机技能的要求高，所以申请者还需要在科研和实习中，积累更多的 Python、金融建模等相关经验和知识。

除了金融数学和金融工程专业，近年来很热门的商业分析专业也是一个交叉学科。

比如美国加利福尼亚大学洛杉矶分校的安德森商学院的 MSBA 项目就要求申请人具备很强的量化背景。MSBA 项目要求的先修课程包括线性代数、多元微积分、统计和概率论、SQL、R、Python 等。所以申请者需要在本科阶段，提前规划好这些必修课程，如果学校不允许补选课程，则可以通过一些网课来弥补，但需要注意的是，网课需要有学分。

在麻省理工学院的商业分析研究生项目的申请要求中，学校也明确提出需要申请人详细列出在计算机编程、数学、统计以及机器学习方面的课程学习情况。学生如果确定要申请商业分析研究生项目，就必须早做准备，提前规划选课（至少包括这几门先修课），同时通过学校内的跨学科选课或者带学分的网课等进行课程储备的提升。

此外，合理规划这些课程的上课时间也至关重要。考虑到某些专业可能有前置课程，为了能在向学校提交成绩单之前顺利完成这些课程，学生需要提前了解课程设置和先修要求，然后建立一个有序的学习路径，确保课程学习的连贯性和逐步进阶。这能使学生在学习过程中打下前置课程的基础，逐渐适应难度增加并克服这一挑战，提升自己的学术能力和适应能力，从而更顺利地应对更高阶课程的挑战。

同时，通过合理的时间规划，申请者可以避免因课程安排不当而导致的时间冲突或课业负担过重的问题。

（二）明确的科研或实习规划能提升竞争力

有效的科研或实习规划是非常有必要的，而科研或实习的方向必须是与学生目标专业相符的，并且科研或实习的时间合理，不能以影响学生成绩为代价。在本科阶段到底是安排实习还是科研？这与所申请专业的方向有很大的关联，但一个基本原则就是理论性强的专业重科研，应用性强的专业重实习。比如对于金融领域相关专业，就是实习比较重要。而对于经济学、历史等专业，要兼顾科研与实习。如何做有效的科研或实习规划呢？以下为科研或实习的申请步骤以及核心注意事项。

1．合理规划科研或实习的方向

合理规划科研或实习方向的一个重要原则就是其要与未来申请专业的方向完全契合。如果学生的目标是申请金融工程专业，那么学生的实习或科研经历就需要尽可能地和金融工程相吻合，所有的科研或实习都必须是与未来申请专业紧密相关的。比如在投资银行、保险公司、资产管理公司和金融科技公司等组织实习，让学生有机会参与各种金融项目和活动，例如建模、风险评估、投资组合产品分析、金融数据分析等。

这些经历都可以帮学生对金融市场和金融产品等有更深入的了解，学生可以通过实践将课堂学习的知识应用到真实的经济社会中，进而补充金融知识，提升计算机技能，并拓宽自己的专业眼界。

每一个专业的科研或实习方向都大不相同，因此不能一概而论，需要根据具体情况来具体分析。

2．合理规划科研或实习的时间

科研或实习的时间分为暑假、寒假或者平时。在美国，大部分公司都提供暑假实习机会，学生如果想要找暑假的实习，往往在刚进入前一年的秋季时就要开始申请当年暑假的实习了。准备材料的时间尤其要早，而许多学生快进入暑假了才开始准备申请暑期实习，其实已经非常晚了。

学生如果想找到很好的科研或实习机会，最晚也要从寒假开始就在学校官网或其他渠道上进行筛选和投简历，因为在目前的全球经济形势下，广撒网是一个基本的原则。

科研或实习的基本原则是，从大一到大三暑假，先泛后专、先易后难、循序渐进。在科研或实习单位方面，大机构、高匹配度是最佳选择，学生不能盲目追求名气大的实习单位，主要是看实习岗位的专业相关性，因此有时匹配度高的小公司比匹配度不高的大公司要有更高的含金量。

另外，学生也需要注意实习和科研的时间不要和自己课程学习的时间冲突。有些科研是可以在学期内进行的，这就需要学生合理分配时间，在不影响自己学习成绩的前提下，完成教授的要求。

3. 科学申请实习和科研的步骤

对本科生来说，申请实习和科研是较为烦琐的，本书在这里列出申请实习和科研的主要步骤（见表 7–3 和表 7–4）。

表 7–3　申请实习的主要步骤

申请实习的步骤	主要内容
寻找实习机会	浏览招聘网站，参加学校的春、秋季招聘会，咨询学校职业咨询中心，从教授或学长、学姐处获得信息
准备申请材料	提前准备好个人简历、求职邮件 需要确保简历内容准确，清晰地展示自己的教育背景、技能和相关经验；求职邮件内容突出自己的动机、热情、兴趣和适应能力
提交申请材料	如果有网申的话，需要根据公司要求，通过在线申请系统或电子邮件提交申请材料，格外注意提交时间和细节不要出错
准备面试	收到面试邀请后，提前准备好文稿，回答常见问题 在面试过程中向面试官展示自己的经历、技能和适应能力，突出自己的独特优势及其与实习岗位的匹配度 提前准备好向面试官提问的问题
接受实习机会并跟进	及时确认、回复实习机会的录取通知 与实习导师或相关负责人沟通实习细节

表 7–4　申请科研的主要步骤

申请科研的步骤	主要内容
寻找导师和研究机会	查看学校学院的教授简介或者研究实验室、科研项目中的教授简介，寻找自己感兴趣的教授
准备申请材料	准备个人简历和求职邮件 突出展示学术成绩、研究经验、技能和动机
提交申请材料	通过电子邮件或在线申请系统提交申请材料 在邮件中表示出强烈的兴趣和动机
准备面试	提前准备回答与研究兴趣、学术经历和适应能力有关的问题，了解导师或项目的背景，表达出对他们的研究兴趣和对项目的兴趣 保持积极的沟通，及时回复邮件并展示出对科研的热情和学习态度

4. 科研或实习中需注意的事项

与导师、上级、同事友好相处。在实习期间建立良好的工作关系至关重要，同时有助于获得更多的工作经验和建立人脉关系。在实习或者科研期间，学生一定要积极与导师和同事进行交流，有问必答，事事有回应，同时询问他们对自己实习表现的反馈和意见。这对未来的职业发展非常有帮助，可以帮助自己扬长避短。无论在哪个国家，良好的沟通能力与负责任的态度都是职业人士的基本素养。

完成实习或者科研报告。每周实习或者科研都需要小结式记录，学生在实习或者科研结束后，要撰写实习或科研报告，总结自己的实习经历和取得的成果。在报告中，学生要详细展示自己在工作期间所做的事，并思考是否有改进的方案，通过复盘来提升自己。

提高自我学习的能力。在实习或者科研期间，学生要积极主动地学习和掌握新的知识和技能，不断提升自己的专业素养和工作能力，不断进步和成长。

保持积极的态度和职业道德。在实习或者科研期间，学生要保持积极的工作态度和职业道德，遵守公司或者实验室的规章制度，尊重他人的不同意见，同时努力完成分配给自己的任务，并且乐于接受新的挑战和责任。

（三）全链条规划跑赢全场

随着美国研究生项目申请难度的增加，唯有提早开始全链条规划才能跑赢全场。在竞争日益激烈的大趋势下，硕士研究生项目所要求的硬性指标和软性指标越来越高。如何应对这种严峻的形势呢？学生只要把每一年的课程规划和时间安排做好，每一学年都踩准节点，那么在大四时拿到目标学校的录取通知就是水到渠成的事情了。

学生在大一就要开始做全方位规划，但一切规划的前提是确保 GPA 优秀，也就是说 GPA 是“1”，其他各种考试成绩及软性指标就是它后面的“0”，所以每学期专业的课程规划必须跟上。由于美国大学本科体系的复杂性，不同大学的相同专业、相同大学的不同专业的课程规划千差万别，所以学生必须自己做研究或者与专业背景极强的顾问进行讨论。再次强调，课程规划每学期都要做，GPA 每学期都要保持好。

学生在大一暑假，补充相关的课程内容，同时有机会可以参加基础实习或科研，但要有具体任务。因为大一课程的知识含量少，学生只能做最基础的工作。

学生在大一与大二期间，要利用一个假期的时间通过 GRE 考试。学生在大二暑假必须进行专业方向强相关的实习或科研，至少 2 ~ 3 个月，要做具体的事情，不要“打酱油”。“打酱油”的实习或科研是毫无意义的，在研究生项目申请的简历筛选和面试环节就会露底。

学生在大三与大四进入高阶课程学习，在选课上，一定选择与即将申请的研究生项目专业高度相关的课程。这需要学生在学校官网上进行详细、认真的研究，切勿有惰性，切忌将一切工作交给家长或者留学顾问。这项工作必须学生亲自、认真、详细地做，在做研究的过程中了解和认识学科与自我。

对于高阶课程，尤其是理工科专业，会有许多大作业，也就是我们所说的校内项目，这必须引起重视。在某种程度上，它可以弥补科研实习不足的状况。

大三暑假是最重要的一个暑假，因为无论是实习还是科研都进入了大学四年里最深入、与专业相关性最强的实习或科研阶段，此阶段也是拿到校外推荐信的重要阶段。

大三对于申请博士生项目的学生来说尤为关键，学生要在认真研究各校导师的基础上，选择与自己兴趣专业相关的学校与教授，并通过参加学术会议、申请实习机会等方式与教授取得联系，以充分展现自我。这是一个很重要的环节，也是我们通常所说的建立人脉和关系，让未来的导师充分了解学生的环节。

学生在大四进入申请季。在此阶段，除了开始进行文书等申请资料的准备，重要的是继续保持 GPA，继续进行科研或实习，这些都会给学生的申请加分。

做到以上几点，大四拿到理想学校的录取就是水到渠成的事。

（四）全程规划中的金融节点

研究生项目申请不同阶段的金融需求：

11 月 1 日前开具资产证明（只有部分学校要求）。

3 ~ 4 月开具存款证明，以办理 I–20（通常对时长没有要求，可以开具时点证明，即截至目前存款有多少）。

第一年的学费和生活费不低于 70 万元。

三、美国研究生申请热门专业深度解析

研究生申请本质上就是一个重要的决策过程，学生需要认真评估自己的兴趣和能力，并了解不同专业的研究方向、就业机会和课程设置。通过深入了解热门专业，学生能够更准确地确定自己的职业目标，并制定有针对性的申请策略。同时，学生越早探索自己感兴趣的专业，就能越早明确自己的职业目标，这对于选择最适合自己的学校和项目至关重要。

当早点确定自己的申请方向时，学生可以更充分地准备申请条件中的科研和实习活动，从而向目标院校展示与所申请专业有关的学术背景和工作经验，以进一步提高录取概率。

此外，熟悉热门专业还有助于学生在个人陈述、推荐信和面试等环节展示出专业素养和学术热情。了解专业的重要概念和最新发展趋势，能够使学生在与招生委员会交流时展现更深入的见解和思考能力。

本节着重讲述目前研究生项目申请的热门专业：商业分析、统计学、数据科学、电子和计算机工程、金融工程、金融、经济、公共政策或公共管理、计算机。本节将从专业分析、就业方向、美国知名大学培养计划等方面对此进行解析。

（一）商业分析

1．商业分析：数据浪潮的弄潮儿

在大数据的浪潮中，数据蕴含着无尽的价值。为了发掘这些价值，并将其转化为对商业决策的有力支持，商业分析这门交叉学科就此诞生。

现如今，美国的大型企业对数据的依赖度越来越高。为了落实商业决策，企业需要商业分析师来进行数据分析。而随着技术的不断发展和数据科学的广泛应用，企业对如何处理繁杂、庞大的数据和利用数据科学分析的需求也在不断增加。因此，商业分析专业旨在培养具备收集、分析、解释和解决企业数据问题的数据科学家，从多个层面的理解和分析中为企业提供决策支持。

随着大数据时代徐徐拉开序幕，一张宏伟崭新的经济发展和社会进程蓝图呈现在眼前，应运而生的商业分析专业毕业生则一跃成为时代的弄潮儿。他们似乎蕴含着无尽的能量和无穷的可能性，成为越来越受欢迎的人才。他们开始成功融入美国顶尖公司，并在这些公司中发挥着关键作用。

麻省理工学院对数据分析项目的定义十分精准："应用现代数据科学、优化和机器学习的工具，解决现实世界中的商业问题。"而南加利福尼亚大学的 MSBA 项目则围绕商业、编程和统计三大方向展开教学。

简言之，商业分析专业是一个涵盖商业、数据科学和管理的专业，旨在培养学生精通商业分析、数据科学与决策支持等技能，从而能够在商业领域提供基于数据的商业战略和管理解决方案。

2．商业分析：有无限可能的职业未来

在谷歌、IBM、百度等为人们所熟知的互联网科技公司，数据的价值得到了充分的挖掘，因此商业分析在互联网领域有众多岗位选择（见表 7–5）。

表 7–5　商业分析专业在互联网领域具体岗位一览表

岗位名称	职责描述
数据分析师	收集、处理、分析大量数据，并为公司提供决策依据和解决方案
数据科学家	设计和实施机器学习算法，以建立数据模型进行数据分析
信息系统经理	管理公司信息系统中的数据，提高公司信息化水平
算法工程师	设计、开发和实现算法，并将其应用于数据处理和分析

资料来源：根据各公司官网公开资料整理。

在金融行业每天都有大量的数据需要处理和分析，所以商业分析专业的毕业生在金融领域有非常多的就业选择（见表 7–6）。

表 7–6　商业分析专业在金融领域具体岗位一览表

岗位名称	职责描述
数据分析师或数据科学家	负责金融数据的收集、清洗、整合和分析，提炼数据价值，为业务决策提供支撑
投资经理或研究员	分析金融市场走势，寻找投资机会，制定投资策略，管理投资组合，推进资产的范围和价值增长
金融产品开发管理师	借助商业数据挖掘和分析技术，开发新型金融产品或对已有产品进行创新
金融风险分析师	研究金融市场动态和行情，分析公司和投资产品的金融风险，制定风险控制策略和投资建议
信用风险分析师	评估客户和企业的信用风险，根据信用状况和还款能力制订信贷方案和明确信用额度
操作风险分析师	研究和分析公司的业务流程和操作流程，识别和评估可能出现的操作风险，制订相应的风险管理措施和应对方案

资料来源：根据各公司官网公开资料整理。

商业分析最初就是应用于市场营销领域的。随着市场营销的发展，对于市场分析、用户分析、用户行为分析等方面的需求不断增长，商业分析专业能够准确地满足这些需求（见表 7–7）。

咨询行业也是商业分析专业非常适合的就业方向之一（见表 7–8）。

在制造、快消零售等行业，商业分析师也发挥着重要作用，能够帮助企业了解市场趋势、优化产品和服务，从而以数据驱动的方式改善商业决策（见表 7–9）。

表 7–7　商业分析专业在市场营销领域具体岗位一览表

岗位名称	职责描述
业务分析师	通过对公司业务和客户需求的深刻理解，协助产品和运营团队撰写商业计划书和推广方案，帮助公司更好地规划和实现商业目标
市场分析师	了解和分析市场需求与用户行为，帮助公司做出更好的市场定位和决策，推动公司市场份额和品牌价值的提升
用户研究员	深度挖掘用户需求和产品使用行为，协助产品和运营团队设计更好的用户体验和服务，帮助公司提高用户留存率和满意度

资料来源：根据各公司官网公开资料整理。

表 7–8　商业分析专业在咨询领域具体岗位一览表

岗位名称	职责描述
策略咨询顾问	提供高层次的战略分析和咨询服务，为企业的决策提供决策支持和明确战略方向
业务咨询顾问	提供独立的业务咨询服务，协助企业提高业务效率和创新能力
人力资源咨询顾问	提供人力资源战略咨询和招聘服务，协助企业优化人力资源管理和发展
营销咨询师	提供营销咨询和营销策略服务，协助企业提高品牌影响力和市场份额
数据分析师	深入分析客户数据，挖掘潜在商业价值和机会

资料来源：根据各公司官网公开资料整理。

表 7–9　商业分析专业在制造业、快消零售等领域具体岗位一览表

岗位名称	职责描述
供应链分析师	跟踪和分析供应链的整个过程，包括物流、采购、仓储等环节，以提高供应链效率并减少成本，掌握供应链原理和数据分析技术，能够及时调整采购和物流策略
商品分析师	分析商品的销售数据、消费者需求和竞争情况，以制定商品上市策略和推销活动
客户分析师	分析客户数据库，挖掘客户价值和行为模式，以提高客户留存率和忠诚度
生产成本分析师	负责分析制造类企业的生产成本，包括原材料采购、生产过程、成品质量等，以提高生产效率和减少成本。生产成本分析师需要熟知生产制造流程和精通数据分析方法，能够制定有效的成本控制策略

资料来源：根据各公司官网公开资料整理。

商业分析是一个充满无限可能性的专业，该专业的毕业生无论是在互联网、金融、市场营销、咨询，还是在其他行业，都有广阔的就业前景，用专业技能实现数据的商业价值。根据 PayScale 发布的 2021 年调研数据可知，在美国，商业分析专

业毕业生的平均年薪约为 75 000 美元至 90 000 美元。

商业分析专业的毕业生可以在许多知名的美国企业中找到就业机会，例如摩根士丹利、雅培、谷歌、微软、倍耐力等。

3. 商业分析专业培养方向：商业智慧和数据分析能力

目前美国大学的商业分析专业旨在培养学生的商业智慧和数据分析能力，以满足日益增长的商业、金融和行业应用的需求。

以纽约大学的商业分析研究生项目为例（见表 7-10），来列举该专业研究生主要学习的知识和技能。

表 7-10 纽约大学商业分析研究生项目的核心课程表

课程名称	课程介绍
商业分析入门	包括数据挖掘和数据挖掘过程、预测建模简介、数据拟合和过度拟合、模型测试、交叉验证和学习曲线、模型性能分析、贝叶斯推理和文本分类等
R 与 Python	介绍这两种编程语言在数据处理上的应用
数字营销应用	讨论电子商务中已经实现的新商业模式，分析这些技术和商业模式对行业、公司和人们的影响
数据决策模型构建	培训学生将现实世界的问题转化成数据模型，并利用这些模型做出更好的管理决策（可能会使用 Solver 和 Crystal Ball 等工具）
大数据分析	运用大数据分析的各种尖端信息技术进行深入实践探索
商业分析数据库	学习数据库的结构和如何编写用于检索数据库中数据的 SQL 查询
机器学习	用 R 进行数据挖掘
数据驱动下的商业决策	如何使用数据来制定商业决策，回归模型开发
运营分析	学习处理大型数据源的运营模型和技术
数据可视化	学生将学习视觉表达方法和技术，以增加对复杂数据和模型的理解。重点放在识别跨类别、空间和时间的数据集中的模式、趋势和差异上。学生将使用几种工具来提炼其数据并创建可视化，这些工具包括 R 或 RStudio、Python、Tableau、ThinkCell for PowerPoint、Geocodio 和 Excel
网络分析	将最先进的网络科学研究转化为可行的分析策略，以处理大型、网络化、文本密集和非结构化的数据
风险决策	丰富学生对商业分析技术的了解，如何构建具有随机参数（例如，随机需求、价格等）的优化模型
收益管理与定价	收益管理与定价（RMP）着重研究企业如何在不同销售渠道上管理其定价和产品可用性政策，以最大化业绩和盈利能力

（续表）

课程名称	课程介绍
人工智能	通过基本 AI 概念、实际商业应用和现代 AI 框架（比如 Weka）的实践经验，向学生系统介绍 AI 的最新发展
战略、变革和分析与决策	通过外部分析、竞争对手分析和机会分析等做战略决策

资料来源：根据纽约大学官网公开资料整理。

（二）统计学

1. 统计学：见微知著

统计学是一门关于数据收集、整理、分析和解释的学科，旨在帮助企业和政府深刻理解和解释数据，实现准确预测、科学决策、持续改进和科学评估等目标。

统计学可以借助数学理论、计算机技术等多种工具，对数据进行深入挖掘，从中获得有价值的信息和洞见，从而推动各种决策遵循科学化、精细化路径。同时，统计学为很多领域的学科和社会工程提供支持，以及为生命科学、金融、社会学、教育等提供关键数据资源。

统计学人才对社会的价值突出，他们可以通过有效地分析和解释数据，为公司或者政府组织推进目标，制定战略，减少浪费和风险，提高效率和效益，以及改善人们生活和优化社会。他们宛如数据之间的翻译家，在无穷尽的数据流中寻找蛛丝马迹，揭示规律，更好地协助决策者捕捉瞬息万变的市场机遇。

2. 统计学就业方向：用数据描绘未来的人才

随着信息化和智能化的快速发展，统计学人才的就业前景越来越广阔。企业和政府机构对统计学人才的需求持续增长，相关职位的供需关系非常乐观。他们在市场分析、数据挖掘、金融投资、风险控制、公共政策制定等方面扮演着举足轻重的角色。

此外，科技公司、研究机构、科研院所等也需要统计学人才提供数据分析、建模和决策支持等高端服务。

因此，统计学人才具备极高的就业竞争力，可以在多个行业找到就业机会，包括互联网和 IT、金融、政府部门和公共机构、教育、社会学、市场、医药和生物科技领域，以及传统生产行业等。

现如今，互联网和 IT 行业有许多数据统计和数据分析的岗位（见表 7–11 和表 7–12）。

表 7-11　统计学在大数据领域的就业岗位表

就业岗位	工作内容
数据挖掘专家	开发数据挖掘算法，进行数据特征分析和挖掘，提供业务决策建议
商业智能分析师	负责收集、整理和分析公司数据，以便制定业务决策、行业研究、市场调研、业务咨询等工作
数据库管理与开发	数据库的设计、建设和管理，确保数据库的正常运行与安全

资料来源：根据各公司官网公开资料整理。

表 7-12　统计学在数据分析相关领域的就业岗位表

就业岗位	工作内容
数据分析师	收集、整理和分析数据，解读趋势和模型，提供业务决策支持
业务分析师	从大量数据中提取有价值的信息，分析业务问题，为业务决策提供帮助
数据工程师	通过对数据的处理和管理，使之更好地应用于业务，建立数据平台和数据生态
数据研究员	负责收集、准备、统计和分析各种数据，以及解析、评估、归纳并报告实验或调查结果

资料来源：根据各公司官网公开资料整理。

金融业对数据的敏感性很高，银行、保险、外汇、证券、期货等行业的发展均依赖于数据的分析和建模，因此统计学专业的毕业生在此行业有很多的就业机会（见表 7-13）。

表 7-13　统计学在金融领域的就业岗位表

就业岗位	工作内容
数据分析师	从大量金融数据中提取价值信息，分析行业趋势和模型，为风险管理和投资决策提供支持
精算师	进行各种金融保险方案的数学建模，评估风险和收益，并制定资产管理策略
风控师	根据风险管理策略，制订风险控制方案，监控投资和交易风险，确保资产安全
量化分析师	根据金融市场走势，进行量化交易，制定投资策略和模型，通过数据分析提取市场信息，实现收益最大化
金融研究员	对金融市场进行宏观研究和分析，预测市场走势和未来趋势

资料来源：根据各公司官网公开资料整理。

在政府部门和公共机构中，政策建议、咨询、制定与发布，以及社会普查都离不开统计岗位（见表 7–14）。

表 7–14　统计学在政府部门和公共机构领域的就业岗位表

就业岗位	工作内容
统计学家	负责政府机构收集、管理和发布统计数据，包括社会经济指标、人口普查、调查等
政策分析员	通过数据分析、政策研究等手段向政府提供合理的政策建议
经济学家	对经济市场进行研究分析，以及对不同经济政策做出评估和预测

资料来源：根据各公司官网公开资料整理。

在教育部门和社会学领域，有许多统计工作和岗位（见表 7–15）。

表 7–15　统计学在教育部门和社会学领域的就业岗位表

就业岗位	工作内容
统计学教授	在高校进行统计学课程的教学，以及进行不同领域的统计学研究
研究员	在研究机构或高校从事统计学研究，负责研究项目的设计和展开
社会调查员	负责社会调查项目的设计、展开和数据收集等工作
数据分析师	负责处理和分析大量的社会调查数据，并根据分析结果提供相关建议和决策支持
社会学研究员	从事社会学研究，设计社会学问卷和调查问题，进行数据分析和理论解释，出版学术文章和书籍等

资料来源：根据各公司官网公开资料整理。

市场调查与市场分析部门也有合适的岗位（见表 7–16）。

表 7–16　统计学在市场领域的就业岗位表

就业岗位	工作内容
市场分析师	负责对市场进行数据调查和分析，预测市场趋势以及为企业提供营销决策支持
市场研究员	负责市场调查的设计、实施和分析，以判断市场的规模、趋势和消费者需求

资料来源：根据各公司官网公开资料整理。

如表 7–17 所示，医药和生物科技领域也是统计学专业的职业范畴。

表 7-17　统计学在医药和生物科技领域的就业岗位表

就业岗位	工作内容
生物统计学家	参与生命科学中针对生物医学问题的研究，负责实验设计和分析数据
临床统计学家	参与新药临床研究项目，负责临床试验的设计、数据分析和结果解释等工作

资料来源：根据各公司官网公开资料整理。

随着现代信息技术的不断发展，传统的生产行业也对精准的数据分析有更高的要求，因此统计学专业的毕业生在这些传统行业也有就业机会。

统计学专业的毕业生可以在非常多的美国知名公司就业，例如谷歌、苹果、亚马逊、微软、Meta、高盛、麦肯锡、强生等，它们都会招收统计学专业的人才。

3. 统计学：培养学生深层次和广泛的理论知识，以及实践技能

在统计学研究生的培养计划中，学生将掌握搜集、处理、分析和解释数据的技能和知识，以及数据应用的技能，以解决各种问题。

以下列举美国斯坦福大学统计硕士项目的核心课程（见表 7-18）。

表 7-18　美国斯坦福大学统计硕士项目的核心课程表

课程名称	学习内容
概率论	提供概率框架，量化不确定性并在正确证据的情况下更新观念；学习使用各种策略计算概率和期望，包括条件概率和无条件概率；理解离散和连续分布的生成故事，并认识到它们适用于现实世界的场景
随机过程	掌握随机过程理论的基本概念；研究不同类型的随机过程，如马尔可夫链、泊松过程和生死过程；理解随机过程是由时间或空间索引的随机变量集合组成的概念；获得分析随机系统所需的理论知识和实践技能
应用统计学	回归技术的理论和应用调查；数值推理和预测数据建模，重点在概念理解而非理论理解上；使用线性和非线性回归方法对观察和实验数据进行建模和解释；模型建立和选择方法，包括多变量分析、固定效应和随机效应模型、实验设计、交互作用和定性变量、方差分析、变换和加权最小二乘法
统计理论	在数学框架中开发的统计概念和方法；学习假设检验、点估计和置信区间的原理和应用；探索 Neyman-Pearson 理论、最大似然估计、似然比检验和贝叶斯分析；理解渐近理论和基于模拟的方法在统计学中的应用

资料来源：根据斯坦福大学官网公开资料整理。

校友观点

张同学

耶鲁大学生物统计硕士

从国内本科转学到耶鲁大学，实现人生两级跳

一年前，我拿到了耶鲁大学、宾夕法尼亚大学、哥伦比亚大学、杜克大学、加利福尼亚大学伯克利分校、南加利福尼亚大学、新加坡国立大学七所世界名校的录取通知书，最后我选择了耶鲁大学的生物统计项目，就读硕士研究生。耶鲁大学是我的梦校，它的校训是光明与真理，这也是我追求的目标。

一、从国内大学本科转入耶鲁大学，实现了第一级跳跃

我的高考成绩并不是非常理想，心灰意冷的我来到国内一所 985 大学就读冷门专业，由于学校的学习环境我不喜欢，然后专业是调剂的，也很难申请转专业，因此当时整个人的状态很不好。很幸运的是机缘巧合之下，我知道有转学到美国大学这个选择，心里重新燃起希望。因为这样一来，我可以换到更喜欢的学习环境中，最重要的是能换到一个自己真心感兴趣的专业，所以我为了这个目标积极准备。

在申请转学的过程中，我仔细规划选课，联系科研组织，头脑风暴式地做文书的创作，最后成功转入美国一所知名大学，这个转折点也成为我的新起点。最触动我的是，在开学报到的时候，我惊讶地发现和我一起转入的同学的学术水平基本上都比我高，这让我再次感谢做了很多软性经历方面的补充，并且自己是非常幸运的。

我非常珍惜在美国大学学习的机会，开始拼命做科研，补充各种计算机编程和统计相关的知识。虽然整个过程确实很辛苦，但现在回望过去，发现这些所有的付出都是值得的。然而我在本科阶段学会了套磁的整个过程，所以到了研究生阶段就能很好地和教授沟通，这也是一种积累。

二、耶鲁大学的生物统计专业就读体验：资源逆天

当年耶鲁大学的生物统计专业大概是收了 40 多个人，在美国读本科的同学大概占一半，还有不少纯计算机背景的同学。由此可见，这个项目对有计算机背景的同学是比较青睐的。

耶鲁大学在选课方面真的是非常方便，秒杀很多名校。比如，我们不但可以选统计的课程，还可以选计算机相关课程，而且只要有学生选了，学校就会想办法开课，绝对不会有学生选不上课、想学学不成的情况。

生物统计专业分成三个不同的分支，每个分支都很看重学生在课程、学术、平时作业、科研项目等方面的表现和参与情况。每个分支的小项目，实际上设计得都很学术，课程和科研项目也极为硬核，完全没有可以糊弄的余地。其中，生存数据分析、纵向分析等课程，每周都会给我们安排一个大作业。所以，基本上学生都是在高效率学习加科研，学到的东西很快就可以用于实践，真正实现学以致用。

这有点类似特种兵训练，一年下来，我感到收获真的很大，而学校也很重视编程方面的培训。教课的教授在业界有很多人脉，比如有的教授可能就在生物医药类公司任职。学校的教学团队和业界联系紧密，所以它们都非常清楚现在公司需要员工掌握哪些计算机技能，像 R、Python 这些，也都会让我们学习。我们每周有一个研讨会，所有学生都可以参加，在里面接受培训，参加过 R 培训的同学反馈很好。

我认为耶鲁大学的生物统计项目真的非常适合想要申请博士研究生项目的学生，因为耶鲁大学是一个超级强大的学术资源平台，拥有超级多的科研项目，基本上学生想要加入，只需要敲开教授办公室的门进去聊一聊就可以了。在这里机会实在是太多了，也比较容易，这绝对超过很多同类学校。

暑假每个人会负责一个科研项目，一直做到毕业结束，这让我们在科研项目的整体设计、科学研究方法、科研的推进过程等方面都能得到训练，很多往届学生都直接申请到了博士研究生项目。

三、耶鲁大学的求职资源非常丰富

耶鲁大学的就业指导中心所起到的作用弱一些，学生求职还主要是通过人际关系网。耶鲁大学有自己内部的求职平台，很多医药类公司都会来耶鲁大学招揽人才，每年也有一些往届校友的资源分享。研究生一年级时会有一个课程项目教我们如何找工作，专门教各种各样的求职技巧，包括怎么改简历、怎么面试、怎么给公司人事部门发邮件，以及怎么和公司的人、校友进行社交等，老师都非常有经验，受益很大。

除此之外，每年学校都举办招聘会，学生也可以参加、投简历，拿到面试的概率还是挺大的。

四、耶鲁大学的校园生活

耶鲁大学的校园非常大，这对我来说有一点不便，因为我住得离主校区比较远。有时候我需要赶到主校区上课，但这与我本学院的课程时间冲突，就会撞课，所以课程安排在时间设置上存在一些小问题。不过，学校提供方便的班车服务，交通十分便利。而医学院周边一整条街上有各种餐馆可供选择。学校的图书馆也很多，想找一个安静的地方学习也不成问题。校园的安全情况也相对较好，只需要自己保持警惕就没事，比如天黑后就不要随意外出。

总而言之，耶鲁大学非常适合追求学业的学生。对于对生物统计感兴趣的学生来说，耶鲁大学是一个各方面都很出色的选择。

（三）数据科学

1. 数据科学：数据大爆炸的奥秘

数据科学专业是通过计算机技术处理数据，从而提取、分析、应用数据的专业。

在数据大爆炸时代，数据产生、存储和处理的速度都大幅提升。因此，企业和机构需要更多能够有效地处理海量数据，以实现更好决策的数据科学人才。

数据科学专业作为一个跨学科的专业，融合了统计学、机器学习、计算机科学、数据可视化等内容。从大数据产生和来源的变化、商业价值的提升、数据科学技术和工具的不断更新与升级的角度来看，数据科学专业已经成为当下非常重要和备受追捧的行业。

2. 数据科学：数据编织的魔法师

作为跨学科的领域，数据科学在多个行业都扮演着至关重要的角色。数据科学人才具备独特的技能和知识，可以协助企业进行业务规划和决策，发掘商业价值和潜在机会，提升企业的核心竞争力。同时，他们也能够在社会领域发挥巨大的作用，例如预测天气、分析疾病传播等。

可以说，数据科学人才在数据处理和分析方面拥有无可替代的重要性。随着技术和社会的发展，数据科学人才将在未来继续发挥着重要的作用，并成为数据产业不可或缺的核心人才（见表 7-19）。

目前，美国知名的科技公司都有数据科学家这个职位，比如谷歌、优步等。同时，其他公司，比如 IBM、沃尔玛、亚马逊等也有比较高的岗位需求。总而言之，作为一门技术和文化高度融合的新兴学科，数据科学的就业前景广阔、潜力巨大，为学生提供了非常大的发展空间。

表 7-19　数据科学人才就业岗位表

岗位	主要工作内容	岗位要求
机器学习工程师	开发机器学习系统和应用系统解决实际问题，需要开发和部署生产代码和数据产品	有计算机科学相关领域的学位；精通 Python、Java 和其他编程语言；熟悉机器学习算法和深度学习架构，如 TensorFlow 和 Keras 等；具备软件工程和系统设计的经验
数据分析员	从大量数据中提取业务分析信息和洞见，协助决策并提供产品设计建议，需要进行报告写作和数据可视化	学习背景通常为统计学、计算机科学、数学等相关学科；熟悉一些编程语言，比如 SQL、Python、R 等；能够操作常见数据可视化工具，比如 Tableau 或 Power BI 等；熟悉基本的统计学知识和数据分析技巧，比如假设检验和线性回归等
数据科学家	处理高度复杂的业务问题，例如 Uber 的 ETA、各种定价系统、Airbnb 物流管理、Facebook 社交网络成效等，需要拥有高级数学模型的建模能力 包括但不限于机器学习、深度学习、预测建模、图像和语音识别等领域的科学建模，并提供策略和解决方案；拥有业务理解和营销战略思考的能力	数学、计算机科学、物理、工程或其他相关领域的硕士研究生和博士研究生学位；非常熟练地掌握多个编程语言，比如 Python、R 和 Scala，并有丰富的数据科学建模经验和技巧；具备良好的团队协作和管理能力，以及对业务分析和解决方案的深刻理解和洞见

资料来源：根据各公司官网公开资料整理。

3. 数据科学：探索数据科学的深度和广度

针对数据科学专业，美国大学的研究生项目主要侧重于培养深厚的计算机科学技能，例如机器学习算法、数据挖掘、数学建模等，也注重其与实际应用领域的结合，而这需要在数据可视化、沟通等方面拥有较强的技能。

下文以美国哈佛大学数据科学硕士研究生项目的核心课程为例（见表 7-20）。

表 7-20　美国哈佛大学数据科学硕士研究生项目的核心课程表

课程名称	学习内容
数据科学 1：数据科学导论	介绍数据科学的基本概念、方法和工具，包括数据获取、清洗、探索、可视化、分析、建模和推断

（续表）

课程名称	学习内容
数据科学 2：数据科学高级主题	深入探讨数据科学的高级主题和技术，包括大数据处理、机器学习、深度学习、自然语言处理、计算机视觉、推荐系统等
高级科学计算：随机方法在数据分析、推理和优化中的应用	学习随机方法在数据分析、推理和优化中的应用，包括蒙特卡罗模拟、马尔可夫链、随机优化、变分推理等
计算科学中的系统开发	学习计算科学中的系统开发技能，包括软件工程、版本控制、测试、调试、文档等
自然语言处理	学习自然语言处理的基本原理和技术，包括语言模型、词法分析、句法分析、语义分析、信息抽取、文本分类、文本生成等
计算机视觉	学习计算机视觉的基本原理和技术，包括图像处理、特征提取、目标检测、人脸识别、场景理解、图像分割等
网络科学	学习网络科学的基本概念和方法，包括网络表示、度量、模型、社区发现、网络动力学等
数字人文	学习数字人文的基本概念和方法，包括文本挖掘、文本分析、主题建模、情感分析等

资料来源：根据哈佛大学官网公开资料整理。

4. 数据科学、商业分析以及统计学专业的比较

数据科学、商业分析和统计学这三个专业有着不同的重点和应用范围（见表 7–21）。

表 7–21　数据科学、统计学以及商业分析的比较

专业名称	强调技能	目的	应用重点
数据科学	计算机科学方面的技能，包括机器学习算法、分布式计算等	提供处理大数据所需的先进工具和技术，包括整体数据生命周期的管理和处理	数据的获取、处理、分析和建模，掌握各种数据工具和编程语言
商业分析	商业和管理方面的技能，能够将数据分析成具有商业价值的结论并形成可执行的计划	为企业决策提供数据支持，推动业务增长和发展	关注商业决策和流程，需要调研、数据分析和提出建议
统计学	数学方面的技能，包括各种统计和概率学方法	为科学研究提供支持，能够从数据中提取信息并对其进行分析，使之为科学研究提供可靠的结论	数据分析的方法和技巧，使用较多的统计工具和软件

（四）电子工程专业

1. 电子工程专业：电子魔法师的王国

电子和计算机工程专业，简称电子工程专业，是一门涉及电路与系统、通信、电磁场与微波技术、数字信号处理等领域的工程专业。它基于物理学、数学、计算和技术等学科，研究与应用电子、电磁学等有关的知识，以达到控制和生成电信号、信息处理和传输等目的。

电子工程专业就像是电子魔法师的王国，因为生活中几乎所有与电子相关的产业都与这个专业息息相关。无论是智能电子产品、机器人、环境和医疗传感器、电力系统、能源转换系统、通信系统、卫星系统，还是远程感知技术、纳米技术、医疗设备、信息技术、大数据、照明、显示、微型低功耗计算机、汽车电子、成像技术，甚至是网络安全，都离不开电气工程师的贡献。

你使用的智能手机、平板电脑和电视，都是电子工程师的杰作。他们设计了电路板、处理器和软件，使这些设备变得智能化、高效运行。此外，他们还负责改进电力系统，以确保电力供应稳定、可靠。

如果你对环境保护感兴趣，那么电子工程专业也能提供帮助。电子工程师设计和开发了各种环境传感器，用于监测空气质量、水质和能源消耗情况。通过使用这些传感器，人们可以更好地了解环境问题，并采取相应的措施对其进行保护。

医疗设备也离不开电子工程师的技术。他们设计并改进医疗设备，比如心脏起搏器、血压监测仪和医疗成像设备。这些设备能够帮助医生诊断和治疗疾病，提高医疗水平，拯救生命。

另外，电子工程专业还涉及通信系统和网络安全。无线通信技术的发展使人们能够通过手机、互联网和社交媒体与世界各地的人交流。电子工程师设计和维护这些通信系统，同时致力于保障信息的安全性，防止黑客入侵和数据泄露。

总的来说，无论是设计创新型产品、解决社会问题，还是参与环境保护、医疗技术和通信安全，电子工程专业都能够提供技术和知识支持。电子工程师就像是现代世界的魔法师，用自己的技能改变和塑造人们的生活。

2. 电子工程师：拥有无限可能的就业选择

在就业方面，电子工程师的职业选择非常广泛。比如：他们可以在大型科技公司工作，例如 IBM、英特尔和微软，参与大型计算机或服务器的开发、维护和升级；他们也可以在电信公司、金融机构和医疗设备制造商以及半导体公司等组织工作，专注于电子器件和其他重要应用的研究和开发。

本书在这里展示电子工程师可能就业的领域与具体工作方向（见表 7–22）。

表 7–22　电子工程师就业方向表

领域	具体工作方向
能源和可持续发展	开发新能源，设计更高效的电力网络，创造可持续技术
机器人与自动系统	设计机器人，开发自动驾驶车辆，开发人工智能系统
电信公司	设计和维护通信网络基础设施，包括无线通信系统、卫星通信系统和光纤网络
检测健康与安全	开发医疗设备传感器，创建工厂监测系统，设计建筑安全系统
汽车行业	设计电子设备、控制系统、安全系统、信息娱乐系统、车辆间通信系统
电子和计算机	开发电子设备新材料，设计高性能处理器，创建新计算结构
金融机构	开发和维护高频交易系统、金融数据分析平台和网络安全解决方案
医疗设备制造商	设计、开发和改进各种医疗设备
信息技术和数据科学	开发新软件应用，设计数据存储系统，创建网络安全解决方案

资料来源：根据各公司官网公开资料整理。

下面的表格来自 PayScale 公开数据，可以更直观地展现电子工程专业毕业生的就业岗位和就业公司，以及平均薪水（见表 7–23）。

表 7–23　电子工程专业毕业生的就业岗位和薪水以及公司一览表

工作名称	平均薪水	主要雇主公司
电力工程师	85 000 美元	西门子、GE 能源、ABB、Enel、三菱重工
能源工程师	90 000 美元	西门子、GE 能源、ABB、Enel、三菱重工
可持续发展工程师	95 000 美元	西门子、GE 能源、ABB、Enel、三菱重工
机器人工程师	100 000 美元	特斯拉、Alphabet、优步、亚马逊、苹果
自动化系统工程师	110 000 美元	特斯拉、Alphabet、优步、亚马逊、苹果
传感器工程师	90 000 美元	GE 医疗、西门子医疗、飞利浦、丹纳赫、强生
仪器工程师	95 000 美元	GE 医疗、西门子医疗、飞利浦、丹纳赫、强生
汽车工程师	100 000 美元	特斯拉、通用汽车、福特汽车、丰田、大众
电子工程师	105 000~110 000 美元	特斯拉、通用汽车、福特汽车、丰田、大众、英特尔、AMD、英伟达、苹果、微软
计算机工程师	115 000 美元	英特尔、AMD、英伟达、苹果、微软
IT 工程师	120 000 美元	谷歌、Meta、亚马逊、微软、IBM
数学家	125 000 美元	谷歌、Meta、亚马逊、微软、IBM

资料来源：根据各公司官网公开资料整理。

3. 电子工程专业的培养方案

下文以美国著名的密歇根大学安娜堡分校电子工程硕士为例。

学生可以选择 12 个不同的专业，包括应用电磁学与射频电路、通信与信号处理、计算机工程、控制系统、电力与能源系统、光子学、纳米技术与微纳系统、机器人与自动化、传感器与集成电路。

学生需要完成总共 30 个学分的课程。其中，至少有 24 个学分必须来自电子与计算机科学课程，至少有 18 个学分必须来自 500 级以上的课程，至少有 12 个学分必须来自 600 级以上的课程。

学生可以选择完成一篇硕士论文或者一个硕士项目。学生如果选择了完成研究项目或硕士论文，那么需要在毕业前提交一份书面报告，并进行一场口头答辩。

学生可以选择参加实习或者创业活动。学生如果选择了参加实习或创业活动，那么要在毕业前提交一份书面报告，并进行一场口头答辩。

由此可见，密歇根大学安娜堡分校的电子工程硕士项目为学生提供了多样化的专业方向选择，使学生能够根据自己的兴趣和职业目标选择适合自己的领域。同时，它也注重理论和实践相结合的教学方法，培养学生在电子工程领域的综合能力，鼓励学生深入学习和研究该领域的前沿知识。更难能可贵的是，它还为学生提供实习和创业机会，帮助学生将所学知识应用到实际项目中，并为他们未来的职业发展提供宝贵的经验。

（五）金融工程与金融数学

1. 金融工程与金融数学：科技与财富的碰撞

金融工程是一门新兴的交叉学科，它的目的是融合金融、数学和计算机科学三个学科的知识，来研究如何解决金融市场上存在的各种问题。

随着经济社会的发展和科技的创新，金融产品蓬勃发展，金融市场变得复杂多变。除了传统的股票和债券，金融衍生品（如期货和期权等）逐渐成为主流金融交易的一部分。在这样的背景下，现代投资银行面临着一个巨大的挑战：精确定价这些金融衍生品。

同时，随着金融投资工具变得越来越复杂，传统投资方式的回报难以保持高增长率，基金管理公司面临着寻求更高回报的压力。为了获得更好的投资回报，它们需要寻求专业人士的帮助，设计创新型投资组合。除了传统金融产品，新的金融投资工具也不断涌现。此外，数字货币和区块链技术的发展为金融市场带来了全新的投资方式。

金融工程专业人才具备更加丰富的交叉领域的知识和技能，包括数学、计算机科学、机器学习等，能够应对复杂的金融环境。他们致力于应对投行和基金公司面临的各种挑战，如金融产品定价、交易策略设计以及风险管理等。

金融数学是数学和金融学的结合体。它将数学、统计学、计算机科学和金融学等多个学科的知识结合起来，利用数学理论和方法来分析和研究金融领域的理论和实践问题。它关注的核心问题是在不确定的情况下，如何选择最优的投资策略以及如何对资产进行合理定价。

2. 金融工程：科技炼金师

金融工程专业人才仿佛是科技炼金师，将金融、数学和计算机科学这三个学科的知识熔于一炉。金融工程相关的岗位主要分布于投行、对冲基金、资产管理公司、咨询公司、金融科技公司。

金融工程在不同领域的主要工作内容和职位介绍，如表 7–24 所示。

表 7–24　金融工程就业方向与职位一览表

领域	工作内容	主要职位
风险管理	对信用风险和市场风险进行管理，需要具备一定的量化能力和统计知识	信用风险经理、市场风险经理
量化投资	针对金融市场进行自动化交易，需要深入了解和掌握编程语言、计算机科学、数学和统计学等领域的知识，并且对金融市场的规则和趋势有深刻的理解	量化研究员、量化交易员
衍生品定价	对金融衍生品进行定价，需要掌握高深的数学建模和统计学知识	衍生品交易员、衍生品定价分析师
模型验证	确定金融模型效果的过程，需要对金融市场的运作机制有深入理解，并且需要精通统计学和计算机科学	风险模型分析师
开发	负责开发和维护金融系统的一些特殊需求，如交易系统、风险管理系统等，对计算机编程和技术能力有较高要求	金融系统开发工程师、程序员
行业研究	对某一行业或公司进行深入分析，编写研究报告，对金融基础知识要求较高，对量化技能要求不太高	行业分析师、股票分析师

资料来源：根据各公司官网公开资料整理。

3. 量化金融

除此之外，本文在这里专门介绍量化金融工程师的就业方向，这是金融工程专业毕业生最感兴趣的就业岗位之一。量化金融工程师的不同职业发展方向和工作内容如表 7–25 所示。

表 7-25　量化金融工程师就业方向与工作内容一览表

职业名称	工作内容
交易台量化分析师	主要负责为交易团队提供定价和风险管理模型，协助交易员寻找和实现交易机会
模型验证量化分析师	评估和验证公司开发和使用的金融模型，确保这些模型的准确性和有效性
研究型量化分析师	尝试发明新的价格公式和模型，进行金融趋势研究
量化开发工程师	进行金融程序开发和系统调试
统计套利量化分析师	开发和实现统计套利策略，利用市场波动和其他因素之间的趋势来获取收益
资本量化分析师	开发和实施资本市场策略并管理组合风险，研究市场数据并根据分析建立交易模型，应用各种金融工具管理和优化组合风险

资料来源：根据各公司官网公开资料整理。

4. 金融工程与金融数学专业培养方案

以美国哥伦比亚大学金融数学专业的核心课程为例（见表 7-26），其主要培养学生的数学、计算机等硬核能力。

表 7-26　美国哥伦比亚大学金融数学专业的核心课程表

课程名称	学习内容
金融数学导论	学习金融数学的基本概念和方法，主要涉及衍生品定价问题，使用微积分和基础概率论，主题包括金融工具的数学模型、布朗运动、正态和对数正态分布、布莱克-斯科尔斯公式、二项式模型等
随机过程	学习随机过程的基本理论和技巧，包括马尔可夫性质、泊松过程、维纳过程、伊藤引理、随机微分方程、鞅理论等
计算方法	学习计算方法的基本原理和应用，包括有限差分法、蒙特卡罗模拟、随机数生成、方差缩减技术、最优化方法等
数值线性代数	学习数值线性代数的基本概念和算法，包括矩阵分解、特征值问题、线性方程组求解、最小二乘法等
高级金融数学	学习金融数学的高级主题和技术，包括利率模型、信用风险模型、跳跃扩散模型、美式期权定价、隐含波动率等
统计推断	学习统计推断的基本原理和方法，包括假设检验、点估计、置信区间、最大似然估计、贝叶斯分析等
金融数据分析	学习金融数据分析的基本技术和工具，包括时间序列分析、回归分析、因子分析、主成分分析、协整分析等
机器学习	学习机器学习的基本原理和技术，包括监督学习、无监督学习、深度学习、神经网络、支持向量机等

资料来源：根据哥伦比亚大学官网公开资料整理。

美国加利福尼亚大学伯克利分校的金融工程 MFE 项目的核心课程如表 7–27 所示。金融工程与金融数学专业的侧重点略有差别，但是本质上都是为了培养具备计算机、数学、金融知识的复合型人才。

表 7–27　加利福尼亚大学伯克利分校的金融工程 MFE 项目的核心课程表

课程名称	学习内容
投资与衍生品	这门课程首先介绍了资产定价的基本理论，从标准的现金流折现分析开始，推广到无套利定价技术，应用于固定收益证券、衍生品和有条件的权利。其次，讨论了最优投资组合理论的基本原理，并考虑了特殊的均衡资产定价模型，包括资本资产定价模型和相关的因子模型。最后，探讨了股票定价和投资组合绩效评估的应用。这门课程会安排编程和分析练习
金融中的实证方法	这门课程回顾了量化金融中常用的概率和统计技术，包括正态、对数正态和 CEV（恒定方差弹性）分布，涵盖了金融中常用的估计和非参数技术（MLE、GMM、GARCH），并向学生介绍了金融数据库和估计应用软件，用于估计波动率和相关性、稳定性。这门课程还介绍了时间序列分析、协整、因果关系、面板数据、事件研究等主题
金融计算	这门课程介绍了金融计算中常用的算法和工具，包括数值积分、插值、优化、随机数生成、随机微分方程、蒙特卡罗模拟等，还介绍了 Python 编程语言和相关的库，如 NumPy、SciPy、Pandas 等，以及其他常用的软件平台，如 MATLAB、R、Excel/VBA 等。这门课程会安排编程项目和案例研究
固定收益证券	这门课程介绍了固定收益证券的基本概念和工具，包括债券定价、利率期限结构、利率风险管理、利率衍生品等，还讨论了信用风险、信用衍生品、抵押贷款支持证券等主题
量化投资策略	这门课程介绍了量化投资策略的基本原理和实践，包括市场效率理论、因子模型、套利策略、动量策略、对冲基金策略等，还讨论了量化投资策略的实施问题，如交易成本、流动性、执行算法等
风险管理	这门课程介绍了风险管理的基本概念和方法，包括风险度量、风险预测、风险调整回报率、风险敏感性分析等，还讨论了不同类型的风险，如市场风险、信用风险、操作风险等，以及相应的管理工具，如 VaR、CVaR、ES、Stress testing 等
数据科学与机器学习	这门课程介绍了数据科学与机器学习在金融中的应用，包括数据获取与处理、数据可视化与探索性分析、监督学习与无监督学习等，还讨论了一些特定的机器学习技术，如回归树、神经网络、支持向量机、聚类分析等，并且展示了一些金融案例，如信用评分、欺诈检测、高频交易等

资料来源：根据加利福尼亚大学官网公开资料整理。

（六）金融专业

1. 金融：探索财富世界的奥秘

金融专业仿佛是一座涵盖多个领域的摩天大厦，其中财务管理是其坚实的基石，投资管理是其通向顶端的阶梯，而风险管理则是铸就其坚固外壳的重要墙砖。类比于建筑过程中使用的不同材料，金融学的各个领域，都是为了帮助人们有效地管理和分配资金，以达成自身财务目标，建构个人和企业的经济栖息之所。

财务管理涉及企业的融资、资产负债管理等工作，就像建造时使用的混凝土，将企业的财务牢固地固定在地基上。而投资管理则像建筑的阶梯，应用市场趋势和企业财务状况分析来规划最佳投资策略，使企业迈向成功之旅。风险管理作为建筑外壳的重要墙砖，利用风险识别与评估等工具，将企业可能遭受的各种风险消弭于无形。

实际上，金融学涵盖的领域远不止于此，还有金融市场、金融工程和金融法律等，这些领域令金融学如同大海上布满灯塔，提供引路之光，帮助人们在潮涨潮落的市场上行稳致远。金融专业是一个囊括广泛的学科，是探索财富世界的重要途径。

2. 金融：掌握财富管理奥秘的精英

金融行业作为高薪行业之一，为金融专业毕业生提供了极其优越的就业机会。由于金融行业的岗位分布在银行、证券、保险、基金、投资等多种不同的金融机构中，因此金融专业的毕业生有着丰富的从业选择和发展路径。金融行业作为国民经济的重要支柱之一，具备相对稳定的发展趋势，因而金融专业毕业生的就业稳定性较强。

随着经济的蓬勃发展和金融市场的不断扩大，金融专业的市场需求也在逐步增长，金融专业毕业生在企业、政府、金融机构等各个领域都能找到就业机会。此外，通过持续学习和提升专业能力，金融专业毕业生能够实现长期职业生涯的成功发展。

金融专业毕业生的就业方向包括金融机构、投资公司、咨询公司、期货公司、信托公司、保险公司、企业财务部门、政府部门等。下文详细介绍金融专业毕业生的就业方向，首先是银行业。银行业又分为商业银行和投行两大分支。

（1）商业银行就业方向

如表 7–28 所示，金融专业符合不少商业银行领域的岗位要求。

表 7–28　金融专业在商业银行领域的就业岗位表

就业岗位	具体工作内容
客户经理	负责与客户沟通，了解客户需求，提供各种银行产品和服务，维护客户关系
信贷分析师	负责审核和评估贷款申请，分析借款人的信用状况和还款能力，制订贷款方案
风险管理师	负责评估和管理银行的风险，包括信用风险、市场风险、操作风险等
投资银行家	负责企业融资、并购重组、资产证券化等业务，为客户提供投资银行服务
财务分析师	负责分析和评估银行的财务状况，制定财务管理策略和预算

资料来源：根据各商业银行官网公开资料整理。

（2）投行就业方向

全球九大投行包括摩根大通、高盛集团、摩根士丹利、花旗集团、瑞士信贷、美国银行美林证券、巴克莱银行、瑞银集团和德意志银行。这些投行在全球范围内拥有广泛的业务覆盖面，包括企业融资、并购与重组、投资银行、财富管理、证券业务和研究等领域。它们是全球金融市场的重要参与者，对全球经济的发展和运行起着重要的作用。

以高盛集团为例（见表 7–29），可以看到金融专业适合的岗位和主要工作职责。

表 7–29　金融专业在高盛集团的就业岗位表

部门	职责	岗位
企业融资部门	提供资本市场融资服务，包括股票发行、债券发行等	融资经理、融资顾问、股票承销员、债券承销员
并购与重组部门	提供并购、重组等服务，包括财务建模、估值、尽职调查、谈判等	并购顾问、重组顾问、财务分析师、尽职调查员、谈判师
投资银行部门	提供全方位的投资银行服务，包括融资、并购、重组等	投资银行家、业务拓展员、市场研究员、财务建模师、财务分析师
财富管理部门	提供资产管理、财富管理等服务，面向高净值客户	资产管理师、财富管理师、投资顾问、风险管理师
证券业务部门	在股票、债券等市场上开展交易和承销业务	证券交易员、股票分析师、债券分析师、承销员
研究部门	提供市场研究、投资建议等服务	研究员、投资分析师、市场分析师、投资策略师

资料来源：根据高盛集团官网公开资料整理。

（3）咨询公司就业方向

咨询公司在全球范围内拥有广泛的业务覆盖面，包括战略咨询、运营咨询、财务咨询和科技咨询等领域。它们提供高质量的咨询服务，帮助客户解决业务上的挑战并实现业务目标。这些咨询公司在各自领域拥有丰富的经验和专业知识，是全球企业的重要合作伙伴，包括麦肯锡咨询公司、波士顿咨询公司、贝恩咨询公司、德勤咨询公司、埃森哲咨询公司、安永咨询公司、毕马威咨询公司和奥纬咨询公司等。

以麦肯锡咨询公司为例，其是全球最大的咨询公司之一，拥有多个部门。

战略咨询部门：为客户提供战略规划、业务优化、市场营销等方面的咨询服务。例如，该部门可能会帮助客户制订长期战略计划、评估市场机会、发掘新业务领域等。

运营咨询部门：为客户提供生产、供应链、人力资源等方面的咨询服务。例如，该部门可能会帮助客户优化生产流程、改善供应链管理、提高员工效率等。

财务咨询部门：为客户提供财务管理、资本运营、风险管理等方面的咨询服务。例如，该部门可能会帮助客户制定财务策略、优化资本结构、评估风险等。

科技咨询部门：为客户提供数字化转型、信息技术、数据分析等方面的咨询服务。例如，该部门可能会帮助客户实施数字化转型、优化信息系统、分析大数据等。

具体岗位有：金融顾问、财务分析师、风险管理师、投资银行家、资产管理师等。

（4）期货公司就业方向

期货公司是一种特殊的金融机构，主要从事期货交易、期权交易和其他衍生品交易。美国的纽约商品交易所、芝加哥期权交易所、洛杉矶商品交易所、纳斯达克指数期货交易所和纽约期货交易所都是颇负盛名的期货交易机构。

它们为客户提供交易平台和相关服务，帮助客户进行期货交易和风险管理。在期货公司中，金融专业人才可以从事风险管理、投资研究、市场分析、财务管理等工作。

（5）基金公司就业方向

基金公司的主要职责是管理投资组合，制定投资策略，选择投资标的，进行投资交易，监测和控制风险，同时向投资者提供投资建议和服务，以实现基金的收益最大化。著名的基金公司包括贝莱德集团、先锋领航集团、富达投资、太平洋投资管理公司、黑石集团、贝恩资本等。

金融专业在基金公司的就业岗位和工作内容，如表 7-30 所示。

表 7-30　金融专业在基金公司的就业岗位表

岗位名称	职责描述
投资分析师	负责研究和分析股票、债券、商品等资产，支持基金经理的投资决策
基金经理助理	协助基金经理管理投资组合，进行市场研究和分析，参与投资决策
风控专员	负责监控基金投资组合的风险，制定风险控制策略，确保基金的风险控制符合法规和公司要求
销售代表	负责向客户推销基金产品，提供投资建议和服务

资料来源：根据各公司官网公开资料整理。

（6）各就业方向平均薪酬比较

目前，金融专业研究生的薪资水平，如表 7-31 所示。

表 7-31　金融专业研究生薪酬一览表

方向	岗位	薪资范围（年薪）	示例公司
金融机构	分析师	50 000~90 000 美元	摩根大通、花旗集团
	副总裁或总监	110 000~250 000 美元	
投资公司	研究员	70 000~120 000 美元	黑石集团、贝莱德
	投资经理或合伙人	200 000~500 000 美元	
咨询公司	顾问或分析师	80 000~14 000 美元	麦肯锡咨询公司、波士顿咨询公司
	高级顾问或合伙人	200 000 美元以上	
期货公司	交易员	50 000~70 000 美元	美国商品期货交易委员会、芝加哥期权交易所
	风险分析师	100 000 美元以上	
信托公司	投资经理	50 000~70 000 美元	富达国际、美国银行
	高级财富管理顾问	100 000 美元以上	
保险公司	精算师	60 000~10 000 美元	安盛、普华永道
	保险销售代理	80 000 美元以上	
企业财务部门	财务分析师	45 000~65 000 美元	耐克、约翰逊控股
	首席财务官或财务总监	150 000 美元以上	
政府部门	经济分析师	45 000~65 000 美元	美国财政部、美国联邦储备系统

资料来源：根据各机构官网公开资料整理。

3. 金融专业培养方案

下文以南加利福尼亚大学金融研究生项目的核心课程为例（见表 7–32），展示金融专业学生具体需要掌握的知识和技能。总体来说，金融研究生项目的培养目标是为学生提供深入的金融理论和实践知识，培养具备扎实的金融专业知识和技能、独立思考和判断能力、团队协作和沟通能力的高级人才。

表 7–32 美国南加利福尼亚大学金融研究生项目核心课程表

课程名称	学习内容
会计、经济和统计基础	学习会计、经济和统计的基本概念、方法和工具，包括财务报表分析、微观经济学、宏观经济学、概率论、推断统计等
金融基础	学习金融的基本概念、方法和工具，包括金融市场、金融机构、金融工具、金融理论、金融模型等
公司金融	学习公司金融的基本原理和技术，包括资本结构、资本预算、股息政策、企业估值、企业重组等
投资分析与组合理论	学习投资分析与组合理论的基本原理和技术，包括风险与收益度量、证券定价模型、有效市场假说、资产配置、投资策略等
预测与风险管理	学习预测与风险管理的基本原理和技术，包括时间序列分析、回归分析、波动性建模、风险度量、风险控制等
衍生品定价	学习衍生品定价的基本原理和技术，包括期权定价模型、期货与远期合约定价模型、互换合约定价模型等
固定收益证券	学习固定收益证券的基本原理和技术，包括债券市场、债券估值、利率风险管理、信用风险管理等
机器学习在金融中的应用	学习机器学习在金融中的应用的基本原理和技术，包括监督学习、无监督学习、深度学习在金融预测、金融交易、金融欺诈检测等方面的应用

资料来源：根据学校官网公开资料整理。

校友视角

王同学

麻省理工学院金融硕士

我的理工科背景及出色的 GPA 令我脱颖而出

我总结了我成功申请麻省理工学院的经验。首先，我是理工科的背景，数学、建模等硬核知识储备得非常扎实，相较纯金融、经济、商科出身的同学稍微有一些优势。然后，我的 GPA 是 4.0，这也算是一个优势，证明我的学术能力是没问题的。其次，我赶在申请开始之前，做了相关的科研项目，因为做得不错，还拿到了教授的强推。

最后，在拿到面试资格后，我材料准备得很充分，也进行了两次模拟面试，因此我面试时的状态特别好，很有激情，对一些刁钻问题的回答也让面试官很满意。

总之，在整个申请过程的各个环节，我把控得比较好，因为我也拿到了最难申请的普林斯顿大学金融专业的面试资格。

麻省理工学院的金融硕士项目多元且自由。作为一个从麻省理工学院金融硕士项目毕业的学生，我认为麻省理工学院金融硕士项目有很多优势。首先，项目的学生有着不同的背景，既有来自美国顶尖大学的学生，也有来自中国的清华大学、北京大学和中国科学技术大学等名校的学生。这使得我们有机会与不同背景的同学一起学习和交流。麻省理工学院非常鼓励团队合作，我们经常在课堂上组成兴趣小组，这进一步促进了合作与交流。

其次，麻省理工学院金融硕士项目提供了很大的课程选择自由度。我们可以在不同的学院和部门选修课程，甚至可以选择非专业要求的课程。这意味着我们可以获取不同领域的知识，拓宽自己的学术视野。此外，我们还有机会在哈佛大学选修课程。不过我没有去过哈佛大学，因为麻省理工学院的精彩课程已经够多了。比如我选了一节谈判课和 MBA 学生一起上，很有意思，收获了很多成熟的想法和思维。我还跑去计算机系学了机器学习的课程，又去了航空航天系学了航空业的课程，这些课程帮助我做基本面分析。这些经历对我来说都是很有意义的。至于麻省理工学院的课程难度，我觉得还好，但是吸收到什么程度，还是要看个人的感悟。

麻省理工学院金融硕士项目不仅注重教授专业学术知识，还注重培养学生的综合能力。在课堂上，我们经常会与 MBA 学生和本科生一起学习。这种多样化背景的学生一起上课的方式，加快了我们成长和学习的速度。我在进行股票研究时，与我的小组成员进行了很多交流，他们的想法对我很有启发。即使我们学习的是量化金融方向，麻省理工学院也希望我们掌握基础的金融和会计等相关知识，以拓宽我们知识的广度。这种培养学生多方面能力的教育理念，对我后面的职业发展也产生了很大的影响。

现在我在工作中也是这样，不仅专注于自己领域的知识，还与其他领域的人进行交流，这样才能更好地积累个人经验和知识。正是麻省理工学院金融硕士项目培养了我这种开放交流的思维方式。

我非常热爱麻省理工学院金融硕士项目的教育理念和开放交流的学术文化。在这个多元化的环境中，我不仅在学术上得到了成长，还发展了自己的个人能力和自由思考的能力。对于能够成为麻省理工学院金融硕士项目的一员，我感到非常幸运。

麻省理工学院金融硕士项目对我的未来发展有很大的帮助。

在求职方面，其实大学里的就业指导中心的作用是很有限的，大多数学生还是靠社交网络找到面试机会，不过麻省理工学院的优势就是，只要申请了，至少会得到一个面试的机会。除了自己学到的知识和能力，麻省理工学院给了我名校光环。比如，在现在的商务交流和业务推进方面，它多多少少能给我增加一点影响力。但更重要的是，它让我变得更自信，能更坦然地面对挑战。另外，因为和各种人交流，我的表达能力也提升了很多。对于现在处于本科求学阶段的、有志于申请麻省理工学院的学生，我建议一定要多参加科研和实习，多做一点社会实践，了解自己的目标，提升自己的学习能力，各方面都接触一下，然后尽早明确自己的兴趣。愿我们以梦为马，不负韶华！

（七）经济学专业

1. 经济学：理解世界的钥匙

经济学是一门社会科学，简单来说，它研究人类如何在有限资源的情况下做出决策，以及这些决策将会如何影响市场和经济体系。更具体一点地说，经济学是一门研究资源配置、生产、交换和分配的学科，它就像是一把理解世界的钥匙。

作为分析和解释人类行为的工具，经济学为人们提供深入了解和探索世界的能力。

首先，经济学帮助人们理解资源的稀缺性和选择的权衡性。众所周知，地球的资源是有限的，而人类的需求是无限的，这导致了经济学中的稀缺性问题。经济学家通过研究资源的分配和利用方式，揭示了资源配置背后的权衡机制。例如，经济学家通过研究供求关系和价格机制，帮助人们理解市场经济中产品和服务的分配方式，以及价格如何反映供需关系。

其次，经济学为人们解释经济现象和行为提供了理论框架。通过经济学的理论框架，人们可以更好地理解市场的运作方式、企业决策的动因以及个人消费和储蓄行为背后的原因。例如，供给和需求理论帮助人们理解为什么价格上涨会导致需求下降，或者为什么一项技术创新可能会改变整个产业的格局。

此外，经济学也有助于人们分析和解决社会问题。通过经济学的研究方法和工具，人们可以深入探讨贫困、失业、不平等和环境问题等社会议题。例如，经济学家可以使用收入分配和社会保障理论来研究如何减少贫困和不平等，或者运用环境经济学的原理来分析如何平衡经济增长和环境可持续性。

最后，经济学还可以为决策者提供政策建议。经济学家通过分析经济数据和趋势，预测未来经济发展的走向，并提供相应的政策建议。例如，经济学家可以评估税收政策对经济增长的影响，或者分析货币政策对通货膨胀和利率的影响，为决策者提供合理的建议。

总的来说，经济学是一门理解世界和社会的关键学科，它提供了分析和解释经济现象、行为和社会问题的工具与理论。

现代经济学分为宏观经济学和微观经济学两个主要分支。其中，宏观经济学研究整个经济体系的运作和政策对经济的影响，包括国民经济总体规律、经济增长、通货膨胀、失业等方面。而微观经济学则关注个体决策和市场的运作，研究供求关系、价格、生产、消费、投资、货币和金融等方面。此外，经济学还包括许多子领域，如国际经济学、发展经济学、财政学、劳动经济学、环境经济学等。

正因为经济学的应用广泛且具体，所以它才成为理解世界的重要工具，不仅对经济学人才，而且对整个社会都有重要意义。

2. 经济学专业人才——人类社会发展的探索者

经济学专业人才是人类社会发展的探索者。他们为政府和企业提供关于经济、财政、贸易和市场的决策支持与建议，解决复杂的经济问题。同时，他们也向公众提供经济和社会问题的解释与分析，帮助人们更好地理解当前的经济状况。

作为一门社会科学，经济学专业具有广阔的应用前景，这意味着其拥有多领域的就业机会。经济学专业人才可以在不同的行业中担任分析师、顾问、研究员等职位，为组织和机构提供决策支持和战略规划。

除此之外，经济学专业的培养方案往往包括极宽泛的课程，涉及宏观经济学、微观经济学、数学、统计学和计量经济学等。在这种综合性的学科背景下，经济学专业强调逻辑思维、数据分析和问题解决能力。经济学专业人才一般擅长使用统计和数学工具来分析经济数据，推导模型，解决实际问题，并提出有效的解决方案。

然而，经济学专业也存在一些劣势。由于研究对象的复杂性，经济学知识相对抽象和理论化，缺乏具体的实践结论。这可能需要学生克服理论与实际问题之间的差距问题。同时，经济学的研究课题往往涉及大量的数据收集、分析和解释工作。对于一些学生来说，处理大量的数据和运用统计方法是一项具有挑战性的任务，这要求经济学专业人才在掌握基础理论知识的同时，也要加强数学、统计学和计算机等方面的能力，以更好地满足实际应用需求。

经济学的研究也经常涉及对众多变量和不确定性因素的分析，因此在预测和决策方面存在一定的限制。经济学专业人才需要面对复杂的市场环境和不确定性因素，同时需要应对经济政策和法规的不断变化。由于经济学专业的广泛应用和吸引力，就业市场竞争激烈。这意味着经济学专业人才需要具备出色的学术成绩、实践经验和综合能力，才能在未来的职业发展中脱颖而出。

综上所述，经济学专业人才以其广阔的知识面、深厚的理论基础和分析能力，成为理解世界和推动社会发展的重要力量。他们在各个领域的工作中发挥着重要作用，为解决经济问题和推动社会进步做出贡献。

经济学研究生的就业方向很多，如表 7–33 所示。

表 7–33　经济学研究生就业方向

领域	组织示例	就业岗位	具体工作内容
政府机构	美国财政部	经济分析师	分析经济数据，制定政策建议和预测，参与决策制定过程
	美国劳工部	劳动经济学家	研究劳动力市场、劳动法规和劳动经济问题，提供政策建议
	美国商务部	国际经济分析师	分析国际贸易和经济发展趋势，评估政策影响和市场潜力
金融机构	摩根大通	投资银行分析师	收集和分析金融数据，为投资决策提供支持和建议
	花旗集团	风险管理顾问	评估金融风险，制定风险管理策略和政策建议
	黑石集团	投资分析师	分析投资机会，进行资产评估和投资组合管理
咨询公司	麦肯锡咨询公司	策略顾问	为客户提供战略规划、业务优化和市场分析等咨询服务
	波士顿咨询公司	经济咨询师	进行经济分析、市场调研和竞争战略评估，为客户提供决策支持
企业部门	谷歌	数据分析师	利用经济数据分析产品性能、市场趋势和用户行为，支持业务决策
	亚马逊	供应链经济学家	优化供应链运作，分析成本效益和市场需求，制定供应链策略
政府部门	联邦储备银行	研究经济学家	研究宏观经济现象、货币政策和经济趋势，为政策决策提供建议
	美国智库机构	经济政策分析师	研究和评估经济政策、社会问题和公共政策，提供决策支持

资料来源：根据各机构官网公开资料整理。

3. 经济学专业培养方案

经济学专业的学生需要具备扎实的数学和统计学基础，以杜克大学经济学硕士培养方案为例（见表 7–34）。

表 7–34 杜克大学经济学硕士核心课程表

课程名称	学习内容
微观经济学	学习微观经济学的基本原理和方法，包括消费者行为、生产者行为、市场均衡、福利分析、不完全竞争、博弈论等
宏观经济学	学习宏观经济学的基本原理和方法，包括国民收入核算、货币与财政政策、通货膨胀与失业、经济增长与发展等
计量经济学	学习计量经济学的基本原理和方法，包括回归分析、假设检验、最小二乘法、内生性问题、工具变量法等
计算机编程	学习计算机编程的基本技能和工具，包括 Python 语言、数据结构、算法、调试等
计算机科学与经济学交叉领域	学习计算机科学与经济学交叉领域的基本概念和方法，包括计算复杂性理论、博弈论与机制设计、社会选择理论、网络科学等
数据科学与机器学习	学习数据科学与机器学习的基本概念和方法，包括数据获取、清洗、探索、可视化、分析、建模和推断等
分析政治经济学	学习分析政治经济学的基本概念和方法，包括政治制度分析、政治行为分析、政策制定分析等
量化金融经济学	学习量化金融经济学的基本概念和方法，包括金融市场分析、金融工具定价、投资组合理论、风险管理等

资料来源：根据杜克大学官网公开资料整理。

（八）公共政策与公共管理专业

1. 公共政策与公共管理：设计更美好的未来

公共管理硕士（MPA）和公共政策硕士（MPP）是两个与公共管理和政策有关的研究生专业学位。它们尽管在某种程度上有相似之处，但也有一些区别（见表 7–35）。

表 7–35 公共管理与公共政策专业的硕士项目对比表

项目	公共管理硕士	公共政策硕士
课程重点	公共行政、组织管理和领导力	更加侧重于政策分析、政策研究和评估
方法和技能	注重公共政策实施、公共部门管理、政策设计和评估	强调经济分析、统计分析、数据分析和研究方法

（续表）

项目	公共管理硕士	公共政策硕士
就业方向	政府机构、非营利组织、公共政策咨询和管理	政府机构、研究机构、国际组织、咨询和非营利组织

公共管理学是一门致力于研究和实践公共政策与项目的管理、政策设计与实行的学科，包括公共政策分析、组织行为学、战略规划、公共财政和预算、人力资源管理以及公法和伦理学等。

公共政策与公共管理人才关注创造、改进政府和公共组织的运作模式，以及如何顺利推行解决社会、组织需求的政策。他们帮助政府部门做出决策、分配资源，并确保公民能够获得公共服务。他们的目标是提高公共组织的效率和效力，让资源公平分配，促进社会福利。

在实际工作中，公共政策与公共管理人才可能会负责制定教育政策，确保每个孩子都能接受良好的教育；可能参与预算编制，确保政府资金用于社会公益项目；也可能管理人力资源，为政府部门招募和培训合适的员工。

公共管理学带来了新的发展方向。首先，面对快速变化的社会需求，公共管理学需要开发创新解决方案，以应对新兴问题和挑战。其次，公共管理学将重点关注公共部门的数字化转型，利用先进技术和数据分析来提升政府机构的运作效率和服务质量。此外，公共管理学强调可持续发展和社会公正，努力推动政府在环境保护、社会平等和经济发展等方面的政策和实践。

公共政策是政府为解决社会相关问题而制订的一系列行动计划和政策方案，涵盖了极为丰富的议题，旨在应对社会挑战，促进公共福利，并有效分配资源。公共政策硕士关注分析、制定、实施评估政府与其他机构所设计的政策和项目。在数据时代，公共政策硕士主要通过收集和使用数据，系统分析经济和政治因素在公共决策中的作用，对政策选择和问题进行微观经济分析、资源分配和决策建模、成本效益分析等。

目前，一些美国的大学也提供了公共行政和公共政策两者结合的硕士项目，如公共行政与政策硕士。

公共政策硕士项目和公共管理硕士项目在发展中更加强调跨学科的知识以及更广泛的关注重点，结合了经济学、政治学、社会学、统计学等多领域的知识。

2. 公共政策与公共管理：公共福祉的守护者

公共政策硕士项目和公共管理硕士的可选择就业方向远比人们常规认知的要广

泛，各类政府机构、非营利组织、国际机构和咨询公司都需要公共政策硕士和公共管理硕士。

表 7–36 展示了公共政策硕士和公共管理硕士的就业方向、就业岗位和平均薪资。

表 7–36 公共管理硕士与公共政策硕士就业方向

就业领域	职位	示例组织	平均薪资范围（年薪）
政府机构	公共政策分析师 政策顾问	美国国务院	50 000~95 000 美元
	项目经理	环境保护署、卫生部	
	预算分析师	美国财政部和教育部	
非营利组织	政策研究员	红十字会	40 000~120 000 美元
	项目协调员	世界自然基金会	
	资助经理	盖茨基金会、福特基金会	
国际机构	国际发展顾问	联合国、世界银行	60 000~120 000 美元
	发展规划顾问	国际货币基金组织、欧盟	
	外交官	大使馆、领事馆	
咨询公司	政策顾问	麦肯锡咨询公司、德勤	60 000~110 000 美元
	管理顾问	波士顿咨询公司、安永	
	公共事务分析师	毕马威、普华永道	

资料来源：根据各机构官网公开资料整理。

3. 公共政策与公共管理专业的培养方案

以康奈尔大学和芝加哥大学为例，如表 7–37 和表 7–38 所示，可以看出公共政策和公共管理方向硕士培养的重点。

表 7–37 美国康奈尔大学公共政策和公共管理方向硕士项目的核心课程表

课程名称	学习内容
微观经济学	如何运用经济理论和工具分析市场、消费者、生产者、外部性、公共品等问题
公共财政	如何评估公共支出和税收政策对社会福利、效率、公平和分配的影响
统计学	如何收集、分析、解释和呈现数据，以及如何使用统计软件进行描述性和推断性统计
管理	如何有效地组织、领导、沟通和协调公共和非营利组织的人力资源、财务资源和物质资源

（续表）

课程名称	学习内容
政策分析	如何定义、评估、比较和推荐不同的政策方案，以及如何使用定量和定性方法进行政策研究
专业发展	如何规划自己的职业道路、提高自己的就业能力、建立自己的人际网络并参与社会责任活动

资料来源：根据学校官网公开资料整理。

表 7–38　美国芝加哥大学公共政策和公共管理方向硕士项目的核心课程表

课程名称	学习内容
微观经济分析	学习微观经济理论和方法，分析市场、政府和社会行为
宏观经济分析	学习宏观经济理论和方法，分析经济增长、通货膨胀、失业、财政政策和货币政策
统计分析	学习统计学基础和方法，分析数据和证据
计量经济学	学习计量经济学基础和方法，建立回归模型和因果推断
分析政治行为	学习政治科学基础和方法，分析政治制度、选举、集体行动和公共选择
公共政策评价	学习项目评价基础和方法，评估公共政策的效果和影响
选修课程	根据个人兴趣和领域选择国际发展、教育、环境、卫生、能源、城市规划、社会服务、商业管理、法律等

资料来源：根据学校官网公开资料整理。

（九）计算机专业

1. 计算机专业

计算机专业是指以计算机科学和技术为基础，培养学生掌握计算机系统、软件开发、算法设计、数据结构、数据库管理、网络技术等方面的知识和技能的学科专业。

计算机专业涵盖了计算机硬件、软件、网络和信息系统等多个领域，旨在培养学生具备计算机应用和开发能力，能够解决实际问题、开发创新应用和管理信息系统。

2. 计算机专业的就业方向

计算机专业的就业方向非常广泛，本文在这里只做简单的列举（见表 7–39），实际上有更多的可能。

表 7-39　计算机专业就业方向示例

培养方向	就业方向
计算机科学理论与算法	学术界研究员、算法工程师、计算机科学教师
数据科学与人工智能	数据科学家、机器学习工程师、人工智能研究员
软件工程与开发	软件工程师、应用开发工程师、项目经理
计算机网络与安全	网络工程师、网络管理员、信息安全专家
人机交互与用户体验	用户研究员、界面设计师、交互设计师
计算机图形学	图形软件工程师、游戏开发工程师、计算机图形学研究员
虚拟现实与增强现实	VR/AR 软件工程师、虚拟现实开发者、用户体验研究员
计算机视觉	计算机视觉工程师、图像处理工程师、视觉算法研究员
嵌入式系统	嵌入式软件工程师、物联网工程师、嵌入式系统设计师
数据库管理与大数据分析	数据库管理员、数据分析师、数据工程师
云计算与分布式系统	云计算工程师、分布式系统工程师、系统架构师
社交媒体与网络分析	社交媒体分析师、网络分析师、社交网络研究员

资料来源：根据各公司官网公开资料整理。

3. 计算机专业的培养方案

全美计算机专业排名第一的卡内基梅隆大学计算机专业的培养方案如表 7-40 所示。

表 7-40　美国卡内基梅隆大学计算机专业核心课程表

核心课程	这些课程是所有学生必须完成的，包括系统、理论和人工智能方面的课程。例如，计算机系统导论、算法设计与分析、人工智能导论等
选修课程	这些课程是学生可以根据自己的兴趣和专业方向选择的，包括计算机科学的各个领域和应用。例如，类型系统与编程语言、多媒体数据库与数据挖掘以及规划、执行与学习等
研究课程	这些课程是为了让学生有机会参与研究项目和撰写论文而设立的，包括研究方法、研究实践和研究报告。例如，计算机科学研究方法、计算机科学研究实践、计算机科学研究报告等

资料来源：根据学校官网公开资料整理。

校友视角

何同学

南加利福尼亚大学计算机专业硕士

我想说，其实计算机专业录取的学生整体素质都非常高。他们的 GPA 普遍在 3.6 以上，托福成绩在 100 分以上，GRE 成绩在 320 分以上。大家都非常努力，充满拼搏精神。在这样的环境中，我很容易找到志同道合的伙伴一起刷题和寻找工作，我们互相鼓励，合作效率也更高。

计算机专业提供了丰富的课程选择，无论学生是想全力投入工作准备，还是希望拓宽知识领域，都能找到适合自己的课程组合。我们有很高的自由度来选择课程，这对于那些希望有时间找工作的同学来说非常合适。然而，需要注意的是，一些热门课程可能会有很激烈的选课竞争。有时候，学生可能要等到接近毕业时才能选到他们想修的课程。

我选择了 CSCI570 算法和 CSCI571 网络项目。这两门课程对于找工作和提升简历都非常有帮助，这也是计算机专业的必修课程。除此之外，我还结合个人的精力和刷题进度，选择了一些轻松的选修课或者挑战性较高的课程。整体而言，课程选择的自由度很高，非常满足我的个人需求和时间安排。

让我感受最深的就是，同学们对自己的职业目标都有明确的规划和时间线概念。大家相互激励、互相帮助，创造了一个积极向上的氛围。这让我感到非常有动力和归属感。我很庆幸能够加入南加利福尼亚大学计算机硕士项目。

南加利福尼亚大学拥有齐全的设施和美丽的校园环境，那些红色砖墙的建筑与棕榈树相映成趣，加上喷泉景观，营造出一种迷人的氛围。校园内有很多图书馆，给我们提供了良好的学习环境。此外，校园里还会举办丰富多彩的活动，如果你想参加，那么恭喜你，生活从此会变得非常愉快和充实。能在这样的环境中求学，让我感到非常惬意。

需要特别注意的是，学校周围的环境相对不太安全。因此在独自外出时，我们需要保持一定的安全意识。这包括注意自己周围的环境，不要太晚出门。

在饮食方面，学校有好几所食堂，学校周边还有各种快餐品牌和中餐馆可供选择。此外，附近还有几家步行可达的大型超市，生活便利程度相当高。

关于住宿，学校北部地区相对安全，但房租可能稍贵一些，而西部地区的房租则更具性价比。南部地区是比较危险的，学生最好不要选择在那里居住。

关于就业，我想就如何拿到全职录取通知给一些建议：

因为我们学校人比较多，所以在学校的招聘会上，能达成目标的学生不多，主要还是学生自己去做海投或者找认识的学长、学姐直接内推。内推的成功率还是挺高的，所以如果想要在美国找工作的话，和学长、学姐还有校友进行社交，搭建社交网络是必须的。计算机专业的同学在硕士毕业后再升学的比较少，更多的是非计算机专业的同学会选择继续升学，可能是想要提高一下自身的竞争力。

我是在暑假时找到了一份实习，然后因为实习表现优秀，毕业后成功转为全职员工。我给学弟、学妹的建议就是，早找实习，简历非常重要，而且一定要早做准备。当然，要想简历有吸引力，肯定是需要平时积累的，最好本科阶段就已经有一些实习经历，这样简历才有内容。

实习和科研之类的经历当然是越丰富越好，那样简历就会有竞争力。南加利福尼亚大学的学生在投简历找工作的时候，学校的名气可以带来一些天然的竞争优势，增加拿到面试邀请的概率，但能否得到工作，主要还是取决于过往的项目或实习经验是不是足够亮眼。最后，希望学弟学妹们也能拿到录取通知。

第二节 英国硕士项目具有独特吸引力

本节阐述了英国硕士教育体系的特点，重点介绍英国硕士项目申请的关键要素，并分析英国硕士申请的变化趋势。

一、英国硕士教育体系的独特优势

英国拥有卓越的硕士教育体系，其为学生提供了成为杰出的专业人士和领袖的机会。世界闻名的大学以及跨学科的先进教学方法，对研究的高度重视、充满活力的学术社区以及丰富的文化沉浸机会，都让英国成为全球各地学子的理想留学目的地。

（一）英国硕士学位的类型

英国的硕士学位主要分为两种类型。

- 授课型（Taught），包括理学硕士（MSc）、文学硕士（MA）和 MBA 等。

- 研究型（Research），包括哲学硕士（MPhil）和研究硕士（MRes）等。
- 还有一种较为少见的文学硕士（MLitt），既可能为研究型，也可能为授课型。

授课型硕士学位的教学模式和本科教学模式相近，有一系列的教学任务，学生需要完成一定的学分要求，最后通过考试。比本科要求更高的是，硕士项目一般会要求学生参加研讨会，涉及一些项目的独立学习。总的来说，这种学位侧重于传授专业知识和培养实践技能，持续时间一般为一年，是一种较为常见的硕士学位类型。

研究型硕士学位的教学模式一般是要求学生完成一个独立的研究项目。在学习期间，学生需要在指导教师的指导下进行深入研究并完成一篇研究论文。这种模式注重培养学生的研究能力和学术创新能力，持续时间一般为两年，适合那些对深入研究感兴趣的学生。

学生具体应该选择研究型硕士还是授课型硕士，需要根据自己的专业兴趣以及未来发展做决定。

（二）英国硕士项目的特色

英国硕士项目的特色主要表现为：专业涵盖范围广，授课方式先进，评估方式多种多样，研究机会很多，等等。表 7–41 展示了英国硕士项目的特色。

表 7–41　英国硕士项目特色展示

项目	明细
专业覆盖	提供各种各样的专业课程，涵盖不同学科领域。无论是在商业管理、工程、艺术与人文学科，还是在科学领域，英国大学都提供广泛的选择，以满足个人兴趣和职业抱负
授课方式	英国大学的硕士课程旨在培养学生的批判性思维、独立研究和分析能力。课程设置旨在鼓励学生突破知识边界，挑战现有理论，全面理解所选学科。硕士课程的授课方式多样，包括讲座、研讨会、实验室实践、案例研究等。学生通常会被要求参与小组讨论和项目工作，以培养团队合作和解决问题的能力。互动式的课堂讨论、实践作业和团队项目是学习过程的重要组成部分，可以确保学生具备应对复杂现实挑战所需的技能
评估方式	硕士课程的评估方式多种多样，包括论文、课程作业、实验报告、项目展示等。一些课程还要求学生参加考试
研究机会	在各领域的领先专家的指导下，为学生提供参与开创性项目的机会，学生通过申请加入科研项目，提升自己在科研方面的能力。英国硕士教育体系的一个显著特点是对研究和创新的重视。英国的大学在各个学科领域都处于研究的前沿地位，不断突破知识的边界。先进的实验室、尖端技术和专家指导为学生提供了发展研究技能、批判性思维和分析能力的良好环境。学生可以积极参与研究项目，为自己所在领域的进步做出贡献

（续表）

项目	明细
校友网络	英国的硕士教育体系在充满活力的学术社区中蓬勃发展，促进了学术讨论和合作。学生可以参与热烈的课堂讨论、研讨会和工作坊，学校的一切都营造了激发思维的学术环境。由不同文化背景和经验的学生组成的多样化群体增强了跨文化理解和全球视角。强大的校友网络进一步丰富了学生的专业人脉

资料来源：根据各学校官网公开资料整理。

二、英国硕士项目申请的标准与要求

申请英国硕士项目需要精心规划、深入研究和注重细节。申请人需要了解申请流程的关键要素，包括学术方面的材料、英语语言要求、个人陈述、推荐信等。

（一）申请材料

以下是根据大部分英国大学官网列出的申请材料总结的申请材料一览表，不同学校可能在申请方面有细节上的差别（见表 7–42）。

表 7–42　英国硕士项目申请材料一览表

材料类别	材料要求
学生证明	在读学生：在校学生证明（中英文版）
	已毕业学生：毕业证书及学位证明（中英文版）
成绩单	中英文成绩单
个人申请文件	个人简历、个人陈述和推荐信
语言能力证明	雅思或托福等语言考试成绩（可在被录取后补交）
GRE/GMAT（企业管理研究生入学考试）	部分学校和项目要求有竞争力的成绩
艺术类专业申请	提交作品集

资料来源：根据各学校官网公开资料整理。

英国的大学大都采取滚动录取原则，即早申请、早录取，所以越早申请，难度越低。英国顶尖院校和热门专业的申请难度，已经接近美国 TOP30 院校甚至是藤校。具体规划可参考美国硕士申请的规划时间轴。

（二）英国硕士入学要求

表 7–43 为 2023QS 世界大学排名中的部分英国大学的研究生录取成绩要求。QS 世界大学排名包含全球 1 000 所著名大学，排名算法主要依据六大指标：学术声誉、雇主评价、师生比、教师论文引用率、国际教师占比、国际学生占比。需要说

明的是，中国教育部之前界定的 985 和 211 高校分类，在英国等国家的研究生录取中依旧是一个权重指标，表 7–43 依旧沿用这一分类标准，其他国家可据此标准进行 GPA 分数换算。

表 7–43 英国 20 所名校硕士研究生录取成绩要求

序号	学校	成绩要求（中国大学）
1	牛津大学	985/211 85%+，普通 90%+
2	剑桥大学	985/211 85%+，普通 90%+
3	帝国理工学院	985/211 80%+，普通 85%+
4	伦敦大学学院	985/211 80%+，普通 85%+
5	爱丁堡大学	80%+
6	曼彻斯特大学	80%+
7	伦敦国王学院	985/211 80%+，普通 85%+
8	伦敦政治经济学院	985/211 85%+，普通 90%+
9	布里斯托大学	80%+
10	华威大学	78%+
11	南安普敦大学	985/211 75%+，普通 80%+
12	格拉斯哥大学	985/211 75%+，普通 80%+
13	利兹大学	985/211 75%+，普通 80%+
14	伯明翰大学	985/211 75%+，普通 80%+
15	杜伦大学	80%+
16	谢菲尔德大学	985/211 75%+
17	圣安德鲁斯大学	985/211 85%+
18	诺丁汉大学	985/211 75%+，普通 80%+
19	伦敦玛丽女王学院	985/211 78%+，普通 73%+
20	约克大学	985/211 78%+，普通 83%+

资料来源：根据各学校官网公开数据整理。

三、英国硕士申请的趋势及变化

英国一直以来都是中国留学生的热门目的地之一。英国不仅拥有高质量的教学，还拥有能够和美国高校相媲美的超多名校。近年来，随着国际关系的变化，更多的申请者开始多国同申，英国硕士申请人数逐年暴增。与美国一样，英国硕士申请的难度也逐步增加，竞争更为激烈。

下文从签证变化的趋势、申请材料递交截止时间的趋势、PSW 签证（毕业生工作签证）的政策变化，以及对申请人本科成绩要求等方面来说明英国硕士申请的变化。

（一）签证变化的趋势

截止到 2023 年 3 月，英国共发放了 466 611 个赞助学习签证（包括主申请人及其家属，见表 7–44），比上一年度同期增长了 77%。

表 7–44　英国发放的部分赞助学习签证

国家	赞助学习签证数量（个）
中国	130 210
印度	128 290
美国	38 720
巴基斯坦	24 920
尼日利亚	21 030
孟加拉国	18 920
埃及	14 940
沙特阿拉伯	14 530
土耳其	12 440

资料来源：根据英国政府官方网站公开资料整理。

中国学生去英国留学的需求出现了强劲反弹，签证形势也显示出中国学生对英国大学的高度认可。英国赞助学习签证的整体批准率非常高，反映了英国对留学生持开放和友好的态度。签证总体批准率达到 96%，其中中国学生的签证批准率为 97%，表明英国对来自中国的留学生给予了高度认可和支持。英国的优质教育资源吸引着越来越多的中国学生，让他们选择在这里实现他们的学术和职业目标。

英国针对中国留学生的赞助学习签证批准率和数量增长率如表 7–45 所示。

表 7–45　英国赞助学习签证批准率和数量增长率表

国家	批准率	拒签率	较 2021 年，2022 年中国留学生签证数量增长率
中国	97%	3%	34%

资料来源：根据英国政府官方网站公开资料整理。

（二）申请材料递交截止时间的趋势

英国的大学一直以滚动录取的形式来录取学生，但是很多学校收到的申请数量激增，导致学校只能在公布的截止日期之前关闭申请通道（见表 7-46）。

表 7-46　英国大学申请情况变化表

正常申请形式	滚动申请和录取
申请通道提前关闭	由于申请数量激增，许多学校在公布的截止日期之前关闭申请通道
学校实例	布里斯托大学在 2022 年 11 月中下旬启动了候补录取模式，将部分专业的申请在截止日期之前置于候补名单中
	伦敦国王学院在 2023 年 1 月 7 日截止了中国学生对热门专业的申请
影响因素	中国学生对英国院校的热情和追求 英国高等教育的吸引力 英美同申的申请趋势

资料来源：根据各学校官网公开资料整理。

对于学生来说，提前规划和准备申请材料，并了解各个学校的申请截止日期和政策变化至关重要。不同学校可能在截止日期、候补名单、专业限制等方面有所不同，因此及时获取准确的信息将有助于学生做出明智的决策，并增加申请成功的概率。同时，提前规划能够确保学生有足够的时间整理材料、准备个人陈述和推荐信等重要资料，也能够避免因时间紧迫而出现疏漏和错误。

（三）PSW 签证的政策变化

2021 年 7 月 1 日 PSW 签证回归，允许留学生毕业后在英国工作两年。在这两年内，持有 PSW 签证的留学生在英国没有任何工作限制，甚至可以选择不立即找工作，而是探索就业市场，积累宝贵的职场经验。更为重要的是，如果符合条件，他们还可以将 PSW 签证转换为技术移民签证，继续在英国工作和居留。所以 PSW 签证不仅为留学生留英就业做好了准备，还可以增加留学生回国就业时的竞争力，可谓是一项真正的福利。

值得一提的是，目前 PSW 签证没有人数限制，也没有专业和工种的限制，这为留学生提供了更大的自由度。此外，PSW 签证还允许灵活续签其他类型的英国签证，进一步拓宽了留学生的选择和发展空间。

（四）对 GPA 等硬性指标的要求不断提高

由于近年来研究生申请竞争激烈，许多英国知名大学对申请人的本科成绩要求达到了比较严苛的程度，因此学生需要先了解英国大学的学位等级概念。英国大学的学士学位等级是对学生在本科阶段学习成绩的评估和分类，它反映了学生在学术表现方面的水平和成就。其中，一等荣誉学士学位是最高的，表明学生在各个学科领域都有杰出的表现，通常需要在各科目的考试、论文和项目中取得优异成绩。无荣誉学士学位是最低的，代表学生仅达到了可以授予学士学位的水平。

要注意的是，学位等级是根据对学生在考试、课程作业、论文和项目等方面的成绩进行综合评估来确定的，而不同学校和专业可能会有略微不同的标准和评估方式，并不能完全一概而论。

表 7–47 列举了英国本科学位等级对应的国内学生成绩水平，可以作为参考。

表 7–47　英国本科学位等级与国内的学生成绩对照表

学位等级	描述	相当于国内均分范围（百分制）
一等荣誉学士学位	均分达到 70 分以上，牛津大学、剑桥大学等大学研究生一般要求此学位等级	国内重点大学均分 85% 以上
二等一荣誉学士学位	均分达到 60 ~ 69 分，申请英国位于 QS 世界大学排名前 100 的大学要求此学位等级	国内重点大学均分 83% ~ 85%
二等二荣誉学士学位	均分达到 50 ~ 59 分	国内本科毕业生均分 75% ~ 82%
三等荣誉学士学位	均分达到 40 ~ 49 分	国内本科毕业生均分 60% ~ 70%
无荣誉学士学位	最低的本科学位等级，属于及格水平	—

资料来源：根据各学校官网公开资料整理。

（五）G5 学校研究生录取标准及要求

英国的知名大学拥有良好的学术氛围，并因其在研究、教学方面的成就而享誉全球。G5 大学获得了英国政府最多的研究资金和其他补助，致力于开展前沿的科学研究和创新，在多个领域取得了重要的研究成果，并对全球社会、经济和科技发展产生重要影响。同时，G5 大学投入巨额资金用于图书馆、实验室、研究中心等设施的建设和更新，以支持学术和科研活动，为学生和教职员工提供优质的学习和工作环境。

除了拥有良好的国际化学术氛围，G5 大学之间也积极开展合作和交流活动。它们共享教学资源、设施和数据，开展联合项目和课程，举办学术论坛和国际会议等。此外，G5 大学还与其他世界顶尖大学建立了战略伙伴关系，加强国际学术合作与交流。下文主要介绍这五所大学对中国留学生在成绩方面的硬性要求。

1．牛津大学硕士申请要求

牛津大学是世界上最古老、最著名的大学之一，以卓越的学术声誉和杰出的研究成果而闻名。牛津大学拥有广泛的学科范围，包括人文学科、社会学科、自然学科等领域，提供世界一流的教育资源和先进的研究设施，吸引了世界各地的优秀学生和学者。

申请要求：申请人的学士学位通常需要由 985、211 院校或双一流大学颁发，具体的学士学位要求可能会因专业和项目而有所不同。除了学位要求，还有成绩要求，申请人需要取得较高的学术成绩，具体的学位成绩要求会因专业和项目而有所差异（见表 7–48）。

表 7–48　牛津大学硕士申请要求表

学士学位来源	申请人是英国本科时的成绩要求	申请人来自国内 985、211 院校或双一流大学	申请人来自国内其他院校	申请人来自国内其他院校且本科成绩不满足时的条件
申请要求	要求高于二等荣誉学士学位的项目	满足均分 85% 以上	满足均分 90% 以上	本科成绩低于 90% 时，可能需要有研究生的成绩
	要求满足一等荣誉学士学位的项目	满足均分 90% 以上	满足均分 95% 以上	本科成绩低于 95% 时，可能需要有研究生的成绩

资料来源：根据牛津大学官网公开资料整理。

语言要求：申请人需要满足英语语言能力要求，通常需要提供英语水平证明，比如雅思成绩单。具体的语言要求因专业和项目而有所不同。

推荐信：申请人一般需要提供两封推荐信。推荐人可以是学生的教授、导师或其他专业人士，推荐信应该对学生的学术能力和潜力进行评价。

个人陈述：申请人需要撰写个人陈述，介绍自己的学术背景、研究兴趣和为什么选择申请该硕士项目。

2. 剑桥大学硕士申请要求

剑桥大学是世界一流的学府，以严谨的学术氛围和卓越的教学质量而闻名。剑桥大学拥有众多优秀的学院，涵盖了广泛的学科领域，注重独立思考、创新研究，培养了无数杰出的学者和领导者。

对于申请人是国内本科，且申请的项目本身要求为英国本科最低学位的，总体要求如表 7–49 所示。

表 7–49 剑桥大学硕士申请要求（英国本科最低学位）

学士学位来源	总成绩要求	GPA 要求
国内知名大学	均分为 85% 以上	3.5（满分为 4.0）
211 院校及以上	均分为 88% 以上	3.7（满分为 4.0）
其他认可机构	均分为 90% 以上	3.9（满分为 4.0）

资料来源：根据剑桥大学官网公开资料整理。

如果申请人申请的项目本身要求为英国本科一等学位，总体要求如表 7–50 所示。

表 7–50 剑桥大学硕士申请要求（英国本科一等学位）

学士学位来源	总成绩要求	GPA 要求
国内知名大学	均分为 90% 以上	3.8（满分为 4.0）
211 院校及以上	均分为 92% 以上	3.9（满分为 4.0）
其他认可机构	均分为 95% 以上	4.0（满分为 4.0）

资料来源：根据剑桥大学官网公开资料整理。

对于本科是美国本科的中国申请人，如果申请的项目要求为英国本科最低学位，则申请人的综合成绩需要达到 GPA 3.5（满分为 4.0）、GPA 3.5（满分为 4.3）、GPA 4.3（满分为 5.0）。如果申请人申请的项目要求为英国本科一等学位，则申请人的综合成绩需要达到 GPA 3.7（满分为 4.0）、GPA 3.7（满分为 4.3）、GPA 4.6（满分为 5.0）。

众所周知，美国本科生获得 3.5 及以上的 GPA 非常普遍，甚至在美国本科排名前 30 的学校中，很多学生的 GPA 超过了 3.8。因此，大量的海外本科生，尤其是美国本科生与国内本科生竞争英国顶尖大学的硕士课程，对国内本科生造成了较大的竞争压力。

3. 帝国理工学院

帝国理工学院是专注于科学、工程、医学和商业领域的学院，以世界领先的科学研究和创新实践而闻名。帝国理工学院与许多产业和企业保持紧密联系，为学生提供了实习、实践和创业机会，培养出了众多在相关行业具有重要影响力的专业人士。

帝国理工学院官网明确指出，所有专业项目只愿意录取国内 211 院校及以上的申请人，其招生更加偏向海外本科生、中外合作项目的学生或 2+2 项目的学生。这些学生的专业与所申请的专业高度匹配，GPA 普遍在 87% 以上，有些甚至达到了 90% 以上，雅思成绩基本上都达到 7 分（或相当于 6.5 分）。

4. 伦敦大学学院

伦敦大学学院是世界级的研究型大学，以跨学科研究和创新科研成果而闻名，提供广泛的学科选择，包括人文学科、社会学科、工程、医学和自然学科等领域。

伦敦大学学院的招生办使用了一个由大学相关委员会审核的中国大学名单，包括了部分 211 院校、985 院校和双一流大学。请注意，并非所有 985 院校、211 院校和双一流大学都在该名单中。

来自经审核的大学名单内的申请者需要满足以下入学要求：

- 申请项目要求是英国本科二等一荣誉学士学位的，国内本科生成绩最低加权平均分为 85%。
- 申请项目要求是英国本科二等二荣誉学士学位的，国内本科生成绩最低加权平均分为 80%。

此外，伦敦大学学院还限制了申请专业的数量，每位申请人最多只能申请两个专业。

伦敦大学学院官网显示，来自认可名单之外的大学的申请人需满足的条件更为严苛：

- 申请项目要求是英国本科二等一荣誉学士学位的，中国教育部认可的所有其他大学的本科生成绩最低加权平均分为 90%。
- 申请项目要求是英国本科二等二荣誉学士学位的，中国教育部认可的所有其他大学的本科生成绩最低加权平均分为 85%。

5. 伦敦政治经济学院

伦敦政治经济学院以在经济学、政治学和社会科学等领域的卓越研究和教学而闻名，培养了大量在公共政策、国际事务和社会科学研究领域取得重要成就的学者和专业人士。

伦敦政治经济学院官网披露了申请数据，其中最热门的专业是商科，每年有超过 1 000 人申请。申请专业主要集中在金融、管理学、经济学、会计与金融、风险和金融等。此外，还有一些其他领域的热门专业，虽然申请人数没有超过 1 000 人，但也吸引了超过 500 人申请。这些专业包括公共政策、行为科学、环境经济和气候变化、金融数学、人力资源和组织、国际关系、国际社会和公共政策、管理信息系统、市场、社会创新和创业、经济（研究型）等。

伦敦政治经济学院更倾向于招收海外本科生、中外合作项目的学生或参与 2+2 项目的学生。对于国内本科生而言，他们需要在 GPA、雅思或托福成绩以及实习和科研经历等方面表现出色，没有短板，并展现出独特的亮点。尽管伦敦政治经济学院在文科专业中也录取了一些非名校的学生，但这些学生基本上都是来自它相对认可的学校名单且成绩优异的学生。

（六）英国其他名校录取标准及要求

除了 G5 大学，其他热门学校及学院（比如爱丁堡大学和曼彻斯特大学商学院）的申请门槛也非常高。

1. 爱丁堡大学

爱丁堡大学为中国申请者设有认可院校名单，总体要求有 4 个等级。

- A 等级：持有优先名单上大学授予的学士学位，且均分至少达到 85%。
- B 等级：持有优先名单上大学授予的学士学位，且均分至少达到 80%。
- C 等级：持有优先名单上大学授予的学士学位，且均分至少达到 80%；或者持有认可大学授予的学士学位，且均分至少达到 85%。
- D 等级：持有认可大学授予的学士学位且均分达到 80%。

2. 曼彻斯特大学商学院

曼彻斯特大学商学院是英国最热门的商学院之一，从官网发布的录取结果来看（见表 7–51），曼彻斯特大学商学院的热度很高，而录取者来自不同的国家，竞争激烈。大多数专业的录取率为 5% ~ 9%。中国留学生想要获得录取通知书，面对的竞争压力巨大。

表 7-51 曼彻斯特大学商学院硕士录取数据

专业	申请人数	录取人数	录取率（%）	年龄范围（岁）	国籍数
MSc 会计学	544	50	9.2	21～31	6
MSc 会计与金融	1 231	77	6.3	21～35	7
MSc 金融学	1 838	76	4.1	21～27	14
MSc 量化金融	670	31	4.6	21～27	11
MSc 国际商务与管理	1 563	99	6.3	21～38	19
MSc 商业分析与战略管理	1 476	79	5.4	21～37	20
MSc 管理学	2 332	104	4.5	21-32	13
MSc 创新管理与创业	974	80	8.2	21～34	21
MSc 市场营销	2 528	96	3.8	21～31	27
MSc 运营、项目和供应链管理	1 603	100	6.2	21～51	19
MSc 商业分析：运筹学和风险分析	1 636	85	5.2	21～41	20
MSc 人力资源管理和劳资关系	505	44	8.7	21～29	8
MSc 国际人力资源管理和比较劳资关系	248	33	13.3	21～31	7
MSc 组织心理学	266	27	10.2	21～31	9
MSc 商业心理学	394	13	3.3	22～36	10

资料来源：根据曼彻斯特大学官网公开资料整理。

第三节
加拿大研究生申请更具多样性

加拿大以其高质量的教育体系、多元化的学术环境和宽松的移民政策成为中国学生喜爱的留学目的地之一。加拿大拥有世界一流的大学和研究机构，名校数量不算多，但是研究生课程设置多元化，为学生提供了丰富的专业选择，涵盖了科学、工程、社会科学、艺术和人文等多个学科领域。同时因为名校数量不多，留学生做选择较容易，又因为这几所名校在国际上享有很高的声誉，所以学生的学位被广泛认可。

一、加拿大研究生教育体系

加拿大的研究生教育体系比美国的更加复杂：首先在学位授予方面有一些区别，学生享受的移民政策也不一样；其次，很多研究生项目分为授课型和研究型，虽然是同一个专业，但是教学模式却不一样。

（一）加拿大硕士学位和研究生文凭的区别

加拿大的研究生项目根据最终学历，分为硕士学位和研究生文凭，两者是有区别的（见表 7–52）。

表 7–52　加拿大硕士学位和研究生文凭对比表

项目	研究生文凭	硕士学位
学习时长	较短，一般 8 个月左右	1～2 年
录取要求	本科和学院毕业生均可申请	完成本科学位，录取要求高，本科成绩需在 80% 以上
学习方向	实用技能和特定领域的专业知识	高级学术研究，深入了解学科知识
学历证书	结业证书，即研究生文凭，没有学位证书	硕士研究生学位
移民资格	不可以通过安大略省硕士毕业生省（Ontario Masters Graduate Stream）提名来移民加拿大	在安大略省毕业的硕士可以通过安大略省硕士毕业生省提名来移民加拿大

资料来源：根据各学校官网公开资料整理

（二）加拿大授课型研究生项目和研究型研究生项目的区别

在加拿大的研究生项目中，许多专业分为授课型和研究型两种。这两者在学习时长、申请条件、奖学金、课程设置、毕业要求、就业导向方面都有区别。

其中，授课型研究生项目注重学术知识的广度和实用技能的培养，适合那些希望在行业内就业并迅速应用所学知识的学生。而研究型研究生项目则更加注重学术研究和独立思考能力的培养，适合那些有浓厚科研兴趣和想进一步深造的学生。

如表 7–53 所示，二者有一定的区别。

表 7–53　加拿大授课型研究生项目和研究型研究生项目对比表

项目	授课型研究生项目	研究型研究生项目
学习时长	1～2 年	两年及以上，大部分选择硕博连读
申请条件	学校根据学生成绩和综合条件，择优录取	学生根据本科的研究背景选择导师，但需要与导师研究方向匹配

（续表）

项目	授课型研究生项目	研究型研究生项目
奖学金	一般不提供奖学金	导师提供奖学金，覆盖学费和部分生活费
课程设置	可选择的课程较多，可学习的课程面广	学习课程较少，但研究深度较高
毕业要求	完成规定课程和考试，不需要写论文	参与研究项目和写论文
就业导向	以就业为导向，毕业后进入业界工作	以科研为导向，大部分学生选择读博士，或者进入科研单位继续深造

资料来源：根据各学校官网公开资料整理。

（三）加拿大研究生项目与美国研究生项目的申请区别

由于近年来，学生普遍采取多国同申的方式，以下将加拿大研究生项目与美国研究生项目的申请做了比较（见表 7–54）。

表 7–54　加拿大研究生项目与美国研究生项目的申请对比表

项目	加拿大研究生项目	美国研究生项目
学校体制	加拿大的大学不多，大部分都是公立大学，由国家统一提供资金，区别比较小，所以入学申请条件相对统一	美国的大学非常多，有公立大学和私立大学。排名居世界前列的大学大部分都是私立大学，其经费主要源于社会、校友捐赠等，由于资金非常充裕，录取标准各不相同
考试要求	通常需要提供托福或雅思成绩单，除申请 MBA 以及竞争激烈的热门专业方向需要 GMAT 成绩单外，只有部分学校的理工科专业需要 GRE 成绩单	大部分专业都需要学生提供 GRE、GMAT 或 LSAT 等考试成绩单
学术要求	提供本科成绩单和学位证书，更看重本科成绩，所以在成绩上的要求比美国更严格，分数要求也更高	综合考虑本科成绩、推荐信、实践研究经验，作品集等
费用和奖学金	研究生学费相对较低，一般提供少量奖学金和助学金	研究生学费相对较高，有奖学金，但是由于近年来越来越卷的趋势，奖学金的获取难度也大幅上升
申请难度	加拿大顶尖学校很少，每个项目招生数量有限，难度很大	大学数量多，虽然难度很大，但是由于可选的学校多，申请相对容易一些

资料来源：根据各学校官网公开资料整理。

二、加拿大研究生申请材料

加拿大研究生的申请材料和美国研究生的申请材料相差不大，但是值得注意的是，加拿大的大学由于更看重学生的本科出身，因此对本科院校的知名度以及学生的本科成绩都更加重视。在评审申请的过程中，学生的本科院校是不是名校是较重要的衡量因素，所以这对本科院校非名校的学生来说，是一个阻碍。

（一）本科成绩单和学士学位证书

加拿大研究生项目通常要求申请者本科四年中最后两年或最后一年的 GPA 至少达到 3.0（相当于百分制的 75 分以上）。有些知名大学的研究生项目对 GPA 要求更高，最低 GPA 要求为 3.3（相当于百分制的 80 分以上）。

同时加拿大的学校更看重学生的本科出身，美国或加拿大的本科或者国内的清华大学、北京大学以及国内 985 大学的成绩单更有说服力。除了成绩单，申请加拿大研究生项目的学生还需要具备正规大学四年制本科学士学位证以及毕业证。

（二）英语语言成绩

申请加拿大研究生项目的学生需要提供托福、雅思或其他英语语言成绩，通常要求托福达到 100 分，雅思达到 6.5 ~ 7.0 分且各项小分不低于 6.0 分。如果学生无法达到理想分数，一些学校会提供语言预科，学生达到最低要求后可以先进入预科项目，通过语言考试后再进行正式学习。

（三）标化考试成绩

除了语言成绩，部分加拿大大学还要求申请人通过 GRE 或 GMAT 考试。GRE 适用于一般专业的研究生入学考试，GMAT 主要适用于商科类研究生的入学考试。

（四）研究生申请文书

研究生申请文书包括个人陈述和简历。个人陈述通常是一篇介绍申请人教育背景、工作经历和个人成就的短文。通过个人陈述，申请人可以展示自己的学术能力、研究兴趣和未来的职业目标，以及对所申请的研究生专业的兴趣。简历是申请人向招生委员会展示自己最好的材料，也是最重要的材料之一。

（五）推荐信

学校通常要求学生提供 2 ~ 3 封推荐信，由学生的大学授课老师或者实习单位的上级撰写。

三、加拿大研究生项目的选校以及名校介绍

由于加拿大的名校并不多，本文主要介绍麦吉尔大学、多伦多大学、英属哥伦比亚大学、阿尔伯塔大学、滑铁卢大学以及这些学校的热门专业。

（一）麦吉尔大学的热门硕士项目

麦吉尔大学为学生提供400多个不同领域的研究生课程，涵盖农业与环境科学、艺术、牙医及口腔健康科学、教育、工程、法律、管理和医学与健康科学等，而且提供多种类型的文凭，包括研究生文凭、硕士学位（论文和非论文）、博士等。下文主要介绍金融管理硕士和计算机科学硕士项目（见表7–55和表7–56）。

表7–55 加拿大麦吉尔大学金融管理硕士一览表

金融管理硕士	
项目时长	12个月或16个月
课程学分	总学分为45学分，2门课程（共36学分），分为6个模块 最后一个学期完成一个9学分的应用金融项目
项目特色	
实习机会	有机会作为分析师在Desautels Capital Management Inc.（一家持牌并受监管的投资管理公司）管理投资组合
使用财经数据平台	学生可以利用财经数据平台，如Bloomberg、Eikon、Morningstar等，在先进的市场模拟器上执行交易、开发资产配置模型、回测交易策略，并制作专业的投资报告
国际研究之旅	学生有机会参加国际研究之旅，与当地金融机构和行业领导者进行交流
申请要求	
学士学位和良好的定量分析能力	提交在线申请表和申请费 提供两封推荐信 提供学术成绩单 提供GMAT或GRE成绩 提供英语语言能力证明 提供简历和个人陈述 可选择提交奖学金、荣誉、志愿者经历等补充材料
录取信息	
具体录取数据	该项目目前共有49名学生（14名女生，35名男生），这些学生来自12个不同的国家，会说21种不同的语言，生源非常多元化
学生平均年龄和成绩	学生的平均年龄是23岁，平均本科GPA是3.73，GMAT平均分数是697分
学生本科背景	财务、经济、工程、会计、健康科学、数学、管理、计算机科学和环境研究等

资料来源：根据麦吉尔大学官网公开资料整理。

表 7-56 加拿大麦吉尔大学计算机科学硕士一览表

计算机科学硕士	
项目时长	12 个月或 16 个月，最长不超过 3 年；学生必须在夏季入学
项目特色	
项目受众	这个项目的受众是那些希望深入探索计算机科学并在该领域进行研究的学生，学生至少要具备计算机科学第二专业的本科水平；项目课程涵盖了计算机科学的多个领域，包括理论、系统和应用
项目类型	项目分为授课型与研究型，即论文选项和非论文选项；论文选项的学生需要完成一个研究论文，非论文选项的学生需要完成一个项目和更多的课程
特殊的生物信息学选项	这个项目专为有兴趣从事生物学、医学科学以及数学、计算机科学或工程等交叉领域研究的学生而设计
申请要求	
计算机科学和数学背景，至少要有理科学士学位，最低拿到计算机科学副学位	提交在线申请表和申请费 提供两封推荐信 提供学术成绩单，需要有计算机科学、工程或相关领域的本科学历或同等学历，GPA 至少为 3.2 提供 GRE 成绩（非强制要求） 提供英语语言能力证明，如托福、雅思等，具体的分数要求根据不同的项目而定（通常要求托福 100 分或雅思 6.5 分及以上） 提供简历和个人陈述 可选择提交奖学金、荣誉、志愿者经历等补充材料
先修课要求	计算机科学课程： 申请人至少要参加相当于麦吉尔大学提供的下列核心课程中的四门课程： COMP 206 软件系统介绍 COMP 250 计算机科学导论 COMP 251 算法和数据结构 COMP 273 计算机系统导论 COMP 302 编程语言和高级计算机科学课程 数学课程： MATH 222 微分学三（偏微分和多元积分） MATH 223 线性代数（向量空间、线性算子、特征值和特征向量） MATH 240 离散结构

资料来源：根据麦吉尔大学官网公开资料整理。

（二）多伦多大学的热门硕士项目

多伦多大学的多元化课程制度可满足研究生的不同目标和抱负，多种课程选项让学生可以根据自己的学术和职业兴趣来定制课程。硕士项目涉及健康科学、管理学和工程等领域的 70 多个专业。其中商科是多伦多大学的王牌学科，罗特曼商学院更是享誉全球。如表 7–57 所示，金融风险管理硕士就开设在罗特曼商学院。

表 7–57　加拿大多伦多大学金融风险管理硕士一览表

金融风险管理硕士（MFRM）	
项目概况	项目长度：10 个月全日制项目 项目目标：培养具备金融和定量分析能力的学生，为学生将来在金融机构、咨询公司、监管机构等组织中从事风险管理、投资和财务分析等职位做好准备 项目生源：学生背景多元，国际学生占 25%，主修商业、经济、工程等相关专业，工作经历主要集中在投行、咨询和金融领域
课程设置	包括 10 门课程和 1 个风险管理项目，涵盖衍生品模型、金融机构监管、运营风险、高级投资、金融科技、信用风险、概率建模、宏观经济学、金融市场等方面的知识
项目优势	罗特曼商学院实力强大，拥有优秀的师资队伍，先进的财务实验室，创新的金融科技中心。学生还可以通过参加专业发展工作坊、自我发展实验室等活动来提高自己的沟通和网络技能；同时项目提供与行业专家和雇主互动的机会，包括行业研讨会、导师计划和招聘活动等
就业情况	毕业生就业率高，平均年薪：8.5 万～12 万加元 就业去向：安永、德勤、花旗集团、加拿大皇家银行、加拿大央行、加拿大证券交易所、高盛、摩根士丹利、普华永道和瑞士信贷等知名公司和机构
录取情况（2023 年）	平均 GMAT 分数：723 平均本科 GPA：3.8 国际学生比例：25% 常见的本科专业：商业、经济、工程 常见的工作经历：投行、咨询、金融服务 就业目标：投行、咨询、金融服务、风险管理

资料来源：根据多伦多大学官网公开资料整理。

多伦多大学管理分析硕士的申请要求，如表 7–58 所示。

表 7–58　加拿大多伦多大学管理分析硕士一览表

管理分析硕士（MMA）	
项目概况	项目设置：11 个月全日制项目 项目目标：旨在培养计算能力强、具备数据驱动决策能力的学生，以应对创新和技术驱动的经济环境，并为学生提供与行业接轨的机会以及加拿大的人工智能研究机构矢量研究所的认可 项目生源：学生来自不同本科专业和国家，包括刚完成本科学业的学生和有几年相关工作经验的职业人士，约 1/3 的学生有相关工作经验，大部分学生都具备编程语言技能，拥有强大的定量分析背景

（续表）

管理分析硕士（MMA）	
项目优势	罗特曼商学院在管理分析的学术领域有强大的实力，这包括优秀的师资队伍、先进的数据和分析实验室、创新的金融科技中心等。学生还可以通过参加专业发展工作坊、自我发展实验室等活动来提高自己的沟通和网络技能。此外，该项目还有数据科学家驻校指导，为学生提供行业洞察和建议
就业情况	最近的就业报告显示，毕业生全部在毕业后 6 个月内找到相关全职工作。毕业生的平均起薪为 8.5 万美元 / 年，最高起薪为 12 万美元 / 年 毕业生去向包括亚马逊、安永等知名企业
录取情况（2023 年）	平均 GMAT 分数：692 平均本科 GPA：3.7 国际学生比例：63% 常见的本科专业：工程、计算机科学、统计、数学 常见的工作经历：数据分析、咨询、软件开发 就业目标：数据科学、咨询、金融服务、技术行业

资料来源：根据多伦多大学官网公开资料整理。

（三）英属哥伦比亚大学的热门硕士项目

英属哥伦比亚大学提供了 300 多个研究生项目，包括硕士和博士项目，其中有些是论文项目，有些是授课项目，这些项目是通过不同的学院和学校提供的，涵盖了各个领域和学科，如艺术、科学、工程、医学、教育、商业等。英属哥伦比亚大学是加拿大和世界上领先的研究型大学，它的研究生项目为学生提供了进行前沿研究、与著名教授合作、发展专业和学术技能的机会。英属哥伦比亚大学还为研究生提供资助、指导、辅导和职业发展等服务。管理分析硕士项目是中国学生就读较多的项目之一（见表 7–59）。

表 7–59　英属哥伦比亚大学管理分析硕士项目一览表

管理分析硕士（MMA）	
项目概况	项目生源：该项目每年招收约 60 名学生，他们具有多样的国籍、文化背景，以及不同的本科专业和工作经历。这种多元化的班级构成为学生提供了一个富有挑战和创造力的学习环境，使他们能够从不同的视角和经验中获得学习和成长的机会
课程设置	项目包括 10 门课程和 1 个商业咨询项目，涵盖了商业管理的核心领域，如市场营销、财务、运营、战略等，以及商业创新、商业伦理、商业国际化等热门话题。课程采用案例分析、小组讨论、项目演示等方式，培养学生的分析能力、沟通能力和解决问题能力

（续表）

管理分析硕士（MMA）	
项目优势	该项目充分利用了 UBC Sauder 商学院在商业教育领域的优势，为学生提供了顶级教师、设施和服务。学生能够充分利用先进的学习中心、创新的创业中心和丰富的图书馆资源，同时还能参加各种专业发展活动，如工作坊、导师计划和行业讲座等，以提升自己的知识储备，并拓展人脉
就业情况	该项目的毕业生在就业市场上具有竞争优势，他们拥有非商科本科学位和商业管理硕士学位双重背景，以及丰富的商业咨询项目经验 毕业生可以在各行各业中找到适合自己的职业，如金融、咨询、科技、医疗、教育等行业，并从事市场营销、项目管理、数据分析、商业发展等各种工作 2022 年的数据显示，60% 的毕业生在毕业后三个月内找到了工作，平均年薪为 79 226 加元，最高年薪为 115 622 加元

资料来源：根据英属哥伦比亚大学官网公开资料整理。

（四）滑铁卢大学的热门硕士项目

滑铁卢大学是加拿大一所优秀的研究型公立综合类大学，创立于 1957 年。作为加拿大排名第二的综合类大学，滑铁卢大学连续 28 年被《麦考林》杂志评为加拿大最具创新性的大学，它以卓越的学术实力和学生培养体系而享有盛誉。

作为加拿大本科生源最佳的大学之一，滑铁卢大学的声誉源于其一流的计算机科学专业和与科技公司的紧密合作，被誉为“加拿大硅谷”。此外，滑铁卢大学还培养了大量成功的企业家，成为加拿大企业家的“摇篮”。

滑铁卢大学以独特的带薪实习教育而著称。作为加拿大最早提供带薪实习教育项目的大学之一，该校在学生的本科学习期间穿插五个学期的实习，为他们的职业发展带来巨大的优势（学生需要完成带薪实习才能毕业，因此没有假期）。这种与实际工作紧密结合的教育模式能够使学生获得宝贵的职场经验和深入理解行业需求的机会。

滑铁卢大学的研究生项目广泛涵盖 70 多个不同领域的专业课程，包括健康科学、管理学和工程学等。此外，学校提供约 140 个综合学位课程，让学生有机会同时获得两个相关专业的学位认证，以及 10 个双学位课程，使学生能够获得不同领域的学术背景。学校还提供 40 多个协作专业，鼓励学生进行跨学科的研究。对于已经工作的专业人士，滑铁卢大学还提供 4 个文凭课程，为他们的职业发展提供进修机会。

数据科学与人工智能硕士项目概况如下：

项目介绍：这是为了满足全球数据科学与人工智能领域不断增长的需求而设计的课程型项目。

项目要求：学生需要完成 9 门与数据科学相关的研究生课程，以获得该项目的学位认证。

项目特色：该项目不仅帮助学生了解数据科学和人工智能的跨学科性质，还提供扎实的核心培训和实践机会。此外，该项目还拥有完善的合作教育支持系统，帮助学生在毕业后找到就业机会。

值得一提的是全职 MDSAI Co-op 计划，即学生会进行 4 个月的 MDSAI Co-op 实践，这为学生提供了从事数据科学和人工智能的一手实践经验。

（五）阿尔伯塔大学

阿尔伯塔大学始建于 1908 年，是坐落于加拿大阿尔伯塔省会埃德蒙顿的一所世界著名研究型大学。阿尔伯塔大学也是加拿大 U15 研究型大学联盟创始成员、世界大学联盟成员以及世界能源大学联盟成员。

阿尔伯塔大学提供 73 个硕士项目、61 个博士项目，其中有 68 个论文项目，46 个授课项目。这些课程是通过 14 个学院和学校提供的，涵盖的领域很广，包括商业、自然科学、工程、法律、医学、艺术、公共卫生等。

阿尔伯塔大学的电气与计算机工程系的研究范围广泛，从生物医学、信号通信到能源与物理领域，为研究生提供丰富的项目课题与导师选项。该专业的 MEng 课程是一个基于课程的学位项目，为那些不打算攻读博士学位但渴望从事工程专业职业的学生设计。学生需要完成至少 24 个单位的学分，其中包括 15 个单位的主要领域课程和 1 个项目。

第八章

研究生留学选择多元——新加坡和德国等地备受青睐

第一节
新加坡、日本等国家和地区的研究生申请热度不减

近年来，新加坡及中国香港地区的研究生申请呈井喷式增长。中国香港地区八所高校的世界排名、教育质量和市场认可度逐年上升，其认可度高、花费低，又不用出国，因而受到内地学生的青睐。同时，因地缘优势以及同属儒家文化圈的文化优势，日本一直是中国学生的留学目标国之一。

一、新加坡研究生申请趋势

以新加坡国立大学为例，其 2022—2023 年度共有 11 714 名硕士研究生，2021—2022 年度共有 10 011 名，2019—2020 年度共有 6 914 名，每年的招生人数都在上涨，总体呈现逐年扩招的趋势。

新加坡国立大学不断扩大硕士研究生招生规模，同时新增了许多专业，招生人数越多的专业竞争越激烈。其中热门专业包括商学院的经济学、金融、商业分析等专业，以及计算机、电子工程、土木工程、机械工程等工科专业。定量金融、统计学、金融工程等专业都属于竞争激烈的领域，相比较而言，文科专业的门槛要低一些。

二、中国香港地区研究生申请趋势

2023 年，中国香港地区的学校除了本科申请热度飙升，研究生申请人数也大幅上涨，并呈现出三个特点。

（一）申请节奏更快

通常情况下，大部分学校的录取通知会在 11 月份开始发放。以香港中文大学为例，该校增设了提前批申请，8 月份已经发放了一批录取通知。9 月份，香港中文大学的部分专业就发布了录取信息。10 月份，香港中文大学的大部分专业发布了首批录取信息。

2023 年，整个录取过程提前了一个月。这种变化加大了申请难度，申请者需要提前准备材料、做出决策并调整申请策略以应对快速变化的录取过程。

学校提前发布录取信息表明，它们对申请者的背景非常看重，希望通过提前录取来确认有优秀背景的申请者。随着录取名额的减少，提交申请的时间越晚，申请者被录取的机会就越小。

（二）录取难度再创新高

根据已录取学生的信息，我们可以观察到，中国香港地区的学校在进行第一批录取时提高了要求。这意味着在早期申请中，背景更为优秀的申请者获得了优势，后续的申请竞争将更加激烈。

以香港科技大学的会计专业为例，从第一批录取信息中可以看出，其录取的学生大多来自国内 985 大学或海外优秀大学，或者是均分极高的学生。同样，香港中文大学经济学专业的面试机会也未被分发给许多来自财经类 211 高校或均分达 85 分以上的申请者。

需要注意的是，这不仅意味着申请难度增加，更表明有越来越多的优秀申请者加入了竞争。因此，学生应充分准备，并在递交申请时明确定位和备选方案。

（三）拒信发放提前

中国香港地区各大学对申请审核工作进行了优化，提前发送拒信，从而使申请者更早了解结果。例如，在香港中文大学计算机科学专业的录取过程中，尽管 10 月初尚未发放录取通知，但校方已经发放了一大批拒信。这也说明该校收到了远超需求的申请。

三、新加坡和中国香港地区的研究生申请条件趋同

新加坡竞争力最强的大学是新加坡国立大学和南洋理工大学，而中国香港地区的香港大学、香港中文大学、香港科技大学、香港城市大学和香港理工大学五所大学也被众多学生青睐。值得注意的是，无论是新加坡还是中国香港地区的大学，它们对中国学生的本科学位、成绩都有相对严格的筛选准则。

（一）新加坡国立大学和南洋理工大学的硕士研究生申请要求

表 8–1 展示了新加坡国立大学和南洋理工大学的硕士研究生申请要求，这两所名校的要求基本一致，涉及不同专业时或有不同，具体以学校官网最新发布的信息为准。

表 8-1 新加坡国立大学和南洋理工大学的硕士研究生申请要求

项目	具体要求
申请背景	80% 以上的学生来自 985、211 院校
	剩余学生大多来自中外合作项目或海外本科等
	只有极少数“双非”学生会被录取，而且这些学生大多有出色的表现，或是均分超高，或是有几年工作经验
GPA	一般要求均分在 80 分以上，商科、计算机等热门专业要求均分达 85 分以上
	“双非”学生的均分最好在 88 分甚至 90 分以上
语言成绩	新加坡国立大学的最低要求是雅思 6.5 分或托福 92 分
	商科和某些语言学的要求更高，需达到雅思 7 分或托福 100 分
GMAT/GRE	热门专业需要递交 GRE/GMAT 成绩
	竞争激烈的专业建议递交 680 分以上的 GMAT 成绩或 320 分以上的 GRE 成绩
科研或实习背景	最好有 3 个以上与专业相关的实习经历
	科研论文等是加分项

资料来源：根据各学校官网公开资料整理。

（二）中国香港地区的硕士研究生申请要求

中国香港地区热门大学的介绍和申请要求如表 8-2 和表 8-3 所示。

表 8-2 香港三所重点大学的硕士研究生申请要求

项目	香港大学	香港中文大学	香港科技大学
优势专业	化学 / 应用化学 / 化学科技、土木工程、计算机工程、经济 / 应用经济 / 商业经济、环境科学、金融 / 计量财务学、工业管理及制造工程、法律、机械及自动工程、医学、社会学、统计学	人文学 / 人类学、生物化学、工商管理学、中国语文及文学、教育、翻译、地理、政治与公共行政学、历史、物理 / 应用物理、体育运动科学、哲学、社会学	电子工程、土木工程、计算机科学、统计学、生物学 / 应用生物、数学
语言要求	大部分专业要求雅思 6 分且单项 5.5 分	雅思 6.5 分，单项没有明确规定	雅思 6.5 分且单项 5.5 分
申请建议	985/211 学生：大学均分 82 分以上，雅思 7 分，专业匹配实习	985/211 学生：大学均分 82 分以上，雅思 7 分，专业匹配实习	985/211 学生：大学均分 82 分以上，雅思 7 分，专业匹配实习
	“双非”学生：大学均分 88 分以上，雅思 7 分，有硬核实习或科研经历	“双非”学生：大学均分 88 分以上，雅思 7 分，有硬核实习或科研经历	“双非”学生：大学均分 88 分以上，雅思 7 分，有硬核实习或科研经历
	申请商科需要有较好的 GRE/GMAT 成绩	申请商科需要有较好的 GRE/GMAT 成绩	申请商科需要有较好的 GRE/GMAT 成绩

资料来源：根据各学校官网公开资料整理。

表 8-3　香港城市大学和香港理工大学的硕士研究生申请要求

项目	香港城市大学	香港理工大学
优势专业	电子工程、资讯系统、信息工程、土木工程、语言学、数学、商业与管理研究、建筑学	会计学、屋宇设备工程学、建筑经济（工程）及管理学、时装纺织及制衣学、酒店管理、护理学、市场学、测量学
语言要求	雅思 6.5 分，单项没有明确规定，接受大学英语六级成绩	大部分专业要求雅思 6 分，单项没有明确规定
申请建议	985/211 学生：大学均分 82 分以上，雅思 7 分，有多段实习经历	985/211 学生：大学均分 80 分以上，雅思 6 分，有多段实习经历
	“双非”学生：大学均分 88 分以上，雅思 7 分，有多段实习经历	“双非”学生：大学均分 85 分以上，雅思 6.5 分，有多段实习经历

资料来源：根据各学校官网公开资料整理。

四、中国香港地区和新加坡的硕士研究生申请时间线

中国香港地区和新加坡的硕士研究生申请时间线如表 8-4 所示，分四个阶段。

表 8-4　中国香港地区和新加坡的硕士研究生申请时间线

阶段	时间	适合专业	建议
提前批	5~7 月（新加坡比中国香港地区早一点），此时只开放少部分专业，申请竞争较小	商学院	提交 GRE/GMAT 成绩
		理学院 / 工学院	GPA 3.3 以上
第一轮	9~11 月（中国香港地区比新加坡早一点）	各专业	8 月份之前准备好 GRE/GMAT 成绩和语言成绩 部分专业第一轮申请日期：中国香港地区一般 9 月初开放，10 月末截止；新加坡一般 10 月初开放，11 月末截止
第二轮	12 月到次年 1 月	各专业	第一轮结束即为第二轮开始，时间一般在 12 月到次年 1 月，学校会在圣诞节放假
第三轮	次年 1~4 月	各专业	录取通知发放一般集中在 10 月（提前批）、11 月、12 月底至次年 1 月初、3 月至 4 月

资料来源：根据各学校官网公开资料整理。

五、日本硕士研究生学制的特点与优势

近年来，随着申请人数的增加，日本硕士研究生的申请竞争也日益激烈，申请条件逐渐提高。中国学生在申请日本硕士研究生项目时需要满足一系列要求，包括学历、语言能力、研究潜力以及经济支持能力等。一般而言，文科类专业要求日语

能力达到 N1 或 N2 水平，理工科类专业要求达到 N2 或更高水平。少数专业还可能要求学生提交英语托福或托业成绩。此外，申请人需要准备研究计划书和推荐信，还要提供存款证明等相关文件。有些专业可能会进行面试或要求提交作品等。

（一）日本硕士研究生学制的特点

日本的硕士研究生项目旨在培养学生在特定领域的专业知识和研究能力，其严谨的教学培养模式、独特的教学方法和深厚的学术传统备受赞誉。日本硕士研究生项目的另一个亮点是学生与教授之间关系紧密，教授会致力于指导学生。这种培养方式可以让学生得到个性化的关注和细节指导。日本大学通常有先进的设施、资源和实验室，学生能够进行高级研究。日本大学还与产业伙伴合作，为学生提供实践和发展职业的机会。

1. 学制长

在日本攻读硕士学位一般需要的时间为两年。然而，如果日语能力不达标，那么学生需要先进入语言学校学习一两年。学生总共需要三到四年的时间才能获得硕士学位。

2. 考试多

除了入学考试，日本的硕士研究生项目还有其他多个考试要求，比如修业考试、资格考试、毕业考试等。日本的硕士教育体系将严谨的学术培训、研究机会和文化融入结合在一起，为学生提供全面且有益的教育旅程。

3. 打工政策灵活

日本政府允许留学生在规定时间内打工，通常每周的工作时间不超过 28 小时。这为学生提供了在留学期间通过打工来补贴生活费的机会。

4. 申请政策多样

日本的硕士研究生申请主要有两种方式。一种是申请制度，即向目标大学递交申请材料，审查合格后获得录取资格。另一种是考试制度，即参加目标大学的入学考试，通过考试后获得录取资格。考试制度的一个优势在于，它不完全关注本科成绩和学校背景，学生只要刻苦备考，就有机会进入优秀的大学。

此外，日本还提供一些以英语为授课语言的项目，学生无须具备日语能力，只要英语水平达到要求，即可申请入学。多样化的入学方式为留学生提供了更多的选择和机会。

（二）日本硕士研究生的申请流程

日本的硕士学位叫作修士，学制一般是两年。与国内的研究生不同，日本的“研究生”其实是指预科生（旁听生或非正式生）。这段时间的学生并不算是大学的学生，而是课堂的旁听生，但也可以进入实验室。通过日本的修士考试后，“研究生”才能正式获得大学学位。到日本读修士的学生可以参加修士考试，也可以申请英语授课的 SGU 项目。

1. 参加修士考试

申请日本大学修士的学生，必须通过修士考试。日本大学采取自主招生方式，大部分大学的修士考试一年有两次，分为春季招生考试和秋季招生考试。每次考试会提前 1 ~ 2 个月开放报名，报名时间在 2 月前后和 9 月前后。秋季的招生名额远超春季，因此秋季是一次很好的入学机会。但是也有一部分学校一年只安排一次修士考试，所以学生需要提前对心仪大学的招生方案做好调查。如果在来年 4 月入学，那么学生应当参加秋季考试；如果在当年 10 月入学，那么学生可以参加春季考试。

日本的修士考试可以分为三个阶段：材料准备阶段、出愿阶段和学校考试阶段。

（1）材料准备阶段

参加修士考试的学生必须先准备好学校所要求的材料：日语能力测验和英语标化考试成绩，大学毕业证书和成绩单，列好的研究计划书。有些学校会要求学生提前与想要申请的硕士项目的教授取得联系，并获得教授的准许，即内诺书。具体要求请查看学校 6 ~ 7 月在官网上公布的募集要点。

日语能力测验：学生的日语成绩需要达到 N1 水平，至少到 N2 水平，英语成绩则需要达到学校要求的水平。对于排名靠前的日本大学来说，雅思或托福成绩是申请中的硬性要求。有些学校甚至要求学生提交 GRE 或 GMAT 成绩。日本的修士考试对于学生的本科背景并未有太多要求，只要求学生 GPA 优秀。

研究计划书：学生需要先行确认自己的目标学校和专业，并寻找合适的教授，之后针对性地制作研究计划书。研究计划书是留学生对自己在日本留学期间研究内容的大致设想，也是学生向教授展示自己的能力和匹配度的重要材料。大部分研究计划书的字数为 1 200 ~ 2 000 字，并且要用日语撰写。学生需要具体描述自己的研究课题，并对研究背景和动机进行简单阐述，同时大致展示自己已经取得的进展，以证明自己研究方向的创新性和自己在该领域的专业性。学生还应大致列出日后的研究计划，方便教授观察学生与自己的匹配度。

教授内诺书：准备好材料后，学生可以联系心仪大学的教授进行充分沟通，即向他们说明自己的专业兴趣与研究方向，学生可以制作个人简历，有些教授会对看中的学生进行网络面试。拿到教授内诺书后，学生应当把它作为申请材料提交。

（2）出愿阶段

参加修士考试的学生还要向学校提交申请，即“出愿”。在修士考试前 1 ~ 2 个月，学校会在官网开放申请，学生需要通过网络申请或者邮寄的方式将材料交给学校。

（3）学校考试阶段

修士考试一般分为笔试和面试。有些大学采取上午考试、下午面试的方式对学生进行综合考查，有些学校则是分层筛选，对笔试合格的学生进行面试。

笔试主要考查学生的语言能力和专业知识，比如文科生可能要写小论文，理科生则需要解答专业题目，艺术生则可能需要提交作品集。笔试之后便是面试，面试是修士考试中最为重要的部分。一般来说，面试是由多位教授共同进行的，一般是 2 ~ 3 名教授。有些学校会组织更大规模的面试，由 7 ~ 10 名教授面试一位学生。

（4）录取条件

对于修士申请，学校最看重的就是语言与学术能力。学生如果对自己的日语水平没有自信，那么可以申请进入语言学校学习，或申请“研究生”以熟悉大学氛围。对于本科院校并不十分优秀的学生来说，日语考试和英语考试都需要取得高分，且 GPA 最好在 3.5 以上。如果是 211 或 985 大学的学生，那么 GPA 至少要达到 3.2。日本大学是择优录取的，学生要想在修士考试中脱颖而出，就需要优秀的分数和充足的准备。

2. 申请 SGU 项目

除了直接参加修士考试，SGU 项目也有修士课程。有些 SGU 项目的修士申请每年有两次，但是多数项目一年只有一次申请机会。

各个院校的 SGU 项目申请方式各异，但总体而言主要有三种方式：第一种是学生通过官网的申请入口直接递交材料，包括本科成绩单、英语成绩、研究计划书和项目所要求的申请文书。对于 SGU 修士项目，学生的本科院校和在校成绩对结果的影响较大，但是研究计划书中所体现的学术水平也很重要。第二种方式则需要学生跟教授沟通，通过邮件交流展示自己的专业兴趣和学术水平，得到教授的允许后，学生才可以提交申请。第三种方式则是学生在提交申请并经过学校审理之后，和教授进行沟通并获得内诺书。

申请 SGU 修士项目的学生需要提交本科成绩单、语言和标化考试成绩、2 ~ 3

封来自学校教授或公司负责人的推荐信、研究计划书。

SGU 修士项目是国际化教育项目，学生要与来自使用英语教学的大学的学生竞争，因此托福和雅思成绩很重要。申请 A 类大学的学生通常需要达到托福 100 分或雅思 7 分以上。部分学校会强制要求学生参加 GRE 或 GMAT 考试。类似欧美大学的申请，学生的本科 GPA 也非常重要。申请 A 类大学的学生需要保证 GPA 在 3.2 以上，甚至 3.5 以上。本科学校为 985 或 211 学校的学生更容易被录取。同时，学校会在面试中考查学生的专业能力。

3. 日本名校的硕士研究生录取条件

表 8–5 展示的是东京大学、京都大学、东京工业大学、大阪大学、东北大学、九州大学、名古屋大学、早稻田大学 8 所大学的录取条件，供参考。

表 8–5　日本名校硕士研究生申请要求一览表

学校	申请要求
东京大学	文科生：日语能力证书 N1 理工科生：托福 90+ 或托业 9.0+ 平均 GPA：3.5+ 院校背景：211 或 985 工程类院校，基础知识扎实
京都大学	文科生：日语能力证书 N1 理工科生：托福 90+ 或托业 9.0+ 平均 GPA：3.5+ 院校背景：211 或 985 工程类院校，基础知识扎实
东京工业大学	日语能力证书 N2 或以上等级 托福或托业成绩越高越好 平均 GPA：3.2+ 院校背景：211 或 985 工程类院校，基础知识扎实
大阪大学	文科生：日语能力证书 N1 理工科生：托福 90+ 或托业 9.0+ 平均 GPA：3.2+ 院校背景：211 或 985 工程类院校 优势专业：经济学和工学
东北大学	文科生：日语能力证书 N1 理工科生：根据托福或托业成绩换算 平均 GPA：3.2+

（续表）

学校	申请要求
九州大学	文科生：日语能力证书 N1 理工科生：根据托福或托业成绩换算 平均 GPA：3.0+ 院校背景：211 或 985 工程类院校
名古屋大学	文科生：日语能力证书 N1 理工科生：托福 85+ 平均 GPA：3.0+
早稻田大学	文科生：日语能力证书 N1 理工科生：托福 80+ 平均 GPA：3.3+

资料来源：根据各学校官网公开资料整理。

日本硕士研究生的留学时间轴如图 8–1 所示。

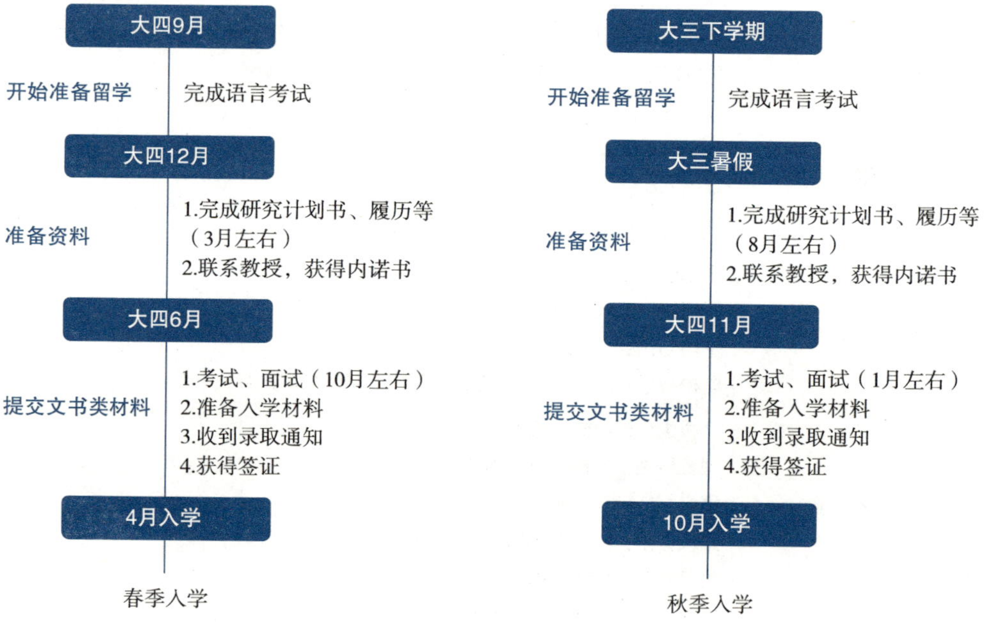

图 8–1　日本硕士研究生留学时间轴

第二节
德国和法国的研究生申请保持吸引力

德国在全球最适宜留学的国家排行中位居第三。德国发达的经济条件、卓越的教育水平、低廉的留学费用和良好的就业机会为留学生提供了优越的学习和生活环境。德国学术交流中心发布的年度报告《2022年德国高等教育与科学研究中心》显示，中国是德国国际学生的主要生源国。

法国的高等教育具有悠久的历史、完善的体系、丰富的资源以及卓越的教育和科研水平。此外，法国还培养出了14位菲尔兹奖得主和65位诺贝尔奖获得者，法国的多所大学在世界大学排名中名列前茅，这些成就充分证明了法国高等教育的国际认可度。凭借悠久的历史文化、迷人的生活环境、卓越的高等教育体系、经济实惠的留学费用以及完善的社会保障制度，法国已成为全球第五大留学生接收国。在法国高校就读的国际学生人数占学生总人数的10%，其中中国留学生数量位居第二且呈逐年增长的趋势，每年都有超过1.1万名中国学生选择到法国留学。

下文着重分析德国硕士研究生和法国硕士研究生项目的申请趋势、申请要求和热门院校。

一、德国硕士研究生的申请趋势和优势

中国留学生是德国最大的外国留学生群体。近两年，中国留学生在德国的注册人数增长了67.4%，远超其他国家。这表明中国留学生对德国的硕士研究生有着强烈的兴趣和需求，同时反映了德国的硕士研究生在中国市场上的竞争力。中德两国最近签署了互相承认学位的协议，这为中国已获得学士学位的大学毕业生提供了直接进入德国大学学习的机会。预计未来几年，申请德国硕士研究生项目的中国留学生人数将继续增加。

德国的硕士研究生项目主要有四大优势。

（一）教学质量好

德国的教育质量世界闻名，高等教育水平处于世界领先地位，有427所高校，提供约19 000门课程，其中以硕士课程为主的英语教学国际课程数量也在不断增加，尤其是在工程科学和自然科学领域。

（二）费用低廉，打工政策友好

除了高水平的学术声誉，德国之所以备受中国留学生青睐，还有一大原因是德

国的公立大学为研究生留学生提供免费教育或仅收取象征性学费。此外，德国的生活费用相对较低，这减轻了中国留学家庭的经济负担。

德国吸引研究生留学生的另一个原因是，其拥有宽松的打工环境和优惠政策。比如在德国注册的研究生留学生可以合法打工，无须缴纳税款，且找到兼职工作相对容易。这为学生提供了获得实践经验和经济支持的机会。

另外，德国政府为研究生留学生提供了各种优惠政策和支持措施，包括奖学金、住房补贴和医疗保障等。这些政策和措施为研究生留学生提供了更好的学习和生活条件。

（三）德语和英语双语授课

在德国，对于很多大学的研究生项目，学生可以根据自身条件选择德语、英语或双语授课。这对德语还不是特别好的学生来说是个好消息。而掌握德语对于未来的职业发展非常有利，无论是留在国外还是回国发展，这都是额外的优势。

（四）签证政策便利

在德留学生拥有申根签证，可自由进出所有欧盟国家。而在德国研究生毕业后，留学生拥有一年半的找工作签证期限。一旦找到工作，留学生就可以持长期工作签证留在德国，并在工作满两年后申请永久居留权。这为想要在德国生活或移民的学生及其家庭提供了便利。

二、德国硕士研究生的申请要求

（一）本科成绩要求

申请人是 211 重点大学的，需要提供一个学期的成绩（均分在 80 分以上）。

申请人是“双非”大学的，需要提供三个学期的成绩。

如果是大专毕业生，则要计算所有成绩，平均分要在 80 分以上。

但是满足成绩要求并不等于一定能被录取。成绩只是一个参考，更重要的是课程匹配度。如果学生的课程匹配度高，那么学校给出的评分会很高，这样就可以稍微弥补分数差距。所以在申请学校的时候，学生需要找到和自己本科专业匹配的研究生专业。

（二）语言成绩要求

普通专业的入学语言要求一般为欧洲语言共同参考标准的 C1 水平。欧洲语言共同参考标准对应的语言考试证书有：德福（4*4*4*4）、DSH2、Telc Deutsch C1 Hochschule、歌德 C1 证书。

德国艺术类专业的入学语言要求一般为欧洲语言共同参考标准的 B2 水平。欧洲语言共同参考标准对应的语言考试证书有：德福（3*3*3*3）、DSH1、Telc B2、歌德 B2 证书。

即便是德语授课的专业，也有部分顶尖大学要求申请人提供雅思成绩，比如柏林工业大学的电气专业。部分顶尖商科大学，比如曼海姆大学的部分专业，要求申请人提交 GMAT 成绩。部分顶尖工科大学，比如亚琛工业大学的电气专业，要求申请人提供 GRE 成绩。

在德国大学提供的所有专业中，有极少部分硕士专业是纯英文授课。申请人不需要学习德语，仅需提供雅思 5.5 ~ 7.5 分的语言考试证明。

三、法国硕士研究生的申请要求和热门院校

法国作为一个备受推崇的留学目的地，拥有许多吸引人的优势，尤其是在硕士学位方面。根据法国高等教育署的统计，在 2022—2023 学年，法国总计拥有 40 万外国留学生，其中中国以 27 479 名学生排在第 3 位，越来越多的中国学生将法国作为攻读硕士学位的目的地。

中国学生可以通过多种途径申请法国的硕士课程，既可以直接向目标学校提交申请，也可以通过法国驻华大使馆教育处的在线申请平台 Campus France 进行申请。此外，中国学生还可以参加由中国留法人员管理委员会组织的联合招生考试。这些多样化的申请方式为学生提供了更多选择。

一般而言，学生申请法国硕士课程需要提交一些基本资料，包括本科毕业证书、成绩单、个人陈述、推荐信、语言证明（法语或英语）以及其他相关材料。然而，不同学校和专业的申请条件有所不同。例如，一些公立综合性大学对语言成绩的要求较低甚至不要求，而一些高等专业学院则对语言水平和专业背景有较高要求。

目前，法国大学的英语授课课程的数量超过 1 600 个，其中 1 333 个为全英语授课项目。具体的院校、专业可以在法国高等教育署官网上查到，以商科院校居多。在法国留学的中国学生，有 46% 选择了英语授课课程。如表 8–6 所示，不同类型的院校有相应的英语授课项目，公立大学中英语授课的热门专业有法律、经济类、管理类、计算机、数学等专业。

表 8-6　法国名校的优势专业和申请要求

学校	优势专业	申请要求
巴黎科学艺术人文大学	工学、文学、理学、经济学、医学	部分专业要求有推荐信和实习证明，需要参加面试或考试； 申请截止时间为 3～6 月
巴黎综合理工大学（“X”）	国际关系、生物信息学、创业、综合化学、电机工程、能源、计算机科学、科技创新、数学、机械、物理、宇宙空间科学、材料科学、环境科学	申请工程师文凭的学生至少要有两年的科学、工程学或经济与计量金融学的学习背景，以及扎实的数学和物理基础； 中国学生入学当年不超过 26 岁； 申请流程包含四个笔试、三个口试和一次面试； 工程师项目秋季入学，申请截止时间为上一年 9 月
索邦大学（2018 年由巴黎四大和巴黎六大合并而成）	人文、历史、艺术、数学、科学、医学	竞争激烈，国内高年级学生可以同时申请本科最后一年和硕士第一年 直入国内 HORS DAP 申请系统申请即可 申请截止时间为 4 月 5 日
巴黎萨克雷大学（联盟）	数学、物理、农业、电信工程、临床医学、自动化控制、统计学、生物工程、电气电子工程、机械工程	部分专业要求两封推荐信； 提交课程描述及专业排名证明； 重视专业匹配度及是否修过相关课程； 通过 E-Candidat 系统申请，不同专业的申请截止时间不同
巴黎高等师范学院	数学、哲学、文学、物理、化学	每年只招 200 多名学生，文理科各招 10 名国际生； 要求专业对口且成绩非常优秀，文科需提交研究计划，在通过笔试、口试前至少完成大二学业； 申请截止时间为 12 月
巴黎高科	土木工程、环境工程、交通运输工程、城市规划、机械工程、材料科学、工业工程、经济学、金融管理、应用数学和计算机科学、生物、计算生物学、生命科学、食品工程、农业科学、林业工程、化学、核能、机器人、自动化、地球科学	对学生的本科成绩、学历背景、语言水平要求较高，需参加笔试和面试； 中国本科毕业或至少已完成 6 学期本科学习（科学、工程学或经济学相关专业） 要求有很强的数学和物理学专业背景，均分 80 分以上，班级排名前 20%； 申请截止时间一般在 9 月底
巴黎高等商学院	管理学、国际金融硕士、全职 MBA、战略管理、市场学（排名世界或欧洲第一）	雅思 7.0 分，GMAT 700 分以上； 每年四批次入学（1 月、3 月、4 月、10 月）； 对本科院校、均分、标化成绩和其他软性指标都有很高要求

（续表）

学校	优势专业	申请要求
巴黎大学（2019年由巴黎五大、巴黎七大和巴黎地球物理研究所合并而成）	地球与行星科学、医学、生命与健康科学、语言学、人文社科学	一年预科，本硕连读，要求是高中毕业生和大学在读生； 高考分数550分以上
法国巴黎政治学院	政治学（欧洲第一、全球第三）、国际关系、社会政策和管理、社会学（"法国社会精英摇篮"，至今培养了29位总统及总理）	在校生13 000人，国际生占46%，录取率较低；申请材料要求高，面试难度大，重视社会实践活动和综合素质
巴黎国立高等美术学院	美术、艺术	线上提交材料并进行绘画及专业通识测试、面试； 法语C1，英语C1； 申请预科的年龄为17~23岁，需提交作品集； 秋季入学申请截止时间为2月

资料来源：根据各学校官网公开信息整理。

第三节
澳大利亚研究生申请空间大

澳大利亚大学不同的硕士专业有不同的学年制，一般有1年制、1.5年制、2年制。不同学年制的申请要求不一样。通常，2年制的专业课程是主流，要求申请者提供本科成绩和语言成绩。申请者只要符合录取要求，基本上就可以被录取，不需要其他条件，比如工作经验等。1年制或1.5年制的课程可能会有一些额外的要求，比如获奖证明和工作经验等。中国学生喜欢申请的商科的学制一般会比较长。

一、澳大利亚的硕士研究生类型不同，空间更大

依据课业内容和申请条件，澳大利亚的硕士研究生可分为三种类型，从难到易分别为研究类硕士研究生、授课类硕士研究生和过渡课程类硕士研究生。本节只介绍前两类主流硕士研究生，第三种是专科过渡硕士研究生，不在此介绍。中国学生大多选择前两类。

（一）研究类硕士研究生

这是澳大利亚硕士研究生中要求最高的一种类型。国内本科生或硕士研究生皆

可申请。语言要求为雅思 6.5 分或 7.0 分，学制为 1 ~ 3 年。申请的专业要求与本科背景相同。但入学要求中最难的一点是，学生要有较强的研究背景和论文发表经验，还需要针对申请的专业递交开题报告。

澳大利亚的大学大多都开设研究类硕士课程，但是专业方向有所区别，这取决于教授研究的专业方向。申请者需要与所申请专业的导师确认自己的专业方向是否相符，符合者才能递交申请。在申请签证时，该类别的学生若申请的课程时长超过 1 年，只需要提供 1 年的生活费和学费的担保费用证明即可。研究类硕士课程较易申请奖学金，课程以研究课题为主，偏理论，适合将来读博士或进入学术研究领域的学生。

（二）授课类硕士研究生

该类项目严进严出，适合在国内打好学术基础的学生。授课类硕士研究生中的有些专业接受跨专业申请。这类硕士课程主要以作业、测试和有限的研究论文来进行考核。有些课程要求学生具有本科相关专业背景，非本专业学生需要有相关工作背景，或者接受为期半年的基础课程学习，比如建筑、设计、工程和教育类硕士课程。有些课程则允许学生跨专业申请，比如商科、信息工程、翻译、教育等。学校主要对学生国内大学成绩、学历情况等进行评估，要求雅思成绩在 6.5 分及以上，个别学校、专业对雅思成绩的要求有差别。

二、澳大利亚硕士研究生的申请要求

学校背景要求：国内任何一所大学的学生都可以申请，有些专科学生也能申请，但要从预科读起。而本科毕业的学生则可以视情况选择读预科还是直接入读硕士课程。985 院校的学生的成绩要求比 211 院校的低，211 院校学生的要求比“双非”院校的低，换言之，大学排名与成绩要求成反比。

专业背景要求：澳大利亚研究类硕士研究生要求申请专业与本科专业相关，而授课类硕士研究生可以不完全与本科专业相关，这是由申请专业的要求决定的。有时候，中国的专业设置与海外的专业设置不尽相同，为了证明专业相关，申请人可提交相关辅助性证明文件，比如推荐信、作品集、课程描述说明等。

工作经历：一些大学的商科类课程或管理类课程虽然不要求有相关专业背景，但要求申请人具备一定的工作经验，工作或实习单位提供相应的证明材料即可。

语言要求：不同学校、专业、项目的语言成绩要求会有差异。学生有三种语言考试可以选择：雅思、托福和 PTE。

三、澳大利亚硕士研究生的申请规划时间轴

硕士研究生申请要从本科就开始做好时间与学业规划，让自己在标化成绩、GPA、科研或实习经历以及推荐信等方面都做好充足准备，从而申请到理想学校。

澳大利亚硕士研究生申请规划时间轴如图 8–2 所示。

大一学年

大一：定专业、学习英语、多参加活动

1. 认真决定自己的专业，如果学校不允许换专业，那么学生要提前调研所在专业的发展方向并认真学习
2. 对自己的语言能力先做一个评估，选择适合自己的语言考试并进行备考（建议选择雅思，大多数专业要求雅思总分为6.0~6.5分，单项为5.0~6.0分）

大二学年

大二：提高成绩、准备语言考试、寻找实习机会

1. 大二的重点仍然是成绩和语言，GPA是申请时最重要的硬性指标，提高语言能力是一个长期的过程，需要坚持学习
2. 大二暑期可以寻找与专业相关的实习，以提高未来竞争力
3. 参加雅思集训班，至少参加一次雅思考试

大三学年

大三：选校选专业、参加考试、提交申请

1. 继续保持在校成绩，申请者需注意与申请专业相关的必修课或专业课成绩
2. 继续保持高效学习，确定想要申请的专业与学校，可以申请多个学校
3. 在校或寒假期间，集中参加与专业相关的科研或实习
4. 继续学习并且参加雅思考试

大三下学期

申请材料准备：建立与教授、学术指导的联系，争取拿到他们的推荐信

大四学年

大四上学期9月

1. 申请材料准备，文书修改与润色
2. 开始争取推荐信

10月到次年2月

1. 递交院校网申材料
2. 录取发放阶段，如果语言成绩仍未通过，还有机会继续考试，在学校给出的截止日期之前提交

大四下学期3月

提交了合格的语言成绩后，按照学校要求缴纳学费，确认入学

4~6月

1. 体检，准备申请签证
2. 获得签证后安排住宿、购买机票，准备开启留学生涯

图 8–2　澳大利亚硕士研究生申请规划时间轴

第九章

出国金融服务，助力留学之路

从做出留学决策到踏出国门，再到学成归来，几乎每个家庭都要往来银行数次。但对于绝大多数家庭而言，如何处理这些业务更省心，在网络上也很难找到标准答案。实际上，提前了解留学全过程需要用到的金融服务就像选择学校一样重要。出国金融服务不仅可以帮助申请者更加便捷地走上留学之路，还可以通过专业顾问的合理规划，实现留学资金效能的最大化。

第一节
留学金融服务清单

从开始考虑留学起，每个留学家庭都意识到可能要付出高出国内教育几倍甚至几十倍的资金。但具体在哪个阶段支出，如何有效地控制成本，怎么平衡好家庭财富稳健增长和留学费用支出，常常让很多家庭感到困扰。表 9–1 列出了留学过程中可能需要的金融产品和服务。不难看出，金融服务贯穿留学整个流程，留学过程中的许多活动都与金融服务密不可分，因此做好全方位的准备会让留学之路走得更加稳健。

表 9–1　留学过程中涉及的金融产品和服务

留学阶段	场景	金融产品和服务
留学规划和申请阶段	留学咨询和规划	留学讲座
	资金规划	外币存款、理财、教育金
	学校申请费	信用卡、银行电汇等
	标化考试报名费	信用卡，部分支持支付宝等方式
	入学押金	信用卡、银行电汇等
	资信证明（美国需在学校申请阶段提交）	存款证明、资产证明
行前准备阶段	申请签证和签证费用支付	签证服务
	存款证明（除美国外，其他国家在签证阶段提交）	存款证明
	学费和生活费汇款	购汇、银行电汇等
	用于海外消费的银行卡	借记卡、信用卡
	行前指导	行前说明会、离境会

（续表）

留学阶段	场景	金融产品和服务
留学阶段	学费和生活费	银行卡、银行电汇等
	取现	信用卡、借记卡
	消费	信用卡、借记卡，部分支持支付宝等方式
留学回国阶段	实习	实习项目
	创业融资	贷款服务
	剩余外汇	结汇、外币理财、存款

要出国　找中信

中信银行深耕出国金融业务 25 年，是美国、新加坡、以色列等多国使馆签证业务的合作金融机构，形成了涵盖签证、外汇结算、外币理财、跨境汇款、留学汇、资信证明、出国特色卡等产品的一站式出国金融服务体系，累计服务出国客户超过 2 200 万人次。

第二节
留学前：兵马未动，粮草先行

一、留学规划阶段

留学规划阶段是留学的前奏。留学的想法可能源于一次家庭会议的讨论，或者某次海外游学的经历，又或者某个朋友的建议。当一个家庭做出让孩子去陌生世界探险的决策后，最直接的问题是要准备多少钱，以及需要什么时候准备好。根据现有的留学签证体系，家长最早需要在留学申请前半年就准备好能够覆盖留学阶段学费和生活费的资金，用于申请签证。

在留学规划阶段，留学家庭可以将拟留学使用的资金放在单独的银行账户内，购买低风险的定期存款或较低风险的理财产品，从而保证留学储备金稳健增长。

（一）留学专属借记卡

借记卡不仅有储蓄的功能，还有投资理财的功能。中信银行近年来联合其他卡组织为出国留学客群打造了四张借记卡产品，分别为中信银行护航借记卡、万事达外币借记卡、Visa 外币借记卡和美国运通借记卡。

中信银行护航卡

2018 年，中信银行联合中国少年儿童基金会推出了专门针对留学生的银行卡——护航卡。中信银行作为“护航计划”爱心编队成员，肩负起社会责任，响应中国少年儿童基金会的号召，推出“护航计划”联名借记卡和信用卡，在满足留学家庭境外消费、境外取现、学费汇划等核心需求的同时，整合了跨境汇款优惠、个人结售汇点差优惠、境外刷卡返现、境外医疗协助、留学官方权威资讯、社会实践实习活动等权益，为留学家庭提供专业的出国金融服务，用心护航留学之路。

特色 1：专享跨境汇款优惠，跨境汇款（含留学汇）手续费最高可享受 250 元优惠。

特色 2：专享结售汇点差优惠，办理美元、英镑、澳元、加元结售汇业务，可享受 30bps（基点）点差优惠，最高可优惠 150 元。

了解更多护航卡权益，请扫码

中信银行万事达外币借记卡

中信银行 2020 年 7 月携手万事达卡组织发行了中信银行万事达外币借记卡，是第一家发行万事达外币借记卡的全国股份制银行。该卡也是中信银行推出的首张单独以美元结算的借记卡，持卡人在境外刷卡或取现时可直接使用账户内的美元余额。卡片等级分为白金卡和世界卡，持卡人可以在中信银行柜台办理共计 13 个币种的储蓄与理财产品，也可在全球 210 个国家和地区的 9 000 多万家接受万事达卡的商户消费及数百万台 ATM 上取款。该卡聚焦海外留学、境外生活场景，甄选超值金融优惠及全球消费返现、优惠出行、国际酒店等特色权益。

特色 1：免年费，免每月前三笔境外 ATM 取现手续费，免境外 ATM 余额查询费，免境外交易货币转换费。

特色 2：全球品牌商户消费最高返现 20%，留学生境外绑卡返 48 美元（如苹果商店、优步、优食等）。

特色 3：全球精选酒店优惠，悦榕酒店、康得思酒店住三付二优惠，Agoda 预订全球酒店享额外 88 折优惠，Booking.com 预订酒店最高 7 折优惠。

了解更多万事达外币借记卡权益，请扫码

中信银行 Visa 外币借记卡

中信银行 2022 年 11 月携手 Visa 卡组织推出中信银行 Visa 外币借记卡。该卡的等级为白金卡，以美元作为结算币种，持卡人在境外刷卡或取现时可直接使用，也可以在中信银行柜台办理外币存款与外币理财业务。该卡支持在境外标有 Visa 标识的 ATM 机上查询余额并提取当地货币现钞，也可在境外商户进行消费支付，扣减账户内的美元余额。持卡人可享 Visa 权益平台的海外留学、消费等多项权益。

特色 1：1 元 GO 商城，精选海外电商平台及线下商户，持卡人支付 1 美元即可购买价值最高 100 美元的国际知名商超、出行和民宿平台电子代金券。

特色 2：Visa 权益平台不定期推出境外消费周周返现、境外交通笔笔返现等活动。

特色 3：留学申请优惠，持 Visa 外币借记卡可享新东方前途出国留学申请类业务服务费优惠最高 2 000 元。

了解更多 Visa 外币借记卡权益，请扫码

中信银行美国运通借记卡

为更好地服务出国金融客群，2023 年 6 月，中信银行携手美国运通重磅推出“中信银行美国运通 EL 金卡借记卡”（简称“美国运通借记卡”）。作为美国运通全球首发的 EL 金卡借记卡，该产品使用人民币进行结算，实现境内境外一卡通享。美国运通借记卡不仅能满足客户境内外消费取现的金融需求，同时囊括了运通境

内境外、线上线下丰富的权益和活动，比如境外刷卡笔笔返现、国内星级酒店自助餐买一送一等，是百年运通品牌与中信出国金融的传奇之作。

特色 1：专享每月前三笔境外 ATM 取现免手续费，免货币转换费；人民币结算，省心省力。

特色 2：境内丰富权益，购物餐饮一网打尽。星级酒店自助餐、下午茶买一赠一；免费享购物村会籍，生日消费更多礼遇。

特色 3：运通全球支付网络，全球商户独享优惠，跨境消费笔笔返现，既能花又会省；同时还有日本和中国香港等地商户优惠。

了解更多美国运通借记卡权益，请扫码

（二）外币理财产品

中信银行在售美元币种固收类净值型理财产品（代销中银理财产品），主投美元存款资产，1 美元起购，风格稳健，严控风险。（理财非存款，产品有风险，投资须谨慎。）

（三）留学讲座及活动

中信银行在每年 6 ~ 9 月的留学旺季，会不定期举办留学规划、留学择校等讲座或沙龙活动，根据各地区留学特点，联合当地权威的留学机构，给家长和准留学生带来权威的政策解读和规划合理的留学方案。

（四）EasyGo 会员

为更好地为留学家庭提供专业化、一站式的服务，中信银行在 2022 年推出 EasyGo 会员服务体系，学生和家长可在 EasyGo 会员页面一览签证、跨境汇款、资信证明等各项服务专享优惠与所有出境服务产品。EasyGo 会员服务体系不仅整合了一手资讯、旅游攻略等信息，还为留学生提供了境外保险、境外消费返现、跨境汇款手续费全免等多项专享优惠和服务，更提供了英才实习营、留学讲座、留学前辈交流会等活动，专业化的全旅程陪伴式服务满足留学不同阶段的不同需求。

在留学规划初期，留学家庭可以先注册成为中信银行 EasyGo 会员，领取会员专属优惠，在留学旅程的不同阶段享受相应的权益和服务（见表 9–2）。

表 9-2　EasyGo 会员的权益

权益	身份	类别	普通会员	新客 & 护航卡会员	VIP 会员
会员权益	家长	优惠券包	新户专享：单次优惠券 2 张，价值 300 元 ▪ EVUS（签证更新电子系统）手续费优惠券 100 元 ×1 张 ▪ 全球签手续费优惠券 200 元 ×1 张	新客 & 护航卡会员专享：每年优惠券 5 张，价值 900 元 ▪ 全球签手续费优惠券 200 元 ×2 张 ▪ 跨境汇款（含留学汇）手续费优惠券 250 元 ×1 张 ▪ 结售汇点差优惠券 150 元 ×1 张 ▪ EVUS 手续费优惠券 100 元 ×1 张	VIP 会员专享：每年优惠券 6 张，价值 1 600 元 ▪ 全球签手续费优惠券 200 元 ×3 张 ▪ 跨境汇款（含留学汇）手续费优惠券 250 元 ×2 张 ▪ 结售汇点差优惠券 150 元 ×2 张 ▪ EVUS 手续费优惠券 100 元 ×2 张
	学生	境外保障	免费赠送：100 万元留学无忧险（包含境外医疗保险、境外意外保险、航空延误险等）或 1 000 万元航空意外险	免费赠送：100 万元留学无忧险（包含境外医疗保险、境外意外保险、航空延误险等）或 1 000 万元航空意外险 信用卡专享盗刷险 3 万元	免费赠送：100 万元留学无忧险（包含境外医疗保险、境外意外保险、航空延误险等）或 1 000 万元航空意外险 信用卡专享盗刷险 3 万元
		境外出行	—	—	机场贵宾厅服务 1 次 / 每季度
		留学资讯	免费畅读留学蓝皮书（精华电子版） 留学精品课程及留学咨询	免费畅读留学蓝皮书（精华电子版） 留学精品课程及留学咨询	免费畅读留学蓝皮书（纸质完整版） 留学精品课程及留学咨询
		就业指导	免费赠送职业测评 1 次、名师专属规划 1 次	免费赠送职业测评 1 次、名师专属规划 1 次	免费赠送职业测评 1 次、名师专属规划 1 次

二、留学申请阶段

在留学申请阶段，许多国家将资产证明作为必须提交的材料。以美国为例，其每年 10 月份就需学生提供资产证明。资产证明能够证明申请学生或其家庭有足够的资金支付其在海外留学所必需的学习、生活费用。在后续办理签证阶段，学生也需要向使馆提供资产证明用于申请签证。一般情况下，我国银行提供的资产证明主要为“存款证明”。

（一）存款证明

个人存款证明业务是指银行为存款人出具证明，证明存款人在当前某个时点的存款余额或某个时期的存款发生额，以及证明存款人在该行有在以后某个时点前不可动用的存款余额，即在存款证明开具的时间段内，该笔资金自动被冻结且无法使用。

不同留学国家或地区对申请者提供的存款证明金额以及时长有不同的规定。

1. 美国

美国大使馆对存款证明的期限没有严格的规定，一般建议存期在 6 个月以上，学生可以以父母或者直系亲属的名字开具证明，但需要提供自己与存款证明开具人的关系证明。存款证明冻结分两次：一次是在申请大学时使用，即 12 年级的 10 月份冻结 60 万元左右的资金，并开具英文的存款证明作为大学申请资料提交；第二次是在美国高校发放录取通知后，申请 I–20 表时冻结一年的学费，大约 60 万元，冻结日期可持续到办理签证后。大部分学校要求存款解冻日期在签证出签之后、正式开学之前。与其他国家不同，美国高校要求申请者在申请时就提供存款证明，申请者若同时申请 5 所高校，则需要分别向 5 所高校提供存款证明。在这种情况下，学生仅需提供一笔资金，并向银行提出开具与所申学校数量一致的存款证明份数。存款证明金额至少要与申请者在美国就读期间的学费加生活费总额一致。

2. 英国

除了录取通知书和英语能力达标证明，学生还需要开具证明个人有足够经济能力以支撑在英学习的存款证明。前往英国的留学生最好准备存款金额不低于在英国就读的学费加生活费总额的存款证明，以防被使馆抽查。

3. 其他国家或地区

不同国家或地区的存款证明要求可以参考表 9–3。

表 9–3　不同国家或地区的存款证明要求

国家或地区	学校申请阶段	签证申请阶段	存期
美国	60 万元	高中：80 万 ~ 120 万元 本科：60 万 ~ 100 万元 研究生：50 万 ~ 80 万元	建议 6 个月以上（学校另有规定除外）
英国	无	30 万 ~ 50 万元（不强制要求，建议提供，以备抽查）	28 天起，建议 3 个月以覆盖签证申请周期
加拿大	无	80 万 ~ 100 万元	一年，金额能够支撑学业结束，要求提供 6 个月以上的存款流水

（续表）

国家或地区	学校申请阶段	签证申请阶段	存期
澳大利亚	无	小学：90 万元以上 中学：45 万～60 万元 本科：45 万元 研究生：30 万元	建议 3 个月
新西兰	无	35 万～100 万元	要求提供 6 个月以上的存款流水，避免一次性大额存入
中国香港	无	建议 20 万元	建议 3 个月以上
欧洲其他国家	无	建议 20 万元	建议 6 个月以上
亚洲其他国家或地区	10 万～20 万元	无	6 个月以上

中英双语 +PDF（便携式文档格式）版存款证明更方便

中信银行可为留学家庭提供中英双语对照的存款证明，这在使馆具有较高的认可度。客户无须亲自前往柜台，凭本人（学生或家长）在中信银行的定、活期存款，即可通过手机银行或出国金融小程序线上申请纸质存款证明，银行会邮寄到家，或直接开具电子版存款证明并生成 PDF 文件。从存款证明开具当日起至证明期满，银行对该客户的账户资金实施冻结，到期自动解冻并恢复使用。存款证明可用于在申请签证和学校时，将个人信用转化成银行信用，从而提高签证申请人的信用水平。

存款证明进阶百科

（1）在银行的所有资产都可以开具存款证明吗？

随着业务的不断发展，除了传统的存款产品，银行还发展出了银行理财及代理销售的基金、保险、贵金属等产品。根据境外留学机构的要求，存款证明是为一段时间内资金价值不会发生变动的资产开具的，也就是说，只有本外币存款（定期、大额存单）才能够满足这一要求。

（2）开具存款证明的资金还能动用吗？

存款证明开具期间，资金需要冻结，客户是不能再使用这部分资金进行转账汇款、支付、投资理财的。冻结期限根据学校要求，一般为 3～6 个月，到期后自动解冻，资金恢复可以使用的状态。

（3）存款证明只能去银行网点开具吗？

中信银行提供了在线存款证明办理服务，客户可通过手机银行来申请开具电子版存款证明，完成后打印即可。除此之外，部分地区还支持客户通过手机银行来申请纸质版存款证明（邮寄到家）。

（4）签证通过后存款证明冻结的资金可以提前解冻吗？

存款证明冻结的资金可以提前解冻，但是申请人必须交还所有存款证明原件，并携带身份证前往银行柜台办理。如果申请人开具的是电子版存款证明，那么一般来说，资金不可以提前解冻。

（二）资产证明

个人资产证明业务是指银行为借记卡持卡人开具证明，证明持卡人在当前时点所拥有资产价值的证明文件，并以货币作为计量单位进行评估。

中信银行可提供中英双语对照的资产证明，客户无须前往柜台，凭本人在中信银行办理的活、定期存款及理财产品、保险产品、基金、国债等，即可通过手机银行或出国金融小程序线上开具电子版资产证明，并生成 PDF 文件。从证明开具之日起，银行不会对该客户的账户资金进行冻结，资产证明仅用来证明该客户某个时点在银行的大致资金余额情况。

三、签证办理一站式服务

（一）美国签证

在热门留学目的地中，美国签证的办理流程相对复杂，拒签率更高，学生要预留充分的办理时间。提前办理可以为拒签等异常情况预留充分的处理时间。美国大使馆 1998 年和 1999 年分别授权中信银行提供代收赴美签证费和护照传递服务，在中信银行办理美国签证是赴美留学生的必经之路。

美国签证代缴费、护照传递——中信银行一站式办理

中信银行受美国大使馆授权，为申请人提供网点柜台、官网、手机银行多种缴费渠道，申请人凭缴费参考号，可在全国 1 400 余个网点使用现金或银行卡就近办理，也可通过线上渠道便捷缴费。

如果申请人曾经获得过美国签证，其失效时间不超过两年（根据使馆最新政策进

行调整)，且此次申请签证的类型与上次一致，那么申请人可能符合美国签证“免面谈”的条件，只需将申请材料递交至最近的中信银行网点，由中信银行将材料传递至美国大使馆签证处。“免面谈”服务免去了申请人往返奔波使馆之苦，为申请人节约了大量时间和差旅成本。

申请人如果不符合“免面谈”条件，就仍需前往美国大使馆进行面签，签证处会在签证审批完毕后，将护照交给中信银行专职信使。中信银行负责将护照传递至申请人指定的领取网点，遍布全国的 1 400 余个中信银行网点均可为申请人提供护照传递服务，方便申请人就近领取护照。

EVUS 信息更新

对于已经拿到 10 年期签证的中国公民而言，在赴美前还有一件重要的事情，那就是进行 EVUS 信息更新(见图 9–1)。自 2016 年 11 月 29 日开始，根据美国国土安全部的要求，持有 10 年期有效 B1/B2、B1 和 B2 签证的中国公民必须登录 EVUS 在线登记个人信息，才能顺利入境美国。

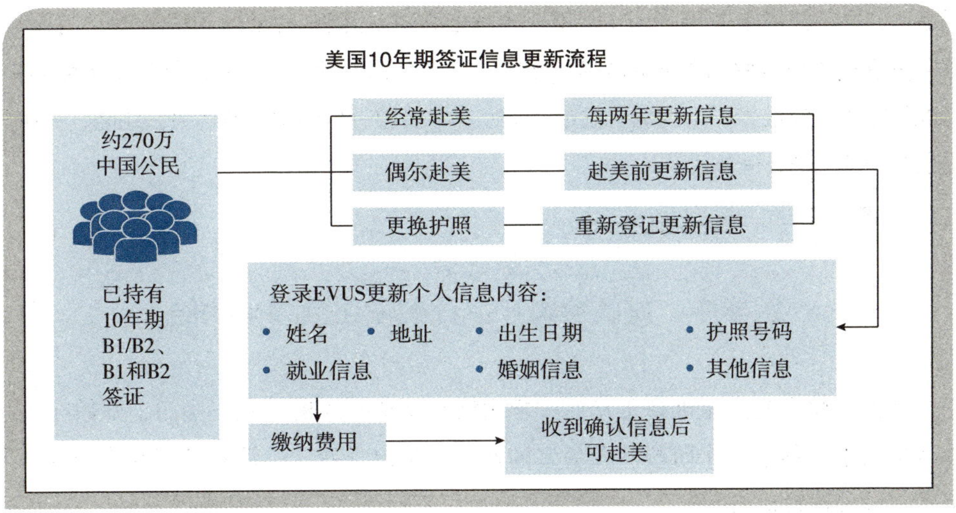

图 9–1 EVUS 信息更新

(二)英国签证

相比美国签证，英国签证的办理流程更简单，拒签率也更低。办理前，家长需要确保资产证明等签证材料准备齐全，以防出现因签证材料不全被拒问题。

英国签证办理可以不用去使馆

自 2018 年起，中信银行与英国签证中心合作推出英国“如意签”移动签证服务，即英国签证中心为中信银行客户提供上门采集指纹和接受申请材料的移动签证服务。上门地点可以是中信银行网点，也可以是申请人指定的地点。申请人可联系中信银行网点提出申请，由中信银行联系签证中心提供上门服务。该服务具有预约灵活、上门服务、人数不限、省时省力等特点，尤其对于 15 个英国签证中心以外城市的申请人而言，无须长途跋涉到其他城市去申请签证，这节省了大量时间和资金成本。

（三）其他国家签证

除去美国、英国两个国家，很多留学生还会选择澳大利亚、新西兰等英语国家。这些国家的学生签证拒签率不高。在准备好资产证明的情况下，拒签率会更低。

办签证也可以找银行

中信银行与美国大使馆自 1998 年起合作 25 年，获美国、新加坡、以色列等多国使馆权威授权，有着丰富的签证办理经验。中信银行“全球签”是业内首创的线上签证平台，为客户提供覆盖 40 余个热门国家和地区的签证咨询、翻译、填表、预约等服务。留学生家长再也不用因为沟通障碍和各国签证复杂的办理流程而对海外旅行望而却步，可以用脚步丈量世界，享受说走就走的旅行。中信银行持续优化迭代平台功能，为客户提供更好的签证办理体验。

第三节
留学中：好的金融产品让留学生活事半功倍

在做好留学的大量准备工作后，学生终于要离开家庭，走出国门，开始在异国他乡的留学生活。这个阶段涉及最多的业务是汇出学费、生活费及国际信用卡刷卡消费、境外医疗服务等。

一、留学启程阶段

在学生拿到心仪学校的录取通知书并通过签证审批后，异国学习生活就近在咫尺。为了让日后的留学生活更便捷，很多学生选择在启程前购买外汇、缴纳学费、办理在国外可以使用的信用卡、购买境外保险等。

留学行前会

在留学生出行前的阶段，中信银行会不定期举办留学行前会，根据各地区留学特点并联合权威的留学机构，给家长和留学生带来留学出行最需要注意的方方面面的经验以及各个国家的生活习惯、法律政策等方面的介绍。

（一）购买外汇

外币兑换业务是留学生在留学中接触最频繁的金融业务之一，包括个人购汇、个人结汇以及外汇买卖。留学生最常办理的业务是个人购汇，也就是将人民币兑换成外币的业务。绝大多数海外高校不支持用人民币支付学费，因此家长必须先将自己的人民币存款兑换成留学目的地的法定货币。

购汇没有地点限制

中信银行柜台、网上银行、手机银行可办理个人购汇、个人结汇和外汇买卖业务。除办理各类个人外汇业务外，中信银行手机银行还可用于实时查询外汇牌价及汇率阶段走势。中信银行还提供外币预约兑换业务，客户可在出行前提前与银行预约并换取等值的外币现钞。

（二）汇出学费、生活费

在留学生求学的过程中，境外汇款是必须用到的金融服务。一般来说，留学生家长一年给留学生汇两次学费，生活费的汇款次数则因家庭而异，基本按照月、季、半年的周期来汇款，银行提供的国际汇款业务一般包含电汇和创新型汇款产品。

1. 电汇

电汇是跨境汇款最基本和最常用的方式，指客户到银行柜台或通过网上银行、手机银行等电子渠道，准确、完整地填写电汇单后，将外币汇到学校指定账户。境外电汇所需要填写的信息全部为英文，常见必填信息包括所在学校的账户名称、账号、开户行名称、开户行地址与银行国际代码等。

总体来说，电汇具有方便安全、到账较快、费用便宜等优势。

一次填单，汇款进度全流程可视化

留学家庭在中信银行的网上银行和手机银行办理电汇，只需填写一次汇款单。在保护客户信息安全的前提下，汇款系统下次将自动调出联系人信息，客户只需要核对，不需要手工填写境外银行名称、地址、国际代码、收款人名称、账号等信息。同时，汇往主流留学国家的款项已支持汇款进度查询，客户再也不需要“苦苦等待”。

电汇小知识

电汇汇款的到账时间一般为 1～5 个工作日，如果汇款信息标准且不需要人工介入，那么最快数分钟即可到账。在进度查询方面，中信银行支持客户自主通过手机银行渠道查询汇款进度（部分汇款不适用），微信通知汇款到账金额及时间，这可以节约客户奔波于柜台的时间，也提高了查询的准确性和及时性。

银行电汇的手续费一般在 0.1% 左右（一般会设置手续费最低值和最高值），另有 80～150 元的邮电费（不同国家和地区有所区别），另有清算行手续费和收款行手续费等。中信银行“护航计划”联名借记卡持卡人以及通过“留学汇”产品汇款的客户可享受跨境汇款手续费 5 折优惠（不含邮电费）。

2. 学费支付新渠道

中信银行留学汇——线上办理，不占额度不排队

为了让跨境汇款业务变得更加便捷、高效，中信银行不断优化汇款方式，推出了创新型汇款产品——留学汇。其优势主要包含以下几个方面：

- 额度便利：不占用个人年度购汇额度，支持全额到账，缴纳大额学费更省心。
- 操作简单：线上填信息，全程中文指引，无须提前购汇，汇款更轻松。
- 查询方便：受理进度实时跟踪，随时随地支持自助查询。
- 优惠权益：办理护航白金卡，享跨境汇款手续费 5 折优惠。

跨境汇款建议选正规金融机构

留学费用的支付渠道主要包括银行类金融机构和提供学费支付服务的第三方支付机构，考虑到留学费用金额较大，客户应首选银行类金融机构作为主要办理渠道。目前，部分银行已与第三方支付机构推出了合作产品，为客户提供多样化的产品选择。

在学费支付方面，银行可为客户提供跨境电汇、票汇、国际速汇等产品，国际速汇一般适用于个人对个人的跨境汇款，且受理金额相对较低，而票汇存在纸质票据丢失的风险。因此，最推荐客户使用的是跨境电汇产品。

在办理跨境电汇时，有一些细节值得注意：一是对于欧元、英镑等币种，校方可能同时提供了收款银行账号和 IBAN（国际银行账户号码），我们建议客户汇款时直接将 IBAN 填入收款账号处，否则可能会因为人工处理而发生较高的扣费甚至被退汇；二是全额到账服务并非适用于所有国家和地区，所以客户应在使用该服务前咨询银行客服；三是目前已有多家银行推出了跨境汇款状态查询服务，这能够帮助客户动态掌握每一个汇款环节。中信银行推出手机银行跨境汇款服务，加速汇款到账，免费通过微信、短信推送汇款状态信息，有效呵护资金安全。

（三）办理国际信用卡

国际信用卡是留学过程中最常用的金融产品，在缴纳申请费、考试费、国际快递费以及在海外生活时都会用到。根据发卡机构的不同，目前常见的国际信用卡类型为万事达、Visa、大来卡、JCB（Japan Credit Bureau，日本信用卡株式会社）和美国运通。其中以万事达、Visa 最为常见，在绝大多数的商家中都可以正常使用。

国际信用卡申请 7～20 个工作日可以完成，如果家长有连续社保缴纳记录和可查询的学历信息，银行一般不会再要求提供资产证明、在职证明、收入证明等材料。家长在办理国际信用卡的同时可以为留学生申请附属卡，方便其日后出国使用。因欧美发达国家的商家合规意识较强，留学生最好不要使用父母的信用卡，以防发生不必要的法律纠纷。

初中留学生一样能办附属卡

专属的单币信用卡附属卡的持卡年龄下调至 14 岁（如 Visa 逍遥白金信用卡、Visa 少年行白金信用卡），附属卡额度共享主卡账户额度且可以进行自定义限制，以满足留学家庭的需求。

境外刷卡消费也能省钱

国际信用卡组织和中信银行与境外商户合作，为留学生海外消费提供众多便利和优惠，是留学生消费、省钱的好帮手。国际信用卡境外权益与特色权益比较多，表 9-4 对其进行了总结分析。

表 9-4　国际信用卡境外权益与特色权益

中信银行 Visa 逍遥白金信用卡	中信银行 Visa 少年行白金信用卡	Visa signature 全币通信用卡	万事达钛金信用卡	美国运通白金信用卡
卡片有效期内免年费（无附加消费条件）	卡片有效期内免年费（无附加消费条件）	卡片有效期内免年费（无附加消费条件）	卡片有效期内免年费（无附加消费条件）	卡片有效期内免年费（无附加消费条件）
境外消费 2 倍积分	境外消费 2 倍积分	境外消费 2 倍积分	境外消费 2 倍积分	全年境外消费 6 倍积分
免 1.5% 境外交易货币转换费	免 1.5% 境外交易货币转换费	免 1.5% 境外交易货币转换费	免 1.5% 境外交易货币转换费	免 1.5% 境外交易货币转换费
外币消费，人民币还款	外币消费，人民币还款	航空意外伤害保险	航空意外伤害保险	白金尊贵卡权益
盗刷保障险：按客户出险当日的授信额度承保	盗刷保障险：按客户出险当日的授信额度承保	航班延误保险	航班延误保险	全球顶级餐厅、酒店预订
航空意外伤害保险	航空意外伤害保险	盗刷保障险	盗刷保障险	TopCashback 网站专属返现礼遇
全新 EMV（简易移动值）芯片卡，安全便捷	全新 EMV 芯片卡，安全便捷	旅行险	附属卡可申请年龄为 14 岁	境外不定期消费返现活动
免年费，免货币转换费	免年费，免货币转换费	附属卡可申请年龄为 14 岁	境外不定期消费返现活动	美国运通卡组织平台优惠
附属卡可申请年龄为 14 岁	附属卡可申请年龄为 14 岁	境外不定期消费返现活动	万事达卡组织平台优惠	
价值 100 万美元国际救援权益	CAG 美国法律咨询服务	Visa 卡组织平台优惠	指定品牌消费返现 20%	
留学缴费 8% 返现	盛诺一家美、日、英海外救援保险	Booking.com 预订折扣及 5% 返现		
留学生活 2% 返现	少年行服务权益			
	留学缴费 8% 返现			
	留学生活 2% 返现			

注：国际信用卡权益具体以银行最新活动细则为准。

国际信用卡紧急服务

1. 发现信用卡被盗刷怎么办？被盗刷的资金可以追回吗？

（1）发现信用卡账单出现非本人交易（或与实际交易情况不相符）的记账，在规定时间范围内（交易日起 60 天内）可向发卡行提出争议，由发卡行通过卡组织（如银联、Visa、万事达、JCB、美国运通等）向收单行提出调阅交易凭证的请求，以便了解交易的相关情况。

（2）调阅的交易凭证包括但不限于：签购单影像件、取现流水单据影像件、商户情况说明，以及与交易有关的截屏、电邮或其他与交易相关的资料。

（3）调单处理范畴：只针对信用卡交易是否成功、交易金额是否正确、有无重复入账以及商户是否按照卡组织规定进行收单操作进行核实（不针对签名笔迹、持卡人是否在现场等情况进行调查）。

2. 什么情况下会提示信用卡被锁？发现信用卡被锁后如何解锁？

信用卡被锁的原因有很多，比如密码多次输入错误，客户可联系客服解锁或通过自助渠道解锁。

3. 若进行大额消费时剩余额度不够，应该怎么做？是否可以临时提升额度？

客户可以尝试向银行申请临时额度。中信银行为了满足客户在境外的用卡需求，为优质客户提供海外专属额度，客户通过客服或短信激活该额度后，即可在海外指定地区消费。

银行系统会根据客户的用卡情况，自动审核生成海外额度，是否有海外额度及额度大小会根据客户的用卡情况有所变化，海外额度可在所有海外地区使用。海外额度激活后，符合条件的交易即可优先使用海外额度，再使用自身额度。

海外额度激活实时生效，有效期为一个月，有效期内未使用将自动失效。海外额度仅在客户在指定地区进行刷卡消费类交易时生效，提现、预授权、非刷卡交易等无法使用海外额度。海外额度激活成功与否，都会有短信提醒。在海外使用海外额度时无短信通知。

（四）境外保险

境外保险是出行必不可少的要素之一。客户出行之前需要通过银行或中介机构购买保险产品，以保障人身安全等。

二、海外就读阶段

从坐上国际航班，看着飞机上琳琅满目的免税商品杂志开始，学生的留学生涯就开始了，他们即将面对的是陌生的法律体系、社会制度、文化环境。因为各国的金融监管体系不同，留学生一定要多加重视，切莫因为无心之举被目的地认定为从事跨境洗钱等非法活动。

（一）携带外币现钞

欧美的发达国家仍旧广泛使用现金，所以留学生身上一定要带些外币现钞。但为了打击跨境洗钱，各国都规定了入境可携带的现钞限额，超过限额的部分必须申报。虽然各国都是随机抽查，但各国均有外币携带管制条件（见表 9–5），所以各位留学生不要存在侥幸心理，一定要遵守当地的现金携带规定，避免不必要的麻烦。

温馨提示

国家政策规定，携带超过 5 000 美元或等值外币出境，海关将对《外币携带证》进行核验。如果携带金额在等值 5 000 美元以上、1 万美元（含）以下的外币现钞出境，可以到中信银行网点申请开具《外币携带证》，海关凭加盖银行印章的证明文件验放。如果携带金额超过等值 1 万美元的外币现钞出境，需要到外汇管理局开具《外汇携带证明》，海关凭加盖外汇管理局印章的证明文件验放。

表 9–5　各国外币携带管制条件

国家	携带币值	备注
美国	不超过 1 万美元的现金、旅行支票或其他货币等	如不申报，当事人最高可面临 50 万美元的罚款及 10 年以上有期徒刑
加拿大	不超过 1 万加元或等值货币	超出限额，需如实申报
澳大利亚	不超过 1 万澳元或等值货币	超出限额，需向海关申报
德国	不超过 1 万欧元	
法国	不超过 7 600 欧元	
韩国	不超过 1 万美元或等值货币	超出限额，出入境都需向海关申报
日本	不超过 100 万日元或等值货币	填写申告书
英国	不超过 1 万欧元	超出部分须提交申请
阿联酋	不超过 5 000 美元	
泰国	至少携带 2 万泰铢	

（二）境外取现

部分留学生因担心携带的现钞丢失，选择到达留学目的地机场后用银行卡在自动取款机上取现。银联、Visa 等卡组织发行的借记卡和信用卡均可在国外消费和取现。但取现手续费和限额不同。

借记卡境外取现因卡组织不同而收费标准及限额各异。以银联和 Visa 为例，银联卡每笔取现手续费为 15 元；Visa 卡每笔取现手续费按照取现金额的 1% 收取，最低 2 美元。个人持境内银行卡（含借记卡与信用卡）在境外取现，每人每日取款限额为等值 1 万元，每人每自然年取款限额为等值 10 万元。

信用卡境外取现手续费按取现金额的 3% 收取，最低为 20 元或 3 美元或 30 港元或 3 欧元，同时按照每日万分之三到万分之五的比率收取利息。信用卡境外取现限额与借记卡相同。

第四节
留学后：善用金融服务让归来之路更顺利

一、假期归来阶段

当留学生走出国门、踏上海外求学的道路时，除了丰富多彩的学习生活，他们还会迎接新的挑战。面对这些挑战，丰富的金融产品和增值服务能够为留学生的海外学习生活解决问题、增添便利。

英才实习营

留学生在归国期间可以参加中信银行英才实习营，在丰富实践经历的同时结识志同道合的小伙伴，让自己的留学生涯更加精彩纷呈。

英才实习营是中信银行面向留学生及有实习需求的学生提供的暑期及寒假短期实习项目，能丰富学生的实习经历，充实学生的假期生活。英才实习营全程提供丰富多彩的轮岗体验，还有业界大咖、专业导师交流辅导，能拓展学生的金融知识，提升学生的社交能力，更有超高含金量的双语实习证书，能有效提升学生背景，助力其境内外高校及工作申请，为留学生涯助力加油！

二、学成归来阶段

（一）创业者融资

越来越多的海归选择创业，而融资困难是目前海归创业者遇到的难题。“巧妇难为无米之炊”，纵使留学归国人员具备先进的知识和极高的素养，拥有国际视野及跨文化沟通能力等优势，若不能获得足够的资金支持，成功也绝非易事。

创业启动金没那么难获得

从留学家庭的周期性需求出发，中信银行创新贷款方式，缓解留学家庭融资压力。留学家庭以核心房产为抵押，可以向银行申请综合授信额度（见表 9-6），额度项下贷款金额可用于消费和经营，其中消费用途包括购车、装修、教育、医疗、旅游、日常消费等满足家庭生活消费的用途。

个人房产抵押综合授信额度的授信期限最长不超过 20 年。授信到期日不得晚于抵押房产对应的土地使用权到期日。除了常规的等额本息和等额本金还款方式，中信银行还推出多种创新还款方式，有效降低客户还款压力，提高资金使用率。

表 9-6　以房产抵押方式申请授信额度

序号	房屋类型	最大额度
1	住房	房屋价值的 70%
2	商用房	房屋价值的 60%

（二）留学剩余外汇管理

在留学生学成归国后，留学家庭手中一般都会持有部分结余外汇。留学家庭根据自身需要，可选择结汇或继续持有。

1. 结汇——多方比较，把握时机

个人结汇业务是指以外汇购买人民币的业务。由于国内各家银行结汇汇率不同，留学家庭在不同银行结汇的成本各异。留学家庭在选择结汇银行时应多方比较，并关注外汇市场，把握最佳结汇时机。

2. 持有外币——储蓄投资两相宜

如果留学生归国后，留学家庭仍有出境需求，或希望多币种投资以规避风险，那么留学家庭可以在一定时间内继续持有部分外币。

结汇和外币理财也有窍门

中信银行每周通过手机银行直播等途径分析外汇走势，帮助留学家庭更好地了解外汇市场，把握结汇时机。

中信银行推出外币存款差异化利率定价，提供美元、澳元等多币种专属外币理财服务。

中信银行出国金融业务，助力留学之路

中信银行于 1998 年推出出国金融业务，为出国人员和来华外籍人士等提供一整套安全、快捷、便利的多样化金融服务。中信银行深耕出国金融服务 25 年，针对客户的不同需求，提供出国留学、旅游探亲、商务出国、外籍人士四大系列的一站式服务，业务范围包括签证、外汇结算、外币理财、跨境汇款、留学汇、资信证明、出国特色卡等。同时，通过与优质资源跨界融合，中信银行围绕留学周期提供专属增值服务，满足学生背景提升、海外安全、全球实习等需求，打造“线上 + 线下”“金融 + 非金融”的出国金融服务生态圈。

附 表

附表 1　2023—2024 年 QS 世界大学排名

2024 年排名	2023 年排名	学校名称（中文）	学校名称（外文）	国家
1	1	麻省理工学院	Massachusetts Institute of Technology（MIT）	美国
2	2	剑桥大学	University of Cambridge	英国
3	4	牛津大学	University of Oxford	英国
4	5	哈佛大学	Harvard University	美国
5	3	斯坦福大学	Stanford University	美国
6	6	帝国理工学院	Imperial College London	英国
7	9	苏黎世联邦理工大学（瑞士联邦理工学院）	Swiss Federal Institute of Technology ETH Zurich	瑞士
8	11	新加坡国立大学	National University of Singapore（NUS）	新加坡
9	8	伦敦大学学院	University College London	英国
10	27	加利福尼亚大学伯克利分校	University of California, Berkeley（UCB）	美国
11	10	芝加哥大学	University of Chicago	美国
12	13	宾夕法尼亚大学	University of Pennsylvania	美国
13	20	康奈尔大学	Cornell University	美国
14	33	墨尔本大学	The University of Melbourne	澳大利亚
15	6	加利福尼亚理工学院	California Institute of Technology（Caltech）	美国
16	18	耶鲁大学	Yale University	美国
17	12	北京大学	Peking University	中国
17	16	普林斯顿大学	Princeton University	美国
19	45	新南威尔士大学	The University of New South Wales（UNSW Sydney）	澳大利亚
19	41	悉尼大学	The University of Sydney	澳大利亚
21	34	多伦多大学	University of Toronto	加拿大

（续表）

2024 年排名	2023 年排名	学校名称（中文）	学校名称（外文）	国家
22	15	爱丁堡大学	The University of Edinburgh	英国
23	22	哥伦比亚大学	Columbia University	美国
24	26	巴黎文理研究大学	Universite PSL	法国
25	14	清华大学	Tsinghua University	中国
26	19	南洋理工大学	Nanyang Technological University Singapore（NTU）	新加坡
26	21	香港大学	The University of Hong Kong（HKU）	中国香港
28	24	约翰斯·霍普金斯大学	Johns Hopkins University	美国
29	23	东京大学	The University of Tokyo	日本
30	44	加利福尼亚大学洛杉矶分校	University of California，Los Angeles	美国
31	31	麦吉尔大学	McGill University	加拿大
32	28	曼彻斯特大学	The University of Manchester	英国
33	25	密歇根大学安娜堡分校	University of Michigan，Ann Arbor	美国
34	30	澳大利亚国立大学	The Australian National University（ANU）	澳大利亚
34	47	英属哥伦比亚大学	University of British Columbia	加拿大
36	16	洛桑联邦理工学院	École Polytechnique Federal of Lausanne（EPFL）	瑞士
37	49	慕尼黑工业大学	Technical University of Munich	德国
38	48	巴黎综合理工学院	Institute Polytechnique de Paris	法国
38	39	纽约大学	New York University（NYU）	美国
40	37	伦敦国王学院	King' s College London	英国
41	29	首尔国立大学	Seoul National University	韩国
42	57	莫纳什大学	Monash University	澳大利亚

（续表）

2024年排名	2023年排名	学校名称（中文）	学校名称（外文）	国家
43	50	昆士兰大学	The University of Queensland（UQ）	澳大利亚
44	42	浙江大学	Zhejiang University	中国
45	56	伦敦经济政治学院	The London School of Economics and Political Science（LSE）	英国
46	36	京都大学	Kyoto University	日本
47	61	代尔夫特理工大学	Delft University of Technology	荷兰
47	32	西北大学	Northwestern University	美国
47	38	香港中文大学	The Chinese University of Hong Kong（CUHK）	中国
50	34	复旦大学	Fudan University	中国
51	46	上海交通大学	Shanghai Jiao Tong University	中国
52	52	卡内基梅隆大学	Carnegie Mellon University（CMU）	美国
53	58	阿姆斯特丹大学	University of Amsterdam	荷兰
54	59	慕尼黑大学	Ludwig-Maximilians-Universität München	德国
55	61	布里斯托大学	University of Bristol	英国
56	42	韩国高等科技学院	Korea Advanced Institute of Science and Technology	韩国
57	50	杜克大学	Duke University	美国
58	72	得克萨斯大学奥斯汀分校	University of Texas at Austin	美国
59	60	索邦大学	Sorbonne University	法国
60	40	香港科技大学	The Hong Kong University of Science and Technology（HKUST）	中国
61	76	鲁汶大学	KU Leuven	比利时
62	53	加利福尼亚大学圣迭戈分校	University of California, San Diego	美国

（续表）

2024 年排名	2023 年排名	学校名称（中文）	学校名称（外文）	国家
63	80	华盛顿大学	University of Washington	美国
64	85	伊利诺伊大学厄本那香槟分校	University of Illinois, Urbana-Champaign	美国
65	65	香港理工大学	The Hong Kong Polytechnic University	中国
65	70	马来亚大学	Universiti Malaya（UM）	马来西亚
67	64	华威大学	The University of Warwick	英国
68	87	奥克兰大学	The University of Auckland	新西兰
69	77	台湾大学	National Taiwan University（NTU）	中国
70	54	香港城市大学	City University of Hong Kong	中国
71	69	巴黎萨克雷大学	Université Paris-Saclay	法国
72	90	西澳大利亚大学	The University of Western Australia	澳大利亚
73	63	布朗大学	Brown University	美国
73	89	瑞典皇家理工学院	KTH Royal Institute of Technology	瑞典
75	86	利兹大学	University of Leeds	英国
76	81	格拉斯哥大学	University of Glasgow	英国
76	73	延世大学	Yonsei University	韩国
78	92	杜伦大学	Durham University	英国
79	74	高丽大学	Korea University	韩国
80	68	大阪大学	Osaka University	日本
81	98	都柏林三一学院	Trinity College Dublin, The University of Dublin	爱尔兰
81	78	南安普敦大学	University of Southampton	英国
83	93	宾夕法尼亚州立大学	Pennsylvania State University	美国
84	91	伯明翰大学	University of Birmingham	英国
85	95	隆德大学	Lund University	瑞士
85	115	圣保罗大学	Universidade de Sao Paulo	巴西

（续表）

2024 年排名	2023 年排名	学校名称（中文）	学校名称（外文）	国家
87	75	莫斯科国立大学	Lomonosov Moscow State University	俄罗斯
87	65	海德堡大学	Ruprecht-Karls-Universität Heidelberg	德国
89	109	阿德莱德大学	The University of Adelaide	澳大利亚
90	137	悉尼科技大学	University of Technology Sydney	澳大利亚
91	55	东京工业大学	Tokyo Institute of Technology（TokyoTech）	日本
91	83	苏黎世大学	University of Zurich	瑞士
93	108	波士顿大学	Boston University	美国
93	104	墨西哥国立自治大学	Universidad Nacional Autonoma de Mexico（UNAM）	墨西哥
95	67	布宜诺斯艾利斯大学	Universidad de Buenos Aires（UBA）	阿根廷
95	96	圣安德鲁斯大学	University of St Andrews	英国
97	88	佐治亚理工学院	Georgia Institute of Technology（Georgia Tech）	美国
98	118	柏林自由大学	Freie Universitaet Berlin	德国
99	129	普渡大学	Purdue University	美国
100	71	浦项科技大学	Pohang University of Science And Technology（POSTECH）	韩国
100	114	诺丁汉大学	University of Nottingham	英国

附表 2　2023 年 U.S.News 美国综合性研究型大学排名

排名	学校名称（中文）	学校名称（英文）	学费	RD 申请截止日期	SAT 均分	ACT 均分	本科校友起薪中位数	2021 年秋季录取率	4 年毕业率
1	普林斯顿大学	Princeton University	57 410 美元	1 月 1 日	1 460～1 570	33～35	71 300 美元	0.04	0.90
2	麻省理工学院	Massachusetts Institute of Technology	57 986 美元	1 月 1 日	1 510～1 580	34～36	82 700 美元	0.04	0.88
3	哈佛大学	Harvard University	57 261 美元	1 月 1 日	1 480～1 580	33～36	69 000 美元	0.04	0.86
3	斯坦福大学	Stanford University	56 169 美元	1 月 2 日	1 470～1 570	34～35	73 900 美元	0.04	0.81
3	耶鲁大学	Yale University	62 250 美元	1 月 2 日	1 480～1 580	33～35	65 900 美元	0.05	0.88
6	芝加哥大学	University of Chicago	62 940 美元	11 月 1 日	1 510～1 580	33～35	59 700 美元	0.06	0.91
7	约翰斯·霍普金斯大学	Johns Hopkins University	60 480 美元	1 月 3 日	1 510～1 570	34～35	65 900 美元	0.08	0.87
7	宾夕法尼亚大学	University of Pennsylvania	63 452 美元	1 月 5 日	1 480～1 570	33～35	68 200 美元	0.06	0.89
9	加利福尼亚理工学院	California Institute of Technology	60 864 美元	1 月 3 日	1 530～1 580	N/A	82 900 美元	0.04	0.86
10	杜克大学	Duke University	63 054 美元	1 月 3 日	1 480～1 570	33～35	68 900 美元	0.07	0.86
10	西北大学	Northwestern University	63 468 美元	1 月 2 日	1 460～1 560	33～35	61 100 美元	0.09	0.85
12	达特茅斯学院	Dartmouth College	62 430 美元	1 月 3 日	1 440～1 560	33～35	66 100 美元	0.06	0.86
13	布朗大学	Brown University	65 146 美元	1 月 5 日	1 460～1 570	33～35	63 400 美元	0.06	0.86
13	范德堡大学	Vanderbilt University	60 348 美元	1 月 1 日	1 480～1 570	34～35	63 600 美元	0.07	0.89
15	莱斯大学	Rice University	54 960 美元	1 月 1 日	1 490～1 570	34～35	67 500 美元	0.09	0.87

（续表）

排名	学校名称（中文）	学校名称（英文）	学费	RD 申请截止日期	SAT 均分	ACT 均分	本科校友起薪中位数	2021 年秋季录取率	4 年毕业率
15	圣路易斯华盛顿大学	Washington University in St. Louis	60 590 美元	1 月 4 日	1 490～1 570	33～35	63 300 美元	0.13	0.87
17	康奈尔大学	Cornell University	63 200 美元	1 月 1 日	1 460～1 560	33～35	67 900 美元	0.09	0.88
18	哥伦比亚大学	Columbia University	65 524 美元	1 月 1 日	1 460～1 570	N/A	67 800 美元	0.06	N/A
18	圣母大学	University of Notre Dame	60 301 美元	1 月 1 日	1 400～1 550	32～35	65 000 美元	0.15	0.90
20	加利福尼亚大学伯克利分校	University of California，Berkeley	43 980 美元（州外） 14 226 美元（州内）	11 月 30 日	1 290～1 530	N/A	66 800 美元	0.15	0.79
20	加利福尼亚大学洛杉矶分校	University of California，Los Angeles	44 830 美元（州外） 13 804 美元（州内）	11 月 30 日	1 290～1 520	N/A	58 500 美元	0.11	0.83
22	卡内基梅隆大学	Carnegie Mellon University	61 344 美元	1 月 1 日	1 480～1 560	33～35	74 600 美元	0.14	0.79
22	艾茉莉大学	Emory University	57 948 美元	1 月 1 日	1 420～1 540	32～34	60 200 美元	0.13	0.83
22	乔治城大学	Georgetown University	62 052 美元	1 月 10 日	1 410～1 550	32～35	59 500 美元	0.12	0.90
25	纽约大学	New York University	58 168 美元	1 月 5 日	1 450～1 570	32～35	59 500 美元	0.13	0.78

（续表）

排名	学校名称（中文）	学校名称（英文）	学费	RD 申请截止日期	SAT 均分	ACT 均分	本科校友起薪中位数	2021 年秋季录取率	4 年毕业率
25	密歇根大学安娜堡分校	University of Michigan, Ann Arbor	57 273 美元（州外）17 786 美元（州内）	2月1日	1 360~1 530	31~35	64 700 美元	0.2	0.81
25	南加利福尼亚大学	University of Southern California	64 726 美元	1月15日	1 410~1 540	32~35	60 600 美元	0.13	0.79
25	弗吉尼亚大学	University of Virginia	56 837 美元（州外）21 381 美元（州内）	1月1日	1 390~1 530	32~35	62 300 美元	0.21	0.89
29	佛罗里达大学	University of Florida	28 658 美元（州外）6 380 美元（州内）	3月1日	1 300~1 470	29~33	55 000 美元	0.3	0.72
29	北卡罗来纳大学教堂山分校	University of North Carolina, Chapel Hill	37 558 美元（州外）8 998 美元（州内）	1月15日	1 320~1 510	29~33	51 500 美元	0.19	0.85
29	维克森林大学	Wake Forest University	59 770 美元	1月1日	1 350~1 500	30~33	56 800 美元	0.25	0.86
32	塔夫茨大学	Tufts University	63 000 美元	1月1日	1 380~1 530	32~35	62 000 美元	0.16	0.89

（续表）

排名	学校名称（中文）	学校名称（英文）	学费	RD 申请截止日期	SAT 均分	ACT 均分	本科校友起薪中位数	2021 年秋季录取率	4 年毕业率
32	加利福尼亚大学圣巴巴拉分校	University of California, Santa Barbara	44 204 美元（州外） 14 450 美元（州内）	11 月 30 日	1 230~1 480	N/A	55 700 美元	0.29	0.7
34	加利福尼亚大学尔湾分校	University of California, Irvine	43 739 美元（州外） 13 985 美元（州内）	11 月 30 日	1 215~1 450	N/A	56 800 美元	0.29	0.68
34	加利福尼亚大学圣迭戈分校	University of California, San Diego	46.374 美元（州外） 15 348 美元（州内）	11 月 30 日	1 260~1 480	N/A	60 200 美元	0.34	0.73
36	波士顿学院	Boston College	64 176 美元	1 月 1 日	1 420~1 530	33~34	60 400 美元	0.19	0.88
36	罗切斯特大学	University of Rochester	61 678 美元	1 月 5 日	1 370~1 520	31~35	56 700 美元	0.41	0.76
38	加利福尼亚大学戴维斯分校	University of California, Davis	44 494 美元（州外） 14 740 美元（州内）	11 月 30 日	1 140~1 400	N/A	57 900 美元	0.49	0.62

（续表）

排名	学校名称（中文）	学校名称（英文）	学费	RD 申请截止日期	SAT 均分	ACT 均分	本科校友起薪中位数	2021 年秋季录取率	4 年毕业率
38	得克萨斯大学奥斯汀分校	University of Texas at Austin	40 996 美元（州外）11 752 美元（州内）	12月1日	1 230～1 500	29～34	58 800 美元	0.29	0.70
38	威斯康星大学麦迪逊分校	University of Wisconsin, Madison	39 427 美元（州外）10 796 美元（州内）	2月1日	1 340～1 510	28～32	55 800 美元	0.60	0.70
41	波士顿大学	Boston University	62 360 美元	1月4日	1 360～1 520	31～34	57 200 美元	0.19	0.84
41	伊利诺伊大学厄本那－香槟分校	University of Illinois, Urbana-Champaign	35 110 美元（州外）17 138 美元（州内）	1月5日	1 330～1 530	29～34	62 200 美元	0.60	0.71
41	威廉玛丽学院	William & Mary	46 625 美元（州外）23 970 美元（州内）	1月1日	1 360～1 520	31～34	54 200 美元	0.37	0.86
44	布兰迪斯大学	Brandeis University	62 722 美元	1月1日	1 370～1 530	31～34	55 700 美元	0.39	0.82
44	凯斯西储大学	Case Western Reserve University	62 234 美元	1月15日	1 410～1 530	32～35	64 800 美元	0.30	0.67

（续表）

排名	学校名称（中文）	学校名称（英文）	学费	RD 申请截止日期	SAT 均分	ACT 均分	本科校友起薪中位数	2021 年秋季录取率	4 年毕业率
44	佐治亚理工学院	Georgia Institute of Technology	32 876 美元（州外） 11 764 美元（州内）	1 月 4 日	1 360～1 540	31～35	70 700 美元	0.18	0.51
44	东北大学	Northeastern University	60 192 美元	1 月 1 日	1 430～1 550	33～35	62 500 美元	0.18	N/A
44	杜兰大学	Tulane University	62 844 美元	1 月 15 日	1 360～1 510	30～33	51 800 美元	0.10	0.77
49	俄亥俄州立大学	Ohio State University, Columbus	35 019 美元（州外） 11 936 美元（州内）	2 月 1 日	1 250～1 440	26～32	55 100 美元	0.57	0.67
49	佐治亚大学	University of Georgia	30 220 美元（州外） 11 180 美元（州内）	1 月 1 日	1 270～1 450	29～33	51 900 美元	0.40	0.69
51	里海大学	Lehigh University	59 930 美元	1 月 1 日	1 325～1 490	30～34	68 600 美元	0.46	0.78
51	普渡大学西拉法叶分校	Purdue University, West Lafayette	28 794 美元（州外） 9 992 美元（州内）	滚动录取	1 190～1 430	26～33	62 400 美元	0.69	0.61

（续表）

排名	学校名称（中文）	学校名称（英文）	学费	RD 申请截止日期	SAT 均分	ACT 均分	本科校友起薪中位数	2021 年秋季录取率	4 年毕业率
51	伦斯勒理工学院	Rensselaer Polytechnic Institute	60 051 美元	1 月 15 日	1 360～1 520	32～34	71 200 美元	0.53	0.70
51	维拉诺瓦大学	Villanova University	61 868 美元	1 月 15 日	1 350～1 490	31～34	63 800 美元	0.25	0.88
55	佛罗里达州立大学	Florida State University	21 683 美元（州外） 6 517 美元（州内）	3 月 1 日	1 180～1 340	26～30	48 000 美元	0.37	0.70
55	佩伯代因大学	Pepperdine University	63 142 美元	1 月 15 日	1 260～1 440	25～30	54 000 美元	0.53	0.72
55	罗格斯大学	Rutgers University, New Brunswick	33 963 美元（州外） 16 263 美元（州内）	滚动录取	1 240～1 470	27～33	57 600 美元	0.68	0.68
55	圣克拉拉大学	Santa Clara University	57 534 美元	1 月 7 日	1 290～1 470	29～33	65 900 美元	0.54	0.85
55	马里兰大学帕克分校	University of Maryland, College Park	39 469 美元（州外） 11 233 美元（州内）	1 月 20	1 300～1 460	30～34	60 500 美元	0.52	0.73
55	迈阿密大学	University of Miami	57 194 美元	1 月 1 日	1 330～1 510	30～33	54 900 美元	0.28	0.73

（续表）

排名	学校名称（中文）	学校名称（英文）	学费	RD 申请截止日期	SAT 均分	ACT 均分	本科校友起薪中位数	2021 年秋季录取率	4 年毕业率
55	华盛顿大学	University of Washington	40 740 美元（州外） 12 242 美元（州内）	11 月 15 日	1 220～1 470	29～34	59 100 美元	0.53	0.71
62	乔治·华盛顿大学	George Washington University	62 200 美元	1 月 5 日	1 310～1 490	30～34	55 000 美元	0.50	0.77
62	雪城大学	Syracuse University	60 135 美元	1 月 1 日	1 220～1 400	27～32	55 700 美元	0.59	0.72
62	明尼苏达大学双城分校	University of Minnesota，Twin Cities	35 099 美元（州外） 15 859 美元（州内）	滚动录取	1 310～1 490	27～32	56 500 美元	0.73	0.72
62	匹兹堡大学	University of Pittsburgh，Pittsburgh Campus	36 000 美元（州外） 19 760 美元（州内）	滚动录取	1 250～1 470	28～33	55 700 美元	0.67	0.69
62	弗吉尼亚理工学院	Virginia Tech	34 838 美元（州外） 15 208 美元（州内）	3 月 15 日	1 210～1 410	26～32	62 300 美元	0.56	0.68

（续表）

排名	学校名称（中文）	学校名称（英文）	学费	RD 申请截止日期	SAT 均分	ACT 均分	本科校友起薪中位数	2021 年秋季录取率	4 年毕业率
67	得克萨斯农工大学	Texas A&M University	40 087 美元（州外） 13 178 美元（州内）	12 月 1 日	1 140~1 380	25~31	60 100 美元	0.64	0.59
67	康涅狄格大学	University of Connecticut	42 102 美元（州外） 19 434 美元（州内）	1 月 15 日	1 230~1 430	27~33	59 400 美元	0.56	0.72
67	马萨诸塞大学阿默斯特分校	University of Massachusetts, Amherst	38 171 美元（州外） 16 952 美元（州内）	1 月 15 日	1 250~1 460	28~33	55 800 美元	0.66	0.77
67	伍斯特理工学院	Worcester Polytechnic Institute	56 896 美元	2 月 15 日	N/A	N/A	71 400 美元	0.60	0.81
67	叶史瓦大学	Yeshiva University	48 800 美元	2 月 1 日	1 200~1 450	25~31	53 600 美元	0.62	0.71
72	美利坚大学	American University	53 889 美元	1 月 15 日	1 280~1 440	29~33	50 500 美元	0.64	0.73
72	福特汉姆大学	Fordham University	58 082 美元	1 月 1 日	1 300~1 480	30~33	54 900 美元	0.58	0.78

（续表）

排名	学校名称（中文）	学校名称（英文）	学费	RD 申请截止日期	SAT 均分	ACT 均分	本科校友起薪中位数	2021 年秋季录取率	4 年毕业率
72	印第安纳大学伯明顿分校	Indiana University, Bloomington	39 120 美元（州外） 11 447 美元（州内）	滚动录取	1 160～1 380	26～32	51 700 美元	0.85	0.69
72	北卡罗来纳州立大学	North Carolina State University	30 869 美元（州外） 9 128 美元（州内）	1 月 15 日	1 270～1 440	27～32	57 600 美元	0.47	0.64
72	南卫理公会大学	Southern Methodist University	61 980 美元	1 月 15 日	1 340～1 510	31～34	56 800 美元	0.53	0.75
77	贝勒大学	Baylor University	51 738 美元	2 月 1 日	1 160～1 350	25～32	53 400 美元	0.57	0.68
77	克莱蒙森大学	Clemson University	39 502 美元（州外） 15 558 美元（州内）	5 月 1 日	1 220～1 420	27～32	57 400 美元	0.49	0.65
77	洛约拉玛丽蒙特大学	Loyola Marymount University	55 441 美元	1 月 15 日	1 250～1 420	28～32	54 700 美元	0.46	0.72
77	密歇根州立大学	Michigan State University	40 662 美元（州外） 14 850 美元（州内）	滚动录取	1 100～1 320	23～29	54 100 美元	0.83	0.59

（续表）

排名	学校名称（中文）	学校名称（英文）	学费	RD 申请截止日期	SAT 均分	ACT 均分	本科校友起薪中位数	2021 年秋季录取率	4 年毕业率
77	宾夕法尼亚州立大学帕克分校	Pennsylvania State University, University Park	36 476 美元（州外） 18 898 美元（州内）	滚动录取	1 200~1 400	26~32	58 900 美元	0.58	N/A
77	纽约州立大学石溪分校	Stony Brook University, SUNY	28 476 美元（州外） 10 556 美元（州内）	1 月 15 日	1 300~1 480	29~33	56 100 美元	0.48	0.64
83	纽约州立大学宾汉姆顿分校	Binghamton University, SUNY	28 230 美元（州外） 10 390 美元（州内）	滚动录取	1 310~1 470	30~33	57 000 美元	0.44	0.75
83	贡萨加大学	Gonzaga University	50 735 美元	2 月 1 日	1 210~1 380	27~31	56 000 美元	0.76	0.75
83	马凯特大学	Marquette University	46 670 美元	12 月 1 日	1 180~1 360	25~30	56 600 美元	0.86	0.65
83	史蒂文斯理工学院	Stevens Institute of Technology	58 624 美元	1 月 15 日	1 370~1 510	31~34	71 500 美元	0.53	0.63
83	加利福尼亚大学圣克鲁兹分校	University of California, Santa Cruz	45 660 美元（州外） 14 634 美元（州内）	11 月 30 日	1 150~1 370	N/A	54 000 美元	0.59	0.60

（续表）

排名	学校名称（中文）	学校名称（英文）	学费	RD 申请截止日期	SAT 均分	ACT 均分	本科校友起薪中位数	2021 年秋季录取率	4 年毕业率
83	艾奥瓦大学	University of Iowa	31 904 美元（州外） 9 942 美元（州内）	5 月 1 日	1 130～1 350	22～29	51 500 美元	0.86	0.56
89	杨百翰大学	Brigham Young University, Provo	6 304 美元	12 月 15 日	1 220～1 440	26～32	57 800 美元	0.59	0.25
89	科罗拉多矿业学院	Colorado School of Mines	40 838 美元（州外） 19 538 美元（州内）	5 月 1 日	1 310～1 470	29～33	72 400 美元	0.57	0.67
89	伊隆大学	Elon University	42 241 美元	1 月 10 日	1 170～1 340	25～30	50 400 美元	0.79	0.78
89	霍华德大学	Howard University	31 050 美元	2 月 15 日	1 080～1 290	21～26	52 900 美元	0.53	0.35
89	得克萨斯基督大学	Texas Christian University	53 980 美元	2 月 1 日	1 130～1 350	26～31	53 600 美元	0.54	0.71
89	纽约州立大学水牛城分校	University at Buffalo, SUNY	28 776 美元（州外） 10 856 美元（州内）	滚动录取	1 180～1 360	25～31	53 200 美元	0.70	0.60

（续表）

排名	学校名称（中文）	学校名称（英文）	学费	RD 申请截止日期	SAT 均分	ACT 均分	本科校友起薪中位数	2021 年秋季录取率	4 年毕业率
89	加利福尼亚大学河滨分校	University of California, Riverside	45 302 美元（州外） 14 276 美元（州内）	11 月 30 日	1 060～1 290	N/A	52 400 美元	0.66	0.61
89	特拉华大学	University of Delaware	37 930 美元（州外） 15 410 美元（州内）	1 月 15 日	1 170～1 350	26～31	57 100 美元	0.70	0.73
97	奥本大学	Auburn University	31 986 美元（州外） 11 826 美元（州内）	2 月 3 日	1 170～1 350	24～30	52 800 美元	0.71	0.55
97	克拉克大学	Clark University	52 352 美元	1 月 15 日	1 218～1 403	27～30	45 600 美元	0.48	0.75
97	新泽西理工学院	New Jersey Institute of Technology	34034 美元（州外） 18 061 美元（州内）	3 月 1 日	1 180～1 430	27～33	62 800 美元	0.69	0.38
97	加利福尼亚大学默塞德分校	University of California, Merced	43 434 美元（州外） 13 680 美元（州内）	11 月 30 日	940～1 140	N/A	55 100 美元	0.87	0.48

（续表）

排名	学校名称（中文）	学校名称（英文）	学费	RD 申请截止日期	SAT 均分	ACT 均分	本科校友起薪中位数	2021 年秋季录取率	4 年毕业率
97	科罗拉多大学博尔德分校	University of Colorado Boulder	40 356 美元（州外） 13 106 美元（州内）	1 月 15 日	1 170~1 390	25~31	55 100 美元	0.80	0.53
97	伊利诺伊大学芝加哥分校	University of Illinois-Chicago	32 099 美元（州外） 17 491 美元（州内）	2 月 1 日	1 080~1 310	23~31	56 300 美元	0.79	0.36
97	圣迭戈大学	University of San Diego	54 554 美元	12 月 15 日	1 160~1 340	N/A	56 300 美元	0.53	0.67
97	南佛罗里达大学	University of South Florida	17 324 美元（州外） 6 410 美元（州内）	5 月 1 日	1 140~1 340	24~29	48 000 美元	0.49	0.60

附表 3　2023 年 NICHE 美国私立高中排名（前五十名）

排名	学校名称（中文）	学校名称（英文）	所在州
1	菲利普斯中学安多佛	Phillips Academy Andover	马萨诸塞州
2	乔特罗斯玛丽中学	Choate Rosemary Hall	康涅狄格州
3	菲利普斯埃克塞特中学	Phillips Exeter Academy	新罕布什尔州
4	格罗顿中学	Groton School	马萨诸塞州
5	霍奇基斯中学	The Hotchkiss School	康涅狄格州
6	普林斯顿国际数学与科学学院	Princeton International School of Math and Science	新泽西州
7	圣保罗中学	St. Paul's School	新罕布什尔州
8	劳伦斯威尔中学	The Lawrenceville School	新泽西州
9	迪尔菲尔德中学	Deerfield Academy	马萨诸塞州
10	格里诺贵族中学	Noble and Greenough School	马萨诸塞州
11	鲁米斯查菲中学	The Loomis Chaffee School	康涅狄格州
12	康科德中学	Concord Academy	马萨诸塞州
13	米尔顿中学	Milton Academy	马萨诸塞州
14	凯特中学	Cate School	加利福尼亚州
15	米德尔塞克斯中学	Middlesex School	马萨诸塞州
16	撒切尔中学	The Thacher School	加利福尼亚州
17	圣马克中学	St. Mark's School	马萨诸塞州
18	森林湖中学	Lake Forest Academy	伊利诺伊州
19	克瑞布鲁克中学	Cranbrook Schools	密歇根州
20	美利坚海瑞中学布罗沃德校区	American Heritage Schools, Broward Campus	佛罗里达州
21	佩迪中学	Peddie School	新泽西州
22	玛黛拉女子中学	The Madeira School	弗吉尼亚州
23	圣奥尔本斯中学	St. Albans School	华盛顿特区
24	贝尔蒙山中学	Belmont Hill School	马萨诸塞州
25	美利坚海瑞中学棕榈滩校区	American Heritage Schools, Palm Beach Campus	佛罗里达州
26	韦伯中学	The Webb Schools	加利福尼亚州
27	圣安德鲁中学	St. Andrew's School	特拉华州
28	托马斯杰斐逊中学	Thomas Jefferson School	密苏里州
29	圣斯蒂芬主教中学	St. Stephen's Episcopal School	得克萨斯州

（续表）

排名	学校名称（中文）	学校名称（英文）	所在州
30	哈克里中学	Hackley School	纽约州
31	肯特中学	Kent School	康涅狄格州
32	摩尔西斯堡中学	Mercersburg Academy	宾夕法尼亚州
33	塔夫特中学	The Taft School	康涅狄格州
34	主教中学	EpiscopalHigh School	弗吉尼亚州
35	布莱尔中学	Blair Academy	新泽西州
36	伊奥拉尼学校	lolani School	夏威夷州
37	雅典娜中学	The Athenian School	加利福尼亚州
38	北野山高中	Northfield Mount Hermon School	马萨诸塞州
39	波特女子中学	Miss Porter's School	康涅狄格州
40	威利中学	The Village School	得克萨斯州
41	塞拉峡谷中学	Sierra Canyon School	加利福尼亚州
42	西储中学	Western Reserve Academy	俄亥俄州
43	费尔蒙特预备中学	Fairmont Preparatory Academy	加利福尼亚州
44	世界联合学院	United World College USA	新墨西哥州
45	希尔中学	The Hill School	宾夕法尼亚州
46	乔治城预科中学	Georgetown Preparatory School	马里兰州
47	印第安泉中学	Indian Springs School	亚拉巴马州
48	庞弗雷特中学	Pomfret School	康涅狄格州
49	萨菲尔德中学	Suffield Academy	康涅狄格州
50	迈斯特中学	The Masters School	纽约州